U0519903

古典美学的复兴

——巴尔塔萨神学美学的美学史意义

张俊 著

商务印书馆
The Commercial Press
2013年·北京

图书在版编目(CIP)数据

古典美学的复兴：巴尔塔萨神学美学的美学史意义/张俊著.—北京：商务印书馆，2013
ISBN 978-7-100-10138-7

Ⅰ.①古… Ⅱ.①张… Ⅲ.①巴尔塔萨，H.U.V.(1905~1988)－神学－美学思想－研究 Ⅳ.①B972 ②B83-095.22

中国版本图书馆CIP数据核字(2013)第166463号

所有权利保留。

未经许可，不得以任何方式使用。

古典美学的复兴
——巴尔塔萨神学美学的美学史意义
张俊 著

商 务 印 书 馆 出 版
（北京王府井大街36号 邮政编码 100710）
商 务 印 书 馆 发 行
三河市尚艺印装有限公司印刷
ISBN 978-7-100-10138-7

2013年8月第1版　　开本 710×1000 1/16
2013年8月北京第1次印刷 印张 27 1/2
定价：82.00元

目录 Contents

绪论 001
  一、美与存在 001
  二、现代美学与美学的狭义化 002
  三、现代美学的认识论转向与边缘化 007
  四、现代美学的"祛魅"与救赎冲动的落空 011
  五、美学的现代性危机与古典美学的复兴契机 014
  六、区别于现代美学的古典美学 019
  七、塔塔尔凯维奇与古典美学 021
  八、古典美学的现代幽灵 024
  九、巴尔塔萨神学美学与古典美学的现代复兴 028
  十、本课题研究的现状、基本目标与构想 034

第一章　巴尔塔萨神学美学与西方古典美学源流 043
  引言 043
  第一节　神学传统与神学美学 054
  第二节　形而上学传统与神学美学 083
  第三节　《圣经》与神学美学 126
  结语 158

第二章　存在与美 161

引言 161

第一节　存在的奥秘 163

第二节　存在的先验属性 174

第三节　美的神学形而上学 189

结语 198

第三章　美的结构 200

引言 200

第一节　美的类比基础 206

第二节　神圣美与世俗美 224

结语 241

第四章　形式与光辉 245

引言 245

第一节　形式元素 250

第二节　光辉元素 264

第三节　美学基督论 276

结语 289

第五章　观照与信仰 292

引言 292

第一节　神学审美观照 295

第二节　信仰的审美学 317

结语 329

第六章　美的救赎 …… 331

引言 …… 331

第一节　爱的美学 …… 333

第二节　救赎美学 …… 357

结语 …… 370

结论　古典美学及未来现代性美学的哲学图景 …… 372

一、巴尔塔萨神学美学作为一种现代古典美学 …… 372

二、古典美学现代复兴的东方呼应 …… 387

三、古典美学复兴的现代性方案与未来哲学图景 …… 405

参考文献 …… 409

后记 …… 429

绪论

一、美与存在

早在中世纪，在柏拉图主义的影响下，神学家们（如波纳文图拉，托马斯·阿奎那）便已深刻地洞察到，一（unum）、真（verum）、善（bonum）和美（pulchrum）是神圣存在（ens）的四大先验属性。真、善、美作为先验价值本体互渗相寓，统一于存在，构成存在本身的价值三位一体。故而在本体论上探讨美，离开真与善，就不可能深刻把握美与存在的先天关系。20世纪瑞士神学家巴尔塔萨（Hans Urs von Balthasar，1905—1988）在其神学美学巨制《上帝的荣耀：神学美学》（*Herrlichkeit: Eine theologische Ästhetik*，1961—1969）"导论"中讲："美是我们要探讨的第一个词。美也是知性敢于思索的最后一个词，因为这个词只是作为一种无限光辉，环绕在真与善这对孪生星座及其难分难解的关系上。"[1] 在他看来，"我们今天的处境显示出，美至少要像真和善那样为自己争取更多的勇气和决断力，并且只要她的两个孪生姊妹没有莫名其妙地跟她怨恨生分，她就不会允许自己跟她们分开，与她们隔绝"[2]。可见，巴尔塔萨认为神学美学的一个首要任务便是要"捍卫"存在的整体性。[3] 其实，不仅是神

---

[1] Hans Urs von Balthasar, *The Glory of the Lord: A Theological Aesthetics* vol. I: *Seeing the Form* (Edinburgh: T. & T. Clark, 1982), p.18.

[2] Ibid.

[3] Larry S. Chapp, *The God Who Speaks: Hans Urs von Balthasar's Theology of Revelation* (San Francisco-London-Bethesda: International Scholars Publications, 1996), p.115.

学美学要捍卫存在的整体性，任何真正意义的美学都要捍卫存在的整体性。

美学不能忽略真与善的维度，否则就无法建立美学（存在）本体论，为真正的美学奠基，进而可能重蹈现代美学的覆辙。现代美学（毋宁说是"审美学"更恰切）作为一门学科的形成，是在知识与哲学人类学转向的启蒙背景下，通过自身向人类中心的知识范式转换及与真和善的价值本体分离过程中完成的。这意味着，美学的独立是以与存在的疏离为代价前提的。这一自我疏离（self-alienation），根本上决定了现代美学的畸形状态。美学遗忘存在，自然与形而上学形成隔膜，故而现代美学虽然不断试图探讨美学本体论，然而这些尝试却在众说纷纭的喧嚣中，大都沦为各家各派各执一偏的歧见，在美学本体论的探讨方面很难有真正的形而上学建树。美学本体无法挺立起来，美学的体系建构往往就难免会沦为凌空蹈虚之浮谈游说，不能真正把握美的真谛。根本上讲，这也是美学面临愈陷愈深的现代性困境却几乎束手无策的主要原因。

二、现代美学与美学的狭义化

现代美学，自18世纪中叶鲍姆加登（Alexander Gottlieb Baumgarten，1714—1762）以降，根本上忽略了美与存在、美与真和善的本体论关系。美被降格为低级认识论（gnoseologia inferior），从关注存在的形而上学的一个面向变成了限定到一个特定知识领域的"科学"[1]——感性学或审美学（Ästhetik），甚至只是艺术哲学（Philosophie der Kunst）——尽管通常还被承认为哲学的一个门类。

谢林（F. W. J. Schelling，1775—1854）、黑格尔（G. W. F. Hegel，1770—1831）、丹纳（Hippolyte A. Taine，1828—1893）以来，将美学视为艺术哲学已成为学界

---

[1] Hans Urs von Balthasar, *The Glory of the Lord: A Theological Aesthetics* vol. IV: *The Realm of Metaphysics in Antiquity* (Edinburgh: T. & T. Clark, 1989), p.19.

非常流行的观念，并且成为普通人对于美学的一般认识。黑格尔曾预言，艺术行将在人类精神历史中消逝。但吊诡的是，在他的预言发表后的近两个世纪里，艺术不仅没有消失，反而出现流派纷呈的繁荣景象。这些艺术流派，以前所未有的勇气尝试了许多大胆、前卫的艺术理念，不断激发着人们的想象力，而把所谓的"艺术哲学"远远地抛在了身后。其中最具吊诡色彩的事情莫过于，"艺术哲学"赖以建立的根基性命题——"美是艺术的本质"或"艺术是美的产物"，被20世纪艺术毫不留情地颠覆了。现代艺术鉴赏已普遍公认："好的艺术不一定是美的"，"美也不是世界上多数伟大艺术的精华"，"它更不是当今艺术的精华"。甚至有学者声称："艺术家的最大责任就是隐藏美。"[1] 总之一句话："美是艺术的一种选择，并非是必要条件。"[2] 所以，有充分理由同意波兰著名美学史家塔塔尔凯维奇（Wladyslaw Tatarkiewicz, 1886—1980）的观点，"艺术是美的产物"这个18世纪遗留下来的古典定义，其实根本就是没有得到有效证明的。[3]

艺术没有消失，美却在20世纪的艺术现实里一再被边缘化，这与其说是对黑格尔的讽刺[4]，毋宁说是对现代美学的讽刺。美学沦为一厢情愿的"艺术哲学"，但艺术却不再言说美，美学也就成为艺术的弃妇。如果她还要追随艺术，她就不得不放弃她作为"唯一的美学品质"[5]的美——近几十年不断涌现的"泛

---

[1] 〔美〕阿瑟·C. 丹托：《美的滥用：美学与艺术的概念》，王春辰译，江苏人民出版社2007年版，第18—20、30页。如丹托分析的亨利·马蒂斯（Henri Matisse）的《蓝色裸女》(1907)、杜尚（Marcel Duchamp）的《泉》(1917)、巴内特·纽曼（Barnett Newman）的《同一1号》(1948)、马瑟韦尔（Robert Motherwell）的《西班牙共和国挽歌第172号》(1989) 等20世纪著名艺术作品，几乎都不可能用"美"来描述。

[2] 同上书，第146页。

[3] 〔波〕瓦迪斯瓦夫·塔塔尔凯维奇：《西方六大美学观念史》，刘文潭译，上海译文出版社2006年版，第30页。对于艺术与美的关系问题，可以按一种古典的方式来理解：艺术家不是创造了美，而是创造了有意义的形式。形式本身并不立即就是美的，形式有了光辉才是美的。所以艺术并不一定是美的艺术。而凡是美的艺术，必然是人们看到了艺术本身形式之上映射出来的光辉。

[4] 海德格尔（Martin Heidegger）也许会认为，黑格尔其实也是看到了美的精神的现代衰落，因为他至少认为黑格尔预言的是艺术不再成为真理的发生方式，而不是单纯的艺术的消失。参见〔德〕海德格尔：《艺术作品的本源》，载《海德格尔选集》(上)，孙周兴选编，上海三联书店1996年版，第300—301页。

[5] 〔美〕阿瑟·C. 丹托：《美的滥用：美学与艺术的概念》，王春辰译，第14页。

美学"、"超越美学"、"反美学"、"反审美"之类的理论概念已足以验证或佐证这一点。[1]

简单地讲，美的观念在现代被严重狭义化了，尤其是被狭义化为审美的对象观念。为此，美被迫与存在本体疏离，与真和善疏离，美本身（auto to kalon）甚至也被逐出美学的中心[2]——如果说启蒙时代德国古典美学还保留着"美"这个范畴的最高美学地位，那么19世纪浪漫主义之后这一趋势就越来越明显了。以至在20世纪，由于抛离终极价值本体，美被降格为一种表象，甚至在一部分人眼中把对美的尊重视为过时的布尔乔亚（bourgeois）时代的遗迹，小资情调的粉饰物[3]，更有甚者是在所谓后现代氛围的极端世俗化社会中成为一些群体中人们冷嘲热讽的笑料、唯恐躲之不及的瘟疫。就像丹托（Arthur C. Danto）所讲，好像美的吸引力是某种污名，它含有粗俗的商业用意。[4] 美的崇高价值和神圣感被彻底消解，对此现代美学（尽管名义上有那么多流派）竟毫无招架之力。故此，知识界对"美"这个美学经典范畴也就心照不宣地悬置一旁，集体漠视、遗忘。[5]

美或美学的狭义化，实质是知识学现代性分化的必然结果。诚如国内学者

---

[1] 美国批评家，《美国艺术》（*Art in America*）编辑福斯特（Hal Foster）在20世纪80年代早期便提出"反美学"概念，并主编《反美学》这部论文集来支撑这一观念，参见 Hal Foster (ed.), *The Anti-aesthetic: Essays on Postmodern Culture* (Port Townsend, Wash.: Bay Press, 1983). 此书中译本参见福斯特主编：《反美学》，吕健中译，立绪文化，1998年版。国内学者潘知常等亦提出过"反美学"口号，参见潘知常：《反美学：在阐释中理解当代审美文化》，学林出版社1995年版。比较温和的则鼓吹"泛美学"、"超越美学"等口号以求标新立异，如威斯康星-麦迪森大学（University of Wisconsin-Madison）的卡罗尔（Noël Carroll）前几年出版的论文集便标榜《超越美学》（*Beyond Aesthetics: Philosophical Essays,* New York: Cambridge University Press, 2001）。

[2] Edward Farley, *Faith and Beauty: A Theological Aesthetic* (Aldershot: Ashgate Publishing Ltd., 2001), pp.1-2.

[3] Hans Urs von Balthasar, *The Glory of the Lord: A Theological Aesthetics* vol. I: *Seeing the Form* (Edinburgh: T. & T. Clark, 1982), pp.18-19; see also Aidan Nichos OP, *The Word Has Been Abroad: A Guide Though Balthasar's Aesthetics* (Edinburgh: T. & T. Clark, 1998), p.1.

[4] 〔美〕阿瑟·C. 丹托：《美的滥用：美学与艺术的概念》，王春辰译，第7页。

[5] Guy Sircello, *A New Theory of Beauty* (Princeton and London: Princeton University Press, 1975), p.3.

周宪所讲："分化是现代性的一个典型现象。"[1]中世纪晚期以前，知识学科大致沿袭古代分划，大学也一般主要由一个博雅学院（人文艺术）和三大高等学院（神学、医学和法律）组成。其中人文艺术学院仍以古希腊罗马时代便已基本确定的"七艺"——语法、修辞学、辩证法、算术、几何学、天文、音乐——为学科知识划分与授课科目。[2]13—14世纪开始，伴随着经院学术的蓬勃发展及后来人文主义的复兴，知识领域开始急遽扩展，古代学科划分已不能够满足知识阶层培养需求，知识的分化渐成必然趋势。尤其到了17世纪以后，古今之争（Querelle des Anciens et des Modernes）的启蒙时代语境更是彻底促使知识在本体论上决裂，走向现代学科专业分化的不归路。一如从康德（Immanuel Kant, 1724—1804）到韦伯（Max Weber, 1864—1920）到哈贝马斯（Jürgen Habermas, 1929— ）这些大师们都看到的，启蒙之后人类的价值本体世界观已分化为三种基本结构：认知—工具合理性、道德—实践合理性和审美—实践合理性——古代作为三位一体的先验价值本体的真、善、美被分解，因此对应于科学、道德、艺术诸领域。[3]康德三大批判——《纯粹理性批判》（真）、《实践理性批判》（善）、《判断力批判》（美）——可视为这一现代性分化的哲学分水岭。而在此之前，德国莱布尼茨—沃尔夫唯理派哲学家鲍姆加登的《美学》（Aesthetica, 1750）一书的面世，便已标志着一门独立学科在这一现代性分化中的诞生。[4]

---

[1] 周宪：《审美现代性批判》，商务印书馆2005年版，第297页。
[2] "七艺"拉丁文为Septem artes liberals，即"七种自由的艺术"。中世纪早期神学家波埃修斯（Anicius Manlius Severinus Boethius, 480—524）在其《哲学的安慰》（Consolatione Philosophiae）一书中，根据5世纪初马提安·卡贝拉（Martianus Capella）《语言学与墨耳库里的婚姻》中关于古代知识状况与学科划分的记载，将七艺中语法、修辞学、辩证法三门学科称为三目（trivium），算术、几何学、天文、音乐称为四科（quadrium），前者为哲学工具，后者为思辨哲学。他对古代人文知识的科目划分为中世纪教育规定了基本框架。
[3] 〔德〕哈贝马斯：《交往行为理论》（第一卷），曹卫东译，上海人民出版社2004年版，第228—231页。另参见哈贝马斯1980年9月在荣获"阿多诺奖"时所发表的著名演讲《现代性：一个未完成的方案》（Modernity: An Incomplete Project），载Hal Foster (ed.), The Anti-aesthetic: essays on postmodern culture (Port Townsend, Wash.: Bay Press, 1983)。
[4] 现代美学，严格讲肇端于18世纪上半叶的英国经验派美学（如W. 荷加斯、F. 哈奇生、D. 休谟等）。但学术史一般以鲍姆加登《美学》的出版为现代美学的开端。

"美学"因此成为继哲学与神学分离之后，较早与哲学（真、善）分道扬镳独立而出的一门现代学科。所以，巴尔塔萨也讲："毫无疑问，美学就其作为脱离真与善的美的观念而言，是一门新学科，之前一直埋藏在真与善的观念里，直到——虽然这个过程开始于文艺复兴——启蒙后期才在德国唯心主义中完全实现。"[1] 哈贝马斯甚至指出现代性本身就是最先在审美批判领域呈现出来的。[2] 可见"美学"的学科独立，根本是启蒙现代性的内在诉求。

需要指出的是，康德也强调要沟通作为感官之物的自然概念领地（知性领地）与作为超感官之物的自由概念领地（理性领地）之间不可估量的鸿沟，判断力（审美）可以构成这两个世界间有效过渡的桥津。[3] 他似乎也在追求真、善、美的统一，但这个统一的方式乃是外在的统一——更准确地说是外在的逻辑的统一，而非内在的神圣本体价值的先验统一。后来，谢林、黑格尔、席勒（J. C. F. Schiller，1759—1805）、荷尔德林（J. C. F. Hölderlin，1770—1843）等也几乎都接受了他这种"真和善只有在美中才能联姻"的观念，并使这种观念的影响一直延续到现在。但遗憾的是，自启蒙本体论分化格局形成之后，这种对本体的统一性渴求和冲动已不可能得到充分满足。分裂的真、善、美，疏离了存在本身，在存在之外寻求统一，并不是真正的统一。这种统一无论逻辑上多么严密，都只是没有生命力的外在统一。另外，就美学而言，在康德那里就已经明确，虽然判断力批判对于完善他的批判哲学体系极其重要，但由于判断力不像知性和理性那样拥有自己的领地，故而是建立不起判断力的形而上学的。[4] 现在看来，这几乎就是给现代美学的形而上学冲动宣布了死刑判决书。

---

[1] Hans Urs von Balthasar, *Explorations in Theology* vol. I: *The Word Made Flesh* (San Francisco: Ignatius Press, 1989), p.95.
[2] 〔德〕哈贝马斯：《现代性的哲学话语》，曹卫东等译，译林出版社2004年版，第8—13页。
[3] 〔德〕康德：《判断力批判》，邓晓芒译，人民出版社2002年版，第10—13页。
[4] 同上书，第10—13页。

三、现代美学的认识论转向与边缘化

再看《美学》中，鲍姆加登将美学界定为"感性认识的科学"[1]。他一方面保留了古代关于理解的（intellectiva）与感觉的（sensitiva）认知之间的区分，同时又给了它崭新的诠释：他把感觉的认知（cognitio sensitiva）视同美的认知，并使用了一个希腊文与拉丁文合璧的名词 cognitio aesthetica（简称 aesthetica[2]）指称有关美的认知的研究。[3] 这一名称及其对美学的基本界定，后世美学家多有诟病，甚至还在 18 世纪就有不少哲学家提出尖锐批评。譬如康德就不同意他将美学划归感性（低级）认识论，也不承认美学是所谓科学："没有对于美的科学，而只有对于美的批判，也没有美的科学，而只有美的艺术。"[4]

尽管如此，鲍姆加登"感性学"所代表的主体性（人类学）转向背景中的美学的独立，却从此彻底改塑了美学的知识历史。沿此方向，美学蔚然而成一个现代学科，尤其是在德国古典哲学时期经由康德、席勒、谢林、黑格尔诸人的发展，两三百年来其合法性似乎已不容置疑。比照古代美学杂呈于各类著作中东鳞西爪的只言片语，现代美学的系统性确实将知识专业化、细腻化到了相当精密的程度。这不能不说是现代美学的一大成就，也不能不说是鲍姆加登的一大贡献。但问题是，现代美学在"感性学"方向导引下，将一种价值本体哲学贬低到一门"哲学认识论的亚学科"[5]，而其后发展出的也几乎是以审美学为主导的"美学"，

---

[1] "Aesthetica...est Scientia congnitionis sensitivae." Alexander G. Baumgarten, *Aesthetica* (Francofurti cis viadrum: Joannes Christianus Kleyb, 1750; Reprographic reprint: Hildesheim: G. Olms, 1961), p.5. 中译本参见〔德〕鲍姆加登：《美学》，简明、王旭晓译，文化艺术出版社 1987 年版，第 13 页。

[2] 鲍姆加登 1735 年在其博士论文《关于诗歌的哲学沉思》中已使用 aesthetica 一词。

[3] aesthetic（审美的）一词源于希腊文 αἴσθησις（aisthesis），该希腊词意谓"感官知觉"或"感觉的印象"，在拉丁文中对应于 sensitivus，而 sensitivus 有时依希腊文称作 aestheticus。参见〔波〕瓦迪斯瓦夫·塔塔尔凯维奇：《西方六大美学观念史》，刘文潭译，第 319 页。

[4]〔德〕康德：《判断力批判》，邓晓芒译，第 148 页。

[5] Stephan van Erp, *The Art of Theology: Hans Urs von Balthasar's Theological Aesthetics and the Foundations of Faith* (Leuven: Peeters, 2004), p.128.

不仅将古典美学本身原有的丰富内容严重片面化，而且使之"失去了其本体论意义"[1]。20世纪末，人称"德国新生代哲学家中的风头人物"的学者韦尔施（Wolfgang Welsch）曾宣称要重构美学（Undoing Aesthetics），他以为他已发现审美挺进到了哲学的核心，进入到真理和知识的领域；而审美的新的基础性和普遍性将是自康德以来的认识论审美化的结果。[2] 鲍姆加登开始是美学认识论化，两百多年后居然又成了认识论审美化！自审美僭越美本身的哲学地位，从而使现代审美学从根本上取代古典美学的知识学地位，现代美学家几乎都相信审美学已完全具备美学的学科自足性，于是从审美学立场出发，彻底改写古典美学历史——几乎所有美学史都是审美学史，尽管不少美学史家自称其美学史是"美的哲学的历史"[3]，从而根本上忽略了源流渊深的古典美学资源。正是对古典美学的漠视和无知，才导致现代美学中韦尔施这类命题的出现。

　　真正的美学绝非"感性学"[4]，也不是"审美学"所能涵括的。"审美学"充其量只是美学的一个方面。但正如我们看到的，审美学以启蒙现代性为依托，在古今之争中彻底击败古典美学，两百多年来一直占据美学的宝座，这正是典型的"别子为宗"。如果说牟宗三所讲的程朱理学别子为宗，其实由陆王心学延续的孟子心性论这一学脉从来没有被真正中断的话，那么，审美学的别子为宗，则几乎完全遮蔽了古典美学的传统。古典美学，在审美学的系统性知识话语霸权审视下，完全沦为"美学"的不成熟状态，"美学的史前阶段"[5]（古代美学）——这在许多美学史家（譬如克罗齐、朱光潜）眼中是一种甚至连哲学、美学都算不上的"美学思想"。

---

[1] David L. Schindler (ed.), *Hans Urs von Balthasar: His Life and Work* (San Francisco: Ignatius Press, 1991), p.185.
[2] 〔德〕沃尔夫冈·韦尔施：《重构美学》，陆扬、张岩冰译，上海译文出版社2006年版，第45—64页。
[3] 〔德〕鲍桑葵：《美学史》，张今译，商务印书馆1985年版，第1页。
[4] 国内较早关注基督教美学的学者孙津先生也曾讲："从美学来说，感性学这个笼子一直就没能将它装下，因为美学本身根本就从来不是感性学，实际上也没有作为感性学而存在过。"孙津：《基督教与美学》，重庆出版社1990年版，第412页。
[5] 〔意〕克罗齐：《美学纲要》，韩邦凯、罗芃译，人民文学出版社1983年版，第243页。

现代美学家几乎没有人怀疑美学就是审美学，鲍姆加登的"aesthetica"开创的就是美学。但前面的词源学分析表明，"aesthetica"准确的翻译应该是"感性学"（theory of aesthesis）。这个词用来指称美学，虽然一开始就遭到鲍姆加登同时代的哲学家的反诘，但并没有阻碍它的流行。就像康德那么尖刻地批评鲍姆加登用"aesthetica"来指称关于美与艺术的研究，但他还是照样在其"aesthetische Urteilskraft"（审美判断力）中采用了这个词。现代美学一直沿用鲍姆加登的命名，但就现代美学的实质而言，这个词指称的对象乃是"审美学"。故而，这个词翻译成"审美学"最恰当，现代美学称"审美学"也更能涵盖其实质内容。日本著名美学家今道有信曾建议另创一词命名美学。由于希腊人将美称为 τό καλόν[1]，他建议以 ή καλουολογία（美的学问、美的理念学或美学形而上学）称美学（拉丁文转写为 kalonologia 或 calonologie）。[2] 当然，以"美"的希腊文（καλόν 或 κάλλος）为词根重新创设"美学"一词，这种想法绝非始于今道友信。其实早在19世纪，西方就有美学思想家主张以 κάλλος（美）

---

[1] 希腊文 καλος 与梵语 kalya-h 同源，后者本义指"强壮的"、"健康的"，希腊人对身体欣赏普遍是一种审美的态度。美，拉丁文为 pulchrum 或 bellum，德文 das Schöne，法文 le beau，英文 beauty，西班牙文 belleza，葡萄牙文 beleza，意大利文 bellezza，俄文 красотка，等等。诚如萨特韦尔所言，"美有一千个名字"。他在其专著《美的六个名字》中重点从英语（beauty）、希伯来语（yapha）、梵语（sundara）、希腊语（to kalon）、日语（wabi-sabi）及纳瓦霍人印第安语（hozho）分析了美在不同文化传统中的含义。参 Crispin Sartwell, *Six Names of Beauty* (New York and London: Routledge, 2004), p.153.
[2] 〔日〕今道有信：《美的相位与艺术》，中国文联出版社1998年版，第24、168—169页。论者以为 Kalonologia (kalonology) 代替 Aesthetica (aesthetics) 固然更加恰切，但此词把美学视为一种"学科"（-ology），容易与其他现代学术门类地位混淆，从而导致其存在论意义的遮蔽。奥古斯丁曾在《驳学院派》（*Contra academicos*）中记述过一个小小的神话，讲的是两只鸟，是姐妹俩，一只叫 Philocalia（爱美），一只叫 Philosophia（爱智慧）。当 Philosophia 自由地在天空翱翔的时候，Philocalia 却被关在尘世的笼子里，她不知道她从哪里来的。Philosophia 知道她的妹妹 Philocalia 被关在笼子里，但她却无法救她出来。(*Contra academicos* II.7; see also Hans Urs von Balthasar, *The Glory of the Lord: A Theological Aesthetics* vol. II: *Studies in Theological Style: Clerical Style*, p.125.) 希腊文 Philosophia（爱智慧）便是哲学（philosophy），现成的 Philocalia（爱美）为什么不可以用作美学（philocaly）一词？在奥古斯丁的神话中，虽然"爱美"被封闭、压抑甚至因此失去激情与理想，但她拥有"爱智慧"一样的身份地位（她们是姊妹），这象征着古代美学与哲学一样拥有崇高的形而上学地位，故能师法古人用 Philocalia 指称美学，从词源学角度来看可以说完美无缺。另参见 Francis J. Kovach, *Philosophy of Beauty* (Norman: University of Oklahoma Press, 1974), p.10。

与 λόγια（语言、思想）组合的"callology"（美学）取代"aesthetics"（审美学），为美学正名。[1]但是，考虑到美学（拉丁文 aesthetica，德文 Ästhetik，英文 aesthetics）这个词已经约定俗成，在汉语世界，自 20 世纪初从日本舶来"美学"一词流行开后[2]，学界也已普遍接受了用这个词指称现代美学学科。故而，若顺从语言的集体惰性，则没有必要另起炉灶再撰新词。[3]尽管这里的确需要严格区分狭义化的现代美学与真正的美学，黑格尔也曾尖锐地批评鲍姆加登对美学的命名"不恰当"、"很肤浅"，但他却对这个词表示了宽容："因为名称本身对我们并无关宏旨，而且这个名称既已为一般语言所采用，就无妨保留。"[4]虽然我们这里与黑格尔对这个名称的批判出发点是不一样的，但我们保留它的理由却是一致的。尽管如此，也必须再次强调，这里谈论的现代美学一般意义上指的是审美学，而非完全意义的美学。

如上所述，审美学取得的学科独立性，实际上是以在哲学和知识谱系中自贬身价为代价的。这一妥协，本质上与启蒙现代性带来的世俗化紧密相关。精神的世俗化，必然带来美的崇高价值本体地位的消解和美学神圣维度的消逝。美学不可避免地向感性领域滑落，原先在苏格拉底、柏拉图哲学就具有的超越（超感性或超自然）维度在审美学中被集体遗忘。整个美学的人类学转向，表面

---

[1] Francis J. Kovach, *Philosophy of Beauty* (Norman: University of Oklahoma Press, 1974), pp.9-10.
[2] 据黄兴涛考证，"美学"一词的中文创译者似为德国传教士花之安（Ernst Faber），其中文著作《大德国学校论略》（1873），称西方美学课讲授的是"如何入妙之法"或"课论美形"，并谈到美之所在者有"绘事之美"、"乐奏之美"等七论。1875 年，他又著《教化议》，认为"丹青、音乐"二者"皆美学，故相属"，若将此处的"美学"一词与前书美之所在者七论并视，便可见此词大体已在现代意义上使用了。但花之安创译的"美学"并未流行。此词正式流行开来是 20 世纪初年之事，即从日本引进此词之后。王国维在早期传播西方美学的活动中频繁使用该词，使之广为流传。但从日本舶来该词也不是王氏最早。早在 1897 年，康有为编辑《日本书目志》，其美术类第一部著作即为《维氏美学》。1900 年，侯官人沈翊清《东游日记》亦提及"美学"、"审美学"诸词。1901 年，京师大学堂编《日本东京大学规制略考》中也多次使用现代"美学"概念。而在王国维 1902 年以前的文字中，似还见不到"美学"这一现代概念。参见黄兴涛：《"美学"一词及西方美学在中国的最早传播》，载《文史知识》2000（1）：75—84。
[3] 李泽厚：《美学四讲》，参见《美学三书》，安徽文艺出版社 1999 年版，第 443 页。
[4]〔德〕黑格尔：《美学》（第一卷），朱光潜译，商务印书馆 1979 年版，第 3 页。

看是现代美学的独立，其实本质上是美学向感性学、审美学的急遽衰落，从此深陷于身体、感官、本能冲动的世俗意义中，不仅远离了神圣，甚至连审美本有的一点崇高性都已几乎被世俗化的现代进程磨洗殆尽。美学正沉沦于难以拯救的感性深渊中。20世纪尤其是近半个世纪以来所谓"后工业时代"的艺术与生活方式，及美学在人类精神谱系中的严重边缘化，已深刻地表明了这一点。

面对美学的衰落及学科困境，现代美学史上其实也不乏深刻的反省，但在探索方面却几乎没有任何真正成功的可援之例。如日本今道有信便对美学的艺术学化产生质疑，故于20世纪50年代开始，他便以胡塞尔（Edmund Husserl, 1859—1938）现象学为基础，进行美学的哲学探索。但由于其美学出发点是现象学，故而他认为终极性的美和绝对的美只能在意识中去发掘，而根本没有想到将美与存在关联起来，更不用说恢复美学神圣维度的问题。这类尝试基本上都不能在美学的（存在）本体论建设上有所作为。这种无作为充分表明，主体论转向后的现代美学已根本上缺乏实现自我超越的资源了。

四、现代美学的"祛魅"与救赎冲动的落空

现代美学形成早期，虽然美学已几乎不再涉及神圣领域的议题，但崇高和美一样，仍旧是18世纪现代美学的核心范畴。然而，这两个范畴在康德那里却发生了一个标志性的分化。[1] 康德把崇高视为（数量或力量）绝对大的东西，不以自然客体（形式）作为对象，故而崇高只是存在于判断者内心，而不是在自然客体中去寻求。因此在康德看来，崇高与美的区别是显著的。其一，美涉及一个有

---

[1] 康德之前，博克在其博士论文《关于我们的崇高与美的概念之起源的哲学考察》（*A Philosophical Enquiry into the Origin of Our Idea of the Sublime and Beautiful*, 1757）已明晰地区分了崇高与美。康德通过1773年德译本了解到他的思想，并给予了很高的评价。参见〔德〕康德：《判断力批判》，邓晓芒译，第118页。

形式的对象，而崇高则可以在无形式的对象上看到；其二，美与质的表象结合，崇高却与量的表象结合；其三，美直接带来一种促进生命的情感，可以与游戏性的想象力结合，是积极的愉快，崇高作为激动没有游戏成分，是想象力中严肃的一面，故仅是间接产生的愉快，因而是消极的愉快；其四，美在其仿佛是预先为我们的判断力规定对象的那个形式中带有某种合目的性，而崇高则越是违反目的，与我们的表现力不符，超越想象力，就越被判断为崇高。[1] 崇高与美的分化，极易导致的一个严重后果就是，崇高被美学剔除。但幸好谢林及时调拨了这一方向，他将崇高重新确定为美学范畴，后又经罗斯金（John Ruskin）等人的努力，终于使崇高成为 19 世纪的一个重要美学范畴。虽然 19 世纪的美学家为美学挽留了即将远离的崇高，但遗憾的是他们却无力为美或美学真正地追回（神圣性）崇高，而崇高也在现代美学的人类学解释模式中失去了其固有的神圣性。[2] 崇高，从博克的时代开始，尽管还在美学中占有重要的地位，但这种地位是作为一个独立的美学范畴而享有的，不是作为美本身的属性而享有的。

　　现代美学，尽管一直在努力寻求超越世俗的崇高价值或神圣维度，但由于以审美学为主导的现代美学是从人类学哲学立场出发的，故而关于恢复美学神圣维度的梦想必然会落空。正如韦伯所看到的，启蒙以来艺术或审美的现代性生成，其实是艺术或审美的"祛魅"（Entzauberung），即与巫术—宗教意识形态分离，这一分离是理性主义展开的直接后果。艺术或审美的现代性"祛魅"使其拥有了独立的价值领域，并且似乎从此据有了某种此世的救赎功能。[3] 但所谓审美的"此世救赎"只是对工具理性重压的暂时超越，并不是永恒的，而且很可能只是感官愉悦（享乐）带来的暂时的肉体和精神的解脱，而不一定具有崇高或神圣的意味。相反，原本审美与宗教交融时代美所具有的来自宗教的神

---

[1]〔德〕康德：《判断力批判》，邓晓芒译，第 82—83 页。

[2] Stephan van Erp, *The Art of Theology: Hans Urs von Balthasar's Theological Aesthetics and the Foundations of Faith* (Leuven: Peeters, 2004), p.214.

[3]〔德〕韦伯：《宗教与世界》，康乐、简惠美译，《韦伯作品集》（V），广西师范大学出版社 2004 年版，第 527—528 页。

圣维度，却在审美现代性"祛魅"中丧失。

　　失去这一古典美学资源，世俗美学界非但没有感到有任何惋惜和弥补的必要，反而是变本加厉鼓吹世俗美学意义的审美救赎论。于是导致近百年来"艺术代宗教"、"审美代宗教"或"美育代宗教"之类的学术思想口号一时甚嚣尘上。尤其是在中国美学（术）界和教育界，以蔡元培（1868—1940）为代表的教育家、美学家或艺术家，热心鼓吹"美育代宗教"、"艺术代宗教"，对现代汉语美学影响深远，其唱和之声迄今仍不绝于耳——尽管其历史之实践鲜见成效。宗教与艺术、审美天然相连。审美（艺术）代宗教，抑或美育代宗教，尽管作为文化命题具有一定的历史的（现实的）合理性，但从哲学的（逻辑的）角度来看，却根本是伪命题。这且不论审美活动之产生本根源于原始先民之巫术——宗教活动，也不论古代艺术与宗教本同根相连、同气连枝[1]——巴尔塔萨甚至讲："一切伟大的艺术皆是宗教性的，是在存在的荣耀面前的致敬。"[2]而巴尔塔萨同时代最著名的新教神学家卡尔·巴特（Karl Barth，1886—1968）则认为："宗教领域，因为它是宗教性的，因为它在其自身是最真实的，所以它是审美的。"[3] 即便是在现代处境下，以某种启蒙激进意识形态（无神论）否弃了所有宗教的正当性，也不可能完全涤除宗教与审美之间的精神历史关联。因为成千上万年的宗教意识形态主导的人类文化，其气质深处已深深浸染了宗教的精神，绝大多数人类艺术经典也都是在这种精神氛围下形成的。启蒙精神的历史筹划难道能够摒弃整个古代传统？其实，人类三百年之启蒙历史不仅没有

---

[1] 施莱尔马赫认为："古代的造型艺术绝大部分都是完全宗教性的，充满神秘色彩，而且同多神论密切相关……在宗教关系上，基督教自身内部的诗歌和绘画产生得相当早。"〔德〕施莱尔马赫：《美学讲演引言》，参见刘小枫主编：《德语美学文选》（上卷），华东师范大学出版社2006年版，第79页。韦伯也认为："自古以来，宗教一方面即为艺术创作无穷尽的泉源，另一方面也是将艺术创作加以传统束缚而使其风格化的一股泉源。"〔德〕韦伯：《宗教与世界》，康乐、简惠美译，《韦伯作品集》（V），第526页。

[2] Hans Urs von Balthasar, *The Glory of the Lord: A Theological Aesthetics* vol. IV: *The Realm of Metaphysics in Antiquity* (Edinburgh: T. & T. Clark, 1989), pp.12-13.

[3] Hans Urs von Balthasar, *The Theology of Karl Barth: Exposition and Interpretation* (San Francisco: Ignatius Press, 1992), p.26.

割断古代的文化精神传承，而且其"祛魅"也没有带来宗教的终结，尤其是那些历史性的大宗教。甚至，真正思想深刻的启蒙哲学家（以德国为代表）在进行理性与进步的现代性筹划时，也并没有弃绝宗教，如康德便主张"悬置知识，以便给信仰腾出地盘"[1]——尽管其道德宗教是一种奠基于理性之上的信仰。宗教，同样具有现代性的信仰地位。故以一种完全世俗化的审美或美育来替代宗教的救赎信仰，显然是一种毫无学理依据的肤浅论说。

韦伯认为，启蒙以来随着理性主义的展开，艺术（审美）的独立必然导致与宗教之间"一种日渐增加的紧张关系"[2]，并且"艺术从此据有了某种（无论在何种解释之下的）此世的救赎的功能"[3]——这个论断应该说是具有一定的历史客观性的。不过他所强调的艺术（审美）的救赎功能，明显是站在现代性（反思）批判立场上，过度夸大了审美对于人类工具理性化的现代生存状态的世俗救赎意义。而20世纪早期汉语学界蔡元培诸贤主张之"美育代宗教"或"艺术代宗教"，则明显是站在中国现代化的立场上，面对中国传统文化中伦理与精神信仰的崩塌，而中国文化现代建构中本土超越维度又严重缺失，及西方宗教（基督教）信仰的迅速渗透时，以一种自觉的本土文化保护心态提出的完全不合实际的中国现代精神文化超越维度建构方案，骨子里原是一种狭隘的文化民族主义在作祟。正是这种基于文化保护主义的谬误思想，在中国现代初期救亡图存的历史语境中获得了现实的生命力和呼应，并因此影响了汉语美学界一百年。

五、美学的现代性危机与古典美学的复兴契机

综观现代美学的弊病，根本在于知识现代性分化背景下价值本体统一性的分

---

[1] 〔德〕康德：《纯粹理性批判》第二版序，邓晓芒译，人民出版社2004年版，第22页。
[2] 〔德〕韦伯：《宗教与世界》，康乐、简惠美译，《韦伯作品集》（V），第527页。
[3] 同上书，第528页。

裂——美与真和善的三位一体关系的瓦解，亦即美与神圣存在的疏离，而在哲学的人类学转向语境下美的观念进一步狭义化为审美的观念，古典美学的（存在）本体论中心为现代美学（审美学）的认识论中心替代，美学主体性转向后所代表的整个现代美学方向因此疏离美学的存有论，同时也就是疏离了崇高与神圣的美学维度，于是不由自主地向感性所代表的世俗方向急遽堕落。所以，现代美学的困境，根本上讲是美学存有论缺席的困境。为此，美学也就不得不承受在现代学科分化中不断边缘化的命运，甚至拖累美淡出人类的终极价值视野。虽然近几十年来不断有学者试图改变这一边缘化的窘况，想将审美与现代人的生存联系起来，以重建审美学的知识学地位，其中最重要的便是将审美与现代性关联起来，提出"审美现代性"的命题[1]，近来更有甚者又提出大可质疑的"日常生活审美化"的命题 [如费瑟斯通（Featherstone）、韦尔施（Welsch）]。但是，没有终极价值本体神圣维度的支撑，审美学是不可能单凭自身就建立起形而上学的（这是康德的先验哲学体系业已验证了的），更遑论进入知识思想谱系的中心。

在重建美学的知识学地位及美的终极价值信仰与神圣维度方面，美学的现代资源几乎已消耗殆尽。故而，企图从审美学自身来达到这一美学复兴目标，无疑形同镜花水月。突破美学的现代性困局，看来必须正本清源（resourcement），从美学的古典传统中发掘其现代重建资源。现代美学是现代性的结果，它的困境与危机，本质上也是现代性的困境与危机。因此，对现代美学的审美学方向的批判与调校，其实也是指向对现代性的批判与调校的；其目的虽直接是克服现代性带给美学的困境与危机，但根本上也是要克服现代性自身的困境与危机，尽管后一目的在这里是相对潜在的、间接的。

对启蒙现代性的反省，早在18世纪启蒙哲学家（如卢梭和莱辛）那里便开始了。但对现代性危机的反思渐成潮流，还在尼采（Friedrich Nietzsche，1844—1900）之后。尼采及其20世纪的精神传人海德格尔所代表的现代性批判传统，

---

[1] 审美现代性通常被视为对启蒙现代性进行补救和纠偏的思想资源，但其实仍是启蒙现代性的另一表现形式。

极富远见地将古典（尤其是希腊）文化资源重新引入现代，对主体性哲学的方向进行了有效调校，并积极为人类之整体命运谋划出路。与海德格尔同时代还有一位伟大的古典政治哲学家——列奥·斯特劳斯（Leo Strauss，1899—1973），他一生致力于古典学研究，身后不仅掀起全球性的政治哲学保守主义浪潮，更引领了古典学的现代复兴。甚至连在学术思想方面保守沉默多个世纪、到了20世纪便有点迫不及待要与现代性寻求和解的天主教，也出现了龚加尔（Yves Congar，1904—1995）、吕巴克（Henri de Lubac，1896—1991）、巴尔塔萨等神学家为代表的"新神学"（nouvelle théologie）及"溯源运动"（Resourcement）[1]，主张对现

---

[1] "新神学"是活跃于20世纪中叶的天主教神学运动。该神学运动是由法国耶稣会（Societas Jesus）神学家吕巴克等在20世纪30年代初，在里昂（Lyon）附近的福维埃（Fourvière）任教时，带领一拨耶稣会青年神学家，如巴尔塔萨、波伊纳（H. Bouillard）、达尼耶罗（J. Danièlou，1905—1974）等，以向现代开放与回归传统为号召，结合现代思想重返教父传统，以寻求天主教神学更新的新方向为目标而发起的。这个神学运动因其一开始是以福维埃这批年轻神学家为主力的，故而也称"福维埃学派"（Fourviere School），同时这个法国学派在40年代初开始推出"基督宗教渊源"（Sources chrétiennes）丛书（迄今已出版四百多卷），故而也有人称作"溯源运动"。这个神学运动以吕巴克为灵魂人物，其早期代表作《大公教会：教义的社会面向》（Catheolicisme: Les aspects sociaux du dogme, Paris, 1938）被视为该神学运动的扛鼎之作，巴尔塔萨曾誉之为"标志着新的天主教思想转捩点的天才著作"。参见 Hans Urs von Balthasar, *In the Fullness of Faith: On the Centrality of the Distinctively Catholic* (San Francisco: Ignatius Press, 1988), p.9. 福维埃学派的神学令长久笼罩在新托马斯主义沉闷气氛中的天主教神学界耳目一新，但也激起了新托马斯主义学派的不满。当时道明会神学家加里古-拉格朗日（Reginald Garrigou-Lagrange, 1877—1964）讥讽其为"新神学"，"新神学"由此得名。但受制于新托马斯主义神学旧势力和教廷的压力，"新神学"并没有对教会立即产生剧烈而深刻的影响。1947年道明会（Ordo Praedicatorum）神学家[米歇尔·拉布尔代特（Michael Labourdette）、加里古-拉格朗日等]撰文猛烈抨击"新神学"，并由之引发教界对福维埃学派的批评浪潮，甚至时任教宗的庇护七世（Pope Pius VII）都发表通谕（*Humani Generis*，1950）谴责，福维埃学派主要成员受到冲击，吕巴克还因此失去教职。虽然"新神学"运动遭此重挫，把原本就较为松散的一个学派的历史终结，但其神学主张仍在嗣后的"梵二会议"（Vatican Coucil II，1962—1965）文件中有所体现，本质上其主张的天主教现代化方向与"梵二会议"精神并无二致。故"梵二会议"后，吕巴克所代表的神学进路，以及他早期的追随者巴尔塔萨发展出的神学进路，一跃而成为与卡尔·拉纳（Karl Rahner，1904—1984）所代表的先验神学（Transzendentale Theologie）分庭抗礼的天主教神学进路。参见 Hans Urs von Balthasar, "Current Trends in Catholic Theology and the Responsibility of the Christian", *Communio: International Catholic Review* 5 (Spring 1978): 77-85. 所以，也不能小觑该神学流派对现代天主教神学和教廷的实际影响力。在"梵二会议"后，吕巴克、巴尔塔萨等人都曾入选保罗六世（Pope Paul VI）和保罗二世（Pope Paul II）教宗国际神学委员会（The Pontifical International Theological Commission），在教廷和天主教神学界备受尊崇。有意思的是，在神学或教会改革方面比较激进的拉纳和孔汉思（Hans Küng）都被排斥在这个教廷高阶神学机构外。

代文化开放的同时，也要积极回到早期教父那里汲取养料以突破新托马斯主义（Neo-Thomism）僵化模式，培育、更新教会教义和思想。可见，"回到古典"的呼声，自19世纪以来随着对现代性危机的深刻批判已日渐高涨，迄今已成为不

（接上页注）包括近两任教宗保罗二世、本笃十六世（Pope Benedict XVI，本名 Joseph Alois Ratzinger，拉丁文 Iosephus Ratzinger，1927— ）也深受"溯源运动"健将们的影响。本笃十六世早在还是学生的时候，便开始接受吕巴克的影响了，在后来他为《大公教会》所作的序中，他讲："1949年晚秋的时候，一个朋友给了我一本德·吕巴克的《大公教会》。对我而言，与此书的相遇是我神学旅途中的一个最重要的里程碑。因为在其中德·吕巴克不只是处理孤立的问题。他以一种崭新的方式呈现给我们对基督信仰的基础视野，以至于从这个内在核心出发所有具体要素都以一种新的光辉出现。" Joseph Ratzinger, "Foreword", in Henri de Lubac, *Catholicism: Christ and the Common Destiny of Man* (San Francisco: Ignatius Press, 1988), p.11. 巴尔塔萨也是本笃十六世早年熟悉并推崇的神学家，他年轻时曾撰写过巴尔塔萨的研究文章，并与晚年巴尔塔萨合著过书，他与巴尔塔萨保持了深厚的友谊，1988年巴尔塔萨不幸病故，身为教廷信理部部长的他还亲往吊唁并发表葬礼讲道。参见 Joseph Ratzinger, "Christlicher Universalismus: Zum Aufsatzwerk Hans Urs v. Balthasar", in *Hochland* 54 (1961): 68-76; Joseph Cardinal Ratzinger, "Homily at the Funeral Liturgy of Hans Urs von Balthasar", *Hans Urs von Balthasar: His Life and Work* (San Francisco: Ignatius Press, 1991), pp.291-295; Heinz Schürmann, Joseph Cardinal Ratzinger, Hans Urs von Balthasar, *Principles of Christian Morality*. San Francisco: Ignatius Press, 1986; Hans Urs von Balthasar and Joseph Cardinal Ratzinger, *Mary: the Church at the Source*. San Francisco: Ignatius Press, 2005. 在教宗保罗六世神学委员会中，年轻的本笃十六世曾与吕巴克、巴尔塔萨、鲍耶尔（L. Bouyer）、梅迪纳（J. Medina）、勒基尤（M. J. Le Guillou）等共事，其神学理念进一步受到吕巴克、巴尔塔萨等人的影响。譬如，他参与了著名天主教神学刊物《团契》（Communio，另可译《共融》）的发起与创刊。这个影响全球、出版语言达17种之多的刊物实际是由巴尔塔萨组织创办的，作为这个多语种、多文化、多风格甚至出版内容都不同的国际刊物的协调者和召集人，巴尔塔萨为之确定了基本的神学理念和思想倾向，俨然是这个刊物及由这个刊物聚拢的信仰团契的精神灵魂。（巴尔塔萨为《团契》撰写了多篇阐述宗旨的文章，譬如 "Communio: A Programe", in *International Catholic Review* 1, 1972）《团契》创刊的缘起，一直有人误认为是为了针对改革派的《会议》（*Concilium: International Catholic Theology*）而创办的。后者是拉纳、龚加尔、施莱比克斯、孔汉思等改革派神学家在"梵二会议"结束后创办的神学刊物，其目的是进一步巩固、宣传改革派的神学主张，因之成为改革派神学的主要阵地。这种误传，很容易将《团契》意义贬低到教会政治斗争的层面，而且将《团契》贴上"保守主义"的标签，这显然与《团契》的创刊宗旨有违，《团契》及其成员当然不会认可，参见 Nicholas J. Healy, "Communio: A Theological Journey", *Communio: International Catholic Review* 33 (Spring 2006): 117-130. 但也不可否认，巴尔塔萨、吕巴克、拉辛格等神学家发起此刊，的确有抵制"梵二会议"后改革派乐观激进主义的目的。后者在推进现代化的时候，毫不犹豫地舍弃了教父与中世纪的传统神学资源。这点让这些对改革保持理性节制态度的神学家感到担忧，视之为教会的现代主义危机。所以，《团契》的整个基调，其实某种程度上讲还是"新神学"的立场，即在面向现代思想开放的同时，积极汲取古典传统资源，至今这个刊物还设有"复兴传统"（Retrieving the Tradition）这个常设栏目。所以，吕巴克、巴尔塔萨等神学家早期推动的"追本溯源"、"复兴古典"的神学主张，迄今仍旧延续着它的影响，尽管不是以一种轰轰烈烈的运动思潮方式。

容忽视的全球性思想文化潮流。

故而，重新发掘并阐释古典美学传统意义重大，且符合当下文化与哲学思潮。美学的现代重建，固然是顺应"回到古典"的时代思潮的表现，并且这个时代文化的契机对于美学的复兴也异常重要。但是，响应"回到古典"的口号，并不等于主张复古。现代性毕竟不是可以逆反的，既然现代性的引擎已经发动，就没有任何力量可以阻挡它滚滚向前的巨大车轮。妄想以一种复古主义来扭转它，化解一切存在的现代性危机，则无异于掩耳盗铃、螳臂当车，不仅无益于问题的解决，也无益于古典文化自身的继承和发展。现代性只能作有限的方向调校，而不可能彻底逆转。历史天命如此，终究非人力所能挽回，这也不能不说是一切有志于改塑现代性的仁人志士的悲哀。[1] 所以，这里与其说是复兴古典美学传统，毋宁说是古典美学传统的现代性重塑更为恰切。

这里所说的古典美学（classical aesthetics），当然不是指德国古典美学，更不是指17世纪法国古典主义艺术思潮的派生美学。而且，它也不是通常意义上泛称为"古典美学"的古代美学。

所谓"古典"（classical），同"经典"（classic）一样，其词根来自拉丁文classicus，而classicus又出自classis。classis这个词在习惯上除了表示一个社会上的阶级和一个学校里的班级之外，同时还可以表示一个舰队。在罗马时代，classicus一开始被用来表示社会的、行政的和财产上的关系，后来才被用于文学和艺术的领域。按古罗马行政法规，公民按照收入多寡分为五个等级，最高一级即称classicus。这个名词，在当时偶尔的比喻用法中，用来表示第一流的作家。由于文艺复兴时代推崇古代（古希腊、古罗马）文化和艺术，于是产生

---

[1] 在历史天命面前，倘论个人之修养，或如孟子，但尽人事，"存其心，养其性，所以事天也。夭寿不贰，修身以俟之，所以立命也"（《孟子·尽心上》）。或学庄子，顺世自处，悠然自乐，"知不可奈何，而安之若命，惟有德者能之"（《庄子·德充符》）。但现代性关乎人类整体之历史命运，有时竟明知其不可为而为之，亦是可理解的。

这样一个信念：凡是一流的作家，都是古代的作家。[1]这一信念在以后几个世纪不断得到巩固，17世纪更促成古典主义艺术风格的流行。于是，"古典"对现代以来的人们而言，也就意味着具有经典意义的古老精英传统。"古典"，其第一含义固然是指古代的，但其实它又不限于古代，它也包含了以古为法：作为杰出的、值得仿效的古代标准或规范，它超越时空的藩篱，成为任何时代、任何地域中艺术或思想完美的范型——"凡属优秀者皆是古典的"（Alles vortreffliche ist Klassich. —Zettl）；此外，它还包含和谐、节制、平衡、沉静等要素，表现出高贵的单纯和静穆的宏伟风格。[2]我们这里所讲的"古典美学"，大致就是在这个意义上使用"古典"概念的。

六、区别于现代美学的古典美学

古典美学，是相对于现代美学而言的。但是，古典美学之所以区别于现代美学，依据的并非史学断代意义的古代与现代划分。也就是说，古典美学并不完全等同于古代的美学，所谓现代美学也不尽等同于现代的美学（尽管它是现代的主导美学形态）。实际上，现代美学中仍然残存着古典美学的余绪，并且这种美学可能再次获得生机而成为真正现代性的美学资源。

古典美学与现代美学的区分，主要依据的是美学是否与存在本体关联。在古典美学中美是与神圣存在其他的先验属性——真、善三位一体的，而在现代美学中却是分裂的，美因此由存在本体论范畴沦为感性认识论范畴。按照巴尔

---

[1]《说文》解"古"字为："古，故也，从十口，识前言者也。"释"典"为："典，五帝之书也，从册在丌上，尊阁之也。"参见（汉）许慎：《说文解字》，中华书局1963年版，第50、99页。"典"乃是置于几上之册（殷墟甲骨文"㠭"下半部分非丌，而是双手上捧之形，兼有供奉之意，可见"典"之尊贵。二字合称"古典"，意指受尊崇之古代经典，故与古代西方人的古典观念大致也是相通的。

[2]〔波〕瓦迪斯瓦夫·塔塔尔凯维奇：《西方六大美学观念史》，刘文潭译，第184—188页。

塔萨的美学理论，他将古典美学与康德—浪漫主义美学对置，前者是宇宙论中心的，后者是人类学中心的。前者关注美的对象以精神之光迷惑自我的力量；后者关注一个人感知艺术品和自然的崇高力量时的个体内在感觉，并因此导致其游离客体转向主体的抽象性。更进一步讲，古典美学强调神道改变自然和自我的神圣力量；康德—浪漫主义美学强调创造神祇和改变自然的人类想象力的力量。因此古典意义的美学导致对一些特殊客体而不是对自我的敬重和崇拜；而康德—浪漫主义美学导致对自我的敬重和崇拜。古典美学赞美自然和神祇；而康德—浪漫主义美学赞美能够赞美自然和神祇的自我。[1] 巴尔塔萨所谓的康德—浪漫主义美学代表着现代美学主流的方向。根据他的区分，大致可以将古典美学视为客观主义美学，现代美学是主观主义美学。这根本上与美学的主体性转向相关。[2] 但这一归类并不是绝对的。是否是客观主义或主观主义，并不是古典美学与现代美学的根本标志。这里只是相对而言，古典美学更强调客观论，现代美学更倾向主观论而已。[3]

总之，古典美学是以存有论为根基的美学，亦即研究存在之美的美学。在古典美学中，美既不是从审美感官（心理）也不是从审美对象之单纯形式中得到规定，而是在存在之中得到其原始规定。[4] 在存在中真、善、美三种本体价值不一不异，本体之美与现象之美不一不异……所以古典美学是圆融之美学。古典美学中，美因为是从存在这一神圣本体得到其规定性的，它先天具有崇高、神圣的维度，故而古典美学也可称作神圣存在美学。另外，古典美学不仅关注超越的存在本体，也关注人的生存（生命），体现生命关怀或终极关怀，在美学

---

[1] Kevin Mongrain, *The Systematic Thought of Hans Urs von Balthasar: An Irenaean Retrieval* (New York: The Cross Publishing Company, 2002), pp.61-62.

[2] Hans Urs von Balthasar, *Theo-Drama: Theological Dramatic Theory* vol. II: *The Deamatis Personae: Man in God* (San Francisco: Ignatius Press, 1990), p.26.

[3] Hans Urs von Balthasar, *The Glory of the Lord: A Theological Aesthetics* vol. IV: *The Realm of Metaphysics in Antiquity* (Edinburgh: T. & T. Clark, 1989), p.35.

[4] Dimitrios N. Koutras, "The Beautiful According to Dionysius", in Aphrodite Alexandrakis (ed.), *Neoplatonism and Western Aesthetics* (Albany: State University of New York Press, 2002), p.31.

中彰显爱的精神，并最终将美学的视野拓展到人类救赎的主题上，所以古典美学也是生命美学、爱的美学和救赎美学。

七、塔塔尔凯维奇与古典美学

古典美学，作为截然不同于现代美学的另一种美学知识形态，在现代西方的美学史研究中从来没有得到过应有的重视，遑论美学史地位。如前所述，古典美学一直被现代的美学史贴上"前美学形态"的标签，埋没在古代美学的历史沉积物中。在所有美学史家中，塔塔尔凯维奇也许是最接近古典美学的一个人。其早年撰著的影响巨大的三卷本《哲学史》(*Historia filozofii*)，历史地构成了其晚年撰著的三卷本《美学史》(*Historia estetyki*, 1962—1967)[1]的学术基础，而且其《美学史》前两卷也都给了古代（古希腊罗马和中世纪）美学——作为一般美学通史对古代尤其是中世纪美学如此关注是前所未有的。这样根底深厚的学术经历，无疑已使他对西方古代美学了如指掌。故而，虽然他治美学史的方法仍是从现代美学的立场出发的，但我们从其辞世前的最后一部美学史巨著《西方六大美学观念史》(*Dzieje sześciu pojęć*, 1976) 里，却可以看到在他对古代美学观念史鞭辟入里的描述中，存在迥然不同于一般美学史的成分。这种成分曾使他那样地接近古典美学的本来面貌。但可惜他却因受缚于现代美学史的既有观念，没能清晰勾勒出古典美学的全貌，还原古典美学的知识学地位。

塔塔尔凯维奇谈论美学的古今差异，虽然还是史学意义上的古代与现代的

---

[1] Wladyslaw Tatarkiewicz, *History of Aesthetics* vol. I–III (The Hague: Mouton, 197-1974). 中译本目前只有前两卷：〔波〕达达基兹：《西洋古代美学》，刘文潭译，台北联经出版事业公司 1981 年版（另有理然译本，广西人民出版社 1990 年版；杨力译本，中国社会科学出版社 1990 年版）；〔波〕沃拉德斯拉维·塔塔科维兹：《中世纪美学》，褚朔维等译，中国社会科学出版社 1991 年版。

差异，但他的有些总结已十分接近我们所讲的古典美学与现代美学的区分。如他也讲到美的观念有广狭之分，古代广义之美——包含善之美与真之美——比较得势，如今狭义之美比较得势；[1] 美学自古便有主观主义与客观主义的分歧，在古代和中世纪甚至文艺复兴时期都是客观主义得势，主观主义占据主流是18世纪以后才有的事；[2] 等等。

塔塔尔凯维奇关于"伟大理论"的总结，充分证明他已觉察到美学古今之争的某种本质区别，以及古代的美学中曾经存在的某种同一性的东西。他认为古代美学和艺术中，分别存在一种"伟大理论"，这种理论具有某种支配性的地位，总是不断地出现在不同时代、地域的古代伟大作家思想里，并得到广泛而持久的承认，因此成为古代美学或艺术理论的主流学说。所谓"美学的伟大理论"，就是美在各部分的安排，"说得更精确一点，美包含在各部分的大小、性质、数目以及它们之间的相互关联之中"[3]。"pulchritudo est apta partium conjuctio"（美是各部分的协调组合）。这个理论，自公元前5世纪毕达哥拉斯创始，直到为经验哲学和艺术中的浪漫主义趋势逼出历史舞台，也就是说直到18世纪以前，它都是流行理论，故而成为主宰古代美学长达22个世纪的"伟大理论"。而其他的古代美学主张，依塔塔尔凯维奇之见，似乎都是"伟大理论"的"补充"，哪怕这个理论对"伟大理论"是持保留态度的。但可惜的是，塔塔尔凯维奇没有看到，在他所谓各种补充性的理论中，却存在一种潜在的统一性，这种统一性，也在他所谓的"伟大理论"上得到印证。这种统一性，便是我们称为"古典美学"的东西。

在"伟大理论"之外，塔塔尔凯维奇总结了许多种古代美学命题，譬如"我们透过我们的心灵方能理解到真正的美，透过感官则无济于事"，"美是美妙事物的一种客观的特性"，"美与真、善并列"，"美是神圣的"，"凡物皆美、皆丑"，

---

[1] 〔波〕瓦迪斯瓦夫·塔塔尔凯维奇：《西方六大美学观念史》，刘文潭译，第127页。
[2] 同上书，第203页。
[3] 同上书，第130页。

"美在适合","美包含在变化中的统一","美在完满","美是原型的观念、永恒的模型、至上的完满与绝对者之显示","美乃是灵魂或内在形式的表现",等等。[1] 的确,这些理论命题与"伟大理论"不同,相互之间也存在差异。但塔塔尔凯维奇不可能不知道,这些理论命题,基本上都不是古代思想家进行美学流派"判教"的依据或标准,而且这些命题也几乎都不是单独地存在于某个思想家的著作中,往往在同一个思想家那里能发现好几个基本美学命题同时并存,这一点在具有美学才华的思想家那里尤其明显,譬如普罗提诺(Plotinus,204—270)、伪狄奥尼修斯(Pseudo-Dionysius)、波纳文图拉(San Bonaventura,1221—1274)等。显然,这些命题背后可能还存在更为根本的东西,才能使它们统一到一起。

其实,塔塔尔凯维奇已经触摸到这个潜在的统一性的根基。但遗憾的是,他没有给予足够的重视,于是令他与这个美学史上的哥伦布式地理大发现失之交臂。他在柏拉图那里,已经看到一种形而上学主张,即作为"伟大理论的形而上学的基础"的理念主义形而上学。他也看到这一形而上学美学在柏拉图之后,经由普罗提诺的继承和发扬,"经常具备神学的性格",与基督教传统契合。[2] 不错,正是普罗提诺新柏拉图主义对这一美学形而上学的传承,最终通过基督教早期思想家——尤其是奥古斯丁(St. Augustine,353—430)与伪狄奥尼修斯——成为中世纪(神学)美学的哲学基础,并因此在根基上宰制人类的美学思维,直到出现美学的人类学转向。所以,要论"伟大理论",恐怕这才是真正的伟大理论。不仅因为它在美学史上的确曾经声名显赫,更是因为作为美学形而上学,它为美奠定了本体论基础。

这一美学脉络,如果说在柏拉图之前还非常模糊,但柏拉图之后,就已经变得越来越清晰,尤其是在普罗提诺之后它更是成为中世纪占有绝对支配地位的美学基础。但塔塔尔凯维奇却同其他美学史家一样视而不见,这完全不是因为他没有足够通博的美学史知识(倘论美学知识之通博,古往今来恐无出其右

---

[1] 〔波〕瓦迪斯瓦夫·塔塔尔凯维奇:《西方六大美学观念史》,刘文潭译,第134—142页。
[2] 同上书,第135页。

者），而是因为他以审美学立场为主导的现代美学史观使他过度关注了美学认识论的领域，而忽略了美学的存有论才是美学的真正根基。恰恰古典美学就是以存有论为基础的美学。所以，即使曾经与古典美学那样接近，他终是无缘一窥古典美学的庐山真面目。

塔塔尔凯维奇关于美的"伟大理论"或可称为审美学的"伟大理论"，但绝不是美学的"伟大理论"。倒是他讲的艺术的"伟大理论"，比较符合古典美学的标准。他认为艺术的"伟大理论"就是"艺术是实在的模仿"[1]。这个理论同审美的"伟大理论"一样，主宰了欧洲文化20多个世纪。模仿，的确是古典美学的一个重要范畴，但它主要属于艺术美的相位范畴，这里探讨形上美学，暂不过多涉及。

八、古典美学的现代幽灵

古典美学的式微，固是自路德（Martin Luther，1483—1546）改教以来便逐渐开始的过程，但其从美学史上销声匿迹，本质上却是18世纪美学认识论对美学本体论基础地位僭越的直接后果。这是人类主体意识觉醒导致的。美学的主体论转向，其积极一面是带来了审美学的独立和现代转化，并因此而得到蓬勃发展（至少从知识体系的延展来讲的确如此），并且也不可否认在特定历史时期（譬如德国浪漫主义时期和中国改革开放初期），现代美学也曾有其辉煌的一面。但其消极的一面，也正如前面所讲到的，导致美与真、善及存在本身的疏离，美的观念狭义化，并由审美的观念不由自主地滑向世俗感性的领域，丧失了美学的崇高性与神圣维度，并最终导致美学自身的现代性困境。当然这一困境与其说是现代美学自我招致的，不如说是因为现代美学身不由己受到现代性

---

[1]〔波〕瓦迪斯瓦夫·塔塔尔凯维奇：《西方六大美学观念史》，刘文潭译，第282页。

的裹挟，而被迫承受的现代性危机。

古典美学在现代被迫的沉默和边缘化，并不等于其影响就彻底泯灭、荡然无存了。实际上，在不少现代美学家的思想中都可能找到古典美学的灵魂。毕竟，古典美学乃是古代美学的主导形态，尽管现代美学一开始就通过改塑古代美学而肢解了它的整体存在，使它散落在古代美学的杂乱无章的历史沉积物中，变得面目全非，但只要现代美学家接触古代的美学思想，有时总能汲取一点带有古典美学本质特点的东西，然后透过其现代的美学体系透显出来（虽然这一过程可能是不自觉的）。这里面比较具有典型性的美学家是那个德国古典哲学的集大成者黑格尔。他的著名美学命题"美是理念的感性显现"[1]，便是古典美学本体论核心命题的现代显灵。其实在他之前，谢林的美学思想也透露出这一面向。在其《艺术哲学》（*Philosophie Der Kunst*）[2]中，谢林也讲美是现实地直观到的绝对，"艺术本身是绝对者的流溢（aus-fluβ）"[3]，"宇宙作为绝对的艺术作品建在上帝中，并建在永恒的美中"[4]，等等。

德国古典美学和浪漫主义美学之后，现代美学的版图上又出现许多名目繁杂的美学流派，诸如唯美主义美学、象征主义美学、自然主义美学、意志论美学、直觉主义美学、现象学美学、存在主义美学、符号学美学、格式塔美学、精神分析美学、实证主义美学、实用主义美学、分析美学、解释学美

---

[1]〔德〕黑格尔：《美学》（第一卷），朱光潜译，第142页。"理念"，黑格尔自己的界定，"理念就是概念与客观存在的统一"，参见〔德〕黑格尔：《美学》（第一卷），朱光潜译，第137页。"理念作为主观理念和客观理念的统一，是理念的概念。这个概念以理念本身为对象，对于这个概念来说，理念就是客体，全部规定都塌缩到了这个客体中。因此，这种统一是绝对的和全部的真理，是自己思维自己的理念，而且在这里理念是作为能思维的、逻辑的理念思维自己的"；"绝对理念首先是理论理念和实践理念的统一，因此同时也是生命理念和认识理念的统一"；"绝对理念是自为的，因为它没有任何过渡，也没有前提，并且完全没有那种似乎不流动的、不透明的规定性，而且是概念的纯粹形式，这形式将其内容直观为其身"。参见〔德〕黑格尔：《小逻辑》，梁志学译，人民出版社2002年版，第374页。

[2] 虽然这部著作1859年才由其子收入《谢林文集》第五卷首版，但谢林于1801—1809年间已陆续完成，并发表演讲。黑格尔的诸多美学思想源自谢林，应该是哲学史事实。

[3]〔德〕谢林：《艺术哲学》，魏庆征译，中国社会出版社1997年版，第26页。

[4] 同上书，第41页。

学、结构主义美学、后结构主义美学、马克思主义（实践）美学、后现代主义美学、大众美学、生态美学、景观美学、影视美学，等等。两个世纪以来，几乎只要出现一种人文或社会思潮，或者时髦的前沿学科，便会有相应的美学流派或理论产生，也不管它们是否缘起于审美或艺术的题域。现代美学理论的泛滥，其表面繁荣的背后是资源耗尽的贫乏与尴尬。在美学存有论被普遍遗忘的时代，美学没有了根基和依靠，于是不得不拾人唾余，附庸时髦的人文或社会思潮与理论，寄生于哲学或其他前沿、优势学科，自甘边缘化。当然，这里并不是说美学不应该回应时代思潮，也不是不允许美学的跨学科研究，只是现代美学忽略了更应该做的工作，即重修美学存在本体论的古典传统——唯其如此，才有可能从根本上化解美学的现代性危机。在这些现代美学思潮中，固然也不乏对美学本体论的探讨尝试，不过大多数现代美学本体论的建构基点属于美学认识论，而不是存有论的。这类探讨，几乎不可能触及美学本体的神圣维度。

尽管如此，存在主义美学在众多美学流派中，可能要算一个例外。至少在海德格尔那里，其美学观已在某种程度上超越了美学认识论的藩篱，比较接近于古典美学存有论。首先，艺术在海德格尔看来，远不只是物因素（das Dinghafte），还揭示了存在者的真理。所以他把艺术的本质界定为："存在者的真理自行设置入作品。"（das Sich-ins-Werk-Setzen der Wahrheit des Seienden）[1] "真理的本质是揭示自身为自由。自由乃是绽出的、解蔽着的让存在者存在。"[2] 在艺术中发挥作用的是真理，真理让自行遮蔽的存在变得澄亮，这种解蔽的光亮把它的闪耀（Scheinen）嵌入艺术作品就是美。所以，在艺术品中，"美属于真理的自行发生（sichereignen）"[3]，"美是作为无蔽的真理的一种现身方式"

---

[1]〔德〕海德格尔：《艺术作品的本源》，载《海德格尔选集》（上），孙周兴选编，上海三联书店1996年版，第256页。

[2] 同上书，第226页。

[3]〔德〕海德格尔：《林中路》，孙周兴译，上海译文出版社2004年版，第69—70页。

(Schnheit ist eine Weise, wie Wahrheit als Unverborgenheit west)。[1] 可见，虽然海德格尔可能不太愿意承认他的美学同柏拉图的理念主义美学形而上学的渊源关系，但事实上，他的确在一定程度上继承并复活了柏拉图古典美学本体论的精神传统。

海德格尔在其后期思想中，针对技术统治、人的异化及无家可归状态等现代性危机，展开现代性批判与人类精神家园重建的哲学工作。诗（Dichtung）与思（Denken）以及语言（Sprache）等成为他重点关注的美学题域。诗与思乃是存在的道说方式。在海德格尔看来，"作为存在者之澄明和遮蔽，真理乃通过诗意创造而发生。凡艺术都是让存在者本身之真理到达而发生；一切艺术本质上都是诗（Dichtung）"[2]。海德格尔的"诗"是指宽泛意义上的诗意创造。关于"思"，海德格尔认为柏拉图、亚里士多德以来一直被视为一种 τέχνη（技术），这一定义牺牲了作为思的基本成分的存在。[3]海德格尔的思是"l'engagement par l'Être pour l'Être（通过存在而存在的任务）"，"思让自己被存在取为说出存在的真理之资"。[4]思是使存在解蔽而道说自身的人的本质。在他看来，"存在在思中形成语言。语言就是存在的家。人以语言之家为家。思的人们与创造的人们是这个家的看家人"[5]。

但是，无家可归状态在现代性危机中变成了世界命运、历史天命。海德格尔深刻洞见到，"无家可归状态实基于存在者之离弃存在"，因而"无家可归状态是忘在的标志"[6]。对存在的遗忘才是现代性危机的真正根源。他相信："面临人的这种有本质意义的无家可归状态，存在的历史的思会看出人的未来的天命就在于，人要找到存在的真理中去而且要走到找存在的真理的路上去。"[7] 由

---

[1] 〔德〕海德格尔：《艺术作品的本源》，载《海德格尔选集》（上），孙周兴选编，第276页。
[2] 同上书，第292页。
[3] 〔德〕海德格尔：《关于人道主义的书信》，载《海德格尔选集》（上），孙周兴选编，第360页。
[4] 同上书，第359页。
[5] 同上书，第358页。
[6] 同上书，第382页。
[7] 同上书，第384页。

此信念，海德格尔一生便致力于建立一种真正的存在论（Ontologie）。他认为这一存在论也将重新为世界找回神圣的维度。[1]因为神圣者只有在存在本身已经澄明且已被在其真理中认知了的时候才出现。[2]海德格尔的存在论（尤其是后期思想）是美学性或诗性的，所以他提出"诗意地栖居"，以及天、地、神、人和谐共融的"世界游戏"（Weltspiel）学说，来应对现代人的无家可归状态，构建存在者走出现代性困境的审美式的精神家园。

海德格尔的深刻有目共睹，毕竟他是人类思想史少有的可与柏拉图、康德诸贤比肩的哲学巨匠。但平心而论，就美学体系建构而言，海德格尔并没有任何复兴古典美学以从根本上重塑现代美学的意识；就其影响而言，他也没有从根本上疗救现代美学的沉疴。虽然海德格尔存在论美学在现代性批判方向（包括对存在本体、神圣性、整一性的重视）与本书所倡的古典美学是大体一致的，但毕竟还存在许多差异，譬如现代古典美学要致力于建立一种真、善、美圆融一体的美学本体观，而海德格尔美学基本上延续启蒙以来价值本体分化的传统；同时，他批判并试图超越形而上学（实际上他并没有实现这一目标），但我们恰恰是要重建古典美学的形而上学基础；等等。他的诸多思想无疑源出启蒙现代性及其内在逻辑，其美学严格意义上讲并没有真正彻底地跃出现代美学的统绪，故而充其量可以称作古典美学的现代幽灵。

九、巴尔塔萨神学美学与古典美学的现代复兴

古典美学在现代美学史上的销声匿迹，是审美学挤压、排斥的结果，但根源上是启蒙哲学的主体性转向所导致的。因为，自进入中世纪以后，古典美学

---

[1] 海德格尔在诠释荷尔德林的诗时，曾认为荷尔德林所讲的"神圣"（das Heilige）就是他讲的"存在"（Sein）。

[2]〔德〕海德格尔：《关于人道主义的书信》，载《海德格尔选集》（上），孙周兴选编，第384页。

便依托基督教神学转化为神学美学的基本结构。这里古典美学的大宗师普罗提诺起到了关键性的枢纽作用。虽然一般奥古斯丁才被视为"基督教美学的奠基人"[1]，但实际上神学美学应该从普罗提诺这里算起。诚如法阿斯（Ekbert Faas）所见，普罗提诺在阐释柏拉图时所提出的新概念，接着就出现在了奥古斯丁那里，并因此进入基督教神学与美学。[2] 所以，没有他，就不可能有绵延近两千年底蕴深厚的基督教古典美学传统。古典美学与神学的结盟，古典美学凭借基督教的绝对统治地位，在中世纪达到了巅峰——尽管作为美学理论极端（异端）并戾气十足的"偶像破坏运动"，曾给基督教古典美学抹上了不光彩的一笔。然而这一结盟也给古典美学带来一个毫无斡旋余地的致命灾难。中世纪结束后，罗马天主教便开始逐渐丧失对神学中美学问题的兴趣。而新教基于"因信称义"（sola gratia et fides）和"唯独《圣经》"（sola scriptura）教义，一开始便对美和艺术采取漠视甚至弃绝的态度（如茨温利、加尔文），美学在新教神学中几乎完全丧失了自己的领地，这一状况直到19世纪"审美神学"（aesthetical theology）[3] 出现才稍有改观。所以近代以来，古典美学的衰败之势便已在基督教内部显现出来。但这种衰落并不是根本性的，至少在现代美学正式登上历史舞台以前，它还据有相对主流的地位，而且之后也没有完全从基督教神学中彻底消寂。

  古典美学的根本性衰落是启蒙哲学的人类学转向造成的。这一转向包含主体理性意识的觉醒，而主体理性觉醒在当时直接指向宗教蒙昧主义批判，基督教首当其冲。古典美学由于在中世纪完全托付给神学美学，哲学的古典美学传

---

[1] Hans Urs von Balthasar, *Explorations in Theology* vol. I: *The Word Made Flesh* (San Francisco: Ignatius Press, 1989), p.101.

[2] Ekbert Faas, *The Genealogy of Aesthetics* (Cambridge: Cambridge University Press, 2002), p.41.

[3] "审美神学"为巴尔塔萨的美学史概念，主要指以赫尔德（Johann Gottfried Herder）、夏多布里昂（René de Chateaubriand）、屈格勒（Alois Gügler）等为代表的19世纪浪漫主义神学（美学）。这种神学把现代美学的范畴运用于神学，在巴尔塔萨看来，是以美的俗世标准为神圣启示的美的标准的神学歧路。详参见 Hans Urs von Balthasar, *The Glory of the Lord: A Theological Aesthetics* vol. I: *Seeing the Form* (Edinburgh: T. & T. Clark, 1982), pp.79-117。

统已经中断,其现代性转化仅靠近代以来便已式微的神学美学资源,根本无法通过启蒙理性的审查。现代审美学的异军突起,几乎不费吹灰之力便将神学的古典美学边缘化了。由于自身的衰微,所以甚至连一点挣扎的痕迹都没留下,古典美学便失去了进入现代知识谱系的机会。从此,这个美学传统也就悄无声息地淡出了人们的视野;美学史的书写在审美学观念主导下,也将这个传统分割得七零八落,抛撒在古希腊罗马和中世纪的断代美学史中,而近现代部分的美学史则根本不再提及任何相关信息。因此,现在人们已很难知道这样一个美学传统的存在了,即便是专业的美学家或美学史家,也几乎没有人能看清这个传统。因为,既往的美学史从来就没有正面涉及这个美学传统,受现代美学史教育成长起来的美学家很难突破先入为主的美史学框架,但更重要的是,现代美学史观对他们思想的钳制,根本制约了他们发现美学的古典传统的能力,即便他们可能已拥有非常渊博的古代美学知识。

其实现代以来,古典美学并没有随着现代美学的兴起彻底湮灭。它的传统仍然延续着,只不过是以一种潜流的方式或边缘化的方式存在,没有引起美学界的关注罢了。前面已经提到,虽然古典美学的传统已被现代美学遮蔽了,但其现代幽灵还游荡在那些关注古典思想的哲学家的美学体系里,谢林、黑格尔、海德格尔便是这些哲学家中的代表。通过这些哲学家,古典美学以一种极其隐秘的方式在现代显灵。除此之外,古典美学传统更主要的是通过基督教神学美学才得以延续到现在的。

神学美学(theological aesthetics),同我们所讲的古典美学一样,实际上也是个现代概念。大概在1932年,以宗教现象学著称于世的荷兰宗教学家、神学家范·德·略夫(Gerardus Van der Leeuw, 1890—1950),在其艺术神学专著《艺术的神圣维度》(*Vom Heiligen in der Kunst*)[1]中首次使用了"神学美学"一词。这个词的出现,也就意味着拉开了现代神学美学体系建构的序幕。现代意义的

---

[1] 英译本参见 David E. Green trans., *Sacred and Profane Beauty: The Holy in Art* (Oxford, New York: Oxford University Press, 2006)。

神学美学体系——或可称学科——是在巴尔塔萨的手中成熟的，他被视为当代神学美学的奠基人[1]，其《上帝的荣耀：神学美学》便是这一学科的里程碑。"神学美学"在巴尔塔萨那里有比较严格的界定，在他看来，"'美学'对我们而言是纯粹神学意义的：对上帝绝对自由的爱的赐予之自明荣耀的信仰感知"[2]，"由此我们意谓一种神学，这种神学根本上不运用世俗哲学美学（首先是诗）的神学范畴，而是用真正的神学方法从启示的宝库中发展其美的学说"[3]。"神学美学"的这一界定主要是针对"审美神学"而言的。他认为，二者的根本分歧在于，前者是让神圣启示自行设定美的标准的神学，而后者则是以美的俗世标准为神圣启示的美的标准的神学。所以从某种意义上也可以这样讲，神学美学是美学的神学化（神圣化），审美神学是神学的美学化（世俗化）。但现在基督宗教学界往往在不严格的、宽泛的意义上使用"神学美学"，这就不仅包含了"审美神学"，甚至也包含了（非美学角度的）基督教艺术学和诗学的内容。我们这里还是参考巴尔塔萨的基本界定来规定神学美学，然而也不排除审美学化的"审美神学"内含某种属于古典美学传统的因素，尽管这种因素可能远不及神学美学纯粹。

依巴尔塔萨的界定，现代神学美学的渊源实际可追溯到18世纪的哈曼（Johann Georg Hamann，1730—1788）那里。而在19世纪浪漫主义审美神学失败之后，谢本（Matthias Joseph Scheeben，1835—1888）便已基本上将世俗化的审美神学改造成了神学美学。新教在20世纪通过巴特、蒂利希（Paul Tillich，1886—1965）等人进一步发展了神学的这一面向，到了内贝尔（Gerhard Nebel，1903—1974）的《美的事件》[4]问世，新教神学美学便已经比较成熟了。当然，

---

[1] Aidan Nichols, *Redeeming Beauty: Soundings in Sacral Aesthetics* (Aldershot: Ashgate Publishing Ltd., 2007), p.53.

[2] Hans Urs von Balthasar, *Love Alone* (New York: Herder and Herder, 1963), p.9.

[3] Hans Urs von Balthasar, *The Glory of the Lord: A Theological Aesthetics* vol. I: *Seeing the Form* (Edinburgh: T. & T. Clark, 1982), p.117.

[4] Gerhard Nebel, *Das Ereignis des Schönen* (Stuttgart: E. Klett, 1953).

依巴尔塔萨的判教，真正成熟的神学美学自然是他的神学美学。而这一点，应该也是没有异议的，迄今为止，还没有人在神学美学上真正超越了这位大师，尽管超越的口号已经喊响。[1]

其实巴尔塔萨神学美学已经同古代（中世纪）基督教的神学美学有了巨大区别。其中最明显的，便是他已经无可避免地受到了现代美学观念的影响，虽然他的神学美学作为基础神学和教义神学的护教学属性最大限度地压制了这方面的负面影响。所以，不能不加限定地直接把他的神学美学与古典美学画等号。但他的神学美学，是明确以古典美学为对话对象的，而其自身也可视为古典美学传统在现代最具代表性的复活。

其实，巴尔塔萨是启蒙以来少有的能分辨出古典美学传统的人，在《上帝的荣耀：神学美学》第四卷"导言"中，他明确提到：

> 在美学还没有在晚期唯理主义（鲍姆加登）和批判唯心主义（康德）里被降格到限定在特殊知识领域的一门科学之前，它（当被视为对抗作为整体的传统背景时）还是形而上学的一个面向：形而上学是关于存在的东西之存在的学问，并且就通过"存在"，这个意味着最终建立世界的多样性的东西而言，形而上学与神学不可分离。依这种观点，为了它们能够被理解，那种只能以碎片化的方式认识到的此世之暂存性的真和善，被视为锚定在永恒而完整的真与善里的：以同样的方式，以单纯显现方式闪耀出光芒的美，也锚定在了永恒的绝对美之中，一种与"神祇"、"神圣"、"上帝"栖居在存在的完全 ἀρχαί（统治）里的美。这一直观，从荷马、品达

---

[1] 巴尔塔萨之后，基督教神学美学领域内的学者们便开始探索超越巴尔塔萨的理论课题，20年间迅速涌现出谢里（Patrick Sherry）、纳韦尼（John Navone）、维拉德索（Richard Viladesau）等一批潜质颇佳的神学美学家。2006年3月25—28日在美国丹佛大学（University of Denver）召开的第二届国际神学美学学术研讨会便是以"超越巴尔塔萨"为会议主题的。可见，"超越巴尔塔萨"在西方神学界已成为颇具时代意义的美学主题（尽管汉语学界对此翁仍知之甚少）。参见宋旭红：《"超越巴尔塔萨"：神学美学的当代处境分析》，载《神学美学》（第一辑），上海三联书店2006年版。

（Pindar）开始，中经柏拉图、亚里士多德、普罗提诺、基督教的中世纪早期和中期，一直延续到文艺复兴和巴洛克时期；这里，在καλόν（作为整体、声音、华丽和美的东西）是作为存在本身的先验规定性之一的意义上，我们把这一直观命名为"先验美学"。《圣经》启示可以并且必须进行与这种先验美学的对话；出于同样的原因，它可以不关心限定在此世界限内的局部美学。[1]

巴尔塔萨所谓的"局部美学"，指的是那种主导世俗化的现代美学之审美学；而所谓"先验美学"，基本上就是这里所谓的古典美学——巴尔塔萨也有Antike Ästhetik或Klassische Ästhetik（古典美学）的概念。[2] 这么清楚地看到古典美学传统，也许巴尔塔萨还是两百年来的第一个人——也可以说是古往今来第一人，因为从来就没有人系统反思过这个传统。应该说，在巴尔塔萨之前，还没有任何人认真梳理过古典美学的资源——他的《上帝的荣耀：神学美学》从第二卷开始其实都可以在某种程度上视为对古典美学的梳理。当然，巴尔塔萨对古典美学传统的梳理，其实也不是严格按美学史的方法进行的，他也没有这个具体的理论意识。他的梳理只是站在神学美学的现代建构立场上进行的理论资源回溯。尽管这一立场削弱了他在古典美学史研究上的贡献，但对他而言，这已经是无心插柳的意外收获了。毕竟，他的神圣美学主要是在进行神学的探索。美学的研究，不过是他在看到美在神学和哲学史中的遗失而引发的计划。[3]其目的是要在宇宙论与人类学的神学进路失败之后，通过寻回神学中失落已久

---

[1] Hans Urs von Balthasar, *The Glory of the Lord: A Theological Aesthetics* vol. IV: *The Realm of Metaphysics in Antiquity* (Edinburgh: T. & T. Clark, 1989), pp.19-20.

[2] Hans Urs von Balthasar, *The Glory of the Lord: A Theological Aesthetics* vol. IV: *The Realm of Metaphysics in Antiquity* (Edinburgh: T. & T. Clark, 1989), p.26; see also Hans Urs von Balthasar, *Theo-Drama: Theological Dramatic Theory* vol. II: *The Deamatis Personae: Man in God* (San Francisco: Ignatius Press, 1990), p.26.

[3] Stephan van Erp, *The Art of Theology: Hans Urs von Balthasar's Theological Aesthetics and the Foundations of Faith* (Leuven: Peeters, 2004), p.130.

的与存在（ens）、真（verum）、善（bonum）并列的美（pulchrum）的先验属性，并对神学中美的维度进行重新开掘，为现代神学提供了一条理解上帝启示奥秘的奇异路径。

尽管巴尔塔萨神学美学（"神学先验美学"）就其作为古典美学而言，其护教学立场带来了许多偏执的宗派色彩，但无可否认的是，巴尔塔萨作为神学美学之集大成者，其神学美学也是迄今为止学术界对西方古典美学传统最为系统的反思总结和在基督教（天主教）神学传统内的现代重建。复兴古典美学，无论如何都是不可能绕过这位美学家的。其神学美学，是复兴古典美学传统不可或缺的基本参照坐标。

十、本课题研究的现状、基本目标与构想

面对古典美学这样一个长期被遮蔽和遗忘的庞大哲学传统，复兴口号的落实，将是一个浩大而繁重的系统工程。因而，古典美学的复兴绝不可能是一蹴而就的。巴尔塔萨是第一位正视古典美学传统的思想家，其神学美学较为系统地呈现了古典美学在神学领域的现代复兴形态，为古典美学传统的复兴开辟了一条道路。但是，巴尔塔萨对于美学的这个独特贡献迄今为止并没有得到学界的重视。当然，这大概与西方巴尔塔萨神学研究主要集中在神学界，而世俗学界尤其是美学界还较少关注的现状相关。

巴尔塔萨在20世纪中叶便开始受到西方神学界的关注，时任教宗本笃十六世当时即写过巴尔塔萨神学的研究文章。所以，西方的巴尔塔萨研究已经有半个世纪的历史了。当然，巴尔塔萨真正成为西方神学界的研究热点，还是在20世纪70年代中期以后。西方三四十年来的巴尔塔萨研究（包括翻译），无论是数量还是质量都已形成规模，甚至可以说成果斐然。巴尔塔萨7000余页的"神

学三部曲"[1]和其他主要著作俱已译成英文或其他文字，研究其思想的博士论文已逾百篇，出版的相关研究专著或文集也已达数百部之多，关注此翁神学及其他思想的人则难以计数。

因为大部头多卷本的《上帝的荣耀：神学美学》（七卷）是真正使巴尔塔萨这个游离于教会体制边缘的神学家声名鹊起的著作，所以在巴尔塔萨神学研究中，其神学美学一向占有较大比重。从20世纪70年代中期以来，除去或多或少都会涉及其美学思想的多种巴尔塔萨通论性研究著作[2]，正面研究其神学美

---

[1] 巴尔塔萨20世纪30年代在其博士论文《现代德国文学的末世论问题史》（*Geschichte des eschatologischen Problems in der modernen deutschen Literatur*, 1930）的基础上著有"哲学三部曲"：*Apokalypse der deutschen Seele. Studien zu einer Lehre von letzten Haltungen Bd. I. Der deutsche Idealismus* (Salzburg, 1937); *Bd. II. Im Zeichen Nietzsches* (Salzburg, 1939); *Bd. III. Die Vergöttlichung des Todes* (Salzburg, 1939)。晚年（20世纪60年代至80年代）他又著"神学三部曲"以综合其神学思想，《上帝的荣耀：神学美学》便是其第一部：*Herrlichkeit. Eine theologische Ästhetik* (Einsiedeln, Johannes Verlag) *Bd. I: Schau der Gestalt* (1961; 3d ed.,1988); *Bd. II: Fächer der Stile; Teil 1: Klerikale Stile* (1962; 3d ed.,1984); *Teil 2: Laikale Stile* (1962; 3d ed.,1984); *Bd. III/1: Im Raum der Metaphysik; Teil 1: Altertum* (1965; 2d ed., 1975); *Teil 2: Neuzeit* (1965; 2d ed., 1975); *Bd. III/2: Theologie; Teil 1: Alter Bund* (1966; 2d ed., 1988); *Teil 2: Neuer Band* (1969; 2d ed., 1988)。其次是《神学戏剧学》：*Theodramatik* (Einsiedeln, Johannes Verlag) *Bd.I: Prolegomena* (1973); *Bd. II: Die Personen des Spiels; Teil 1: Der Mensch in Gott* (1976); *Teil 2: Der Mensch in Christus* (1978); *Bd. III: Die Handlung* (1980); *Bd. IV: Das Endspiel* (1983)。最后是《神学逻辑学》：*Theologik* (Einsiedeln, Johannes Verlag) *Bd. I: Wahrheit der Welt* (1985); *Bd. II: Wahrheit Gottes* (1985); *Bd. III: Der Geist der Wahrheit* (1987)。

[2] Joseph Godenir, *Jésus, l'unique: introduction á la théologie de H.U. von Balthasar* (Paris: Éditions Lethielleux, 1984); John Riches (ed.), *The Analogy of Beauty: the Theology of Hans Urs von Balthasar* (Edinburgh: T. & T. Clark, 1986); John Saward, *The Mysteries of March: Hans Urs von Balthasar on the Incarnation and Easter* (Washington, D.C. : Catholic University of America Press, 1990); David L.Schindler (ed.), *Hans Urs von Balthasar: His Life and Work* (San Francisco: Ignatius Press, 1991); John O'Donnell, *Hans Urs von Balthasar* (London: Geoffrey Chapman, 1992); Bede McGregor and Thomas Norris (eds.), *The Beauty of Christ: An Introduction to the Theology of Hans Urs von Balthasar* (Edinburgh: T. & T. Clark, 1994); Edward T. Oakes, *Pattern of Redemption: The Theology of Hans Urs von Balthasar* (New York: The Continuum Publishing Company, 1994); Angelo Scola, *Hans Urs von Balthasar: A Theological Style* (Grand Rapids: Wm. B. Eerdmans Publishing Co., 1995); Mark A. McIntosh, *Christology from Within: Spirituality and the Incarnation in Hans Urs von Balthasar* (Notre Dame: University of Notre Dame Press, 1996); Kevin Mongrain, *The Systematic Thought of Hans Urs von Balthasar: An Irenaean Retrieval* (New York: The Crossroad Publishing Company, 2002); Edward T. Oakes and David Moss (eds.), *The Cambridge Companion to Hans Urs von Balthasar* (New York: Cambridge University Press, 2004); Ed Block (ed.), *Glory, Grace, and Culture: the Work of Hans Urs von Balthasar* (New York: Paulist Press, 2005); Magnus Striet, Jan-Heiner Tück [Hrsg.], *Die Kunst Gottes verstehen: Hans Urs von Balthasars theologische Provokationen* (Freiburg im Breisgau: Herder, 2005); etc.

学的专著就有二三十种之多，此外还有多篇未公开出版的博士论文，以及难以统计的期刊论文和会议论文。

据论者所掌握的巴尔塔萨研究文献来看，西方三四十年来的巴尔塔萨神学美学研究，主要集中在以下题域：首先，是对巴尔塔萨神学美学的通论研究或译介导读，其中比较具有代表性的便是罗伯茨（Louis Roberts）的《巴尔塔萨神学美学》和尼科斯（Aidan Nichols O. P.）的《道已传扬：巴尔塔萨美学导读》；[1] 其次，是研究美学在巴尔塔萨神学中的作用和地位的著作，如杰弗里·凯（Jeffrey Kay）的《神学美学：巴尔塔萨神学方法中的美学角色》和哈特曼（Michael Hartmann）的《美学作为基础神学的范畴》；[2] 再次，是针对巴尔塔萨神学美学核心范畴的专题研究，如基督论和类比，比较具有代表性的著作有马凯西（Giovanni Marchesi）的《巴尔塔萨基督论》和洛荷布鲁勒

---

[1] Roberto Vignola, *Hans Urs von Balthasar: estetica e singolarità* (Milan: Istituto propaganda libraria, 1982); Louis Roberts, *The Theological Aesthetics of Hans Urs von Balthasar* (Washington, D.C.: The Catholic University of America Press, 1987); Aidan Nichols, *The Word Has Been Abroad: A Guide through Balthasar's Aesthetics* (Edinburgh: T. & T. Clark, 1998); W. T. Dickens, *Hans Urs von Balthasar's Theological Aesthetics: A Model for Post-Critical Biblical Interpretation* (Notre Dame: University of Notre Dame Press, 2003); Stephan van Erp, *The Art of Theology: Hans Urs von Balthasar's Theological Aesthetics and the Foundations of Faith* (Leuven: Peeters, 2004); Michael Waldstein, "Hans Urs von Balthasar's Theological Aesthetics", *Communio: International Catholic Review* 11 (Spring 1984): 13-27; Michael Waldstein, "An Introduction to von Balthasar's The Glory of the Lord", *Communio: International Catholic Review* 14 (Spring 1987): 12-33; Louis Dupré, "The Glory of the Lord: Hans Urs von Balthasar's Theological Aesthetic", *Communio: International Catholic Review* 16 (Fall 1989): 384-412; Virgil Nemoianu, "The Beauty of Balthasar", *Crisis* 11 (April 1993): 42-46; R. E. Wood, "Philosophy, Aesthetics, and Theology: A Review of Hans Urs von Balthasar's *The Glory of the Lord*", *American Catholic Philosophy Quarterly* 67 (1993): 355-382; Aidan Nichols, "Von Balthasar's Aims in his Theological Aesthetics", *Heythrop Journal* XL (1999), pp. 409-423, etc.

[2] Jeffrey Kay, *Theolgical Aesthetics: The Role of Aesthetics in the Theological Method of Hans Urs von Balthasar* (Berne: Herbet Lang; Frankfurt: Peter Lang, 1975); Michael Hartmann, *Ästhetik als ein Grundbegriff fundamentaler Theologie: eine Untersuchung zu Hans Urs von Balthasar* (St Ottilien: EOS Verlag, 1985); J. A. Kay, "Aesthetics and a Posteriori Evidence in Balthasar's Theological Method", *Communio: International Catholic Review* 2 (1975): 289-299; etc.

（Manfred Lochbrunner）的《爱的类比》；[1]最后，是巴尔塔萨神学美学与其他美学思想的比较研究，或者跨学科研究，如菲利普（Craig Arnold Phillips）的《从美学到救赎政治学：巴尔塔萨神学美学与本雅明唯物主义美学的政治读解》和拉古茨（Ivica Raguž）的《神——人之意义：康德与巴尔塔萨美学之间的先验神学对话》。[2]

西方的巴尔塔萨研究主要集中在神学界，尤其是天主教神学界。神学界的信仰学术背景基本上决定了研究者的关注重点和兴趣取向偏重于其神学贡献。故而虽然巴尔塔萨神学美学方面的研究已取得众多成果，并且其中也不乏优秀之作，但巴尔塔萨神学美学对于美学史的重要意义还没有得到充分重视。至于巴尔塔萨对古典美学的特殊贡献及其对古典美学的现代复兴之重要意义，就论

---

[1] Michael Albus, *Die Wahrheit ist Liebe: zur Unterscheidung des Christlichen nach Hans Urs von Balthasar* (Freiburg; Basel; Wien: Herder, 1976); Giovanni Marchesi, *La Cristologia di Hans Urs von Balthasar. La figura di Gesù Cristo espressione visibile di Dio* (Rome: Università gregoriana, 1977); Manfred Lochbrunner, *Analogia caritatis: Darstellung und Deutung der Theologie Hans Urs von Balthasar* (Freiburg; Basel; Wien: Herder, 1981); Michael Maria Waldstein, *Experssion and Form: Principles of a Philosophical Aesthetics According to Hans Urs von Balthasar* (University of Dallas, Ph.D. Dissertation, 1981); Johannes Schmidt, *Im Ausstrahl der Schönheit Gottes. Die Bedeutung der Analogie in 'Herrlichkeit' bei Hans Urs von Balthasar* (Münsterschwarzach: Vier-Türme-Verlag, 1982); Georges de Schrijver, *Le merveilleux accord de l'homme et Dieu: étude de l'analogie de l'être chez Hans Urs von Balthasar* (Louvain: University Press, 1983); John Riches (ed.), *The Analogy of Beauty: the Theology of Hans Urs von Balthasar* (Edinburgh: T. & T. Clark, 1986); Henriette Danet, *Gloire et croix de Jésus-Christ: l'analogie chez Hans Urs von Balthasar comme introduction à sa christologie* (Paris: Desclée, 1987); Sturmius-M. Wittschier, *Kreuz, Trinität, Analogie. Trinitarische Ontologie unter dem Leitbild des Kreuzes, dargestellt als ästhetische Theologie* (Würzburg: Echter, 1987); Francesca Aran Murphy, *Christthe Form of Beauty: A Study in Theology and Literature* (Edinburgh: T. & T. Clark, 1995); Mario Saint-Pierre, *Beauté, Bonté, Vérité chez Hans Urs von Balthasar* (Saint-Nicolas: Les Presses de l'Université Laval, 1998); Veronica Donnelly, *Saving Beauty: Form as the Key to Balthasar's Christology* (Oxford, New York: Peter Lang, 2007); Fernando Bellelli, *Cristocentrismo e storia: l'uso dell' analogia nella cristologia di Hans Urs von Balthasar* (Bologna: ESD, 2008); Louis Dupré, "Hans Urs von Balthasar's Theology of Aesthetic Form", *Theological Studies* 49 (1988): 299-318; etc.

[2] Craig Arnold Phillips, *From Aesthetics to Redemptive Politics: A Political Reading of the Theological Aesthetics of Hans Urs von Balthasar and the Materialist Aesthetics of Walter Benjamin* (Duke University, 1993); Ivica Raguž, *Sinn für das Gott-Menschliche: transzendental-theologisches Gespräch zwischen den Ästhetiken von Immanuel Kant und Hans Urs von Balthasar* (Würzburg: Echter, 2003); Jason Paul Bourgeois, *The Aesthetic Hermeneutics of Hans-Georg Gadamer and Hans urs von Balthasar* (New York: Peter Lang, 2007); etc.

者所掌握的文献来看，基本上还没有进入西方学界的研究视野。所以，本书研究的课题无论对西方神学界还是美学界来讲，都是一个很少人涉入或没有人曾深入涉足的新领域。

目前为止，无论是巴尔塔萨还是神学美学，对汉语学界来讲都是比较陌生的领域。神学美学作为一个现代学术领域，在西方已经发展得相当成熟，各类专著和文集已有数百种之多，巴尔塔萨的神学美学就是此一学科领域成熟的里程碑标志。但汉语学界真正接触此学术领域，不过20来年光景，目前出版的相关研究专著也不过寥寥几种。[1] 美学界亦不曾认真对待过这一学术领域。譬如20世纪80年代刘小枫所编选的《德语国家美学文选》，由于出版社的原因延宕至1994年才以《人类困境中的审美精神——哲人、诗人论美文选》的面目问世。[2] 这部文集选译了42位现代德语美学思想家的作品，其中却没有一位神学美学思想家入选。据刘小枫后来解释，这是因为出版社削减了"原有的三分之一的译稿"[3]。所以，迟至1997年这部译稿更换出版社重印之时，我们才见到收入蒂利希与巴尔塔萨等人两三篇神学美学文章。[4]20世纪末朱立元主编的《西方美学名著提要》，译介西方90余位著名美学家的代表论著，亦无一部涉及这一领域。[5] 倒是朱立元与蒋孔阳主编的七卷本《西方美学通史》第六卷《20世纪美学》（上）介绍了马里坦（Jacques Maritain，1882—1973）和吉尔松（Etienne Gilson，1884—1978）等神学家的新托马斯主义美学，算是正式在美学史中接受现代基督教美学思想，但对巴尔塔萨以来之神学美学的丰硕成果却是

---

[1] 阎国忠：《基督教与美学》，辽宁人民出版社1989年版；孙津：《基督教与美学》，重庆出版社1990年版；阎国忠：《美是上帝的名字：中世纪神学美学》，上海社会科学院出版社2003年版；等等。
[2] 刘小枫主编：《人类困境中的审美精神——哲人、诗人论美文选》，魏育青、罗悌伦、吴裕康等译，东方出版中心1994年版。
[3] 刘小枫选编：《德语美学文选》（上），华东师范大学出版社2006年版，第4页。
[4] 刘小枫主编：《现代性中的审美精神——经典美学文选》，魏育青等译，学林出版社1997年版。
[5] 朱立元主编：《西方美学名著提要》，江西人民出版社2000年版。

只字未提。[1] 这部七卷本美学通史，给予中世纪神学美学的地位或篇幅其实同大多数美学史一样，也是穿着黑格尔的"七里神靴"一跃而过的，中世纪与文艺复兴美学合在一起仅占薄薄的一卷（第二卷）。[2] 汉语学界没有塔塔尔凯维奇那样重视中世纪美学的研究成果，与其说是学术观点或信仰态度的问题，毋宁说是学养和能力的问题。由于大多数中世纪拉丁文献没有译成中文或英文，汉语学界几乎还不可能直接从原始文献研究中世纪美学。即便是经由现代西语整理出来的中世纪美学文献，汉语美学界也还没有条件和能力充分吸收。既然对中世纪美学文献根本还是陌生的，又何谈重视？这便是汉语学界不仅不会出现塔塔尔凯维奇那样重视中世纪的美学史成果，也没有出现德·布鲁内（Edgar de Bruyne）那样厚重的三卷本中世纪美学研究，以及艾柯（Umberto Eco）诸人出色的中世纪美学思想家或专题研究的原因。[3] 总之，神学美学在汉语学界还是一块贫瘠的蛮荒之地。

同样的，汉语学界的巴尔塔萨研究也处于尴尬的起步阶段。现有文献显示，汉语学界最早涉足此翁神学研究的是刘小枫。大概在20世纪80年代末，他初到巴塞尔攻读神学博士学位时，便开始留意此翁之神学，后来也曾推介此翁之神学美学思想，其于20世纪末编选的巴尔塔萨《神学美学导论》对大陆汉语学

---

[1] 蒋孔阳、朱立元主编：《西方美学通史》，上海文艺出版社1999年版。其后朱立元主编的《20世纪西方美学经典文本》（复旦大学出版社2000年版）和《西方美学范畴史》（山西教育出版社2006年版）亦萧规曹随吸收了部分新托马斯主义美学。

[2] 陆扬：《中世纪文艺复兴美学》，蒋孔阳、朱立元主编：《西方美学通史》第二卷，上海文艺出版社1999年版。

[3] Edgar de Bruyne, *Études d'Esthétique Médiévale*, 3vols. (Brugge: De Tempel, 1946); Sister Emma Jane Marie Spargo, *The Category of the Aesthetic in the Philosophy of Saint Bonaventure* (St. Bonaventure, N.Y.: Franciscan Institute, 1953); Caroline Canfield Putnam, *Beauty in the Pseudo-Denis* (Washington: Catholic University of America Press, 1960); Umberto Eco, *Il problema estetico in Tommaso d'Aquino* (Milano: V. Bompiani, 1970); Umberto Eco, trans. Hugh Bredin, *Art and Beauty in the Middle Ages* (New Haven: Yale University Press, 1986); Jaroslav Pelikan, *Imago Dei: The Byzantine Apologia for Icons* (New Haven and London: Yale University Press, 1990); Carol Harrison, *Beauty and Revelation in the Thought of Saint Augustine* (Oxford: Clarendon Press, 1992); Robert J.Forman, *Augustine and the Making of a Christian Literature: Classical Tradition and Augustinian Aesthetics* (Lewiston: E. Mellen Press, 1995); etc.

界的巴尔塔萨研究有促进推动之功。[1] 汉语学界第一部涉及巴尔塔萨的美学史，对巴尔塔萨神学美学的评述即依据的是刘小枫编选的这部文集。[2] 因为目前（大陆）汉语教会学术力量十分薄弱，所以主要是由于人文学界的参与才使汉语学界巴尔塔萨研究得以展开。人文学界的学术关注自然与教会学界的关注有所差异，以刘小枫为代表的人文学者对巴尔塔萨的引介与研究，使得汉语学界的巴尔塔萨研究一开始就主要集中在其美学思想方面，并一直试图将其神学美学思想导入人文学术论域，这跟西方学界偏重其神学思想贡献的研究迥然有别。尽管如此，由于汉语学界的巴尔塔萨研究起步较晚，真正的研究不过是近几年的事情，涉足此翁学术思想的学者也仅有屈指可数的几位而已，所以汉语学界的巴尔塔萨神学美学研究迄今尚未出现重大的理论成果。关于巴尔塔萨神学美学之研究，虽然汉语学界如今已有两篇博士论文——宋旭红的《现代性视阈中的巴尔塔萨神学美学》（中国人民大学文学院，2003）和李进超的《巴尔塔萨美学思想研究》（南开大学哲学系，2008），而且前者还在其博士论文研究基础上撰写了汉语学界第一部巴尔塔萨研究专著：《巴尔塔萨神学美学思想研究》[3]，但这些学术工作基本都尚处于"格义"（译介）研究的阶段。宋旭红博士新近出版的这部专著尽管对巴尔塔萨神学美学思想体系进行了比较系统的研究，对巴尔塔萨神学美学思想轮廓的勾勒、分析都相当中肯，但其研究深度及关注面并未

---

[1]〔瑞士〕巴尔塔萨：《神学美学导论》，刘小枫选编，曹卫东、刁承俊译，香港三联书店1998年版（简体版，生活·读书·新知三联书店2002年版）。此部文选中多篇文章曾先后编入其他文集，如刘小枫主编《20世纪西方宗教哲学文选》（上海三联书店1991年版），包亚明主编《20世纪西方美学经典文本·后现代景观》（复旦大学出版社2000年版），刘小枫主编《德语美学文选》（华东师范大学出版社2006年版），等等。此外，刘小枫编《生存神学与末世论》（上海三联书店1995年版）一书还收有巴尔塔萨《今日末世论》（杨德友译）一文。台湾著名神学家张春申神父，在20世纪90年代初出版的《神学简史》中，在谈及"梵二会议"后的天主教神学时，也简要介绍了巴尔塔萨，并视之为"梵二会议"后最重要的天主教神学家——此书中除巴尔塔萨外，他只介绍了拉纳和吕巴克两位神学家。参见张春申：《神学简史》，台北 光启文化1992年版。

[2] 张法：《20世纪西方美学史》，四川人民出版社2003年版，第483—500页。

[3] 宋旭红：《巴尔塔萨神学美学思想研究》，宗教文化出版社2007年版。关于汉语学界的巴尔塔萨研究现状，另可详参拙文《巴尔塔萨生平及著作略讲》"附录：近廿年巴尔塔萨神学美学汉语译介及研究文献索引"，载《神学美学》（第三辑）。

超出西方既有之研究。所以，巴尔塔萨即使是作为西方美学家，其理论贡献目前对汉语学界还是比较陌生的。至于巴尔塔萨对古典美学复兴的重大意义，在眼下汉语学界发表的著作中，尚看不到任何相关论述，故而这个题域在汉语学界也是一个崭新的领域。

如前所述，系统复兴古典美学的研究，首先摆在学界面前的任务便是消化巴尔塔萨神学美学这一古典美学的现代理论形态，为古典美学全面而系统的现代复兴和哲学创构提供参照坐标。所以，本书的核心题旨便是从巴尔塔萨神学美学体系中，剥离出古典美学的一种现代形态，即神学的现代古典美学形态或现代古典美学的神学面向，从而揭示其对古典美学现代复兴的特殊美学史意义，并期望在此研究基础上进一步提出古典美学复兴的现代性哲学规划，为化解美学的现代性困境乃至人类的现代性危机指出一条解决路径。

因此本书的基本研究思路，主要围绕巴尔塔萨神学美学体系的宏观构架与核心主题展开。首先，本书第一章将从古典美学思想历史梳理的角度，阐述巴尔塔萨对这一题域的奠基性贡献。巴尔塔萨《神学美学》第二至第七卷，从西方神学传统、形而上学传统与《圣经》三大论域对神学美学的历史资源进行了相当全面的梳理，这实际上就是在神学美学的视阈下对西方古典美学传统的系统发掘整理。所以，本书第一章的任务就是沿着巴尔塔萨的思想轨迹，通过较为全面地勾勒其对神学美学之思想渊源的系统回溯与清理研究，展现其神学美学之思想源流，以及在神学美学视阈下呈现出来的古典美学史观和西方古典美学大传统的基本面貌。

接下来，本书将进入巴尔塔萨神学美学具体思想主题的探讨。首先，巴尔塔萨神学美学作为一种古典美学知识形态，必然涉及一种美学形而上学的本体论建构，故本书第二章将通过对巴尔塔萨神学美学之本体论问题，以及其神圣存在的四大先验属性（一、真、善、美）学说与美在其神学先验美学中的地位诸问题的分析，揭示出巴尔塔萨之美的神学（古典美学）形而上学建构。其次，神学美学必然涉及美的圣、俗二元价值分野，故第三章的内容主要是展示巴尔塔萨神学美学中神圣美（荣耀）与尘世美（美）二元结构层次，并透过其内在的神（哲）学根基原则——类比——辨析其对立统一关系。紧接着本书将处理巴尔塔萨神学美学中的主、客观元素问题。巴尔塔萨认为美是由形式与光辉这两个客观要素结合而成的，而这两大美学要素最终完美地结合在基督形式里，放射出神圣美的光辉（荣耀），所以第四章的主要任务就是探究巴尔塔萨神学美学的形式与光辉概念，并通过分析基督形式中这两个美学要素的作用，呈现巴尔塔萨独具一格的神学美学基督论或基督论美学。巴尔塔萨认为神学美学始于信仰主体对于（基督）形式的观照——身体感官与心灵感官双重意义上的观照，审美学是神学美学不可分割的部分，所以本书第五章将重点探讨巴尔塔萨神学美学的主观维度，主要通过对神学审美观照（尤其是信仰观照）及由此种观照获得的美感（陶醉）境界的分析，展示出巴尔塔萨神学审美学这一重要神学美学面向。对于基督教而言，救赎是启示的目标，故而神学不可能回避救赎论主题，巴尔塔萨神学美学作为一种以圣爱启示（基督形式）为中心的神学，最后必然指向一种美学救赎论或救赎美学。本书最后一章的核心任务，就是揭示出巴尔塔萨神学美学是如何呈现为一种以基督论为中心的爱的启示美学的，以及如何在恩典与救赎的主题下将爱的美学最终推展至十字架救赎美学以及生命美学议题上去的。

  以上为本书研究的主体内容，分别涉及巴尔塔萨神学美学之历史渊源、美的存有论、美的结构、美的主客观问题以及美的启示与救赎（生命关怀）意义这些核心主题。透过这些核心主题具体内容的展开，我们可以比较清晰地看到一种以神学美学知识形态呈现出来的现代古典美学。本书结论部分将对巴尔塔萨神学美学这一重大美学史成果的价值进行归纳总结，并进一步援入当代汉语学界对汉语（主要是儒、道两家）古典美学的相关哲学思考，与巴尔塔萨神学美学相比照，以期在一种会通的视野下，为古典美学的现代复兴提供一种具有普适性的建构方案或规划。

第一章　巴尔塔萨神学美学与西方古典美学源流

引言

　　西方古典美学源远流长，在古代美学中占据着绝对主流地位。随着西欧唯心主义—浪漫主义美学为代表的现代美学的兴起[1]，古典美学急遽衰落，被以审美学为主导的现代美学挤入知识学的边缘，成为其压抑、遮蔽和边缘化的对象。但尽管如此，古典美学并没有从此湮灭不闻。在谢林、黑格尔、海德格尔等现代哲学家的美学思想中，古典美学仍旧以顽强的生命力曲折地表达着那些古老的命题。近两三百年的基督教神学，虽在启蒙理性泰山压顶般的逼迫下节节溃退，但仍旧没有放弃对美与艺术的终极关怀。尤其是到了20世纪，神学美学异军突起，不仅给沉闷的神学界打开一扇窗户，也给深陷绝境的古典美学之现代复兴带来一个契机。

　　20世纪神学美学的出现或重现，是众多神学家共同努力的结果。这些神学家来自基督宗教的不同传统，有来自天主教的，也有来自新教或东正教的。早在20世纪早期，天主教新士林哲学大师马里坦便已开始深入探讨"艺术与士林

---

[1] 巴尔塔萨曾讲："现代存在两个思潮：古典主义和浪漫主义，它们试图将荣耀削减到美，把（古典的）美当作荣耀。古典主义提供形象，而唯心浪漫主义——现代美学的真正创造者——则构建理论。"参见 Hans Urs von Balthasar, *The Glory of the Lord: A Theological Aesthetics* vol. V: *The Realm of Metaphysics in the Modern Age* (Edinburgh: T. & T. Clark, 1991), p.189.

哲学"（Art et scholastique，1920）。其后不久，荷兰神学家范·德·略夫便在《艺术的神圣维度》这部神学美学专著中首次提出了"神学美学"这一学科概念。巴特、蒂利希等新教神学大师也不甘示弱，继19世纪浪漫主义神学之后，摒弃新教自茨温利（Ulrich Zwingli，1484—1531）、加尔文（John Calvin，1509—1564）以降一贯之反审美态度，开始关注艺术与美学问题。20世纪50年代，更是出现内贝尔的《美的事件》这样成熟的新教神学美学著作。60年代，天主教神学家巴尔塔萨的七卷本神学美学巨制《上帝的荣耀：神学美学》的问世，则标志着神学美学正式进入现代神学的视野，同时亦标志着神学美学的现代复兴——古典传统的神学之美学维度的重见天日。《上帝的荣耀：神学美学》因之成为一座里程碑，这不仅是现代神学的里程碑，也是现代美学的里程碑。继巴尔塔萨发展出神学美学的庞大体系形态之后，西方神学界又涌现出艾柯、维拉德索、施托克、谢里、纳韦尼、尼科斯等一批当代神学美学学者。

随着现代神学美学的崛起，古典美学的现代复兴这一重大哲学议题亦由之名正言顺地进入学界视阈。古典美学的现代复兴要求以坚实的传统资源为基础，故而第一步工作便是要澄源引流，梳理古典美学的历史源流，澄清古典美学的活水源头，从而厘清学脉，尤其是古代传统中断以前古典美学资源的爬梳与整理。

西方古典美学之大传统，大致可以分为七个部分：（一）古希腊—罗马古典美学，主要是指古希腊及希腊化时期哲人与诗人著作中的古典美学思想；（二）《圣经》古典美学，主要是指《圣经》反映的希伯来犹太教与初期基督教会的古典美学思想；（三）教父神学美学，主要是指希腊教父和拉丁教父神学中的古典美学思想；（四）中世纪神学美学，主要是指中古士林哲学（经院哲学）中的古典美学思想；（五）现代新教神学美学，主要是指路德改教以来新教神学（尤其是浪漫主义神学）中的古典美学思想；（六）现代天主教神学美学，主要是指文艺复兴以降天主教神学中的古典美学思想；（七）现代哲学中的古典美学幽灵，主要是指现代哲学家思想中曲折透显出的古典美学思想。

仅推本溯源、清理旧知故统，就是如此浩繁的工程！由此可见，古典美学现代复兴的最终成就,绝非一朝一夕的事情。尽管如此,巴尔塔萨"筚路蓝缕,以启山林"(《左传·宣公十二年》),已有多卷本著作以其旷世罕有之博学为此工作奠基。[1]

巴尔塔萨的神学美学思想主要是由《上帝的荣耀：神学美学》这部综合性的巨著来呈现的。这部神学美学巨著,是其晚年对一生学术思想大总结的"神学三部曲"之首部。神学三部曲的宏大构想,从最初设想到全部完成,前后历时40余年,可谓凝聚了巴尔塔萨一生的心血。其三部曲：《上帝的荣耀：神学美学》《神学戏剧学》《神学逻辑学》,依次处理美、善、真三大价值本体问题。[2] 依循新柏拉图主义与基督教神学的传统哲学观念,巴尔塔萨认为："一（the One）、善（the Good）、真（the True）、美（the Beautiful）,就是我们讲的存在（Being）的先验属性,因为它们超越了所有的本质的局限并与存在同延。"[3] 通

---

[1] 巴尔塔萨堪称一位博古通今的饱学鸿儒,一生在神学、哲学、美学、逻辑学、伦理学、历史、戏剧、文学、艺术、音乐、文艺评论等多方面,都取得了辉煌的成就,前后出版了100多部著作,发表了五六百篇学术文章（这还不包括总数在200篇以上的序、跋、书评之类的文字）。只在神学方面,他的研究便从基督论到教会论到灵修学,从圣经学到古代教父到中世纪及现代的天主教、新教神学家,从基督教神哲学到历史到艺术,几乎涉及基督教传统及系统神学的方方面面。此外,他还是位勤奋的翻译家和编辑家,一生从希腊、拉丁、法、西班牙等语文传统中迻译了100多种作品,编修书籍近30种,主编丛书13套（共出版近400种图书）。德国著名神学家毕塞尔（Eugen Biser）称,巴尔塔萨著作使当代神学达到了自教父时期以来包括经院哲学那些大全作者都从未达到过的知识广博性。吕巴克也褒誉其为那个时代最有文化教养的人,一个古代教父般的人物,并称如果有所谓基督教文化,那就在巴尔塔萨身上了。参见 Hans Jürgen Schultz (Hg.), *Tendenzen der Theologie im 20. Jahrhundert. Eine Geschichte in Porträts* (Stuttgart: Kreuz-Verlag, 1966), p.524; Henri de Lubac, "A Witness of Christ in the Church: Hans Urs von Balthasar", *Hans Urs von Balthasar: His Life and Work* (San Francisco: Ignatius Press, 1991), p.272。

[2] 严格地讲,巴尔塔萨神学三部曲除此三部大书外,还包含一个《上帝的荣耀：神学美学》之"导论"和全部三部曲之"结论"——《唯爱论》(*Glaubhaft ist nur Liebe*. Einsiedeln: Johannes Verlag, 1963) 与《跋》(*Epilog*. Einsiedeln-Trier: Johannes Verlag, 1987),此两卷书与三部曲主体部分的15卷书合在一起共同构成神学三部曲的整体。关于《唯爱论》可视为《上帝的荣耀：神学美学》导论的说法,可参见 Fergus Kerr, "Foreword: Assessing this 'Giddy Synthesis'", in *Balthasar at the End of Modernity* (Edinburgh: T. & T. Clark, 1999), p.6。

[3] Hans Urs von Balthasar, "A Résumé of My Thought", *Communio: International Catholic Review 15* (Winter 1988): 468-473. See also Hans Urs von Balthasar, *My Work: In Retrospect* (San Francisco: Ignatius Press, 1993), pp.111-119。

常的哲学与神学在处理真、善、美这三个先验属性或价值本体的时候，一般将真视为第一先验属性，将美视为最后一个先验属性，故而历史上的"真善美三部曲"一般都以知识论（逻辑学）为先锋，美学殿后，如康德的"批判哲学三部曲"就是如此——《纯粹理性批判》（*Kritik der reinen Vernunft*，1781)、《实践理性批判》（*Kritik der Praktischen Vernunft*，1788)、《判断力批判》（*Kritik der Urteilskraft*，1790）。自从 13 世纪美作为存在最后一个先验属性在神学中确定下来，神学界给予美的地位也不过是"最后一个"先验属性，甚至巴尔塔萨自己也认同美是"存在最后一个先验属性"的神学定位。[1] 但是，他又为何要故意颠倒真、善、美的次序，将美置于首位，按美（Herrlichkeit）、善（Theodramatik）、真（Theologik）的次序来展开其神学三部曲的理论追求呢？如此安排，其神学三部曲的内在逻辑是什么呢？

在巴尔塔萨辞世前最后一次学思历程回顾中，他说："当这些先验属性贯透全部存在（Being），它们必然相互内在于对方：真正真的也就是真正善的、真正美的和真正的一。一个存在物出现，它有个形象：在其中美呈现出来并让我们惊奇。在显现中它展示自身，并将其自身呈现给我们：它是善的。并且在展示出它自身时，它宣讲自身，揭示自身：它是真的。"[2] 所以，三部曲要处理的问题依次是：基督徒如何感知（观照）上帝的荣耀，耶稣基督如何行动，行动的内在逻辑如何。[3]《上帝的荣耀：神学美学》、《神学戏剧学》、《神学逻辑学》三部曲正是以此逻辑来依次呈现上帝的美（荣耀）、善、真。"因此首先要建构

---

[1] Hans Urs von Balthasar, *Theo-Logic: Theological Logical Theory* vol. I: *Truth of the World* (San Francisco: Ignatius Press, 2000), p.29.

[2] Hans Urs von Balthasar, "A Résumé of My Thought", *Communio: International Catholic Review* 15 (Winter 1988): 468-473.《我的思想履历》一文是巴尔塔萨离世前一个月在马德里召开的"巴尔塔萨神学研讨会"开幕式上的发言（1988 年 5 月 10 日），同年冬季刊发于北美《团契》。该文中译可参见刘光耀、杨慧林主编：《神学美学》（第二辑），上海三联书店 2008 年版，第 2—7 页。

[3] Aidan Nichols, "Balthasar, His Christology, and the Mystery of Easter", in Hans Urs von Balthasar, *Mysterium Paschale: The Mystery of Easter* (Edinburgh: T. & T. Clark, 1990), p.4.

的是一种神学美学（'荣耀'）：上帝显现。"[1] 其实早在1965年的学术思想回顾中，巴尔塔萨便已经比较充分地解释了他将美学置于三部曲之首的理由了：

> 为何这一综合（指神学三部曲之综合。——引者）的第一部分叫作上帝的荣耀（Herrlichkeit）？因为它首先有关于学会理解上帝的启示，并且因为上帝只有在其上主尊威（Herr-heit）和崇高性（Hehr-heit）中才能被知晓，这个以色列人称为Kabod，《新约》称gloria，某种在一切人性伪装和十字架下可以辨认出来的东西。这意味着上帝降临并不是首先作为我们的教师（"真"），或者作为对我们有用的"拯救者"（"善"），而是在真爱与真美同一的"非功利性"中显露他自己，放射他自己永恒的三位一体之爱的光辉。因为上帝的荣耀，世界被创造；通过它，也因为它，世界被拯救。[2]

在他看来，只有首先"感知"到上帝存在的形式，才能参与到上帝存在的爱（善）的行动实践之中，并进而思考上帝存在的逻辑之真，所以他的神学体系首先从美着手。荣耀因此成为巴尔塔萨神学的第一主题，其卷帙浩繁的《上帝的荣耀：神学美学》即是旨在建构一种"永生上帝荣耀的神学"[3]。在这部巨著中，巴尔塔萨重新阐发了自中世纪晚期以来不仅为新教也为天主教漠视的神学之美的维度，试图在宇宙论与人类学的神学进路失败之后，再为神学找到一条新的发展道路——神学美学的进路："我们这里试图在第三先验属性的光照中发展出一种基督神学，即以美的视野来补充真与善的视野。"[4] 尽管他也知道"那

---

[1] Hans Urs von Balthasar, "A Résumé of My Thought", *Communio: International Catholic Review* 15 (Winter 1988): 468-473.

[2] Hans Urs von Balthasar, *My Work: In Retrospect* (San Francisco: Ignatius Press, 1993), p.80.

[3] Hans Urs von Balthasar, *The Glory of the Lord: A Theological Aesthetics* vol. VI: *Theology: The Old Covenant* (Edinburgh: T. & T. Clark, 1991), p.9.

[4] Hans Urs von Balthasar, *The Glory of the Lord: A Theological Aesthetics* vol. I: *Seeing the Form* (Edinburgh: T. & T. Clark, 1982), "Foreword".

不过是神学的一个维度"[1]，也明白美学绝不是马上就要取代一切逻辑或伦理来主宰神学，但他的抱负显然不是意欲剑走偏锋，以便在一条无人问津的荒僻小径上谋求个人的神学建树，而是要将神学重新领回久被废弃的康庄大道。[2]这条康庄大道就是"为神学赢回荣耀的第三维度——美（pulchrum），并循其'光线'回溯到它们被发现的所在（指上帝。——引者）"[3]。按照巴尔塔萨的讲法，"它将是感知研究和神圣荣耀客观的自我表现的研究两重意义上的神学美学；这不是一种可有可无的神学支流，事实上它将试图证明这是一种能够通向神学心脏的神学进路——宇宙论的世界历史进路和人类学证实的路径，都成为次级的方面，成为它的补充"[4]。因此他把美学重新推上了神学的前沿，为神学召回了失落已久的美的维度。如此高扬神学的美学维度，这不仅在现代神学中是罕见的，即使比之于中古的伪狄奥尼修斯、波纳文图拉，恐怕亦有过之而无不及。因此，其神学美学作为一种神学进路，成为神学史上极具革命意义的思想创造。

这里需要注意，巴尔塔萨神学美学首先不应被当作一种美学，而是一种神学。巴尔塔萨神学美学的一个研究者范·艾普（Stepan van Erp）曾讲："尽管通常都被叫作'美的神学家'，但巴尔塔萨既没有清楚地界定过美的概念，也没有发展出一种美的理论。他并没有为赞成将美诠释为先验属性而辩论，而只是宣称教父和中世纪经院学者赋予了美这样一个先验属性的地位。"[5]虽然这里范·艾普的讲法可能有些偏颇，但有一点至少是明确的，即巴尔塔萨神学美学的旨趣，从来就与发展一种单纯的美学理论无关，他之所以在神学中发掘美学这一维度，目的只是为教会建构一种现代神学。巴尔塔萨在世的时候便曾经为

---

[1] Hans Urs von Balthasar, *My Work: In Retrospect* (San Francisco: Ignatius Press, 1993), p.86.

[2] Hans Urs von Balthasar, *The Glory of the Lord: A Theological Aesthetics* vol. I: *Seeing the Form* (Edinburgh: T. & T. Clark, 1982), "Foreword".

[3] Breandán Leahy, "Theological Aesthetics", Bede McGregor and Thomas Norris (eds). *The Beauty of Christ: An Introduction to the Theology of Hans Urs von Balthasar* (Edinburgh: T. & T. Clark, 1994), p.24.

[4] Hans Urs von Balthasar, *Love Alone* (New York: Herder and Herder, 1969), pp.8-9.

[5] Stephan van Erp, *The Art of Theology: Hans Urs von Balthasar's Theological Aesthetics and the Foundations of Faith* (Leuven: Peeters, 2004), p.138.

别人误解他的根本意图将他视为"神学审美家"(theological aesthete)而深感恼火，他因此讲，其神学美学"关涉的首先不是现代或者哲学（超验）意义的'美'，而是在耶稣的生命、死亡和复活中证实的，以及依据保罗的观点，反映在仰望上主的基督教徒身上的上帝自身神性光辉意义的'荣耀'中，对美的超越"[1]。"因而，'美学'对我们而言只是纯粹神学意义的：对上帝完全无偿的爱的赐予之自明荣耀的信仰感知。这种美学因此绝不同于文艺复兴时期[费奇诺(Ficino)]或者启蒙时期[夏夫茨伯里(Shaftesbury)]或者唯心主义[谢林、弗里斯(Fries)]或者调解神学(Vermittlungstheologie)的基督教哲学美学[德维特(de Wette)]。甚至也不同于施莱尔马赫'基督教信仰'的'审美虔敬'。"[2] 所以，尽管美在其神学中有其核心地位，但巴尔塔萨神学美学仍然首先是一种神学，美学在其中的地位反而是次级的，或者更准确地讲，其美学是神学意义的，而非一种世俗的美学理论。

但这也不是说，巴尔塔萨神学美学与世俗美学毫无干系。诚如他所言："在第一卷（'形式的观照'）'观照学说'中，'美学'这个术语是被当作康德意义的感知学说来使用的；现在我们必须理解，在'陶醉学说'的结论中，它作为上帝荣耀（其神学之美）的自我揭示的意义。"[3] 其实巴尔塔萨神学美学并不完全排斥世俗美学，甚至还主动吸纳现代美学在审美学方面的成就，但其神学美学又绝不仅停留在审美学这一主观性理论维度，而是同时将目光越过人类有限的主体性，投注在先验的上帝荣耀自我揭示这一客观性理论维度。这便是神学美学与世俗美学的分野。这一分野，本质上并不是主、客立场的分野，而是神圣与世俗的分野。世俗美学关注的对象是美感或美的现象（尘世美），神学美学关注的根本对象是上帝的荣耀（神圣美）。

---

[1] Hans Urs von Balthasar, *My Work: In Retrospect* (San Francisco: Ignatius Press, 1993), pp.96-97.
[2] Hans Urs von Balthasar, *Love Alone* (New York: Herder and Herder, 1969), p.9.
[3] Hans Urs von Balthasar, *The Glory of the Lord: A Theological Aesthetics* vol. VII: *Theology: The New Covenant* (Edinburgh: T. & T. Clark, 1989), p.28.

如本书绪论中所谈及的，巴尔塔萨神学美学同时也与浪漫主义时代语境中产生的神学美学泾渭分明。19世纪浪漫主义神学美学，在巴尔塔萨神学美学"判教"体系中，其本质归属"审美神学"（aesthetical theology）。与巴特立场相同，在巴尔塔萨看来，哈曼以后的浪漫主义神学（赫尔德、夏多布里昂、屈格勒等），最终都是失败的，"因为在神学上存在严重缺陷，即没有充分区别创造与启示，或者从我们探究的角度明确地表达它，所以可以说浪漫主义神学搁浅在了一种美学和宗教的一元论上的。因此到了19世纪中叶，在新托马斯主义和教廷官方谴责的沉重打击下，浪漫主义神学便败落了"[1]。浪漫主义神学，将启蒙时代急遽兴盛的世俗美学范畴运用到其神学建构中，在他看来，其最终的结果必然导致以世俗美的标准代替神圣启示之美的标准的严重错误，将神学引上审美神学的歧路：

> 为了进一步了解神学美学关注的观念，我们将不得不将它与极易导致混淆的审美神学小心翼翼地区分开。审美神学中的"审美"一词不可避免是在世俗的、有限的因此是在贬义意义上使用的。只要看一眼《圣经》的整个大旨要义就可以证实我们的怀疑，不仅"审美"不是一种最高的《圣经》价值，而且严格讲它根本就不能当作一种《圣经》价值。[2]

巴尔塔萨认为，让神圣启示自行设定自己美的标准，才是创造神学美学的唯一合法路径。神学美学根本无须将世俗哲学美学概念引入神学范畴来使用，而是用真正的神学方法从启示的宝库中发展其美的学说。所以，神学美学和审美神学的根本分歧在于，前者是让神圣启示自行设定美的标准的神学，而后者则是以美的俗世标准为神圣启示的美的标准的神学。

---

[1] Hans Urs von Balthasar, *The Glory of the Lord: A Theological Aesthetics* vol. I: *Seeing the Form* (Edinburgh: T. & T. Clark, 1982), p.104.
[2] Ibid., p.79.

《上帝的荣耀：神学美学》成书于20世纪60年代，但这一神学建构方案在1958年便已成形，如果追根溯源，有些渊源甚至都可以在1943年其论莫扎特《魔笛》(Die Zauberflöte) 的告别三重奏的文章中看到，在其后《真理：世界的真理》(Wahrheit: Wahrheit der Welt, 1947) [1] 一书中美逾越真的神学形而上学观念也得到比较充分的阐发。《上帝的荣耀：神学美学》七卷，德文原版分为三部分，第一部分为"形式的观照"(Schau der Gestalt)，第二部分为"风格研究"(Fächer der Stile)，第三部分为"形而上学领域"(Im Raum der Metaphysik) 和"神学"(Theolgoie)，英译本将"风格研究"、"形而上学领域"、"神学"三个主题下各自独立的两个部分单独成册，共七卷：《形式的观照》、《神学风格研究：教士风格》、《神学风格研究：平信徒风格》、《古代形而上学领域》、《现代形而上学领域》、《神学：旧约》、《神学：新约》。[2]

　　第一卷《形式的观照》详尽地阐述了整部著作的神学背景、研究范围、研

---

[1] 此书后收入神学三部曲之逻辑学作为第一卷。参见 Hans Urs von Balthasar, *Theologik* Bd. I: *Wahrheit der Welt* (Einsiedeln: Johannes Verlag, 1985)。

[2] 德文版与英译本各卷册之对照：

Herrlichkeit: Eine theologische Ästhetik	The Glory of the Lord: A Theological Aesthetics
H I: Schau der Gestalt	GL I: Seeing the Form
H Ⅱ: Fächer der Stile	Studies in Theological Style
H Ⅱ.1: Klerikale Stile	GL Ⅱ: Clerical Style
H Ⅱ.2: Laikale Stile	GL Ⅲ: Lay Styles
H Ⅲ.1: Im Raum der Metaphysik	The Realm of Metaphysics
H Ⅲ.1.1: Altertum	GL Ⅳ: Antiquity
H Ⅲ.1.2: Neuzeit	GL V: The Modern Age
H Ⅲ.2: Theologie	Theology
H Ⅲ.2.1: Alter Bund	GL Ⅵ: The Old Covenant
H Ⅲ.2.2: Neuer Band	GL Ⅶ: The New Covenant
H Ⅲ.2.3: Ökumene (*not finished*)	GL Ⅷ: Ecumenism (*not finished*)

See also Stephan van Erp, *The Art of Theology: Hans Urs von Balthasar's Theological Aesthetics and the Foundation of Faith* (Leuven: Peeters, 2004), p.132. 以分卷更加明晰的英译本计算，巴尔塔萨《上帝的荣耀：神学美学》共计七卷，这还不包括前面所讲的可权当其导论的《唯爱论》，以及巴尔塔萨计划中没有写出的最后一卷《普世教会》(*Ökumene*)，参见 Hans Urs von Balthasar, *Theo-Drama: Theological Dramatic Theory* vol. I: *Prolegomena* (San Francisco: Ignatius Press, 1988), p.15.《普世教会》写作搁浅，或与巴尔塔萨同天主教激进改革派的分歧有关，但1975年面世的《大公教会的神秘面向》(*Katholisch. Aspekte des Mysteriums*) 大致可以视为此卷的雏形或替代品。

究方法、结构和任务（目的），并从主、客观证据两方面阐述了"耶稣的形式"（荣耀）主题。第二卷和第三卷的神学风格研究从神学美学的视角展现了基督教启示传统的丰富资源，《教士风格》与《平信徒风格》共涉及十二位基督教神学家或诗人的专题研究。第四卷和第五卷检视西方形而上学传统中的"荣耀"（先验美）的本质，《古代形而上学领域》与《现代形而上学领域》梳理了从古希腊至今的哲学、诗学、神话和宗教诸文化大传统领域。第六卷和第七卷则直接回返基督教神学的永恒源泉——《圣经》，从中汲取神学美学的养料，为"荣耀"奠定更加牢靠的信仰根基，故分别从《旧约》与《新约》揭示"荣耀"的源头：kabod 和 doxa。

七卷神学美学，按巴尔塔萨原义，其本质内容乃是基础神学和教义神学，并且中心是一种基督论。在他看来，神学美学体系的建构须分两个阶段拓展：（一）观照理论（或曰基础神学）：作为感知上帝自我启示形式学说的（康德意义上的）"美学"；（二）陶醉理论（或曰教义神学）：作为上帝荣耀的道成肉身及提升人参与到那荣耀之学说的"美学"。从这两层意义上运用美学概念可能看起来有些草率，但稍作反省就可打消顾虑，因为恩典之外没有神学感知，而恩典客观地属于陶醉，至少在主观上能引导人们迷恋上帝。神学里没有所谓客观的"纯粹事实"。神学里涉及的客观对象就是人对上帝的参与，其在上帝身上体现为启示，在人身上体现为信仰（在基督的神人二性中达至极点）。这样一种上帝对人和人对上帝的相互迷醉构成教义学的内容，故而教义学又称为陶醉论——人与上帝在基督身上的联姻（基督中心论）。尽管陶醉理论更具基督神学本色，神学美学不经历这一阶段就不可能完成，但观照理论与陶醉理论在巴尔塔萨来讲本质上是不可分的，亦无高下之别，即使分别处置基础神学与教义神学，也不能抹杀它们之间的同一性。[1] 在《上帝的荣耀：神学美学》中，大致来讲，第一、四、五卷着力比较美与荣耀的哲学概念，属于基础神学（观照

---

[1] Hans Urs von Balthasar, *The Glory of the Lord: A Theological Aesthetics* vol.I: *Seeing the Form* (Edinburgh: T. & T. Clark, 1982), pp.125-127.

理论）的范围，第六、七卷集中讨论荣耀的形式，属于教义神学的范围，第二、三卷则无明显分工，而是基础神学与教义神学交织在一起处理。[1]

通观《上帝的荣耀：神学美学》，第一卷是总论，围绕"形式"进行神学美学一般性的理论探讨，接下来的诸卷都是对第一卷那些抽象理论命题或假设的充实论证，以填充第一卷提出的神学美学的理论框架，为之着色添彩。[2]第二卷至第五卷皆是从历史的维度寻找神学美学的重构资源，而第六卷和第七卷则是从《圣经》源头寻找神学美学的经典资源。所以，《上帝的荣耀：神学美学》第二卷以下诸卷都是巴尔塔萨对神学美学传统的梳理。[3]这可视为其对西方古典美学之大传统的清理，尽管巴尔塔萨并没有以古典美学的名义而是以神学美学的名义进行的，同时也并没有按照修撰完全之神学美学史的要求来进行。然而，无论存在怎样的问题，无可置疑的是，这仍属学术史上第一次大规模地整理西方古典美学的壮举。因此，在《上帝的荣耀：神学美学》后六卷著作中，通过神学美学传统资源的爬梳，巴尔塔萨实际上已为古典美学传统资源的整理奠立了基础。当然，巴尔塔萨不是以本章前面所拟定的七个部分来探讨这一学

---

[1] Stephan van Erp, *The Art of Theology: Hans Urs von Balthasar's Theological Aesthetics and the Foundations of Faith* (Leuven: Peeters, 2004), p.133.

[2] Hans Urs von Balthasar, *The Glory of the Lord: A Theological Aesthetics* vol.II: *Studies in Theological Style: Clerical Style* (Edinburgh: T. & T. Clark, 1984), p.13.

[3] 国内神学美学研究者宋旭红博士认为，从巴尔塔萨著作（《上帝的荣耀：神学美学》第二卷序言）中可以得出"基督教神学美学根本不存在一种连续性的历史"（宋旭红：《巴尔塔萨神学美学思想研究》，宗教文化出版社 2007 年版，第 139 页）的重要结论。其根据大概是巴尔塔萨曾讲的，"理解这十二个创造型的人物之间根本无连续性的人，将不得不承认，一种连续性的神学美学史因而是无法写出来的，因为它根本就不存在"（Hans Urs von Balthasar, *The Glory of the Lord: A Theological Aesthetics* vol.II: *Studies in Theological Style: Clerical Style*, p.20）。但在同一文本中巴尔塔萨也承认柏拉图主义对基督教神学美学的深远影响——这种影响恰恰是有明显的思想史继承线索的，他称其为"柏拉图化的"神学家族（Ibid., p.29），他也曾明确地讲深受新柏拉图主义惠泽的奥古斯丁"为下一千年的神学美学制定了基本规则"（Ibid., p.17），等等。显然，这里巴尔塔萨的说辞存在矛盾。这里我们宁可相信他只是针对其"神学风格研究"所选的十二位神学家讲的，而不是针对整个基督教大传统。因此，"基督教神学美学根本不存在一种连续性的历史"这样的结论难免武断欠妥。另一方面，也无可否认，梳理神学美学这一久被忽视的学术史领域，的确不是一件易事，即使是巴尔塔萨这样的大德巨擘也很难给出一个完整的神学美学史。

术史问题，而是从神学传统、西方形而上学传统和圣经神学三个论域切入此题，系统回溯了希腊的、希腊化的、罗马的、《圣经》的、教父的、中世纪的、近代的和现代的神学、哲学、诗学资源[1]——这整体上也基本涵盖本书所划分的七个部分古典美学史的内容。故而这里就依循巴尔塔萨的切入进路来分析其神学美学与西方古典美学传统之间的深层关联。

第一节　神学传统与神学美学

任何一种神学美学理论体系的建立，基于严谨的学术规范，以及自身体系内容充实的考虑，都离不开对神学美学思想的历史梳理或回顾，巴尔塔萨的神学美学也不例外。所以，其《上帝的荣耀：神学美学》的"神学风格研究"部分（即第二、第三卷）便选择性地回溯了基督教神学美学的历史渊源。基督教神学美学传统，如前所述，是古典美学大传统的重要组成部分。巴尔塔萨对这个传统的回顾，实际就是对古典美学传统的一种分梳，尽管这种分梳可能缺乏普通美学史的全面性与连贯性。

如果说《上帝的荣耀：神学美学》第一卷主要探讨的是荣耀（神圣美）的显现方式及其被感知的条件，那么，第二、第三卷则是从神学历史的角度给出荣耀的证据或见证，开始着手扩展神圣荣耀美学的历史视阈。诚如巴尔塔萨在第一卷前言中开篇即点明的，神学美学的实际关注是教义神学中美与启示的相遇问题。"作为进入这一主题的路径，这两卷提供了一种历史的证据和证明，这同时也是在补充第一卷。"但是，"这两卷不会给出一部神学美学的连续历史，像布鲁内（Edgar de Bruyne）所写的中世纪美学史那种，而是给出一系列的神学家——这些神学家已经极大地形塑了从爱任纽（Irenaeus, 125—202）至今的神

---

[1] Aidan Nichols, "Von Balthasar's Aims in his Theological Aesthetics", *Heythrop Journal* XL (1999): 409-423.

学——研究专题，从而提供一系列爱与启示关系的范型。形式上，这种关系是变化无穷的，但作为一个整体，我们的看法是，既不曾有也不可能存在任何本身伟大且有历史影响的神学，不曾在美（kalon）与恩典（charis）的星座下孕育"[1]。巴尔塔萨回溯神学美学的大传统，共选取了十二位神学思想家，他把他们比作从"耀眼的太阳中射出的十二道光线"，所以"神学风格研究"呈现的并非"太阳"本身（这是《圣经》美学研究即《上帝的荣耀：神学美学》最后两卷的工作），而是"光线"。这些"光线"本质上各不相同，尽管如此，它们也可能彼此互为条件，且每一条"光线"都是对中心光源的见证。但是，正如巴尔塔萨所说，将此十二家神学拼在一起，并不能构成一个完整的体系，因为它们之间的鸿沟不是速成的临时桥梁可以跨越的；除却这些之外，还有如此之多的其他证据，它们都已经存在，或许以后可以发现。[2] 因此，就"神学风格研究"所选的十二家神学而言，"这些伟大神学的形式和内容将会以形式各异且崭新的方式来见证这一奇迹，且永远都不会一起构成一个一目了然的系统。因此，这两卷书中讨论的十二个基督教思想代表人物的选取，存在一定的主观性；它们一起只能构成一个星座"[3]。

巴尔塔萨以公元1300年为界，将"神学风格研究"截分为《教士风格》和《平信徒风格》两卷，[4] 从神学史的角度分别从教、俗——教会官方神学与平信徒神学两条线索详尽梳理了"荣耀的反射之光"（reflected ray of glory）。[5] 之所以如此界划神学美学思想史的源流，乃是因为在巴尔塔萨看来，自托马斯（Thomas Aquinas，1225—1274）始，托马斯主义主导的教会神学就呈现衰落之

---

[1] Hans Urs von Balthasar, *The Glory of the Lord: A Theological Aesthetics* vol. I: *Seeing the Form* (Edinburgh: T. & T. Clark, 1982), "Foreword".

[2] Hans Urs von Balthasar, *The Glory of the Lord: A Theological Aesthetics* vol. IV: *The Realm of Metaphysics in Antiquity* (Edinburgh: T. & T. Clark, 1989), p.11.

[3] Hans Urs von Balthasar, *My Work: In Retrospect* (San Francisco: Ignatius Press, 1993), p.82.

[4] Hans Urs von Balthasar, *The Glory of the Lord: A Theological Aesthetics* vol. II: *Studies in Theological Style: Clerical Style* (Edinburgh: T. & T. Clark, 1984), p.15.

[5] Ibid., p.13.

势，之后几个世纪便几乎没有原创性的（天主教）教会神学大师出现。[1]教会神学原创力衰退，神学美学亦随之失去活力。另一方面，由于世俗思想的兴起等原因，中世纪晚期以来，许多官方教会体制正统外的神学思想家却在此方面卓有贡献。这反映出一个基本历史事实，那就是从托马斯·阿奎那始，美便开始由教会神学的中心向边缘位移，并存在消失在神学视阈之外之虞。

这里，《教士风格》集中描述古代教会神学鼎盛时期，专论爱任纽、奥古斯丁、伪狄奥尼修斯、安瑟伦（Anselm）、波纳文图拉等五位教父或中世纪神学家的神学美学；《平信徒风格》则集中在近现代（上延至中世纪晚期）教会神学衰落时期，专论但丁（Dante）、十字架约翰（John the Cross）、帕斯卡（Pascal）、哈曼、索洛维耶夫（Soloviev）、霍普金斯（Hopkins）、佩吉（Péguy）等七位中世纪晚期以降的重要诗人或"世俗"（laikal）基督教思想家的神学美学。

选择这十二位思想家，虽然具有某种程度的主观随意性，但巴尔塔萨也有自己的遴选标准。首先，这些神学必须是最具原创性和启发性的进路；[2]其次，必须以上帝启示的荣耀为其中心主题；最后，还须有深远的历史意义或影响。[3]这十二位神学思想家分别代表了不同地区的文化渊源：狄奥尼修斯代表叙利亚，爱任纽代表小亚细亚的希腊，奥古斯丁代表非洲，安瑟伦代表伦巴底，波纳文图拉和但丁代表意大利，十字架约翰代表西班牙，帕斯卡和佩吉代表法国，哈曼代表德国，索洛维耶夫代表俄国，霍普金斯代表英国。[4]这正好构成了神学美学发展在地中海文化圈的全景式观照。同时这十二家神学亦从某种程度上涵括或代表了基督教神学美学近两千年的发展，给出了神学美学历史的全景式观照，尽管这两种全景式观照都是以一种"以点概面"的方式（或曰幻灯片形式）给出来的。

---

[1] Hans Urs von Balthasar, *The Glory of the Lord: A Theological Aesthetics* vol. II: *Studies in Theological Style: Clerical Style* (Edinburgh: T. & T. Clark, 1984), p.16.

[2] Hans Urs von Balthasar, "Theology and Aesthetic", *Communio: International Catholic Review* 8 (Spring 1981): 62-71.

[3] Hans Urs von Balthasar, *The Glory of the Lord: A Theological Aesthetics* vol. II: *Studies in Theological Style: Clerical Style* (Edinburgh: T. & T. Clark, 1984), p.13.

[4] Ibid., pp.19-20.

所以，巴尔塔萨将这十二家神学构成的神学美学图景称为"星座"。在"星座"中，每颗"星"都是神圣荣耀的反射之光，且都是"相对封闭和自足的"[1]，彼此之间并没有主次之分，故而"这两卷的重点是均匀分布的"[2]。因为共有神圣荣耀这个中心之光，"星座"由互不瓜葛的个体构成一幅整全的星座图景。巴尔塔萨又将之喻为一个完整的管弦乐队，其中那些名目繁多的乐器之所以可以彼此配合在一起，奏出和谐的音乐，就是因为它们都照着同一个（既超越它们又包含它们的）总谱来演奏。[3]所以，虽然"神学风格研究"不存在那种神学史的连续性与体系性，但却并不代表就完全没有系统性。这个系统性乃是巴尔塔萨神学美学所独有的风格。

当然，这种个人神学风格对神学美学思想史或古典美学史的客观探讨而言，可能并非福音。但是，正如巴尔塔萨反复强调的，他无意于爬梳一种完全的神学美学历史，故而以史学的客观性与连续性要求他，不免强人所难。本节的任务，也不是要呈现一个完整的神学美学思想史，而只是概述巴尔塔萨对此题域的特殊贡献，并借以管窥神学美学思想史的大概面貌。或许，完整的神学美学思想史的梳理，只能如巴尔塔萨所说，寄望于将来了。

1. 教士风格神学美学

《教士风格》所关注的五位神学美学家，是巴尔塔萨从浩瀚汪洋的神学传统中萃选的代表。其实严格讲，他们所能代表的仅是狭义的教会官方神学传统，而且是巴尔塔萨理解或承认的教会神学传统。譬如，托马斯历来被教会公认为中世纪神学的集大成者，巴尔塔萨也承认其身后直至19世纪的学院派

---

[1] Hans Urs von Balthasar, *The Glory of the Lord: A Theological Aesthetics* vol. II: *Studies in Theological Style: Clerical Style* (Edinburgh: T. & T. Clark, 1984), p.22.
[2] Hans Urs von Balthasar, *My Work: In Retrospect* (San Francisco: Ignatius Press, 1993), p.83.
[3] Hans Urs von Balthasar, *The Glory of the Lord: A Theological Aesthetics* vol. II: *Studies in Theological Style: Clerical Style* (Edinburgh: T. & T. Clark, 1984), p.22.

神学皆是此翁神学的注脚。[1] 但他以托马斯神学的展开并非建立在《圣经》启示上为由，认为其美学还是没完成神学转化的哲学美学，故将其排除在教会神学之外，贬置于人类精神主导的"形而上学领域"中来探讨。[2] 至于其他神学家，如奥利金（Origen Adamantinus，185—254）、尼萨的格里高利（Gregory of Nyssa，335—394）、爱纽根纳（Johannes Scotus Eriugena，810—877）、艾克哈特（Johannes Eckhart，1260—1327）等神学史上一大批声名显赫的人物，[3] 虽然对神学美学或多或少也皆有所贡献，但巴尔塔萨并没有将它们都选入其神学美学的研究专题。关于此问题，巴尔塔萨作了许多解释，总括起来，理由主要有以下几点：一是因为多数神学家的美学思想已在所选的诸位神学家思想中呈现出来，为避免重复累赘，故而需要择精去芜。二是大多数神学家的美学思想并没有结晶形成"原创性的神学美学"，不具代表性。[4] 三是因为有些神学家，巴尔塔萨在《上帝的荣耀：神学美学》之前即已有过专门研究，为避免重复，故而没有选入此书，如奥利金、尼萨的格里高利、马克西姆（Maximus de Chrysopolis，580—662）等。[5]

如巴尔塔萨反复强调的，这里考察的形式对象是"神圣启示自身的荣耀"

---

[1] Hans Urs von Balthasar, *The Glory of the Lord: A Theological Aesthetics* vol. II: *Studies in Theological Style: Clerical Style* (Edinburgh: T. & T. Clark, 1984), p.16.

[2] Ibid., p.21.

[3] 广义的神学大传统，还应包括那些注重宗教实践与修行的圣人 [如本尼迪克特（Benedict）、弗朗西斯（Francis）、依纳爵（Ignatius）]，基督教艺术家 [如乔托（Giotto）、米开朗琪罗（Michelangelo）、巴赫（Bach）]，基督教诗人 [如高乃依（Corneille）、弥尔顿（Milton）、艾略特（Eliot）]，教会礼仪和神学戏剧家 [如莎士比亚（Shakespeare）、卡尔德隆（Calderon）] 等。他们都曾对神学美学做出过贡献，故而也当成为神学美学关注的对象。详参 Ibid., pp.16-17。

[4] Ibid., pp.20-22. 这两个理由也是"平信徒神学家"遴选的淘汰标准。

[5] Hans Urs von Balthasar, *My Work: In Retrospect* (San Francisco: Ignatius Press, 1993), p.82. 巴尔塔萨早年受吕巴克影响，曾编译或撰著"教父学三部曲"：Origenes, *Geist und Feuer. Ein Aufbau aus seinen Schriften. Mit einer Einführung* (Salzburg: Otto Müller, 1938); Gregor von Nyssa, *Der versiegelte Quell. Auslegung des Hohen Liedes* (Salzburg: Otto Müller, 1939); Hans Urs von Balthasar, *Kosmische Liturgie. Maximus der Bekenner: Höhe und Krise des griechischen Weltbilds* (Freiburg: Herder, 1941). see also *My Work: In Retrospect*, pp.48-49.

和"该荣耀中的神学美"。[1] 这一形式对象乃是一切神学独一无二的客观内容，此内容自身即已是神圣表现。但是任何个体神学的表现形式却是依从自由的个人化风格力量之原则。故而，个体神学的这种性质被看作一种在赋予此独一无二的内容以形式之创造性过程中发展出来的风格。不过，如果说此内容本身已是上帝的表现，那么，神学则是表现的表现。[2] 换句话说，形式（耶稣基督）是上帝的荣耀绝对自由的表现，神学风格则是神学家对形式的自由的表现。形式，在巴尔塔萨看来，除了指耶稣基督外，各家神学中也有其"形式"，神学之形式外在地表现为风格，如语言、形象、概念、模式等。而除此外在形式，巴尔塔萨认为那些伟大神学中还存在一种"内在形式"，这种形式是从鲜活的启示中倾泻出来的，是来自启示形式的神圣荣耀之光，这种形式强调的是一种个人呼召的审美面向，它通过教会从上帝的自我启示进入人的心灵。下面这些神学美学思想的研究，首先处理的便是这种内在形式，而不是那些外在形式。当然，内在形式与外在形式本质上是唇齿相依的，"自然这个首要形式只有通过次要形式才能获得，而通过次要形式我们才能使首要形式显现"[3]。

爱任纽是基督教神学的重要奠基人，巴尔塔萨甚至认为，这位希腊教父的著作"标志着基督教神学的诞生"[4]。他被特别重视的一个重要原因乃是他的神学尚未被柏拉图化，故而有明显的反诺斯替主义（anti-Gnostic）和前亚历山大（pre-Alexandrian）立场。这种马里坦所谓的"反现代"（anti-moderne）[5] 神学立场使之享有了本色教会神学的灵性风格。巴尔塔萨认为，爱任纽神学美学的"重点在上帝的荣耀创造——gloria Dei vivens homo（上帝的荣耀是一个永生

---

[1] Hans Urs von Balthasar, *The Glory of the Lord: A Theological Aesthetics* vol. II: *Studies in Theological Style: Clerical Style* (Edinburgh: T. & T. Clark, 1984), p.22.

[2] Ibid., p.28.

[3] Ibid., pp.28-29.

[4] Ibid., p.31.

[5] 马里坦认为爱任纽是第一个"反现代"神学家。参见 Jacques Maritain, *Anti-moderne* (Paris: Éditions de la Revue des jeunes, 1922)。

的人）——和救赎之现世秩序的奇迹"[1]。所以，诚如尼科斯所见，对巴尔塔萨来说，爱任纽对神学美学的主要贡献就是他的"历史美学"，他把创造—救赎历史视为一个有着完美秩序的整体。[2] 世界是上帝这个"富于想象力的艺术家"按照其"艺术的逻辑"（和谐）创造的，故而受造世界是和谐的，因为它们自身的韵律与它们之所以被造的普遍韵律是一致的。而通过其存在，受造世界的和谐——宇宙美（cosmic beauty）也荣耀上帝。[3] 人是神圣艺术的中心，世界的其他部分都是为人的缘故而造，人是上帝的艺术并顺从于上帝的安排，他荣耀艺术家，艺术家也在他的作品中荣耀他自己。所以在爱任纽看来，"荣耀"这个核心概念就是"上帝与人的相互荣耀"[4]。按照爱任纽的三一神学，上帝是通过圣子与圣灵创造的世界，他们是无形上帝的可见形式，爱任纽甚至将《旧约》中一切显圣皆看作圣子（这实际是以隐性的方式将《新约》的三位一体结构赋予《旧约》）。由圣子之道成肉身，整个救赎历史的完美秩序才找到一个基点被建立起来。尘世是天堂的形象和模仿，只有在尘世的基督穿过天堂上升至天父那里且天国的耶路撒冷降临大地时，尘世一切才能获得末世论的完美。[5]

爱任纽神学对"观照理论"也有独特贡献。在他眼中，神学即始于观看，"看见上帝是亚当的特征，也是先知和基督信仰者的特征，尽管看见上帝仍旧是伟大的末世论应许，quoniam videbitur Deus ab hominibus（神将为人们所见）"[6]。神学的首要目的并非思想，不是要将柏拉图式的理智或者神秘主义范畴强加于事物，而只是简单地去看那是什么——"如果观看是人向往上帝的路径和目标，

---

[1] Hans Urs von Balthasar, *The Glory of the Lord: A Theological Aesthetics* vol. II: *Studies in Theological Style: Clerical Style* (Edinburgh: T. & T. Clark, 1984), p.17.

[2] Aidan Nichols, *The Word Has Been Abroad: A Guide Though Balthasar's Aesthetics* (Edinburgh: T. & T. Clark, 1998), p.69.

[3] Hans Urs von Balthasar, *The Glory of the Lord: A Theological Aesthetics* vol. II: *Studies in Theological Style: Clerical Style* (Edinburgh: T. & T. Clark, 1984), pp.70-72.

[4] Ibid., p.74.

[5] Ibid., p.89.

[6] Ibid., pp.45-46.

思想的工作仅仅是构成这一观看的准备。"[1] 不过，爱任纽认为："人是不可能自己就看到上帝的，被人看见只是上帝自己的抉择，人是他拣选的，时间是他挑选的，甚至方式也是他决定的。"[2] 而且这个观看，并非是那种脱离尘世感官的迷狂之精神观照，因为上帝恩典的奇迹，人通过上帝创造的凡胎肉眼也可直观神圣荣耀——在末世降临的新天新地里随处可见荣耀的上帝。[3]

奥古斯丁通常被视为基督教美学（神学美学）最重要的奠基人[4]，是他完成了新柏拉图主义美学向基督教美学的转化："通过既追随普罗提诺又超越普罗提诺，奥古斯丁完成从普罗提诺向基督的转移，终结了西方教父的时代；他接受了理念美学尤其是（从毕达哥拉斯到瓦罗的）数字美学，但除此之外，在《忏悔录》的存在主义神学中，他赞颂了上帝之爱万古长青之美，而在《上帝之城》中，他则赞颂了天道之现世秩序的荣耀，并为一千年的神学美学奠定了基本原则。"[5] 巴尔塔萨高度评价了奥古斯丁此一历史贡献，并认为他的精神信仰道路的主要转折（皈依）就是"从低级美学到高级美学的道路"[6]。按巴尔塔萨的说法是，在奥古斯丁皈依基督后，没有人像他那样殷勤地赞美上帝为至高之美，或者像他那样以美学的范畴来把握真、善的。

像约翰与普罗提诺一样，奥古斯丁将上帝视为"没有任何黑暗的真光"，"这个永恒的太阳"是受造的灵魂有限理性的源泉。唯有上帝作为神圣恩典之光照，灵魂才获得看见事物并真正理解事物的能力，并最终看见上帝之光。"上帝之光，乃众光之光，原始真理，也是原初之美"[7]，这是真正的绝对之美，它

---

[1] Hans Urs von Balthasar, *The Glory of the Lord: A Theological Aesthetics* vol.II: *Studies in Theological Style: Clerical Style* (Edinburgh: T. & T. Clark, 1984), p.48.

[2] Ibid., p.47.

[3] Ibid., p.93.

[4] Hans Urs von Balthasar, *Explorations in Theology* vol. I: *The Word Made Flesh* (San Francisco: Ignatius Press, 1989), p.101.

[5] Hans Urs von Balthasar, *The Glory of the Lord: A Theological Aesthetics* vol.II: *Studies in Theological Style: Clerical Style* (Edinburgh: T. & T. Clark, 1984), p.17.

[6] Ibid., p.95.

[7] Ibid., p.129.

决定一切宇宙中的美。"如果上帝是绝对之美，那肯定'上帝是以最正确的方式、最完美的比例和最高的美创造的万物'。"[1]因此，在奥古斯丁看来，美是万物共有的本体价值。通过观照尘世万物之美，人亦可默观天国之美、上帝之美。但必须爱上帝，爱基督，爱那给予我们爱的力量的人，因为没有爱就不会有发现美之纯净的眼睛。"通过爱我们成为美的"，"你心中爱越增长，美就越增多，因为爱就其自身就是灵魂之美"。[2]诚如巴尔塔萨所讲："当然奥古斯丁也将从尘世之美与秩序上升到永恒之美，但他更喜欢在上帝之美的光照中观看将其自身揭示给那爱神之人的尘世之美。"[3]

奥古斯丁继承柏拉图、普罗提诺理念美学中毕达哥拉斯数论，认为"存在于宇宙万物中的形式与美可以以纯粹数字的关系看到，因为数字是源于整体并只能通过整体才能得到解释的整体之多元化"[4]。众所周知，美学数论即是数字和谐论，奥古斯丁用以解释存在各层面之美的内在统一，即是通过建基在数字和谐论上的类比来实现的："因此应用于存在所有层面的数字（numerus）概念，可以设定一种内在类比形式：从物质世界中普通数字意义，通过灵魂世界（外在与内在之感觉与记忆）中（空间的）比例和（时间的）节奏，到心灵王国的和谐和智性圆融，最后到神圣智慧中我们仅能猜到的和谐，一切形式都从这个神圣智慧的'数字'中流出，并在其光照中视为永恒之美的美的摹本。"[5]

柏拉图理念美学是一种二元论美学，即上层的真实的、理智世界之美与下层的表象物质世界之美的二元区隔之美学。但巴尔塔萨告诫我们，奥古斯丁思想中的柏拉图主义不应以一种庸俗二元论来解释，好像世界可以水平地分割为感官表象领域与理性真理领域两个部分一样。"低等世界缺乏存在的真正原因

---

[1] Hans Urs von Balthasar, *The Glory of the Lord: A Theological Aesthetics* vol. II: *Studies in Theological Style: Clerical Style* (Edinburgh: T. & T. Clark, 1984), pp.99-100.
[2] Ibid., p.136.
[3] Ibid., p.100.
[4] Ibid., p.116.
[5] Ibid., pp.117-118.

只是它不从上层的方面来理解和解释，就像它对真理来说是必需的，因为实际上，存在的真理并不只限于上层世界，而是涵括全部，尽管整体是从上面向下看的。所以这个真正的世界不仅包括物质的、现世的、感官的层面作为它的流溢，也包括罪、异化，甚至地狱的放弃。"[1]这种从神圣天道之至上优位对世界整体的沉思，将二元论美学消化在一种"美学乐观主义"[哈纳克（Harnack）]中，从而导向巴尔塔萨所谓的"美学神义论"（aesthetic theodicy）。美学神义论或可为解决神学美学中罪（丑与不和谐）的难题提供一种出路，按照美学神义论的观点，"上帝在他的超越秩序中为内在失序找到一个位置，并使之融入更高的和谐"[2]。

伪狄奥尼修斯，"这个古代叙利亚僧侣，为东方将普罗克鲁斯的哲学世界观植入基督教神学的领域；他的系统礼仪是永恒的，是献给不可言喻之神心宝石般的崇拜；他那为美学范畴彻底限定之世界观，在奥古斯丁后成为从经院主义鼎盛时期经典代表人物到文艺复兴和巴洛克时期伟大人物之间的西方神学第二台柱"[3]。与奥古斯丁相比，他的美学思想受柏拉图主义的影响有过之而无不及，其神学体系因此浸透美学之元素，因为他吸收了新柏拉图传统中本质性的美学、宗教形而上学结构——"宇宙被看作上帝隐匿之超越美的表现及形式"[4]。"事实上伪狄奥尼修斯可以被视为所有基督教神学家中最具美学性的，因为我们在这个世界上所知的（从作为表现的感性到作为被显明的精神的）审美超越，

---

[1] Hans Urs von Balthasar, *The Glory of the Lord: A Theological Aesthetics* vol. II: *Studies in Theological Style: Clerical Style* (Edinburgh: T. & T. Clark, 1984), p.127. 奥古斯丁此论可与佛学共参。佛家讲，"涅槃与世间，无有少分别；世间与涅槃，亦无少分别"（《中论》卷四，大正30·36a），就存在的圆融性而言，净土、世间、地狱，原无分别，天堂、地狱存乎一念，一念若悟，地狱即刻是天堂。天台宗智顗之谓法界圆融将佛家此论发挥至极："法界圆融者，色心依正以即性故，趣指一法遍摄一切，诸法遍摄亦复如是。法法互遍皆无际畔，乃以无界而为其界，此之法界无不圆融，即百界千如，百如千界也。是故ေ云唯色唯心，唯依唯正，若不尔者，即非圆融。"（《观音玄义》卷上，大正34·892b）

[2] Hans Urs von Balthasar, *The Glory of the Lord: A Theological Aesthetics* vol. II: *Studies in Theological Style: Clerical Style* (Edinburgh: T. & T. Clark, 1984), p.127.

[3] Ibid., pp.17-18.

[4] Ibid., p.154.

为理解（从世界到上帝的）神学或神秘超越提供了形式构架。"[1] 系统礼仪学和神学象征主义都是伪狄奥尼修斯比较具有原创性的美学思想。但其神学美学的精华仍在其神秘神学之中。正如巴尔塔萨所说："神秘神学是伪狄奥尼修斯全部神学的巅峰。"[2] 在伪狄奥尼修斯看来，每一存在物的本质就其本身是朝向上帝出神的；当然这种人之欲爱（eros）的出神或狂喜就其自身来说也是对狂喜的神圣欲爱（divine eros）的一种模仿，后者出于爱而进入世界的多样性中。"耀眼黑暗"中的上帝，其"素朴、绝对、不可改变的神学奥秘被隐藏"（或"被揭示"）"在最秘密的沉默之耀眼黑暗中"，他的奥秘"在最深沉的黑暗中闪耀出最明亮的光辉，并且——以一种完全超出我们理解和绝对无形的方式——用超越美的光芒折服盲目的心灵"[3]。所以，在感官、思想都无法把握上帝大美的情况下，只有通过信仰与默观，凭借欲爱之羽翼向上攀升，在永生上帝之临在中获得与上帝遭遇（冥契）的神秘经验的可能性，从而直观神圣奥秘之美。

安瑟伦（1033—1109）以其上帝存在之"本体论证明"在神学史和哲学史上名声彰显，却几乎从来没有人将这位"经院哲学之父"与美学传统关联在一起。但是巴尔塔萨发现："安瑟伦那些光芒四射却完美中肯的短篇著作，以最纯粹的形式实现了神学美学的关切"[4]，并且他认为："安瑟伦的本笃式的默观理性以一种崭新的原创进路呈现为审美性的：上帝安置在世界中的秩序的荣耀形式是如何完全依赖于他不可思议的自由和爱，以及如何见证它，有了这样一种清晰的认识，它才是规则与正确关系的精神直观。"[5]

巴尔塔萨讲："安瑟伦沉思创造与救赎中神圣启示的最高正义（rectitudo）；他从和谐，从精确无误的比例，从必然（necessitas）的方式中辨出它的真理，

---

[1] Hans Urs von Balthasar, *The Glory of the Lord: A Theological Aesthetics* vol. II: *Studies in Theological Style: Clerical Style* (Edinburgh: T. & T. Clark, 1984), p.168.
[2] Ibid., p.204.
[3] Ibid., p.205.
[4] Ibid., p.211.
[5] Ibid., p.18.

这种东西依靠最高的自由，也显明最高的自由，并且这一直观揭示给他绝对之美：在尘世之自由风格形式中的上帝之美。当他通过上帝对人的理性或必然性（qua ratione vel necessitate Deus homo factus est）询问时，呈现给他的问题'是非常地困难的，但在其解答中，它对所有人都是可理解的，并且由于其有用性和理性之美（rationis pulchritudinem）而是令人愉快的'。"[1] 神学理性因被安瑟伦赋予了美学特质，故而巴尔塔萨称其为"审美理性"（aesthetic reason）。不过审美理性也须服从于信仰："在安瑟伦那里，既使他为了给理智（intelligere）行为的展开以空间而在方法论上将信仰（credere）加括，理智（intelligere）也总是完全地服务于信仰（credere）。"[2] 审美理性是信仰的审美理性——当然，信仰也是理性的信仰（intelligere fidem）。因之，审美理性在安瑟伦神学中作为基督信仰的理性，自然与基督事件不可分割，诚如巴尔塔萨所讲："沉思上帝救赎作品之和谐的审美理性之喜乐，是建基于上帝之子受难之上的。"[3] 唯有通过基督，人才能以其受造的有限自由融入上帝神圣的无限自由之光照中，分享末世荣耀。这就是说："心灵要进入上帝的自由和喜乐"，"人心获得上帝之自由并与之同一"。[4] 祈祷在此成为心灵分享上帝自由与喜乐及末世荣耀的信仰路径。

波纳文图拉（1221—1274）在巴尔塔萨看来，"是所有伟大的士林哲学家中，在其神学中给予美最广泛空间的哲学家；这不仅是因为他最频繁地谈论美，也是因为他清晰地表达了他的内在经验，而且是以他自己创造的新概念来表达的"[5]。作为中世纪神学美学集大成之宗师，他的神学美学思想渊源深

---

[1] Hans Urs von Balthasar, *The Glory of the Lord: A Theological Aesthetics* vol. II: *Studies in Theological Style: Clerical Style* (Edinburgh: T. & T. Clark, 1984), p.211.

[2] Hans Urs von Balthasar, *The Glory of the Lord: A Theological Aesthetics* vol. I: *Seeing the Form* (Edinburgh: T. & T. Clark, 1982), p.72. See also Hans Urs von Balthasar, *The Glory of the Lord: A Theological Aesthetics* vol. II: *Studies in Theological Style: Clerical Style* (Edinburgh: T. & T. Clark, 1984), p.229.

[3] Hans Urs von Balthasar, *The Glory of the Lord: A Theological Aesthetics* vol. II: *Studies in Theological Style: Clerical Style* (Edinburgh: T. & T. Clark, 1984), p.236.

[4] Ibid., p.254.

[5] Ibid., pp.260-261.

远，不仅有来自奥古斯丁、伪狄奥尼修斯的影响，也有来自安瑟伦、伯尔纳德（Bernard of Clairvaux）、约阿希姆（Joachim of Fiore）诸人的影响。但巴尔塔萨认为，对波纳文图拉影响最深的是弗朗西斯修会（Franciscan Order, *Ordo Fratrum Minorum*）的创会宗师圣弗朗西斯（St. Francis of Assisi，1182—1226），他讲："他的世界是弗朗西斯式的，他的神学也是如此，尽管他用于建立其精神大教堂的石材立在谦卑和贫穷的奥秘之上，就像另一座巴洛克宝尊堂（Baroque Portiuncula）立在原本朴实无华的教堂上一样……波纳文图拉不仅将弗朗西斯作为他的中心：他是他的太阳及使命。"[1] 因此，弗朗西斯精神是他整个神学（美学）综合的根基，"波纳文图拉大教堂般的神学将奥古斯丁与伪狄奥尼修斯结合在圣弗朗西斯精神中；他那令人眩晕的综合对于贫困心灵中的荣耀之奥秘却是透明的"[2]。

巴尔塔萨首先探讨的是波纳文图拉所谓的"原始经验"（Urerlebnis）："一种为客观启示之丰富性所充满的经验。"[3] 这种原始经验的对象是智慧之美："从奥古斯丁、伪狄奥尼修斯、伯尔纳德和维克多学派（Victorines）以来的整个传统都将神圣荣耀理解为他的智慧之美：forma sapientiae est mirabilis, et nullus eam aspicit sine admiratione et ecstasi（智慧的形式是奇妙的，没有人看着她不惊奇和迷狂）。'许多人爱美，但美不在外在事物中，那只是她的形象；真正的美在智慧之美中。'"[4] 这种智慧之美显现给虔敬冥思的弗朗西斯，便是钉十字架的六翼天使（crucified Seraph），如果撒拉弗的六翼象征通向智慧的六个阶梯，那么除了对钉十字架者的燃烧的爱没有别的道路可通向智慧。在波纳文图拉看来，钉十字架的撒拉弗不只是弗朗西斯爱的沉思之默观对象，他也是积极主动的，

---

[1] Hans Urs von Balthasar, *The Glory of the Lord: A Theological Aesthetics* vol. II: *Studies in Theological Style: Clerical Style* (Edinburgh: T. & T. Clark, 1984), p.263.

[2] Ibid., p.18.

[3] Aidan Nichols, *The Word Has Been Abroad: A Guide Though Balthasar's Aesthetics* (Edinburgh: T. & T. Clark, 1998), p.85.

[4] Hans Urs von Balthasar, *The Glory of the Lord: A Theological Aesthetics* vol. II: *Studies in Theological Style: Clerical Style* (Edinburgh: T. & T. Clark, 1984), p.270.

并通过在弗朗西斯身上烙印自己而表现出他自身。这里涉及两个标志波纳文图拉美学的基本概念——表现（expressio）和印痕（impressio），巴尔塔萨将这两个概念视为波纳文图拉神学美学区别于传统之所在。[1] 所以，正如巴尔塔萨所讲："对波纳文图拉美学神学来说有决定意义的，是在灵魂出于迷狂陶醉中在身体上烙下的特征：当神圣美的形式被看见的时候，这一神圣美便在尘世获得了它的形式。"[2] 迷狂出神在波纳文图拉这里不是超离尘世，而是为上帝敞开世界，另一方面，基督天国也向人敞开。撒拉弗的六翼这里分别与上帝指示的六种路径或曰六种光照（sex illuminationes）相关，借由它们的精神，在第七天即可上达天庭。

在巴尔塔萨看来，波纳文图拉的理智世界就其整体而言乃是对《圣经》启示的诠释，他的世界图景总归是基督中心论的，也即是说，一切尘世表现都指向上帝在基督中的完美表现，"因为一切非完美表现的模仿，必然与天父完美的形象相关，这个完美形象以最高的精确表现他，并因此为了成为可理解的事物而清晰可见"[3]。"完美表现"与"非完美表现"实际是表现（expressio）的两层含义："表现既可以在积极的意义上理解为'表现的过程'或表现自身的'原型'，也可以在消极的意义上理解为由之产生的模仿形象。"[4] 模仿形象总是内在地关联于原型形象（理念）的，因为模仿形象（非完美表现）总是来自对原型形象（完美表现）的模仿（imitago），二者之间的关系是"存在的类比"（analogia entis）关系。所以巴尔塔萨讲："波纳文图拉的美的概念总是在表现的本体论框架下展开的。"[5] 基督作为天父的完美表达或绝对表现（expressio in summo）——原型形象，不仅自身是完美的，也完美一切事物。但圣子基督并

---

[1] Hans Urs von Balthasar, *The Glory of the Lord: A Theological Aesthetics* vol. II: *Studies in Theological Style: Clerical Style* (Edinburgh: T. & T. Clark, 1984), p.271.

[2] Ibid., p.273.

[3] Ibid., p.283.

[4] Ibid., p.287.

[5] Ibid.

不仅是尘世形象的原型,他本是作为表现的上帝,他是内在于三位一体的存在且是三位一体的中心:"圣子是圣父与圣灵之间的统一中心。"[1] 本质上,圣子的表现是对三位一体上帝之爱的无限绝对事件的表现。通过圣子之爱的表现——救赎,我们被接纳为上帝的孩子,找到回归上帝之路。

对波纳文图拉来说,光是沟通物质与生命、生命与精神的巨大力量,它来自天国并穿透混沌之大地,照耀一切,并与美成为同一事物。"一元之光在物质媒介中'表现它自身',(根据元素的多样性)它以多种方式将其拆解为'颜色',并由之将其分化为多样态的'形式';因此每一形式作为形式而是美的这一总体判断是正确的[2],因为通过在质料中呈现自身来表现它自身的形式,拥有光照的内在灵性。形式是从上而降之光,它靠着存在的统一性而调和物质中的对立面。"[3]

波纳文图拉是中世纪罕有的将美(pulchrum)与一(unum)、真(verum)、善(bonum)并列视为存在的先验属性(transcendentalia)的神学家。[4] 在他看来,"美包含每一因且与一、真、善是共同的。美完成了作为存在自身的存在的内在发展;它是在其自身中圆满的表现;并因此从一如同从真从美的道路直接导向美的理解"[5]。美作为先验属性是从形而上学的层面来讲的,但美在波纳文图拉那里并非单一属性,它也有层次的区别。波纳文图拉美的类比观念表

---

[1] Hans Urs von Balthasar, *The Glory of the Lord: A Theological Aesthetics* vol. II: *Studies in Theological Style: Clerical Style* (Edinburgh: T. & T. Clark, 1984), p.290.

[2] 波纳文图拉原文为:"Omne quod est ens, habet aliquam formam; omne autem quod habet aliquam formam, habet pulcritudinem."("凡存在即具有形式,凡形式即具有美。")See Bonaventure, *Commentaria in quatuor libros Sententiarum Magistri Petri Lombardi*, t. II, 34.2.3.6. (*Opera Omnia*, II 814). See also Sr. E. J. M. Spargo, *The Category of the Aesthetic in the Philosophy of Saint Bonaventure* (St. Bonaventure, N.Y.: Franciscan Institute, 1953), pp.34-35.

[3] Hans Urs von Balthasar, *The Glory of the Lord: A Theological Aesthetics* vol. II: *Studies in Theological Style: Clerical Style* (Edinburgh: T. & T. Clark, 1984), pp.312-313.

[4] 参见波纳文图拉早期手稿残篇 "*De transcendentalibus entis conditionibus*". See Edgar de Bruyne, *Études d'Esthétique Médiévale* vol. II (Paris: Albin Michel, 1998), p.191.

[5] Hans Urs von Balthasar, *The Glory of the Lord: A Theological Aesthetics* vol. II: *Studies in Theological Style: Clerical Style* (Edinburgh: T. & T. Clark, 1984), p.334.

明，美的领域从物理世界一直向上递升至灵魂与天使的内在世界、基督的世界、三一上帝的世界，这即是说，美存在感官事物之美、理性精神之美、基督的人性美、唯一者和三一上帝神圣美等层次结构。[1]

在波纳文图拉看来，上帝可以在圣子中给出他的绝对表现，也可在无关紧要的事物中表现。"为了表现他自己而下降到无关紧要的事物中的行为，是上帝的谦卑，他的纡尊屈驾（synkatabasis, condescensio），他放弃他自有的富足而变得穷困。"[2] 创造、启示、恩典、道成肉身都是上帝让他自己适应逐渐缩小的造物维度而采取的谦卑俯就行动。"上帝在道成肉身，尤其是在他的十字架上揭示他自身这种上帝的谦卑（humilitas Dei），是最深刻的。十字架绝对是一切的关键；所有事情都在十字架上揭示出来（omnia in cruce manifestantur），不仅是罪，也不仅是人，还包括上帝自己。"[3] 而上帝的俯就乃至十字架上圣子的受难牺牲，皆源自上帝心中之爱。通过倾出他自身的贫穷，上帝之心荣耀他自身，因此也就实现了所有存在的"荣耀"。而同时被上帝自我牺牲的爱的表现形式激起的迷狂之爱，也瞬间穿透流出所有显现的美的终极源泉。[4] 这样，波纳文图拉神学美学最后还是回到了弗朗西斯的根基。

2. 平信徒风格神学美学

《平信徒风格》中主要涉及的七位神学思想家，被巴尔塔萨称为"laikale Theologen"。由于其中十字架约翰与霍普金斯都是神职人员，所以巴尔塔萨明显不是在教会学的意义上使用"laikale"（平信徒的）这个词。他的意思应该是，这些神学思想家首先是用自己的母语写作（因此没有走职业神学的路线）；

---

[1] Hans Urs von Balthasar, *The Glory of the Lord: A Theological Aesthetics* vol. II: *Studies in Theological Style: Clerical Style* (Edinburgh: T. & T. Clark, 1984), p.337.

[2] Ibid., p.353.

[3] Ibid.

[4] Ibid., p.359.

其次，他们对于"具体的个人经验"给予了优先性。[1] 所以，"laikale"应该更接近"世俗"的含义。作为区别于教会官方神学家的这些所谓"平信徒神学家"（laikale Theologen），其实可能称为"世俗神学家"更准确，所谓"平信徒风格"（laikale Stile）也本应为"世俗风格"。在巴尔塔萨看来，但丁以降的神学美学出现了以母语写作为重要标志的、注重个人信仰经验的神学转向，这种转向实际已将神学美学带入了更宽广的世俗精神领域。所以，这卷神学探讨的应该是神学美学的世俗风格。不过，鉴于对既有翻译习惯的尊重，同时考虑到"平信徒"（laikale）与"教士"（klerikale）二词的对应性，故本书沿用既有的"平信徒风格"。

但丁（1265—1321）在巴尔塔萨眼中"代表了僧侣教会神学向平信徒神学崩塌的痛苦经历"，他认为但丁对于神学美学的最重要贡献是将尘世欲爱（eros）提升到了前所未有的高度："现在男女之间永恒之爱的奥秘，为圣爱（agape）所提纯而穿越所有地狱圈层和尘世诸界提升到上帝宝座面前的欲爱（eros），被带到柏拉图与经院世界观的中心——这在基督教思想史上还是第一次。"[2]

但丁是中世纪之子，经院哲学的传人，不过但丁身上体现了一种罕有的中世纪百科全书式综合："经院哲学与神秘主义的综合，古代与基督教的综合，帝国的神圣概念与教会精神化的弗朗西斯理念的综合，乃至更加令人吃惊的——游吟诗歌（Minnesang）——彬彬有礼的世界与经院智慧的完全不同世界的综合。"[3] 如巴尔塔萨所见，按照但丁自己的方式，他可称作"中世纪大教堂"的建立者，在他的代表作《神曲》（*La Commedia*，约1307—1321）里，伦理学与美学最后一次平和地共存，并且相互促进和强化。尽管如此，"也应该看到，

---

[1] Aidan Nichols, *The Word Has Been Abroad: A Guide Though Balthasar's Aesthetics* (Edinburgh: T. & T. Clark, 1998), p.68.

[2] Hans Urs von Balthasar, *The Glory of the Lord: A Theological Aesthetics* vol. II: *Studies in Theological Style: Clerical Style* (Edinburgh: T. & T. Clark, 1984), p.18.

[3] Hans Urs von Balthasar, *The Glory of the Lord: A Theological Aesthetics* vol. III: *Studies in Theological Style: Lay Styles* (Edinburgh: T. & T. Clark, 1986), p.13.

由于他在神学与美学上的觉醒，但丁与整个文化传统已迥然不同，他设定了一些空前绝后的东西，这使他超拔于他自己的时代之上，从而植根于未来（s'infutura la tua vita），植根于它自身的永恒中（s'eterna）"[1]。但丁身上，如巴尔塔萨总结的，体现出三个重要转向：母语转向（Die Wendung zur Volkssprache）、历史转向（Die Wendung zur Geschichte）、平信徒转向（Die Wendung zur Laientum）。所以，巴尔塔萨视之为神学美学"平信徒风格"的开路先锋，并将之标立为神学美学转向的里程碑。

但丁《神曲》分"地狱"（Inferno）、"炼狱"（Purgatorio）、"天堂"（Paradiso）三篇，诗人在受贝阿特丽采（Beatrice）[2]之托的古罗马诗人维吉尔（Virgil，公元前70—前19）引领下，游历九重地狱和八重炼狱，在第九重炼狱（地上乐园）时，诗人维吉尔因其尚未晋位天堂，故悄然隐退，此时贝阿特丽采华丽现身接引诗人，遍览胜景，最后随之升入天堂，游历庄严辉煌、喜乐无极的九重天，并在最后一重天窥见三位一体的金光一闪。贝阿特丽采代表了尘世之美，但这种美来自上帝之神圣美的映射。所以巴尔塔萨讲："贝阿特丽采看着上帝，但丁看着贝阿特丽采，并像在明亮的镜子一样在她那里看到来自上帝的痕迹。"[3]而贝阿特丽采之接引但丁则象征尘世欲爱的升扬，一路直抵九霄，最后与上帝之爱化为一体。欲爱因之被赋予崇高的地位，正是通过发端于男女之间的欲爱的提升，诗人遍历诸界美景，并在最后时刻顺利融入圣爱的荣耀光辉中。但丁爱的美学所指向的最后依然是上帝荣耀，故而巴尔塔萨讲"但丁的神学将其自身呈现为荣耀神学"[4]是正确的。在《神曲》中，整个宇宙以基督教的方式呈现出来，其诗性的、审美的表现，从根本上讲是神圣力量的体现。正是这

---

[1] Hans Urs von Balthasar, *The Glory of the Lord: A Theological Aesthetics* vol. III: *Studies in Theological Style: Lay Styles* (Edinburgh: T. & T. Clark, 1986), p.12.

[2] 诗人年幼时的梦中情人，他早期的爱情诗集《新生》（*Vita Nuova*）即是写给这位美丽少女的。

[3] Hans Urs von Balthasar, *The Glory of the Lord: A Theological Aesthetics* vol. III: *Studies in Theological Style: Lay Styles* (Edinburgh: T. & T. Clark, 1986), p.64.

[4] Ibid., pp.67-68.

一来自宇宙背后的神圣力量，撑起了但丁的荣耀美学世界。

但同时，巴尔塔萨也深刻认识到，但丁的荣耀美学是基督缺席（某种程度上被贝阿特丽采替代）的荣耀美学，故而并不是完全的基督教神学意义的荣耀美学：

> 荣耀在此实际是燃烧着上帝之爱（Eros of God）的天国荣耀，但是荣耀的与众不同的基督属性——上帝下降到死亡与地狱中，上帝顶替我们的位置并背负整个世界之原罪——这种荣耀并没有看见。由此上帝在《神曲》中的形象并不是真正三位一体的形象，而是一种特别强化的古代欲爱之基督教版本。非常明显，但丁与贝阿特丽采、加百利与玛利亚、尘世之爱与天国之爱、欲爱与（被看作涵盖一切的大写欲爱中的）圣爱的关系，是诗人的结论。[1]

十字架约翰（1542—1591）这个卡迈尔派托钵僧（Carmelite）与帕斯卡（1623—1662）的神学美学中都包含有对路德与改教者在神学中弃绝美学的回应："改教者从神学中驱逐了美学；十字架约翰这个毫不妥协的苦行者和帕斯卡这个受詹森主义（Jansenism）影响的人，都以一种与日耳曼改教运动尖锐对立的新的审美神学，回应这一驱逐。"[2] 同时，因为路德与中世纪决裂的关系，十字架约翰的著作也应看作"对中世纪世界观崩溃的一种回应"[3]。那种还在但丁宇宙观中占据重要位置的"存在的类比"（analogia entis）神话，已随着近代自然科学的新兴而瓦解，这种瓦解为路德之两个王国的辩证法和因信称义（sola fide）教义预备了道路。而十字架约翰虽然抵制因信称义，但却果敢地将其基督

---

[1] Hans Urs von Balthasar, *The Glory of the Lord: A Theological Aesthetics* vol. III: *Studies in Theological Style: Lay Styles* (Edinburgh: T. & T. Clark, 1986), p.101.

[2] Ibid., p.105.

[3] Aidan Nichols, *The Word Has Been Abroad: A Guide Though Balthasar's Aesthetics* (Edinburgh: T. & T. Clark, 1998), p.103.

教激进主义与一种明晰的形式、一种深刻的审美经验结合起来。[1] 巴尔塔萨曾如此评价其激进主义取向:"对卡迈尔派托钵僧回应路德的质疑与反感,在于它将整个希腊到中世纪的僧侣传统吸收到了新的基督教激进主义中;事实上,因其面向个体、经验与心理学范畴的现代取向,卡迈尔派托钵僧的回应让这种新的激进主义比以前更激进。"[2] 总之,就其神学美学思想而言,"十字架约翰,作为回应路德改教的卡迈尔派改革者,沿着(但丁)同样的路径从地狱之夜进入天堂之荣耀,但是以与上帝同在的神秘独居的方式,而没有但丁那种世界观。每一件事都依赖于纯粹的信仰,在他最后的丧失一切的黑暗中,遮遮掩掩地揭示出上帝光彩夺目的爱和永恒婚姻的奥秘"[3]。

爱在十字架约翰这里仍享有极其重要的地位,巴尔塔萨讲:"在对从融合之爱的火焰里爆发出来的荣耀(gloria)的描绘中,圣约翰的著作达到其顶峰。这种神圣日光的闪耀,这种'火花与火焰的闪耀',这种爱的行为中爱的习惯的迸发,提升了灵魂中'充满神圣甜蜜与力量的爱';'它就像(灵魂)被给予了永恒生命,因为它在上帝中将她提升到上帝的行动中。'"[4] 爱被看作穿透灵魂、洁净灵魂的神圣力量,"爱给灵魂带来超越痛苦与快乐的终极的、实质上的开放性,并使之与神圣之爱和智慧的基调协调一致"[5],凭借它灵魂才能从必死的深渊里攀升到上帝荣耀之中。因之,"幸免于死亡的爱,为了存在也不得不经历死亡;这是解决至高的诗性美如何能从虚无中形成这一令人苦恼的悖论问题的路径"[6]。

---

[1] Hans Urs von Balthasar, *The Glory of the Lord: A Theological Aesthetics* vol. III: *Studies in Theological Style: Lay Styles* (Edinburgh: T. & T. Clark, 1986), p.105.

[2] Ibid., pp.106, 152.

[3] Hans Urs von Balthasar, *The Glory of the Lord: A Theological Aesthetics* vol. II: *Studies in Theological Style: Clerical Style* (Edinburgh: T. & T. Clark, 1984), p.18.

[4] Hans Urs von Balthasar, *The Glory of the Lord: A Theological Aesthetics* vol. III: *Studies in Theological Style: Lay Styles* (Edinburgh: T. & T. Clark, 1986), p.112.

[5] Ibid., p.141.

[6] Ibid., p.120.

十字架约翰认为，只有通过上帝之美才能领会尘世之美。"世界由上而获得其美：从圣爱，就其部分而言，通过个人的反映，他者中的唯一者是一切美的原型。冥思者看见的不仅是上帝之美，在它里面也看见尘世之美；他也在直观的瞬间看见存在的类比（analogia entis）：'虽然这种状态的灵魂确已意识到就其受造的存在而言，万有皆不同于上帝，并以它们的力量、根基和张力在他里面看到它们，但是，她明确地知道上帝，通过他的存在，所有这些具有无限卓越（eminencia）品质的事物，是那些她所知的在上帝存在中好于在其自身中的事物。'"[1] 联结尘世之美与上帝之美的是上帝之爱，通过它灵魂与上帝一致，并在恩典中转变。冥思在十字架约翰这里被看作美的真正栖息地，依靠冥思，一切有限的、尘世的形式都可以得到提升，冥思就等同于信仰，等同于爱。[2] 可见，十字架约翰的神学美学乃是一种神秘美学（mystical aesthetics）。须注意的是，十字架约翰与但丁之忽略基督论不同，"圣约翰的神秘主义被理解为基督中心论的，并且只有通过基督它才是上帝中心的"[3]。在他看来，"上帝在尘世的真实形象就是钉十字架的爱的形象"[4]。基督的形象在其十字架神学（theologia crucis）中被视为美的形象原型。

帕斯卡同样是回应宗教改革的天主教神学美学思想家，他与十字架约翰的进路却迥然不同——帕斯卡是"从路德自己的奥古斯丁西方传统角度回应宗教改革的"，并"结合以现代科学的观点"，这在他之前是从未有人做过的。[5] 这位从不想将自己与任何特定的思想学派扯上关系的孤独的天才，最重要的贡献是"在纯粹神学信仰与现代形而上学和自然科学之间架起了桥梁"[6]。

---

[1] Hans Urs von Balthasar, *The Glory of the Lord: A Theological Aesthetics* vol. III: *Studies in Theological Style: Lay Styles* (Edinburgh: T. & T. Clark, 1986), p.149.
[2] Ibid., p.158.
[3] Ibid., p.163.
[4] Ibid., p.164.
[5] Ibid., p.106.
[6] Hans Urs von Balthasar, *The Glory of the Lord: A Theological Aesthetics* vol. II: *Studies in Theological Style: Clerical Style* (Edinburgh: T. & T. Clark, 1984), p.18.

帕斯卡虽没有写过美学著作，但对美与和谐的关注贯穿于其全部著作，巴尔塔萨甚至将之视为"一种巴洛克神学美学的顶点"[1]。其神学美学主要解决的是"人如何才能看见隐藏自己的上帝的临在"这一核心问题。上帝的荣耀，"在爱的启明下，显现给感官，显现给心灵，显现给灵魂，在每一情形下都是在一个新的层面上的显现！然而，如果心灵目标隐匿起来并让感官无法捕捉，上帝之爱的目标隐匿起来并让心灵无法捕捉，那么启明的灵魂把握的荣耀就是爱的荣耀——圣爱之奥秘与蒙羞的荣耀，并是隐匿者的荣耀和荣耀的隐匿"[2]。在帕斯卡看来，"来自上帝的爱就是耶稣基督"[3]，上帝为爱世人而放弃圣子耶稣，让他在十字架上牺牲赎罪以拯救世人的生命。在耶稣基督的形象里，上帝变得可见。但基督自愿背负原罪，又使得他以最低下、卑微的形式出现，从而基督又是对其自身神性的隐匿。"因此他是上帝隐匿性的表现，上帝表现他的形象和肖像，却不表现他自己。"[4] 可见，在基督里存在一种严重的吊诡："在钉十字架的耶稣基督的启示里，被揭示的两件事同时就其自身方式而言本质上又是隐匿的东西：不可理解的上帝不断增长的爱，和在其光芒中不断增长的人的罪。因此，发生在基督里的启示，是最高程度的悖论：双重的隐匿就是变得真正显明的东西。"[5]

此外，与奥古斯丁相似，对帕斯卡而言，"基督教美学的完全形式必然会在数字之美与恩典之美两极摆动，就像是为上帝所光照的一般，而上帝选择与拒绝的方式是超越于我们理解之外的"[6]。但无论如何，在帕斯卡这里，神学美学完全依赖于由上而下建立的关系或比例。

---

[1] Hans Urs von Balthasar, *The Glory of the Lord: A Theological Aesthetics* vol. II: *Studies in Theological Style: Clerical Style* (Edinburgh: T. & T. Clark, 1984), p.19.

[2] Hans Urs von Balthasar, *The Glory of the Lord: A Theological Aesthetics* vol. III: *Studies in Theological Style: Lay Styles* (Edinburgh: T. & T. Clark, 1986), p.180.

[3] Ibid., p.215.

[4] Ibid., p.228.

[5] Ibid., p.218.

[6] Ibid., p.188.

哈曼（1730—1788）处在启蒙运动末期和德国唯心主义前夕，作为新教神学美学的代表人物，他也是第三个试图回应路德新教改革从神学中驱逐美学的人。同时，他在启蒙语境中，面对世俗化的巨大思想浪潮，也竭力捍卫基督教信仰的纯正性，"防止它以任何方式向人文主义沉沦：防止它滑向诗学（赫尔德）、哲学（康德）、信仰的诺斯替主义（雅各比）、伪《圣经》人文主义（门德尔松）或伪神秘主义共济会（史塔克）"[1]。他尖锐地批判启蒙理性，视之为基督教信仰的最大威胁，却赋予审美相类于信仰在宗教（基督教）中的地位和作用。他甚至相信："审美（aisthēsis）行为，如果它没有缩减的话，它本身就是原始的宗教行为，因为万物都是上帝的语言，故而理解了这些事物就听到了上帝的言说。"[2] 由于承认美学与宗教的原初关联，故而哈曼对那种要求只模仿自然中"美的事物"的启蒙美学是绝不友善的。[3]

在哈曼的神学美学中，"美被明确地视为由类比构成的先验概念，并且类比被赋予了核心方法论的地位……一种包罗万象的美展示给我们，这种美最终可能正是上帝的荣耀——舍金纳（Schechina）"[4]。美的观念在哈曼的体系里，与上帝的神性放弃（kenōsis）有本质关联的——巴尔塔萨称哈曼为其时代"唯一能从神性放弃中读出神圣美的人"[5]。在哈曼看来，神—人乃是理解上帝、理解世界的钥匙。耶稣基督作为上帝神性放弃而道成肉身的形象，他是可见的上帝，是世界和人的真理。耶稣基督是哈曼的整个神学美学的唯一关节点。"上帝之道成肉身成为一切美学的绝对标准"，其美学的影响主要体现在几个方面：第一，基督以神圣自由的行动变身为人；第二，基督是在一种最原始的自我倾空（self-emptying）的行为中道成肉身的；第三，基督通过变成肉身而拥抱肉身，

---

[1] Hans Urs von Balthasar, *The Glory of the Lord: A Theological Aesthetics* vol. III: *Studies in Theological Style: Lay Styles* (Edinburgh: T. & T. Clark, 1986), p.239.

[2] Ibid., p.241.

[3] Ibid., p.255.

[4] Ibid., p.245.

[5] Hans Urs von Balthasar, *My Work: In Retrospect* (San Francisco: Ignatius Press, 1993), p.83.

并且通过肉身治愈精神；第四，基督通过在肉身中的他的真实取代了人类思想与想象力中一切虚妄，并将其带回真实世界。在巴尔塔萨看来，哈曼神学中的这四个主要方面为其作为整体的美的理念的形成与批判开辟了道路。[1]

巴尔塔萨认为，哈曼的美学之所以可以被称为基督教的和神学的，乃是因为在关键点上他把自然与超自然带入了隐匿与开放的关系中；换句话说，那些他加之于自然的范畴具有如此彻底的、包罗万象的效果，是因为它们最后都来自超自然启示的领域："诗性灵感是（隐匿的）预言；语言是（隐匿的神圣）启示；人类感官的领域隐藏着基督道成肉身的奥秘；受造的性欲属于基督与教会属天欲爱隐藏的奥秘；天才属于隐匿的圣灵（pneuma）；美属于隐匿的末世变容。"[2] 由之可见，类比是哈曼美学运用的基本神学原则。

索洛维耶夫（1853—1900）被巴尔塔萨喻为"世界性的天才思想家"。首先，索洛维耶夫是一位具有东正教信仰背景的神学家，巴尔塔萨评价他"将整个东方神学传统，从希腊教父，中经拜占庭和古俄罗斯，一直引向陀思妥耶夫斯基、托尔斯泰以及列昂捷夫"[3]。其次，他也是众多现代思想的继承人，这个"德国唯心主义黄昏时刻的更夫"[4]，深受德国唯心主义影响，除此之外，他还将法国革命、左翼黑格尔主义及费尔巴哈与马克思、孔德的实用主义、达尔文进化主义、尼采的超人学说以及叔本华悲观主义等诸多思想熔为一炉。这些使得他获得了宽广的世界性视野，从而有力地促进了东西方、拜占庭—莫斯科世界与罗马世界的对话。故而时人称其体系为"现代最具普世性的思想建构"。这种思想背景决定了其神学美学必然是一种"普世神学美学"。[5]

---

[1] Hans Urs von Balthasar, *The Glory of the Lord: A Theological Aesthetics* vol. III: *Studies in Theological Style: Lay Styles* (Edinburgh: T. & T. Clark, 1986), p.247.

[2] Ibid., pp.276-277.

[3] Hans Urs von Balthasar, *The Glory of the Lord: A Theological Aesthetics* vol. II: *Studies in Theological Style: Clerical Style* (Edinburgh: T. & T. Clark, 1984), p.19.

[4] Hans Urs von Balthasar, *My Work: In Retrospect* (San Francisco: Ignatius Press, 1993), p.83.

[5] Hans Urs von Balthasar, *The Glory of the Lord: A Theological Aesthetics* vol. III: *Studies in Theological Style: Lay Styles* (Edinburgh: T. & T. Clark, 1986), p.281.

索洛维耶夫的思想可分为三个阶段，早期为"逻辑与形而上学阶段"；中期为"伦理与教会学阶段"；晚期为"美学与天启论阶段"。在其早期思想中，索洛维耶夫突出了上帝的神圣智慧（divine Sophia），他认为上帝依其永恒的性格而不得不创造世界，让他的自由的力量战胜混沌无序，并让他爱的荣耀照耀他的造物的生命。同时，他将上帝与真善美三大先验属性联系起来思考：

> 在他出自他自己的情况下，上帝是善；在他知道他自己的情况下，上帝是真；在他经历了他自己的情况下，上帝是美。然而在各种情况下这些限定因素都与存在于世界的"他性"中的上帝之启示的存在有关系；结果是，真同时就是作为上帝国度在基督中完美的上帝的自我显现，美就是上帝在他者中自我的完全现实化，他的最高程度的具体化。"善被描绘为目标，真是决定它的必要手段，美是它的具体实现。换句话说，因为存在自身明确了理念是善，所以通过真的媒介作用，它馈赠给它美中的实现。"[1]

美在索洛维耶夫思想中被视为神圣理念（善）的实现，故而美与神圣智慧紧密关联。神圣智慧的完美体现是在道成肉身的耶稣这一尘世形式上，并在其十字架事件中达到巅峰，所以，美也伴随神圣智慧在道成肉身与十字架事件中被彰显到极致。在索洛维耶夫看来，道成肉身与十字架献祭意味着双重的神性放弃（kenosis），而这同时也是在"双重形式中的绝对荣耀——在其创造中的上帝的自我荣耀，和全人上帝的荣耀——这个出于爱而自愿去死的人，战胜物质世界所有的灾难性事件，并因此为他自己和全人类乃至宇宙获得肉身的复活"[2]。

在其中期思想中，索洛维耶夫尤其关注教会形式的中保本质问题。如果说

---

[1] Hans Urs von Balthasar, *The Glory of the Lord: A Theological Aesthetics* vol. III: *Studies in Theological Style: Lay Styles* (Edinburgh: T. & T. Clark, 1986), p.307.

[2] Ibid., p.324.

神圣智慧之美只有通过道成肉身的虚己来实现的话，那么，因为基督事件本身，人类进入上帝国度的一体化过程必然与教会实在关联在一起："一方面，教会是真正继续活在爱的团契里的神—人，这既是在伦理上实现的，又是在圣事上实现的；而另一方面，它也必然是上帝国度之理想普遍形式的样本。它是理想的，那么它就还不曾在历史进程中真正完美过和实现过，但在基督里它就已然是真实的，在初步形式上，它在教会和人类中实现。"[1] 索洛维耶夫的教会形式探讨最终指向的是惠及全人类的大公性普世教会形式——普世性（大公性）被巴尔塔萨视为大公教会之神髓。在他看来，"信仰的普遍形式，普遍的等级顺从，和在圣礼中对生命的普遍的末世性质的接受，这三者合在一起，就把人从其碎片化的有限存在中提升至一种对神圣大公性之圆满的参与状态中了"[2]。

索洛维耶夫思想最后落脚在其晚期带有明显总结性特征的美学与末世论的关注上面。在巴尔塔萨看来，索洛维耶夫的晚期理论著作试图将哲学的领域全部开放给美学，美学在此承担了完善其整个神哲学体系的重任。这种美学，既是"善的实现"和完美之真理的结果，也是一种上帝最终降临在人与尘世之中的、上帝国度之启示的"天启科学"。[3] 天启与荣耀的关联，保罗《罗马书》中就已经揭示："我想，现在的苦楚若比起将来要显于我们的荣耀，就不足介意了。受造之物切望等候神的众子显出来，因为受造之物服在虚空之下，不是自己愿意，乃是因那叫他如此的。但受造之物仍然指望脱离败坏的辖制，得享神儿女自由的荣耀……我们得救是在乎盼望；只是所见的盼望不是盼望，谁还盼望他所见的呢？但我们若盼望那所不见的，就必忍耐等候。"（罗 8：18—25）索洛维耶夫美学与启示关联在一起，为人类与宇宙提供末世论的荣耀盼望，从而使之最终形成了所谓"末世论美学"（eschatological aesthetics）或"启示美

---

[1] Hans Urs von Balthasar, *The Glory of the Lord: A Theological Aesthetics* vol. III: *Studies in Theological Style: Lay Styles* (Edinburgh: T. & T. Clark, 1986), pp.328-329.

[2] Ibid., p.332.

[3] Ibid., pp.339-340.

学"（apocalyptic aesthetics）。在其启示美学中，美与真、善乃是圆融一体的，"理想的存在就是真、善、美。如果这三要素缺一，则谬误、罪恶、丑陋就出现了"[1]。理念的这三重表征，在索洛维耶夫看来可以一个字总括：爱。他认为，上帝的意愿究其本质而言是爱，或爱的源泉，理念的理念，真、善、美俱是爱的不同面向。[2]

霍普金斯（1844—1889）代表着英格兰和依纳爵的神秘主义传统。[3] 在巴尔塔萨眼里，这个英国耶稣会士是"一个最高水准的诗人，代表了英国神学传统，与大陆思想不同，这里在形象与概念之间、神话与启示之间、自然中的上帝理解与救赎历史中的上帝理解之间，绝没有任何对立：他能够在诗性美学与依纳爵神操之间架起一座桥梁"[4]。并且正如克勒门（Wolfgang Clemen）、瑞恩（Hermann Rinn）诸人所见，霍普金斯的神学家身份与诗人身份是不可分割的，其宗教与艺术融为一体，理论概念（concept）与诗性"母体"（conceptus）完全一致。[5]

巴尔塔萨讲，围绕圣子的牺牲是上帝的第一世界思想这个基本的司各脱派观念，霍普金斯认为世界秩序是建立在圣子的"伟大牺牲"上的，其他造物在理念层面都与此观念相关联。尽管如此，作为万物根基的"伟大牺牲"，是自我倾空、上帝三位一体的纯粹存在可以外在地显现的首要方式。[6] 通过基督的"伟大牺牲"这一外在形式，上帝的荣耀呈现在世界面前。而且在霍普金斯看来，圣餐礼仪中的基督身体也绝不仅是象征，因为上帝有力量让基督的圣餐身体成为时空上现实的真的存在。所以，圣餐礼仪同样可以彰显神圣荣耀。圣子的牺

---

[1] Hans Urs von Balthasar, *The Glory of the Lord: A Theological Aesthetics* vol. III: *Studies in Theological Style: Lay Styles* (Edinburgh: T. & T. Clark, 1986), p.344.

[2] Ibid., p.345.

[3] Hans Urs von Balthasar, *My Work: In Retrospect* (San Francisco: Ignatius Press, 1993), p.83.

[4] Hans Urs von Balthasar, *The Glory of the Lord: A Theological Aesthetics* vol. II: *Studies in Theological Style: Clerical Style* (Edinburgh: T. & T. Clark, 1984), p.19.

[5] Hans Urs von Balthasar, *The Glory of the Lord: A Theological Aesthetics* vol. III: *Studies in Theological Style: Lay Styles* (Edinburgh: T. & T. Clark, 1986), pp.357-358.

[6] Ibid., pp.380-381.

性成就人与基督的同在，这是霍普金斯美学的中心神学原则。一切之真都根源于基督，在他的"伟大牺牲"中，一切之美都属于基督、关联于基督、屈服于基督，并且必然取决于他（"归还美啊，美啊，美啊，美啊，还给上帝，美本身，美的恩赐者"）。基督因此也是一切人类艺术的最高审美评判者。[1] 上帝在我们之中看见真正之美，因为通过观看，他在我们之中放入他的美。[2]

  自然与人的最真且最内在的荣耀是从上帝道成肉身的荣耀里面照射出来的。基督因此总是站在永恒理念的位置上，照透现象：他是作为永生上帝和永生之人的理念，是个人权能、自我牺牲、下降和倾空自我之恩典中的爱的理念。[3] 所以，基督是诗人霍普金斯关注的中心。他的任务便是如何在信、望、爱中上升到基督，并诠释遍及宇宙的基督中的上帝启示的一切形式。在巴尔塔萨看来，霍普金斯完成了这一任务。不过这里诠释的不是概念，而是形象，并且诗歌在此绝对是合宜之神学语言。[4] 诠释基督奥秘——"基督的奥秘，一方面具有无限深度，穿透存在的所有层面，从肉体到精神并进入三位一体的深渊；另一方面它是无限戏剧性的事件，在虚己下降到人与物质之中，提升它们，改变他们，救赎它们，神化它们"[5]——的形象，在其自身乃是自然的形象，但就它作为自然的前提而言是建基于基督中的，它被允许通过不能言说自身的原型的恩典言说神圣奥秘的荣耀。

  佩吉（1873—1914）这位法国诗人在巴尔塔萨《上帝的荣耀：神学美学》"神学风格研究"中压轴，如尼科斯所言，他的神学美学乃是这两卷之高潮所在。[6] 巴尔塔萨视之为20世纪初叶最具代表性的神学美学作家，并认为他从天

---

[1] Hans Urs von Balthasar, *The Glory of the Lord: A Theological Aesthetics* vol. III: *Studies in Theological Style: Lay Styles* (Edinburgh: T. & T. Clark, 1986), pp.385-386.

[2] Ibid., pp.389-390.

[3] Ibid., pp.390-391.

[4] Ibid., p.391.

[5] Ibid., p.394.

[6] Aidan Nichols, *The Word Has Been Abroad: A Guide Though Balthasar's Aesthetics* (Edinburgh: T. & T. Clark, 1998), p.126.

主教领域内抗辩"体系精神",就像克尔凯郭尔(Søren Kierkegaard)反对黑格尔主义一样,他还同克尔凯郭尔一样为存在主义预设辩护,不过与这个丹麦作家相比,他明智地将其根基锚定在《圣经》之中,故而避免了克尔凯郭尔的巨大失败——分裂美学与伦理(宗教)。对佩吉来讲,美学究其根基是与伦理一致的,且这是建基于上帝在基督里的道成肉身的:精神必须以肉体呈现,不可见者必须在形式里给出它自己的证据,且只有在上帝眼中是正当合理的,在尘世环境中才可能是适宜的。[1]

在佩吉看来,没有信仰,就不可能以一种美学的方式享有基督教真理、基督教的生命形式、基督教礼仪或诗歌。只有信仰的眼睛才能看到美,"这些美与那些没有信仰的眼睛的人无缘;在其存在深度之中,它们拥有一种不同的美学"[2]。

他的美学起点是和谐之城(Cité Harmonieuse),以此乌托邦美学理想作为上帝之城(Civitas Dei)的替代品。和谐因而成为终极价值,但这种和谐乃是通过涉及最高伦理成就的斗争的方式赢得的。在佩吉看来,朝向这种美的梦想的绝对生命斗争,本身就是美的体现。美在佩吉这里,不是首先定位在形式之美中的,而是定位在生命自身的新鲜绽放中。这在巴尔塔萨看来就是佩吉美学最后完全植根于宗教的原因所在。所以,除了宗教的、崇拜的艺术,他从不考虑任何种类的艺术。[3]

佩吉反对那种将耶稣基督抽象化为至善(summum bonum)的基督论。他认为,耶稣是神,因而是无限的,但他也是人,因而也是有限的。他的这种基督立场对神学美学至关重要。因为,"仅是抽象的(且必然谬误的)'完美'的总和,或者更准确地讲,那些对人类的眼睛来讲是完美的故归属于神—人的事

---

[1] Hans Urs von Balthasar, *The Glory of the Lord: A Theological Aesthetics* vol. III: *Studies in Theological Style: Lay Styles* (Edinburgh: T. & T. Clark, 1986), pp.400-402.
[2] Ibid., p.427.
[3] Ibid., pp.510-511.

物的总和的耶稣（像许多神学系统中的耶稣一样），就不可能是'古典'美的标准；他的形象注定要从哥特艺术业已空洞的基督之美（Beaux Christs）向现代'圣心'庸俗艺术风格衰退"[1]。基于圣爱在其自身形式之中具体的道成肉身，耶稣才呈现出"适宜"（美学）与"正义"（伦理）的古典特质。

尽管佩吉在《上帝的荣耀：神学美学》中受到巴尔塔萨的高度重视，但正如他所宣称的，他无意于要将佩吉提升到伟大的基督教诗人或神学家的行列中，他的工作只是将佩吉著作中那些非系统性的神学美学片断集中起来，从而希望描绘出一幅清晰的神学美学画卷。[2] 这是巴尔塔萨在神学传统中最后展开的美学画卷，而之后能接续这幅画卷的则非他的神学美学莫属了。

第二节　形而上学传统与神学美学

巴尔塔萨《上帝的荣耀：神学美学》"形而上学领域"的探讨，上承"神学风格研究"，将目光从启示神学移转到人类精神领域，不仅进一步拓展了神圣荣耀美学的历史视阈，而且无形中也形成了巴尔塔萨神学美学人文学意义之渊薮及重要支撑基础。

"形而上学"部分的核心任务是检视形而上学语境中的"荣耀"（超验美）的本质。[3] 巴尔塔萨这里所谓的"形而上学"不仅是指哲学领域内的形而上学（如存有论、宇宙论）。我们必须在其最原始和最宽泛的意义上来理解——就像希腊人所理解的，它是"不能与关于世界（mythos）本原的神圣知识分割开来

---

[1] Hans Urs von Balthasar, *The Glory of the Lord: A Theological Aesthetics* vol. III: *Studies in Theological Style: Lay Styles* (Edinburgh: T. & T. Clark, 1986), p.513.

[2] Ibid., p.509.

[3] Hans Urs von Balthasar, *The Glory of the Lord: A Theological Aesthetics* vol. I: *Seeing the Form* (Edinburgh: T. & T. Clark, 1982), "Foreword".

的"形而上学,"涵盖了真（ἀληθές）、善（ἀγαθόν）、美（καλόν）诸面向"[1]。所以在宽泛意义上,巴尔塔萨所设定的"形而上学",其范围就涵括了西方的神话、宗教、哲学与诗歌等人类精神领域。

如巴尔塔萨所说:"在前面的几卷中,基督教思想的光辉是从《圣经》启示（仍旧是无形的）的太阳中产生出来的。现在基督教元素必须与人类思想尽可能深地结合在一起了。"[2] 依他所见,《圣经》荣耀是无处不在的,故《圣经》荣耀的普遍性必然要与人类精神的普遍性相遇。[3] 因此足见形而上学中人类精神的普遍性诉求对神学美学是不可或缺的。而从根本上讲,"《圣经》启示脱离形而上学的基本法则也是不可能的,因为上帝要在人类历史中行动,采取人的形式,并且通过他的人的形式在教会里将人接纳到他自身中"[4]。

检视形而上学语境中"荣耀"的本质,也就是检视西方"荣耀"的神秘主义的、哲学的、诗学的经验和表现。[5] 这意味着神学美学在形而上学领域内的探讨,首先应该考虑关注神学与形而上学的相互关系,即基督教在什么地方是与人类思想一致,并根基于一般宗教形而上学的。[6] 另一方面,神学美学著作与普通古典美学史的理论建构有所区别,在神学美学中一切都必须围绕神圣启示与荣耀的神学主题。在巴尔塔萨看来,他称为"形而上学"的人类精神领域,"与神学的关联点甚多":

> 之所以如此,是因为:一方面,《圣经》启示植根于人类思想、情感和

---

[1] Hans Urs von Balthasar, *The Glory of the Lord: A Theological Aesthetics* vol. IV: *The Realm of Metaphysics in Antiquity* (Edinburgh: T. & T. Clark, 1989), p.12.

[2] Hans Urs von Balthasar, *My Work: In Retrospect* (San Francisco: Ignatius Press, 1993), p.84.

[3] Hans Urs von Balthasar, *The Glory of the Lord: A Theological Aesthetics* vol. IV: *The Realm of Metaphysics in Antiquity* (Edinburgh: T. & T. Clark, 1989), p.11.

[4] Ibid., p.31.

[5] Hans Urs von Balthasar, *The Glory of the Lord: A Theological Aesthetics* vol. VI: *Theology: The Old Covenant* (Edinburgh: T. & T. Clark, 1991), p.21.

[6] Hans Urs von Balthasar, *The Glory of the Lord: A Theological Aesthetics* vol. IV: *The Realm of Metaphysics in Antiquity* (Edinburgh: T. & T. Clark, 1989), p.13.

想象力的具体历史领域，经常使用所有这些形式来表达自己；另一方面，根据同一启示，在上帝与受造世界和人类精神之间一开始就存在一种超自然关系。神圣恩典，早已预定在基督里给予整个世界，在整个历史领域暗暗地做工，因而一切神话、哲学、诗学创造天然就存在对神圣荣耀的模仿。[1]

这是巴尔塔萨将其神学美学扩展到神学传统之外，在更为广阔的人类精神领域中寻求荣耀的光辉的基本理据。

由此可知，巴尔塔萨认为从属于人类精神创造的尘世之美，并没有远离上帝神圣荣耀的光辉。只是，"这些形而上学之美不是上帝荣耀之美的直接闪耀，而是后者在人类精神之中的反光，或者说是人类心灵在上帝荣耀之光的照耀下所反射出来的美的光辉"[2]。形而上学之美与荣耀之美之间通过类比而紧密关联在一起。由此，形而上学领域中形成的先验美学也与《圣经》启示的荣耀美学之间形成类比的对话关系。所谓先验美学，始于古希腊哲人对存在的惊奇，而这种存在的惊奇是具有超验的美学意义的。柏拉图认为诗人只漂浮在形象的层面，而形象本身离真理隔着三层，所以诗无法企及存在之真。正是通过对美的哲学本体论批判反思，柏拉图建立起先验美学学说，从而为西方先验美学传统奠立基础。而在巴尔塔萨看来，基督教对这种西方形而上学（先验美学）的神学批判则可以形成"神学先验美学"。[3]

虽然，这种向人类精神领域的铺展，会使巴尔塔萨神学美学的整个体系表面上看似显得有些枝蔓、臃肿，但这在巴尔塔萨看来却是必需的，"因为如果《圣经》的基本概念（荣耀。——引者），在普通理智范围内没有一种类比，不能在人心中激起熟悉的共鸣，它就是绝对不可理解的，因此也就无足轻重。只有

---

[1] Hans Urs von Balthasar, *The Glory of the Lord: A Theological Aesthetics* vol. VI: *Theology: The Old Covenant* (Edinburgh: T. & T. Clark, 1991), p.21.
[2] 宋旭红：《巴尔塔萨神学美学思想研究》，第134页。
[3] Hans Urs von Balthasar, *The Glory of the Lord: A Theological Aesthetics* vol. IV: *The Realm of Metaphysics in Antiquity* (Edinburgh: T. & T. Clark, 1989), p.24.

当神圣的人类意义与神圣启示之间存在类比时，启示揭示的高度、区别和距离才可能在上帝恩典中估量出来。当人类思想最深邃的体系（在神话和想象的艺术中可能比在哲学中发现的还多）呈现在人面前时，他才会被内在地说服，不是他自己发现上帝竖立之系统的"[1]。从而意识到自身的局限，转而在超越中寻求那无限者的力量——上帝的荣耀。巴尔塔萨的思想很明确，形而上学的超越诉求最终会将人导向神圣者。这种超越诉求本质上就是爱（eros）的力量。[2]

另外，"形而上学领域"荣耀主题的探讨，本质上也如同"神学风格研究"，是在时、空两个维度上对荣耀神学的理论丰富。在此，巴尔塔萨以其开放而宏博的学术视野，将西方从古至今的神话、宗教、哲学与诗歌诸人类精神领域纳入其神学美学的思想谱系，使得其神学美学具有了几可媲美古典美学思想谱系的恢宏图景。如杜普雷（Louis Dupré）所讲，在第四卷和第五卷中，巴尔塔萨不仅展示了他渊博得令人敬畏的宏观视野，也展示了他对任何同基督教对话的思潮（包括现代无神论）罕有的开放态度。[3] 由此，这两卷著作与前两卷著作一起，可以说从时间和空间两个维度囊括了全部西方精神历史。[4] 所以，巴尔塔萨神学美学向人类精神领域的铺展，也为我们提供了一种从神学美学角度解读西方古典美学源流的独特视野，而这实质上已经为西方古典美学传统的现代分梳奠定了部分基础。

《上帝的荣耀：神学美学》第四卷《古代形而上学领域》与第五卷《现代形而上学领域》大致也以1300年（圣托马斯）为界，分别探讨古代与近现代的形而上学与神学的交互关系——"形而上学在神学中的重新批判定位，或神学在

---

[1] Hans Urs von Balthasar, *The Glory of the Lord: A Theological Aesthetics* vol. IV: *The Realm of Metaphysics in Antiquity* (Edinburgh: T. & T. Clark, 1989), p.14.

[2] Ibid., pp.24-25.

[3] Louis Dupré, "The Glory of the Lord: Hans Urs von Balthasar's Theological Aesthetic", *Communio: International Catholic Review* 16 (Fall 1989): 384-412.

[4] 宋旭红：《巴尔塔萨神学美学思想研究》，第134页。

形而上学中批判性内嵌"[1]，其主旨是在人类精神谱系和一般宗教形而上学的根基中追寻基督教神圣荣耀与启示之美的痕迹与闪光，本质上却为我们呈现出一幅荣耀逐渐亏蚀衰微的先验美学历史画卷。巴尔塔萨便曾明确地讲："相较于（自前苏格拉底哲学家通过柏拉图到普罗提诺的）前基督教哲学总是保留着荣耀（doxa）的闪光，（荣耀的）衰微成为现代的后基督教哲学的特征"[2]。形而上学领域中荣耀衰微的大趋势，与神学领域中荣耀亏蚀的走势在近现代的思想史处境是相同的，那就是共同承受了自托马斯之后不可逆转的人类精神领域膨胀与世俗化思想浪潮对荣耀的洗刷和遮蔽。

形而上学领域两卷书分三大部分，第一部分"奠立根基"，从古希腊与罗马的神话、哲学和诗学三个方面入手，考察存在的荣耀之光的经验以及先验之美的形成和发展；第二部分另分"美的哲学之神学先验性"和"先验理性的美学"两个大方面展开论述，主要从哲学和诗学两方面梳理教父时代以来西方"先验美学"的相关资源，以及现代美学（"感性学"）脱离形而上学独立的情形；作为结论的第三部分探讨"继承和基督教的任务"的问题。这两卷内容几乎涉及了《圣经》与神学大传统外的全部西方人文精神传统，书中关涉思想人物数以百计，专章或专节论述者就多达几十人，由之构成神学美学对西方"形而上学领域"的全景式观照。

不过，由"荣耀"的理念给出西方形而上学的全景式观照也存在方法论上的困难。如巴尔塔萨所说："历史开始于古代前基督教领域，终结于或可贴上'后基督教的'的现代领域——而在二者之间存在一个基督教时代，它也有其自身的'荣耀'形而上学，其深受古代体系与范畴的影响，不过在某些方面仍保持了独立性。这个基督教时代的研究，必然使我们认识到围绕在'哲学'（纯

---

[1] Hans Urs von Balthasar, *The Glory of the Lord: A Theological Aesthetics* vol. IV: *The Realm of Metaphysics in Antiquity* (Edinburgh: T. & T. Clark, 1989), p.24.

[2] Hans Urs von Balthasar, *The Glory of the Lord: A Theological Aesthetics* vol. V: *The Realm of Metaphysics in the Modern Age* (Edinburgh: T. & T. Clark, 1991), p.47.

粹状态的)与神学(因为古代的哲学通常就是神学)上的荣耀概念的类比价值,同时也必然有力地促使我们认识到,像我们这个时代(不可能再'信仰'形而上学荣耀)的基督徒,并不一定想要为世界提供没有任何连贯性或中间环节的《圣经》荣耀:一定程度上,他们一旦思想迷失而现在又从圣典启示中得到自我更新,肯定会把存在的形而上学深度连同与《圣经》荣耀一起提供给世界的。"[1] 这就是说,现代荣耀神学将不可能只依赖于《圣经》启示了,它必须结合形而上学才能获得生机。其实,这种企图用一种视野来观照整个西方人类精神大传统的做法,本身也存在一种冒险,因为精神文化的多样性和复杂性注定了单向度思想统筹与规训的难度。巴尔塔萨这里所做的,某种程度上也是一种对形而上学(人类精神)的妥协,这种妥协则不可避免地赋予了他的神学美学某种文化神学的气质。

1. 古代神话、哲学、宗教的美学维度

这里所谓古代,在时间跨度上指古希腊与古罗马时期,具体从巴尔塔萨神学美学之形而上学谱系中来讲,就是从荷马至普罗提诺之间的这段思想历史。巴尔塔萨将这段思想历史看作西方形而上学的奠基时期,并将之界划为神话、哲学、宗教三个阶段。

神话阶段从荷马史诗一直延续到悲剧诗人的时代。在这个阶段,典型的荷马史诗的世界里,"宗教与艺术是一个东西"[2]。诗人在神话中塑造艺术世界的时候,同时也就是在言说宗教。"对整个古代的、古典的时期来讲,艺术都是关于诸神的。"[3] 如巴尔塔萨所说:"在柏拉图开始他的哲学工作之前,希腊艺术

---

[1] Hans Urs von Balthasar, *The Glory of the Lord: A Theological Aesthetics* vol. IV: *The Realm of Metaphysics in Antiquity* (Edinburgh: T. & T. Clark, 1989), p.14.

[2] Ibid., p.43.

[3] Ibid., p.74.

的伟大时代总的来说在其版图内就已经结束了：后来出现在为古典时期而神魂颠倒的希腊、罗马、欧洲的所有事物，都保留了一种对源自神话精神——并因此源自宗教——的原初发生行为的怀念。所有伟大的艺术都是宗教性的，是一种在存在之物的荣耀前的赞美行为。哪里宗教的维度消亡了，赞美也就堕落到仅是诱惑的、讨好人的东西中；哪里荣耀消失了，我们就只剩下称为'美'的东西。"[1]

按照巴尔塔萨的观点，史诗神话里存在一种形式结构，这种结构"对人与神圣者的关系的人给出一种诠释，并因此给予他其存在及自我理解"[2]。首先，荷马史诗清楚标示出，神人之间是存在不可撼动的区别的，然后人向上超越进入神的领地从而发现他的救赎、他的伟大和他的荣耀——"在凡世之人向不朽之神上升的过程中，通过原始的崇拜行动而体验到存在（χάρις）的宠爱、恩典与美，这种行动打开了为存在惊奇的眼界。"[3]史诗神话中作为人之模范的英雄与他的守护神之间的关系表明，一方面，神与人可以非常亲近，他赋予人力量，给予人荣耀，甚至分享人的喜怒哀乐与情欲，人亦可以通过祷告进入神的世界，甚至让神回心转意；但另一方面，人毕竟不是神，他不可能真正拥有神的自由，神人之间存在一条分开永恒与暂时、自由与不自由的鸿沟，甚至在不可名状的黑暗命运面前，神亦无力改变人的不自由命运。更重要的是，人是不可能离开神而存在的——"人本质上是需要神的，真正的罪就是希望过没有神的生活的傲慢。"[4]这种神人关系的确立，实际上已为整个西方宗教形而上学奠立了一种核心范型。

在荷马那里，美的核心绝非比例与和谐，而是人之康乐的当下经验，有时它可以更多地自我彰显为光芒四射的魅力，有时更多的是作为心中英雄式的

---

[1] Hans Urs von Balthasar, *The Glory of the Lord: A Theological Aesthetics* vol. IV: *The Realm of Metaphysics in Antiquity* (Edinburgh: T. & T. Clark, 1989), pp.12-13.
[2] Ibid., p.45.
[3] Ibid., p.70.
[4] Ibid., p.50.

伟大和爱的力量，或者是作为内在"德性"，总之是不会降级为任何具体的形式（形象）的。"美作为光从这个中心照射出来，照亮世上所有的事物，使之熠熠生辉，清晰明亮。没有因此提升到诸神等级中，但生活在这种光照中并放射出这种光的人，被称作'神圣的'；他们可能出身高贵，可能出身低微——在这里，形容词显示出一种细致的等级划分：许多英雄被称作 διοτρεφής（充满神圣的力量），διοχενής（属于神圣血统的），并因此'像神一样'（ἰσόθεος, ἀντίθεος, θεοειδής, θεοείκελος, etc.）; διῖος（divus）意味着比 θεῖος（神的，在更强意义上使用）更普遍的属于神圣世界的形式。"[1] 可见，在荷马史诗中美原初地具有神圣属性。

荷马史诗中诸神分立，故当希腊与特洛伊各自向自己的神祷告时，他们矛盾的祷告便将世界一分为二。当然，双方的祷告最后都会得到至上神宙斯的倾听，并因此赋予他们双方力量和荣耀，尽管他自己也不能满足他们所有的愿望。[2] 按荷马的宗教观念，宙斯是众人与诸神之父，绝对意义的父神，至高至大之主。所以，他的意志即神圣宇宙计划，是人和诸神都不可能看透的，他只让他们看到片鳞只爪。但如果世上有一个人可能看到过宙斯手中的牌，那就是诗人。"因此他必定是获得神圣灵感的人，因为通过神的恩赐，他看见了发生的事情的意义，那对他而言存在于神圣理论同样灿烂的光辉中的一切，这就美化了事物和事件，并因此将其提升到美中。"[3] 提升凡人之恩典其实总是一种拣选，只有被拣选的英雄可以获得神圣力量，被拣选的诗人可以成为"神圣的歌者"。[4] 拣选的存在，表明了荷马之众神具有神圣自主性，即他愿意显现给谁就显现给谁，愿意荣耀谁就荣耀谁。因为神的恩宠与临在，朴素的人之美即可提升至荣耀的神圣之美中。

---

[1] Hans Urs von Balthasar, *The Glory of the Lord: A Theological Aesthetics* vol. IV: *The Realm of Metaphysics in Antiquity* (Edinburgh: T. & T. Clark, 1989), pp.52-53.

[2] Ibid., p.62.

[3] Ibid., p.65.

[4] Ibid., p.71.

如果说在荷马那里，存在的荣耀已从英雄与他的守护神相遇的模式中衍生、剥离出来，那么，从赫西俄德（Hesiod）到品达（Pindar）的这一代诗人便不得不问这种模式是否是普遍合理的，从这种相遇中抽取出来的知识能否拓宽以涵括一种恒久的知识，是否每一个人都可以找到英雄所处的那种关系，是否神本身可以根据其显现中个体之神的人格模式来理解。这在巴尔塔萨看来，"问题越普遍地提出，哲学也就越清晰地从神话中浮现出来"[1]。当然在哲学的时代真正降临之前，尚需神话时代诗人们大量的铺垫工作。

品达之前，赫西俄德关于光的神话美学思考，阿齐罗库斯（Archilochus）之奠立抒情诗传统，萨福（Sappho）对爱欲与美的认识，梭伦（Solon）的美善合一说与美之理念原型思想等，都为古典神话美学作出了贡献。而品达作为后起之秀，他的诗学思考是带有一定程度的综合色彩的。这位抒情诗人将其艺术完全理解为荣耀的形式，而完整的荣耀是两种荣耀的必然结合，即美化的荣耀与被美化的荣耀。[2] 荣耀的光线照彻了品达的世界。在他那里，德性（ἀρετά）之光就是称为美（καλόν）的东西，爱（charis）是带来美的愉悦的力量。

如巴尔塔萨所讲："希腊艺术在悲剧家那里达到顶峰，然后就崩溃了。"[3] 希腊三大悲剧诗人——埃斯库罗斯（Aeschylus，公元前525—前456）、索福克勒斯（Sophocles，公元前496—前406）、欧里庇得斯（Euripides，公元前480—前406）的作品影响深远，迄今都是悲剧艺术的典范。甚至基督教一开始也深受这些伟大悲剧的塑造，"伟大悲剧的绝对吸引力，连同它对荣耀的理解进入基督的戏剧，并被其所包含，这在基督之后是不可能重复的。而基督徒首先与之进入对话的不是希腊哲学，而是希腊悲剧，通过纳入所有以前的密码在它自身之中并超越之，形成基督事件伟大而合理的密码"[4]。基督的受难将悲剧

---

[1] Hans Urs von Balthasar, *The Glory of the Lord: A Theological Aesthetics* vol. IV: *The Realm of Metaphysics in Antiquity* (Edinburgh: T. & T. Clark, 1989), p.78.

[2] Ibid., pp.90-91.

[3] Ibid., p.101.

[4] Ibid.

提升到了最高境界,所以在巴尔塔萨看来,基督之后便没有最高意义上的悲剧了。但在这出伟大悲剧上演之前,古希腊悲剧诗人们的事业仍旧意义非凡。

正如巴尔塔萨所见,悲剧诞生于宗教仪轨,其最初乃是一种崇拜活动。对悲剧来说,荷马的两个教条依然有效,那就是"人神之间不可跨越的距离和人对神的完全忠诚"[1]。正是人与神之间永恒的距离的存在,人才可能在命运面前变成无助而软弱的牺牲品,形成悲剧——"悲剧的基本情形是人的无力,而被迫交到他的命运手中,命运既可能是以(不确定的或敌意的)人的力量的形式出现,亦可能是以不堪承受的神的力量的形式出现。"[2] 但悲剧的美的力量却来自人对命运的抗争精神。如巴尔塔萨所说,神话的世界根本上是对话性的:荣耀从位格化的神流向敢于在这种光照中诠释其暂时存在的人类。而所有的艺术创造都与神话这种背景相关,希腊悲剧亦然。故希腊悲剧的精神实质可以理解为:"每一次心灵都不得不使出超人的努力去理解神圣之光是如何笼罩其最极端的情形的——即使当这光揭示它自身为神圣之夜——直到最后人心的力量超过诸神的力量,其爱真正进入里尔克(Rilke)(根据人真的将其自身提升到'天使'之上)想要的那种状态:结果爱作为心灵的光线,在没有任何相应的合作者的情况下,照进无限者,并因此创造'在最后听见我们'的神。"[3]

哲学抛弃了神话时代以艺术的、形象的、感性的方式去呈现存在荣耀的方式,而直接使用理性这样一种超越自身的行动或能力来切入超越的"神圣世界",企图直接把握存在。盘询存在的理性作为整体而言是一种"独语"行为。"独语"的理性时代的来临,即意味着"对话"的神话时代的终结。这就在人类精神历史中标出一条分界线来,这条分界线将神话时代古典艺术中见证的"荣耀",与哲学时代被称为"美"的东西泾渭分明地分开。[4] 这也就是说:"荣耀"

---

[1] Hans Urs von Balthasar, *The Glory of the Lord: A Theological Aesthetics* vol. IV: *The Realm of Metaphysics in Antiquity* (Edinburgh: T. & T. Clark, 1989), p.102.
[2] Ibid., pp.112-113.
[3] Ibid., p.155.
[4] Ibid., p.156.

在哲学时代的来临开始随着诸神隐退而淡出人类精神视野，于是"美"在哲学终极价值视野中代替"荣耀"的位置——但巴尔塔萨却认为它不可能真正具备"崇高"的属性。的确，人类精神从神话到哲学的转变存在质的跃迁，尽管如此，如巴尔塔萨所说："神话本质上是宗教性的，哲学不可能也不会去否认它神话的过去，尤其是当它关涉美（kalon）的方面的时候。"[1]

在巴尔塔萨看来，希腊哲学替代神话而兴起集中体现在三个新主题上，这也是"先验美学"必须回应的。第一是由知识提出的整体性（神圣世界与人类世界的合一）的宣称；第二是从后天的事实或知识超越到对事物的先天理解中，这在柏拉图哲学中体现为欲爱（eros）的上升的主题；第三个主题是关于比例、和谐或包罗万象的（质与量之）"整体数学"的，这对美的哲学观念的发展是关键，这个主题也与统一整体和欲爱的迷狂两大主题交织在一起。[2]

在哲学形上美学的开端，苏格拉底（柏拉图）就为美学下了一句谶语：χαλεπὰ τὰ καλά（美是难的）。这一谶语至今困扰着人们，不过历史上每一代哲学家都会尝试给出自己的诠释，柏拉图也不例外。在柏拉图眼中，真理是第一位的，而诗人所讲的美的东西却无法触及真理的层面，所以他把他们排斥在他的理想国（politeia）之外。实际上，柏拉图本人就是诗人，且最后也深深地爱着诗人，他之所以与他们决裂，乃是因为对他而言，悲剧已从舞台上搬到了现实之中——他的老师苏格拉底作为真理的见证者而死，成为前所未有的悲剧。[3] 在巴尔塔萨看来，苏格拉底的死不是偶然的，"真理见证者之死，只是作为哲学发展结果的长期生成的、不可避免的悲剧的最后一幕：因为哲学家想要没有任何条件的真理——希腊文 ἀλήθεια（真理）字面上就是现实的意思——因此他将人分为两类：服侍真理并向真理宣誓的人，与让真理服侍他们且并不向真理

---

[1] Hans Urs von Balthasar, *The Glory of the Lord: A Theological Aesthetics* vol. IV: *The Realm of Metaphysics in Antiquity* (Edinburgh: T. & T. Clark, 1989), p.12.
[2] Ibid., pp.164-165.
[3] Ibid., pp.167-168.

宣誓的人"[1]。这种非此即彼的立场，锻炼了哲人毫不妥协的刚性，于是导致了哲学（智慧）与诗（灵感）之间你死我活的战争。

在诗人与智者那里，真的知识取决于其客观对象，而在柏拉图这里，真的知识却是对应于客观对象的心中的理念（eidos, idea, ousia）的。理念是可以通过哲学直观来把握的。[2] 这一直观，一方面是从物中导出来的（因为"人必然根据形式来理解真理，形式是利用理性将诸多感官知觉统摄入一个整体而获得的"）；而另一方面，这一"综合"或"综观"预设了灵魂已具备某种对平等本身的领会，且相应地具备对美、善、正义、虔诚等依次相应于对象结构之物的领会。只要是对象，它就存在于真、善、美及统一的绝对者之中。那即是说，在每一转瞬即逝的事物中，都存在某种永恒的、不变的且因此是"美的"东西，已将它自身向参与敞开。这种东西被形象地描绘成"光"，但实际上，它是美到无法言说的"善自身"或最高善，万物都沐浴在其光辉之中。哲学家则借助这种光照，向理念乃至建立一切的善本身之光上升，以求真正把握存在。[3] 在此，这种上升被归结为爱（eros）这一重要主题，从对美少年的迷恋一直到对至美的陶醉这种最高哲学行为，都可以称得上是爱。爱是一种源自本能的向上攀升的向往欲望或精神动力。

正如巴尔塔萨所讲："kalon 这个词一开始就包含了远比'优美'（beautiful）这个词对我们来说意谓的东西更丰富的含义：它是恰当的、相称的、善的，即与存在相配的。因为这个它也具有其完善、健康、平安的含义；只有当它包含了所有这些含义，作为证实和证明，kalon 也才是美。"[4] 在美（kalon）与存在的关系上，柏拉图会认同这样的观点，那就是美是与存在同延的，它是存在的

---

[1] Hans Urs von Balthasar, *The Glory of the Lord: A Theological Aesthetics* vol. IV: *The Realm of Metaphysics in Antiquity* (Edinburgh: T. & T. Clark, 1989), p.169.

[2] 希腊文 Eidos（理念），其同源之动词 idein 即是"看"的意思，已包含"直观"之意。

[3] Hans Urs von Balthasar, *The Glory of the Lord: A Theological Aesthetics* vol. IV: *The Realm of Metaphysics in Antiquity* (Edinburgh: T. & T. Clark, 1989), pp.179-181.

[4] Ibid., p.201.

一种先验属性。这从《会饮篇》（*Symposium*）从美的身体到美的灵魂再到美自身的上升中即可看出来。[1] 柏拉图美的观念的那种明显的先验特征，成为他探讨美的本质的思想基调，故而他并不认同将美单纯限定在感官愉悦层次的定义。在他看来，无论什么样的美，都是指向 ἀγαθόν（善）的，最后这两个概念便结合在了一起：kalokagathia（美善相济）。[2] 美与善，本质上都集于理念一身。可见，在柏拉图这里美学与伦理学是可以和谐一致的。其实，柏拉图哲学中美与善和真都是存在一体圆融的先验属性，三者之间相互缠绕，是不可能像现代这样分割开来的。另外，柏拉图美学在善理念与世界之间成功运用和谐比例与类比的观念，都对后世影响深远。而在毕达哥拉斯学派的影响下，理念、和谐、类比诸如此类的思想，在柏拉图哲学中说到底还是数的关系。这就是他所谓的"整体数学"[即后来如笛卡尔诸人称为普遍数学（mathesis universalis）的学问]，他将这种学问称为智慧（sophia），是真正的哲学或发现真理（包括善和美）的方法。

如尼科斯所讲，如果说基督教启示是诗性与哲思的联姻，那么在巴尔塔萨看来，柏拉图是无从发现这一点的，而稍后的古代宗教的历史使命便是在哲学与神话之间寻求一种综合。[3] 这种历史综合本质是两种人类精神在希腊化时期宗教中的妥协与调和。其实正如巴尔塔萨所说："不仅是希腊化时代的宗教，任何宗教的本质都是调和主义的。"[4] 没有纯粹的哲学式的宗教，宗教必须从神话中获取信仰资源，但如果宗教中只有神话没有哲学，那神话就很容易失去合理性支撑，沦为幻想。所以，综合对宗教也是必需的。而从历史的角度来看，这种在神话与哲学之间的宗教调和，实际已在为基督教启示的降临进行思想的铺垫。

---

[1] Hans Urs von Balthasar, *The Glory of the Lord: A Theological Aesthetics* vol. IV: *The Realm of Metaphysics in Antiquity* (Edinburgh: T. & T. Clark, 1989), p.201.

[2] Ibid., p.203.

[3] Aidan Nichols, *The Word Has Been Abroad: A Guide Though Balthasar's Aesthetics* (Edinburgh: T. & T. Clark, 1998), p.137.

[4] Hans Urs von Balthasar, *The Glory of the Lord: A Theological Aesthetics* vol. IV: *The Realm of Metaphysics in Antiquity* (Edinburgh: T. & T. Clark, 1989), p.216.

不过，由于希腊化时期以来这种调和中不可避免地存在哲学的抽象化过程，使得西方艺术精神从此衰微："艺术中公认的美是来自神秘启示的领域和时代的：这只被荣耀环绕。希腊化—罗马时期的艺术，即使是作为一种官方宗教的表现，也只能是对失落的希腊世界的原型进行或精确或（大多数时候）不精确的复制，但这些被抽象精神影响的复制品，不再拥有原型的光辉和神秘的荣耀。"[1] 巴尔塔萨《上帝的荣耀：神学美学》此后各章节绝少关注人文艺术，根本原因即在此。

巴尔塔萨将哲学和神话喻为希腊化—罗马宗教的两座桥墩，而只有将这两个桥墩连接在一起，才能形成一座桥，从而将荣耀重新引回大地。巴尔塔萨这里对希腊化时期以来的古代宗教的梳理就是要论证这一过程。在哲学与神话的交汇问题上，巴尔塔萨认为有两个人的思想已表现出罕见的超出其时代的圆融性："维吉尔，罗马的伟大诗人，他对原始的整体性和末世论的整体性视野有稳健的把握；普罗提诺，这个生活在罗马却极可能有埃及血统的人，他对目的和视阈的整体性进行哲学宣称，这样一个对《圣经》信仰如此不利的宣称却达到了一个完满的终极境地。"[2]

巴尔塔萨讲："所有以前流行的范畴（神话、哲学、宗教）都在维吉尔这里神秘地分解：他与它们都有些共同之处，但却超越于它们。"[3] 维吉尔是罗马人，而非希腊人，所以他关注的不是哲学也不是神话，而是现实。他是诗人，而诗人的天职就是去赞美和启发，通过在有限的、拒不顺服的、没有启明的当下之现实中始终如一地坚持不懈，直到它将其隐匿的面目昭示给耐心等候的人。《牧歌》（*Bucolis*，约公元前37）、《农事诗》（*Georgics*，公元前29）、《伊尼特》（*Aeneid*，公元前19）三部诗歌，可以看作诗人找到终极源泉同时也就是获得

---

[1] Hans Urs von Balthasar, *The Glory of the Lord: A Theological Aesthetics* vol. IV: *The Realm of Metaphysics in Antiquity* (Edinburgh: T. & T. Clark, 1989), p.218.

[2] Ibid., p.219.

[3] Ibid., p.249.

真正自由道路上的三个驿站。"凝视失落的起源和期盼的圆满无极,也在对奥林匹亚天庭和神化之期待的凝望中,以及在暂时性的尘世里发现的期待中,正如它实际上是一个超空间位置的世外桃源(Arcadia),一个乌托邦,一个'乌有之地',《牧歌》已经发现在美的永恒王国内世界的完全转变。在此世,在同时代的意大利的山山水水中,在人类命运的习惯道路上,在它困苦的尊贵里,在它不懈的辛劳里,自然慷慨的恩赐之经验中,《农事诗》毅然安居……即使在这里,仍然存在一种对失落的原始时代、对和平世界最后的建立以及明显地对征服死亡、对变形和复活的怀乡痕迹。"[1]如果说前两部著作是从外部来看历史的世界、现实的罗马世界,那么,在《伊尼特》中,诗人便进入了其内部,故而经验到真正世界的本质和核心。从某种程度上说,诗人把诗歌重新引回了荷马的世界。启示为诗的形式在伦理—美学的领域中创造了一种与《圣经》之间的类比。史诗中罗马英雄为民请命、荣耀罗马的使命印证了这一切。因之,他的诗歌在中世纪被赋予一个仅次于《圣经》的地位。

第二个总结古代世界的成就并将其提供给罗马新世界(基督教世界)的伟大人物是普罗提诺。如尼科斯所讲:"普罗提诺万物源自太一又回返太一的哲学系统为基督教思想提供了一种形式结构,主要体现在其内在性学说——存在驿站中的美和超越性学说——超越一切之美。"[2]通过他,古典思想给基督教造成了极其深远的影响,无论是尼萨的格里高利、奥古斯丁、伪狄奥尼修斯、马克西姆这些古代教父,还是波埃修、爱纽根纳、阿尔贝特、波纳文图拉、托马斯、艾克哈特、但丁、库撒的尼古拉斯这些中世纪思想家,都得到他的哲学滋养——他的实际影响力远不止于基督教神学,古代阿拉伯思想、人文主义、启蒙运动、德国唯心主义等精神领域中都存在他的思想踪迹。

---

[1] Hans Urs von Balthasar, *The Glory of the Lord: A Theological Aesthetics* vol. IV: *The Realm of Metaphysics in Antiquity* (Edinburgh: T. & T. Clark, 1989), pp.261-262.

[2] Aidan Nichols, *The Word Has Been Abroad: A Guide Though Balthasar's Aesthetics* (Edinburgh: T. & T. Clark, 1998), p.139.

他试图超越神话与哲学二元论精神格局，将所有古代的哲学意识、宗教（神话）意识都整合到一块，"因为对普罗提诺来说，存在自身是神圣者，并且它的整个启示对他而言是如此势不可当的荣耀，以至于它远超过所有具体神话的光辉"[1]。所以，普罗提诺著作虽然也涉及许多神话，但其目的旨趣却都在于，解释存在独异而完整的神学启示是如何在其中呈现出来的。普罗提诺畏惧、惊讶于宇宙的荣耀，把它视为一个巨大的灵魂机体，所有的个体灵魂，理性的，非理性的，都分有它的荣耀。宇宙的中心乃是一个不可言说、无法企及的奥秘，所有的理性活动都围绕它而运转，一切的渴望的爱都朝向它而向上奋斗，所有的尘世的美都只是来自它且指向它的痕迹。这个终极源泉的超越奥秘，其实是既超越（above all）又内在的（in all），故而在存在自身即可找到向此独一无二之奥秘的深度开放的道路。这个奥秘，普罗提诺称为太一。"作为太一，它是如此高贵独尊的，以至于它没有任何与其纯粹的独一性相反的东西；它是如此'完全的他者'，以至于它可以被叫作'无他者'。但是正是因为这个原因，太一与任何事物都分不开：因为神是绝对超越的，因此他可以绝对地内在于万物之中。"[2] 一切皆来自太一之光照流溢，光辉亦从一切回返太一。所以，普罗提诺的太一就与佛家所讲的佛性有相似之处：一即一切，一切即一。

对普罗提诺来说，存在（οὐσία）与形式（εἶδος）的概念是同延的，"存在是一种理想形式——因为源自至高者的除了是形式就不是别的东西——它不是一种具体形式，而是一切形式之形式，除此之外别无其他形式；那么太一定然是没有形式的，而如果没有形式，就没有存在；存在必然具有某种定义，且因此是有限的；但太一不能被设想为是有定义的和有限的，因为如此它就不可能是源泉，而是对应于它的定义所指的具体东西"[3]。在巴尔塔萨看来，普罗提

---

[1] Hans Urs von Balthasar, *The Glory of the Lord: A Theological Aesthetics* vol. IV: *The Realm of Metaphysics in Antiquity* (Edinburgh: T. & T. Clark, 1989), p.280.

[2] Ibid., p.290.

[3] Plotinus, *The Enneads*, V.5.6., see Stephen MacKenna trans., *The Enneads* (London: Penguin Books, 1991), p.397.

诺的美学便建基于这一学说之上："一切存在是美的，因为在它与理智相遇的时候它是形式。""太一作为共同的源泉，超越于存在、理智、形式和美。另一方面，存在的'形式'绝不可能是具体事物的个别形式，在这个意义上它可以称为'无形式的'，'尽管从其他观点来看它是有形式的'，亦即是说，作为理智的对象。"[1] 所以，"严格讲，对普罗提诺来说，美存在于理智（nous）的层面，在太一之下……美从太一下的一点照射出去，可是也是因为来自太一的光照"[2]。太一无形式，故太一无所谓美与不美，它是超越于一切美之上的"荣耀"；美是太一照进理智与存在领域的"荣耀"，于是可以通过隐藏它自身在一切美的形式中的理智，通过尘世美抵达太一。因此之故，巴尔塔萨将普罗提诺的美学也视为一种荣耀美学，一种非《圣经》但却是神学的美学。

2. 基督教形而上学的美学维度

古代关于神的所有神话、哲学、宗教知识固然本身也是神学的，"对古代人而言，神总是会在宇宙中真实地显现出来的，并且人类生存的根本出路在于在神中发现其超越，他们以此作为人类生存的根基、形式和目标"[3]。但古代"神学哲学"（die theologische Philosophie）与基督教神学相比，毕竟存在巨大差异，或者讲是质的区别。这个区别源自基督事件这一重大救赎史转捩点。如巴尔塔萨所说："作为《圣经》故事的入海口和目的地，基督事件开创了一种完全崭新的神圣荣耀经验。"[4] 然而区别并不意味着此二者就是完全水火不相容的事物，实际上，正如巴尔塔萨所讲，基督徒既是世界上所有上帝启示的合法继承者又

---

[1] Hans Urs von Balthasar, *The Glory of the Lord: A Theological Aesthetics* vol. IV: *The Realm of Metaphysics in Antiquity* (Edinburgh: T. & T. Clark, 1989), pp.294-295.

[2] Aidan Nichols, *The Word Has Been Abroad: A Guide Though Balthasar's Aesthetics* (Edinburgh: T. & T. Clark, 1998), p.140.

[3] Hans Urs von Balthasar, *The Glory of the Lord: A Theological Aesthetics* vol. IV: *The Realm of Metaphysics in Antiquity* (Edinburgh: T. & T. Clark, 1989), p.317.

[4] Ibid.

是形而上学的守护者，所以，"基督教神学用古代神学哲学围拱它的新奥秘"[1]。这意味着，为了在思想上接近其信仰的奥秘，基督教使用了古代的概念资源。这里更确切地说，为了表现荣耀的基督事件，基督教借用了古代的荣耀概念，特别是希腊化时期使用的荣耀概念。这种对古代形而上学资源的利用或整合，自然衍生出基督教形而上学。

巴尔塔萨认为，基督教至少在三大主题上继承了古代形而上学：（一）造物来自神又回归于神的主题；（二）爱的主题，即有限造物对作为原初的统一和美之神的超越的基本向往；（三）精神灵魂之美的主题。[2] 基督教形而上学不可避免地带上了古代"神学哲学"的特征，因而在巴尔塔萨看来，其与基督教神学仍旧存在区别，这个区别仍旧是对基督事件的这个中心奥秘的态度问题——基督教形而上学对此奥秘的轻忽与缄默，使其与基督教神学产生了分野。"伪狄奥尼修斯便是一个好例子，因为他事实上从没有讲过十字架和复活，而是把整个宇宙看作一种礼仪崇拜；这种宇宙的神秘的虔敬常常导致对基督的遗忘，美的世界于是遮蔽《圣经》荣耀的奥秘，只有到了路德，这种危机的严重性才被意识到——路德的影响在天主教领域只是缓慢地开始被感觉到的。"[3] 所以，在巴尔塔萨眼里，基督教形而上学不可能比神学纯粹，它里面存在基督教神学必须要克服的危险。

尽管如此，从希腊教父一直到中世纪经院哲学巅峰时期形成的基督教形而上学——"中世纪尤其是托马斯主义的存在先验哲学形成了古典哲学与现代形而上学的（高级的）中心和中间环节，在此语境中它是西方思想最正宗的代表。"[4]——为我们展现了古代神学美学是如何通过基督教的媒介作用转化成现代的纯粹哲学美学的中间过程。托马斯之前这段基督教超验美学历史（如波埃

---

[1] Hans Urs von Balthasar, *The Glory of the Lord: A Theological Aesthetics* vol. IV: *The Realm of Metaphysics in Antiquity* (Edinburgh: T. & T. Clark, 1989), p.318.

[2] Ibid., pp.321-322.

[3] Ibid., p.320.

[4] Ibid., p.375.

修、卡西奥多鲁斯、大格里高利、爱纽根纳、雨果、阿尔贝特等），此处将暂略不论，而单就托马斯的形上美学作一概述。因为，尽管托马斯在巴尔塔萨神学美学谱系中地位不是很高，但巴尔塔萨也无法否认其存在神学形而上学集大成之综合成就："托马斯的存在经验在其自身中汇聚、涵括了全部古代的遗产，已经变形的亚里士多德的遗产，并充满柏拉图、伪狄奥尼修斯和奥古斯丁的宗教之光。"[1] 可以这样说，此前的基督教超验美学思想绝大部分也都随着存在形而上学传统遗产，被托马斯吸收到其形而上学中。所以，从托马斯美学中我们即可管窥基督教形而上学之美学面向。

托马斯作为中世纪神学之集大成者，历来被视为中世纪神学的巅峰，其美学思想也被一般美学史看作中世纪基督教美学最重要的成就。但巴尔塔萨却把他排除在其神学美学谱系之外，而将之安排在形而上学领域中。这里面最重要的"判教"依据，就是因为在托马斯神哲学体系中，"也许已经有一种深刻而清晰的哲学美学发展起来了，但它却没有完成神学的转换，那即是说，被看作基于《圣经》启示的一种神学的展开：这就是托马斯·阿奎那从我们的（神学美学）序列中落选的原因"[2]。所以在巴尔塔萨看来，托马斯的美学本质上并非神学美学，而是一种没有完成神学转化的哲学美学，或曰先验美学。

美并不是托马斯神哲学的中心问题，大多数时候他涉及美学问题只是因为神学研究不得不处理那些传统中的美学材料。[3] 如巴尔塔萨所说：

> 他冷静地评述这类继承来的材料，并试图将这些从奥古斯丁、伪狄奥

---

[1] Hans Urs von Balthasar, *The Glory of the Lord: A Theological Aesthetics* vol. V: *The Realm of Metaphysics in the Modern Age* (Edinburgh: T. & T. Clark, 1991), pp.9-10.

[2] Hans Urs von Balthasar, *The Glory of the Lord: A Theological Aesthetics* vol. II: *Studies in Theological Style: Clerical Style* (Edinburgh: T. & T. Clark, 1984), p.21.

[3] 如其《神学大全》(*Summa Theologica*) 这部享有中世纪神学或经院哲学百科全书之誉的数百万字的煌煌巨著，全书设 512 个大论题，托马斯居然没有一个留给美学问题，而他的同时代人波纳文图拉等，却早已在各自的神学体系中将美视为与一、真、善同等重要之存在的"第四先验属性"，并给予高度的关注。

尼修斯、亚里士多德、波埃修和他的老师阿尔贝特那里流向他的各种元素和谐地安排在一起，但是严格意义上，他好像并没有对美学作出什么原创性的贡献。尽管如此，在另一个层面，由于先验属性学说在托马斯主要创造性贡献——他对存在（esse）的定义及其与本质的关系——的视阈下被诠释这个事实，所有一切都被置于一种新的光照中。正如所有一切所昭示的，传承下来的材料在双重意义上是"神学的"：希腊形而上学指向theion（神性），而基督教的实在论为了在启示的基础上完成并超越它，也占有了这种"自然"美学。[1]

所以，托马斯先验美学虽不是巴尔塔萨严格判教体系下的"神学美学"，但也具有神学的意义，只不过他的这种神学的先验美学少了一些基督教启示色彩而接近希腊异教形而上学罢了。正因为如此，巴尔塔萨视其美学为中世纪基督教形上美学的顶峰。

托马斯关于存在（esse）与本质（essentia）的"实质区别"学说是一个哲学命题，巴尔塔萨认为，这个学说也让我们再次清晰地区分开上帝的"荣耀"和尘世之美，也就是让我们重新找回了荣耀的真实含义。在他之后，其他的"上帝形象"便开始出现并主宰思想，譬如有在通往自我的道路上发现的上帝，有绝对主体性的上帝（艾克哈特）和绝对自由意志的上帝（奥卡姆），只是在这些角色里上帝都不是真正荣耀的上帝。而在另一方面，也存在作为所有宇宙线索交汇点的上帝（库撒的尼古拉斯），那个不久就转向文艺复兴宇宙之神的上帝。"因此，我们的荣耀主题所关注的地方，托马斯是一个关键枢纽，而这更多的是通过他的一般存有论，而不是更多地通过他的美学。"[2] 这也就是说，巴尔塔萨这里对具有历史转折意义的托马斯先验荣耀美学的探讨，将侧重于从其神

---

[1] Hans Urs von Balthasar, *The Glory of the Lord: A Theological Aesthetics* vol. IV: *The Realm of Metaphysics in Antiquity* (Edinburgh: T. & T. Clark, 1989), p.393.

[2] Ibid., p.395.

学形而上学入手，而不是一味着力于其普通美学思想材料的分析。

当然，这里还是有必要先就托马斯对传统美学的继承与综合做一番检视。首先，关于美的定义，他综合吸收了来自柏拉图传统、亚里士多德传统和基督教传统的不同思想。如伪狄奥尼修斯讲上帝是一切美的事物的原因并给予一切事物和谐与光辉（consonantia et claritas），托马斯也相应地讲比例与和谐（proportio, harmonia, commensuratio, conformitas, convenientia, etc.），至于光辉，他还将其与普罗提诺式柏拉图主义美学中"色彩的愉悦"（coloris suavitate）观念结合起来。其实，关于"色彩的愉悦"，托马斯的先驱们早已强调其作为光辉之物质表象的美的定义，如在阿尔贝特关于形式与光辉的形而上学中，这一观念就已相当清晰，托马斯只不过是继承而已。他甚至也像他的老师那样将形式与美直接关联在一起。[1] 从奥古斯丁那里，他吸收了美源自三位一体之第二位格的思想，以及对美的客观性的强调：某物是美的不是因为它被喜爱，而是因为它美才被喜爱。他也在伪狄奥尼修斯和奥古斯丁的美学思想中穿插亚里士多德的美学定义，如作为对和谐（συμμετρία）的补充，他即援入亚里士多德"适宜的大小"的美学标准。从波埃修那里，他又继承了上帝是绝对美且在其心中孕育尘世之美的观念。总之，托马斯的美学定义是一个大综合。这点从他对圣子神圣位格的美学界定上即可窥一斑而知全豹。他认为圣子之所以是"美的"，乃是因为他是形式[圣依拉略（St. Hilary）]，完美形象（奥古斯丁），上帝完美本质（perfecta natura Dei）的拥有者（亚里士多德），而作为天父完美之言他有光辉（伪狄奥尼修斯）照耀万物且万物又反射这光辉（阿尔贝特），他又称圣子为天父形象的表现（imago expressa Patris）——这实际上也就采用了波纳文图拉最钟爱的学说。[2]

其实，托马斯对美的形上思考，并不是平面化地或静止地呈现出来的。正

---

[1] Hans Urs von Balthasar, *The Glory of the Lord: A Theological Aesthetics* vol. IV: *The Realm of Metaphysics in Antiquity* (Edinburgh: T. & T. Clark, 1989), p.398.

[2] Ibid., p.399.

如巴尔塔萨所见，他的美的理论的发展是一个蛇形曲折前进的过程。一开始他是从奥古斯丁和阿尔贝特的视角出发的，讲形式与光辉，没有任何先验性的考虑；接着因受亚里士多德的影响而退缩到只讲比例与秩序，光辉的主题莫名其妙地消失不见；尔后在评论伪狄奥尼修斯的时候，却又出人意料地回到柏拉图主义的立场，为美的先验性辩护。这个结论对那些相信托马斯最终是一个亚里士多德主义者的人来讲，肯定会令其大吃一惊。

在托马斯看来，存在是一切本质内在统一性的根基，它深刻地临在于万有之中。但存在不只是一个赤条条地摆在那里的存在（存在既是充盈又是虚无），存在本身是一个实在化的过程，托马斯反复讲它是从上帝那里流溢而出的。他坚持认为，终极实体的自我实现不可以理解为一种潜能的实现，相反，相对存在的实现行动，本质才是潜在的。事物的本质不可以只是在消极意义上简单地呈现为实体的碎片，而必须积极地看作由上帝全能的自由所定立的，因此它根基于上帝独一无二之爱。总之，"托马斯形而上学因而是《圣经》永生上帝自由的荣耀的哲学反映，并且是古代（因此是人类）哲学的内在完成。它是对终极实体的赞颂，对超越人类思想力量的包罗一切的存在奥秘的礼赞——这是个孕育在上帝奥秘之中的奥秘，一个造物借以参与到上帝实在之中的奥秘，一个在其虚无中被创造原则的自由之光和深不可测的爱之光穿透的奥秘"。[1]

托马斯使用美来界定存在，这只能根据"实质区别"来加以理性的理解。"关乎'大小、数量和重量'，以及和谐和光辉的本质主义美学，其合理性完全取决于实体只有在其本质中实现自身的事实。而且，既然全部人类知识都是从具体感官经验开始的，美学的起点必然是感性经验层面经历的物质美。"[2]在托马斯看来，本质的整个领域只有在超本质层面上才能生成，且因此只有在超本质层面上才能最终在思想中领悟。"主动理性（intellectus agens）之光就是

---

[1] Hans Urs von Balthasar, *The Glory of the Lord: A Theological Aesthetics* vol. IV: *The Realm of Metaphysics in Antiquity* (Edinburgh: T. & T. Clark, 1989), pp.406-407.

[2] Ibid., p.407.

作为实体的存在之光：沿此方向，理性得到本质，在此元逻辑之光中，它们在逻辑上变得可理解了。但是，这就意味着美学的本质范畴只有在'椭圆曲面'（spherically curved）空间中才能成立，也就是说，它们必须表达的比它们可能表达的要多：它们不仅要表达它们自己，还要表达存在与本质之间的'比例'的奥秘。由于按照这个难以名状的比例，所有的本质间的比例关系都已经在它们的美中建立、证明、确定，它就可以被看作一切尘世美的基础。而且，这个比例立刻显明给作为尘世美的隐匿源头的上帝之自由创造力。"[1] 比例，在托马斯美学中要远比形式这个概念重要，它被看作"一切秩序因此也是一切形式的根基"[2]，甚至"造物自身本质上便是存在（esse）和本质（essentia）之间的一个比例（proportio）"[3]。而上帝在托马斯看来之所以是一切美的终极原则，是因为他是比例与光辉的动因，一切造物之美都是对上帝神圣美的模仿。可见，托马斯袭用了伪狄奥尼修斯的整个审美神学形而上学，辅以自己的诠释，便形成了他的形而上学美学。这一美学形态本质上是一种神学形而上学。

3. 现代形而上学的先验理性美学

托马斯被巴尔塔萨看作一个界碑，他不仅是神学风格的分界线，也是形而上学的分界线。此前，巴尔塔萨已对历时近两千年的上帝荣耀的形而上学古典经验进行了检审。当然，对于这种哲学考察中基督教荣耀的元素是暂时存而不论的，因为那是留给神学美学结论部分的圣经神学来探讨的。在检视了中世纪基督教形而上学后，巴尔塔萨讲："我们已经看到，中世纪早期和鼎盛时期是如何尽职尽责地接收、发展那些揭示上帝世界的古典经验的，以及他们是如何将

---

[1] Hans Urs von Balthasar, *The Glory of the Lord: A Theological Aesthetics* vol. IV: *The Realm of Metaphysics in Antiquity* (Edinburgh: T. & T. Clark, 1989), pp.407-408.

[2] Ibid., p.408.

[3] Ibid., p.409.

历史救赎事件完全置于一种综合的宇宙论处境中理解的，在这种情况下我们发现古代的美的普遍范畴，很大程度上被当作表达上帝完整启示——以耶稣基督为其中心——的概念语言。"[1] 但是在 13 世纪中期，阿维罗伊学派（Averroism）的亚里士多德形而上学（主要）通过托马斯大肆侵入基督教神学之中后，人类理性开始扩张："当它排斥、罢黜了所有（伊斯兰教或基督教的）启示的知识，便试图探知人类理性在追问存在的终极根基上能够走多远。"[2] 哲学作为包罗万象的科学，在这些亚里士多德哲学信徒的思想体系中，已大有凌驾神学之意。尽管人们可以讲，托马斯形而上学是如何"成功地将启示与哲学结合到了一块"[3]，但无可否认的事实是，自托马斯开始，基督教与哲学的界限就越来越明显，哲学开始与神学分道扬镳，并最终独立拓展出现代哲学的版图。

如前所述，托马斯形而上学是一个综合的体系，巴尔塔萨认为，在他的本体论中，（由伪狄奥尼修斯总结出来传给基督教神学的）古典时代的先验美学达到了一种平衡状态："他所关注的以及一、真、善、美诸属性特征所归属的存在，是超越一切理解的实体的丰富无限，它从上帝中显露出来，在有限实体中获得其存在和泰然（Zusich-Kommen）。"[4] 但是这种存有论的平衡不会长久保持，托马斯之后，很快就失衡分化出两个不同的形而上学发展路径。这两个形而上学路径即是司各脱（Johannes Duns Scotus，约 1265—1308）和艾克哈特（Meister Johannes Eckhart，约 1260—1327）分别代表的中世纪晚期基督教形而上学，这两种路径都直接影响了现代形而上学的形成。前者将存在形式化为一种高度抽象空洞的理性概念，"我们立即看到，形式化到如此程度的存在，

---

[1] Hans Urs von Balthasar, *The Glory of the Lord: A Theological Aesthetics* vol. V: *The Realm of Metaphysics in the Modern Age* (Edinburgh: T. & T. Clark, 1991), p.9.

[2] Ibid., p.10.

[3] Aidan Nichols, *The Word Has Been Abroad: A Guide Though Balthasar's Aesthetics* (Edinburgh: T. & T. Clark, 1998), p.146.

[4] Hans Urs von Balthasar, *The Glory of the Lord: A Theological Aesthetics* vol. V: *The Realm of Metaphysics in the Modern Age* (Edinburgh: T. & T. Clark, 1991), p.12.

仍然拥有一、真、善诸内在属性，但却不再拥有先验美这一内在属性"[1]。因为这种高度抽象的存在概念弃绝了具体的形式，那神圣之美怎么可能从空洞中显现出来？所以，虽然司各脱形式主义为现代科学提供了思想范型，但却疏离了先验的荣耀。继承司各脱的有奥卡姆（Guillelmus de Ockham，约1285—1349）、苏阿雷斯（Franciscus Suarez，1548—1617）等人，后来在康德与黑格尔之间的德国唯心主义，走的也是这条道路。后者则简单地将存在等同于上帝。其实，普罗提诺便早已规避过这种同一化思想，故他将太一置于存在之上，伪狄奥尼修斯也持同样观点，但自爱纽根纳以降，上帝与世界同一化的思想便越来越清晰，直到艾克哈特明确地提出这个命题。按照艾克哈特的逻辑，上帝之外存在一个世界是不可理解的——"如果上帝是存在，那么非上帝的就是不存在的"[2]——"甚至在追随艾克哈特的中世纪神秘主义传统中，绝对者的荣耀也受到质疑，因为它没有保留可在其中显露自己的空间。"[3]陶勒（John Tauler，约1300—1361）、库撒的尼古拉斯（Nicolas of Cusa，1401—1464）、依纳爵等人皆属于此传统。其实这两种形而上学路径，在巴尔塔萨看来是可以相互转化的，它们是泛神论的两种形式：理性的和精神的；并且，在它们辩证的相互作用中，形成中世纪与现代之间的哲学结构。

巴尔塔萨认为，中世纪晚期以降出现了三大历史性思想运动：第一阶段是司各脱和艾克哈特两派，为欧洲的科学与宗教的自我理解奠基；第二阶段是路德的宗教改革运动（在宽泛意义上伊拉斯谟和莎士比亚也属于这个思潮）；第三阶段是（站在德国神秘主义肩膀上的）启蒙运动所孕育的从康德到黑格尔、马克思的这个思潮。[4]不可否认，这个时代的哲学都受到基督教的深刻影响。所以，尽管荣耀已愈来愈远离人类精神历史，但仍旧可以在现代形而上学领域的

---

[1] Hans Urs von Balthasar, *The Glory of the Lord: A Theological Aesthetics* vol. V: *The Realm of Metaphysics in the Modern Age* (Edinburgh: T. & T. Clark, 1991), p.13.

[2] Ibid., p.42.

[3] Ibid., p.13.

[4] Ibid., p.14.

思想线索中依稀看到一丝微光。巴尔塔萨一生都致力于在教会神学传统之外寻找上帝荣耀的踪迹，他自然不会放过这些荣耀的闪光。[1] 巴尔塔萨认为这种荣耀的微光主要从三条隐约可辨的形而上学精神线索中显露出来：（一）从艾克哈特经由女性神秘主义者到依纳爵和伟大世纪（Grand Siécle）[2]的神秘主义神学；（二）从库撒的尼古拉斯，经由文艺复兴、巴洛克时期、启蒙运动到歌德、海德格尔的古典主义神学；（三）同样是从艾克哈特、库撒的尼古拉斯出发到笛卡尔、莱布尼茨、斯宾诺莎和唯心主义者的精神哲学。[3]

艾克哈特处于一个中间的时代，那就是一方面托马斯死后，阿维罗伊学派受到谴责，亚里士多德的声誉开始下滑，而另一方面早期文艺复兴的新柏拉图主义还没有复苏的特殊时期。艾克哈特已经明确地放弃了古代那种以宇宙为媒介的与上帝的关系的观念，转而诉诸那种直接与上帝沟通的欲望。在他的形而上学思想中，人类（理智）自由被赋予了一种内在的超越性，这种超越性是冥契荣耀的上帝存在之关键。所以在巴尔塔萨看来，"这种基督教形而上学越过柏拉图回返到希腊悲剧，进入了与真实的人的存在处境的对话中"[4]。艾克哈特的门徒陶勒将基督教精神与自律的理性对比，他发现后者会使人陷入极端的傲慢，前者作为一种谦卑、虚己的精神才是真正相应于耶稣基督神性放弃的救赎使命的。"真正的放下断念（Gelassenheit）意味着不断地将上帝赐给我们的一切还给上帝，'把它全部还给它生发的根基与源泉'。'满怀感激将一切所有还给上帝的人是可靠的、真心的见证者'。基督便总是做这样的偿还，因为他'找到

---

[1] 在获得教廷认可之前，巴尔塔萨作为一位神学家，并不属于那种教会体制内的所谓专业神学家，他自身的人文教育经历、广博的文化兴趣与教会边缘的人生经历，使之对教会神学传统外的信仰资源和神学表达产生浓厚兴趣。所以，他这种迥异于当时教会体制、独树一帜的神学进路，同他的学术背景与生存体验密切相关。

[2] 法国人常称太阳王路易十四的 17 世纪为 Le Grand Siécle（伟大世纪）。

[3] Hans Urs von Balthasar, *My Work: In Retrospect* (San Francisco: Ignatius Press, 1993), pp.84-85.

[4] Hans Urs von Balthasar, *The Glory of the Lord: A Theological Aesthetics* vol. V: *The Realm of Metaphysics in the Modern Age* (Edinburgh: T. & T. Clark, 1991), p.52.

了天父的荣耀'。"[1] 对陶勒而言，那些放下自己并听从于上帝的人就是教会和世界的柱石，因为他和基督做的是同一件事。艾克哈特的另一门徒苏索（Henry Suso, 1295—1366）认为，神圣智慧可以以感性的形式显现给人，作为"大美"的"纯净之光"，他那"灿烂的光辉"从他挚爱的心中照耀出来。[2] 所以他觉得最崇高的思想就是赞颂、荣耀神圣智慧，崇拜神圣智慧。"因为上帝的受难是他的荣耀的显现，那些受难的人拥有'如此之多的上帝意志中的荣耀，上帝为他们颁定的一切以如此之多的他们不曾想要和奢望的喜乐充满他们'。他们献出他们自己，以至于这个世界深不可测、晦涩、无望的痛苦，可以通过献祭，转化成对上帝荣耀的赞颂圣歌。"[3]

罗斯勃洛克（Jan Van Ruysbroeck，1293—1381）虽然也受艾克哈特影响，但他的思想却有相当的原创性，并对许多基督徒和神学家产生重要影响（如格鲁特、共同生活弟兄会和姐妹会、陶勒、布洛修斯、方济各·撒肋爵等）。他强烈反对艾克哈特对"精神自由"的滥用，要求杜绝任何想要神化造物（人）的妄念。罗斯勃洛克的原创性在于他所经验的"一种寻找其自身根基的我与揭示他自身的上帝之间的关系"，是一种相遇，一种"联姻式的相遇"[4]。人与上帝的关系被诠释为一种精神性的联姻，这意味着神秘主义在罗斯勃洛克这里拓展出一种新的模式。如巴尔塔萨所讲："因为联姻式的相遇首先是作为神圣荣耀的光照来经历的，所以灵魂通过虚己的舍弃来为之预备，在万有之中寻找并看见上帝的荣耀。罗斯勃洛克的学说是《神操》基本学说的直接预演。"[5]

从哥特时代到巴洛克时代，女人在灵性上都居于优势地位。弗朗西斯之后，

---

[1] Hans Urs von Balthasar,*The Glory of the Lord: A Theological Aesthetics* vol. V: *The Realm of Metaphysics in the Modern Age* (Edinburgh: T. & T. Clark, 1991), p.54. 德文 Gelassenheit 颇难翻译，此词在海德格尔哲学中也是一个重要概念，汉语哲学界一般译为"泰然任之"，即任自然（顺其自然）而无动于衷之意，其实中世纪 Gelassenheit 更接近佛语"放下"、"无执"，故这里权且译作"放下断念"。

[2] Ibid., p.59.

[3] Ibid., p.60.

[4] Ibid., p.71.

[5] Ibid., p.72.

几乎所有显露圣痕的人都是女人。如巴尔塔萨所说，对理解、经历这种耶稣受难的爱而言，这种特征标志的不是自我超越的心灵，而是不设防的、开放的心。首先是女人建立起对救赎者被刺透的心的忠诚，和对悲伤的圣母的忠诚来的。这种忠诚本质上是教会的，它让人在上帝面前保持普遍习惯的谦卑态度。[1] 巴尔塔萨这里重点论述了安吉拉（Angela of Foligno）、茱莉娅（Julian of Norwich）、锡耶纳的凯瑟琳（Catherine of Siena）、热内亚的凯瑟琳（Catherine of Genoa）等几位具有代表性的女性神秘主义者，从她们阴柔的、谦卑的荣耀经验中，展现出基督教"圣徒形而上学"之先验理性美学的独特魅力。

依纳爵像所有的修会创始人一样，思想深深扎根于福音书中。同时在他身上，也可以看到对前人思想的综合吸收，如同本笃一样他将基督的爱视为尊严和谦卑，又像弗朗西斯那样视为赤贫。而像《神操》"原则与基础"中的核心概念——无分别心（indifferentia），则表明他是属于晚期中世纪传统的——"它直接继承了教父的基督教无欲心境（apatheia）和莱茵神秘主义者的放下断念（Gelassenheit）思想，而且到了伟大世纪它将以其最终形式呈现为抛弃。"[2] 不过，"在中世纪中晚期虔敬中，'放下断念'已被理解为一种带有消极性的态度，它在依纳爵这里转化成一种'积极的无分别心'，它保持在一种积极开放的聆听姿态里并同时随时准备行动"[3]。这种无分别心原则，"意味着为了与上帝的当下相即而超脱一切造物，这即是说把人置于一种"既不在上帝亦不在尘世"的超越处境中。[4] 所以依纳爵不否认人自己的存在和意志（主动性），在他看来基

---

[1] Hans Urs von Balthasar, *The Glory of the Lord: A Theological Aesthetics* vol. V: *The Realm of Metaphysics in the Modern Age* (Edinburgh: T. & T. Clark, 1991), pp.80-81.

[2] Ibid., p.102.

[3] Werner Löser, S. J., 'The Ignatian Exercises in the Work of Hans Urs von Balthasar', in *Hans Urs von Balthasar: His Life and Work* (San Francisco: Ignatius Press, 1991), p.109.

[4] Hans Urs von Balthasar, *The Glory of the Lord: A Theological Aesthetics* vol. V: *The Realm of Metaphysics in the Modern Age* (Edinburgh: T. & T. Clark, 1991), p.103. 西方神秘主义传统所讲的无欲心境（apatheia）、放下断念（Gelassenheit）、无分别心（indifferentia），其实可同东方哲学（儒、释、道）的圆融大智慧（佛家亦称"无分别"）沟通。

督教启示的真正奥秘是:"上帝之国的完美可以在人的积极合作——放下、放弃、礼拜——下作为上帝的普遍作用来追求。这个作用不可能只是停留在顺其自然地让事物发生的无分别的层面;不,主动地被把握和运作的上帝的具体意志,也必须被主动地追求。"[1] 也就是说,从上帝与人的自由的类比(analogia libertatis)来看,人至少享有上帝给予我们选择的权利和自由。只有主动地自我放下,回应上帝的恩典和自由,为那上帝无边无际的荣耀而纯洁地生存,基督徒才可以沐浴在那从通过恩典照射出来的荣耀之光中。

在巴尔塔萨看来,依纳爵宣扬那种可以转化为具体行动的默观,为巴洛克时期采取"再现"的形式做了逻辑铺垫。如他所讲:"巴洛克文化就建基在再现的理念上面。"[2] 而且,"这个再现的理念带来了一种关于尘世中神圣荣耀显现的新意识。因为现在这种荣耀找到了一个容身之所,它可以在其中并通过它显现它自身……这是一个它可以在其中清晰地作为上帝的真正荣耀,绝对权威的显现而突出的容身之所"[3]。这个容身之所可以看作巴洛克神学与艺术在文艺复兴时期所继承的从古代复兴的尘世之美的形式,这种复兴的形式本质上是神圣荣耀的形式表现。

德国的属灵精神传统通过多种渠道在欧洲传播,最后在伟大世纪的法国达至顶峰。这个传统非常庞杂,以至于其共同特征很难发现,尽管如此,这里还是看到一些共同之处。一方面,就其积极的特征而言,在所有系统中,心灵都彻底被净化和照耀,为确定而超越的开放性和上帝而准备,这通过上帝自由的、爱意拳拳的自我启示,导向与他爱意绵绵的结合。在此,被作为受难而准备的谦卑之爱来理解和实践的放下断念和无分别心,是人与上帝相连的终极行动。另一方面,就其消极特征而言,这个时代的普遍宗教热情都是在一种始终如一

---

[1] Hans Urs von Balthasar, *The Glory of the Lord: A Theological Aesthetics* vol. V: *The Realm of Metaphysics in the Modern Age* (Edinburgh: T. & T. Clark, 1991), p.105.

[2] Ibid., p.106.

[3] Ibid., p.107.

的推论趋势中表达自身，这很容易使其重心从纯粹的上帝坐标偏移向对超越的反映上面去。[1]

作为这个神学神秘主义传统后期最具代表性的思想家方济各·撒肋爵（Francis de Sales，1567—1622）认为，我们的目标应该是为了上帝的美而爱上帝，而不是为了享受爱他之美，正如在祷告时，如果你注意到你在祷告，那你肯定没有全心全意投入祷告。巴尔塔萨认为，美才是他爱的学说中居于主导性的概念，而并非上帝的荣耀。关于美，方济各·撒肋爵认为将统一性引入多样性，创造秩序；秩序产生和谐与比例；和谐产生美。[2]

至于神秘神学传统在法国伟大世纪的结晶，巴尔塔萨还论及"修辞形而上学"及其代表性思想家贝吕勒（Pierre de Berulle，1575—1629）、康德伦（Charles de Condren）和科萨德（Caussade）等。在他看来，"在修辞中神学的一切又都植根于存在类比之基本关系中，这对人而言是通过宗教来表达的：凌驾于造物的本质的虚无之上的上帝无限庄严的实现"[3]。上帝创造万物都是为了他自己的荣耀，而耶稣基督可以看作连接有限与无限、绝对的荣耀与绝对的崇拜之间的桥梁，宗教行为的中保者。这里所讲的从艾克哈特到伟大世纪的形而上学，巴尔塔萨又称为"圣徒形而上学"，其最后的综合是在依纳爵的追随者科萨德手中完成的。在他这里，这个传统最主要的观念——无分别心或放下断念被理解为爱，是在上帝面前无条件的自我放弃和顺从。基督的荣耀和奇迹被喻为从其人性的黑云中划过的闪电，从那不可见之美中偶尔射出来的光线，突然便揭示了那隐匿的荣耀。

巴尔塔萨讲："古代古典艺术从诸神那里为人物形象选取其美的标准；我们的研究便开始于这个从荣耀而来的美的起源。当被有意或无意地描绘的'圣徒

---

[1] Hans Urs von Balthasar, *The Glory of the Lord: A Theological Aesthetics* vol. V: *The Realm of Metaphysics in the Modern Age* (Edinburgh: T. & T. Clark, 1991), p.115.

[2] Ibid., p.118.

[3] Ibid., p.119.

形而上学'获得合法性时，什么样的人的形象应该成为基督教或后基督教艺术的标准呢？"[1] 很长一段时间里，在无数的拉丁语和方言传奇中，圣徒是人的标准形象，但那对上帝开放意志的圣洁之心、超越中的放下断念却不能放到史诗或戏剧的形式中；只有间接的、非本质的印象——奇迹、英雄功勋、怪行——提供读者可以理解的叙事素材。但是，把圣徒当作英雄之类绝对是一个错误的诠释。那些冒险故事实际上是娱乐性的，本身无法回答人的本质的问题。尽管如此，从什么是与我们有直接亲和力的，什么是关系我们、触及我们、感动我们的方面来说，当通盘检视从中世纪到现在的文学时，一个形象便凸现出来了。这个形象，"在骑士时代是帕西发尔（Parzival），在人文主义时代是《愚人颂》，在巴洛克时期是堂吉诃德（Don Quixote）和痴儿西木（Simplicissimus）"[2]。在巴尔塔萨看来，正是文学中持久不衰的愚痴形象为我们提供解答人的本质问题的答案。古典的英雄没有了他的守护神一样可以漂亮，但却不再荣光，且不久就变得乏味。但真正的愚痴身上却发出无意识的圣洁光芒。愚痴是没有保护的人，本质上向他上面的一切开放。所以，他站得离圣人最近，而且经常比任何完美的人、道德上成功的人都要近。圣人们跟随耶稣的脚步，常常也被人视为疯癫而加以鄙视和虐待，他们也常常被看作愚痴。不过，因为愚痴甘于放弃自我、倒空自我，以谦卑之心来顺从上帝的旨意，所以他们是基督恩典眷顾的对象，上帝之爱的荣耀恰恰照耀在他们脸上。

检视完艾克哈特以降的现代神秘主义形而上学（"神圣理性形而上学"）传统及其反映在文学领域内的"愚痴理性的形而上学"，接下来该跟随巴尔塔萨继续巡视库撒的尼古拉斯开启的现代古典主义的神学形而上学传统了。

如巴尔塔萨所讲，这个伟大运动发端于中世纪晚期，古典形而上学（包括从神话中经哲学到宗教的总和）的重新复苏，不仅是一种内在的哲学必然，对

---

[1] Hans Urs von Balthasar,*The Glory of the Lord: A Theological Aesthetics* vol. V: *The Realm of Metaphysics in the Modern Age* (Edinburgh: T. & T. Clark, 1991), p.141.

[2] Ibid., p.142.

基督教文化的生存更是必然。"因此，中世纪那些伟大的普世原则也不得不在现代语境中获得一种'自由的'且最终是'启蒙的'色彩，这属于教会分裂不可避免的结果。"[1]这一运动贯通了包括人文主义（15世纪），文艺复兴（16世纪），巴洛克文化（17世纪），启蒙运动和从温克尔曼到席勒、歌德再到谢林、黑格尔的德国唯心主义（18—19世纪）在内的现代人类精神变迁的重要历程。

古典形而上学传统的现代复兴揭开蒙在人类眼睛上的黑纱，人类自希腊之后第一次从新在宇宙之美（pulchritudo universitatis）中看见神圣荣耀。但正如巴尔塔萨所说，历史的车轮不会倒转，文艺复兴之后绝不可能再回返到古典时代那种与神的天真素朴关系之中。古典的与《圣经》的主题必然要合流。库撒的尼古拉斯便是这两个传统最初也是最重要的交汇点之一，正是他"以强有力的手把伟大的西方传统——希腊人文主义和基督教、过去和现在——扭结到一块的"[2]。同时，他身上还体现了西方传统与东方传统的综合。对普罗提诺、普罗克洛斯、爱纽根纳诸人来讲，世界乃是隐匿上帝的显现，是形式—光（精神的和谐理念）的基本美学原则的最高应用。在基督教里，上帝隐匿的根基是绝对的自由。上帝的显现和自我荣耀也建基于他的自由，因此也建基于他不可言喻之爱。所以，"尼古拉斯美学的中心一方面是三位一体——作为圣父与圣子之间荣耀的属灵之爱，另一方面是在圣灵与教会之奥秘中的上帝与世界在基督里的联姻"[3]。阿尔贝特关于美是"超越质料合乎比例的部分之形式的光辉"的定义，给予尼古拉斯一个恰宜的起点：这个双重维度——和谐（consonantia）的质料或水平的维度，光辉（claritas或resplendentia）的形式或垂直的维度——以先验的方式被运用于上帝与世界的关系上。对他而言更重要的，是先验的美善对于人心的关系："即使高级感官通过对美的事物的初步判断，也只有对一

---

[1] Hans Urs von Balthasar,*The Glory of the Lord: A Theological Aesthetics* vol. V: *The Realm of Metaphysics in the Modern Age* (Edinburgh: T. & T. Clark, 1991), p.206.

[2] Ibid., p.209.

[3] Ibid., p.214.

切敞开的心灵可以拥有它并——从心灵所有美的先验理念——判断具体美的程度。"[1] 可见，尼古拉斯认为（普罗提诺的）心灵（mens, nous）要比（柏拉图的）欲爱（eros）重要，后者是因为没有拥有美才追寻美的事物。不过心灵在尼古拉斯这里也只是神圣原初之美的创造摹本。其实在他看来，整个世界都是为了那内在之神圣荣耀而创造的，万有本质上都闪耀着荣耀光辉，都是"上帝之美或荣耀"的启示。

关于现代形而上学与荣耀的关系，巴尔塔萨认为没有必要做事无巨细的全面描述，因为那些都是明摆着的。如尼科斯所讲："巴尔塔萨不是要写西方哲学史，而是提取出重要的关节点来描绘一种美的先验学说。"[2] 故而他只选取现代美学思想史上的关键人物来分析，如菲奇诺（Marsilio Ficino, 1433—1499）、莱布尼茨、斯宾诺莎、康德、歌德、黑格尔等。当然，这里首先清理的是在希腊古典思想中寻求重建资源的现代古典主义神学形而上学（"古典的沉思"），其后再梳理现代欧陆哲学为主轴的"精神形而上学"——这在巴尔塔萨是两条不同的先验美学思想史脉络。

"菲奇诺以基督徒的眼光来阅读柏拉图，又以柏拉图的眼睛来阅读《圣经》"[3]，将希腊古典思想与基督教熔为一炉，一切分别都化解为终极预设的同一性，所以对真诚的基督徒和柏拉图（普罗提诺）分子来说，他都是可以接受的。在他这里，eros（欲爱）与 agape（圣爱）的同一化达至完美，当然并不是以欲爱压倒、罢黜圣爱这样一种方式。如柏拉图、普罗提诺那里早已经表明，在其最高形式上，欲爱被看成是忘我的，因为它为了善的目的而爱善，以至于它可以成为至善的一种反映，像太阳一样自由地、无私地放出光芒。"这

---

[1] Hans Urs von Balthasar, *The Glory of the Lord: A Theological Aesthetics* vol. V: *The Realm of Metaphysics in the Modern Age* (Edinburgh: T. & T. Clark, 1991), p.217.

[2] Aidan Nichols, *The Word Has Been Abroad: A Guide Though Balthasar's Aesthetics* (Edinburgh: T. & T. Clark, 1998), pp.166-167.

[3] Hans Urs von Balthasar, *The Glory of the Lord: A Theological Aesthetics* vol. V: *The Realm of Metaphysics in the Modern Age* (Edinburgh: T. & T. Clark, 1991), p.252.

一识见征服了基督徒菲奇诺,使他将一切存在都诠释为美,因为在它之中,他看到了在基督徒的感觉里深化为永恒之爱的善散发出美丽的光华。"[1] 在菲奇诺看来:

> 作为万有之中心,上帝就是善;围绕这个中心辐射出四个圈——心灵(mens, nous)、灵魂(anima)、自然(natura)、物质(materia)——都是美的。这里光辉(splendor, claritas, fulgor)也可以代替美(pulchrum)。在柏拉图哲学的《圣经》位格提升中,世界存在因此可以直接被看作圣容之光(splendor divini vultus),其作为恩赐(gratia)从世界的结构作用中反映、折射出来:魅力与恩典融为一体。要注意的是,在这种观点中荣耀与美是直接相等的:美的事物是善的光辉显现,那么世界就是上帝的显现和流出。理性的生物被造,就是为了在美的惊奇中察觉永恒之善的惊奇和恩典的。因此,真正理智的行为就是对一的沉思和爱。[2]

在他眼里,一切真爱都是通过美来传达的,是一种相互的赐予、回报。

在神学与哲学的综合道路上,后起之里昂(Leone Ebreo,约1460—约1530)可以说比菲奇诺做得还要好。他为文艺复兴创造了为古典哲学和《圣经》荣耀双重滋养下的美学形而上学。在他看来,上帝就是最高艺术家,美是在普罗提诺意义上显现出来的理念之形式上来理解的,这本身是可以激醒对无限者的欲爱的。光在他而言:"是原始精神之光的初显——作为素朴之美,是色彩与形式五彩斑斓之美的唯一生母。"[3]

如巴尔塔萨所讲:"从中世纪到现在这个世纪(20世纪),有意识或无意识

---

[1] Hans Urs von Balthasar, *The Glory of the Lord: A Theological Aesthetics* vol. V: *The Realm of Metaphysics in the Modern Age* (Edinburgh: T. & T. Clark, 1991), p.253.

[2] Ibid.

[3] Ibid., p.258.

地是被圣爱（agape）的光辉提升、转变、神圣化的欲爱（eros）形象有着巨大影响力。"[1] 欲爱被赋予浓郁的基督教的色彩。所以，像菲奇诺那样将二者直接相等，其实就是给欲爱以新色彩、新属性。首先，《圣经》荣耀落在它上面：它的爱（charis）接受了基督教恩典的特征，它的魅力（pietà）闪烁着上帝的《新约》恩惠，它转变的力量变成了宽恕罪恶、改变世界的力量。其次，它的存在、陶醉、迷狂和愚勇都在《新约》精神里得到积极估量。最后，作为一种完全假设的后基督教 eros，可能只是愁思（melancholy）。最后一点是决定性的，其隐匿的基督教结构使其成为有限与无限、被爱者与上帝的直接统一；柏拉图渊源的物力论象征主义当然软化了这种直接性，但它不能取消它。如对后基督教时代的克尔凯郭尔来讲，对基督徒生存的愁思和焦虑，便成为其神学之美学性的重要源泉。

夏夫茨伯里（1671—1713）是任何美学史都无法绕过的界碑。如巴尔塔萨所见，他"创造了一种启蒙（以其人类学化约）和古代（以其审美的、宇宙论的维度）的古怪综合，这成为歌德时代古典化的人文主义宇宙宗教的起点之一"[2]。但他对现代美学的影响，莫过于美的非功利性命题的提出。而在巴尔塔萨看来，他的另一个非常重要的贡献，就是清晰地勾勒出了西方荣耀形而上学（从荷马、赫拉克利特、柏拉图、斯多亚学派到爱上帝的基督徒以及里昂、斯宾诺莎及其追随者）的主要脉络。在夏夫茨伯里的观念中，固有价值之善的荣耀，是对个体的任何永生盼望而言唯一合法的起点。他相信，只要我们有眼有心，在宇宙的任何地方都可以看见那显现它自身给我们的上帝的荣耀——它首先在我们自身爱的荣耀里照耀我们。而在他的思想中，基督教的荣耀与古典的美的范畴差不多是没有区别的。

巴尔塔萨称："在现代，没有人像荷尔德林那样急切而悲情地维护'荣耀'

---

[1] Hans Urs von Balthasar, *The Glory of the Lord: A Theological Aesthetics* vol. V: *The Realm of Metaphysics in the Modern Age* (Edinburgh: T. & T. Clark, 1991), pp.264-265.

[2] Ibid., p.291.

的事业了。"[1] 荷尔德林身上，结合着基督教、古代世界和德国唯心主义三种思想元素。在他看来，如果古代世界及其诸神的光辉享有至高地位，那么所有属于基督教启示荣耀的要点和主题就不得不转换成古代荣耀，看作一个神显的自然宇宙。他以基督徒的眼睛和心灵来沉思宇宙的荣耀，毫无疑问自然会将其视为爱的荣耀。他认为，只有作为自然（διαφέρον），神圣的一即一切才是美的；只有作为精神它是神圣的，且只有作为在美中显现的神圣者，它才是荣耀的。所以，"对荷尔德林而言，荣耀就是神圣与美的统一"[2]。正如巴尔塔萨所讲，在基督教信仰中，上升的救世主在世界历史中从上帝派遣来的圣灵那里接受荣耀；尘世形式的消失是一件好事，否则圣灵不会降临。所以，尽管荷尔德林的自然—神论哲学有前苏格拉底背景，但他总体上在思想、情感方面是先知—末世论的，他相信圣灵的国度必定会来到，爱的神圣荣耀也会来到。他既是古典的又是唯心主义的美的形而上学，其实只是"证明了一种回到这种终极的末世论景观的梦游者的道路"[3]。

歌德在巴尔塔萨看来，"毫无疑问代表着流传到我们这里的西方形而上学历史的'荣耀'传统之最后的世俗形式"[4]。歌德认为，自然存在于它所有的形式中，但只有唯一的一个上帝显现，这个上帝，不是那个未知的 X，而是一切有序之美不可接近的源泉。诗歌的艺术来自爱，爱是生命的精华。在歌德看来，爱不只是愉悦，但"在每一次爱情挫折之后，爱对经验存在的美和善而言仍旧是同样必不可少的媒介"[5]。在关于上帝与世界（自然）的关系上，歌德也像许多古人那样，并没有将上帝的内在性与他的超越性分隔开来看，上帝的荣耀就是通过自然的形式显现出来的。他相信，世界的最高真理就是揭示出来的美。

---

[1] Hans Urs von Balthasar, *The Glory of the Lord: A Theological Aesthetics* vol. V: *The Realm of Metaphysics in the Modern Age* (Edinburgh: T. & T. Clark, 1991), p.298.
[2] Ibid., p.302.
[3] Ibid., p.336.
[4] Ibid., p.340.
[5] Ibid., p.361.

如巴尔塔萨所言，如果在他的自然哲学中，自然的形式已经自由地与宗教的奥秘关联在一起，那么我们将发现，歌德艺术理论的人文主义进路倾向于将所有这些要素限定在确定的空间里。这在古典艺术的鼎盛时期就是如此。在形式结构里面，这种艺术理论完全保持在一种文艺复兴以来便熟知的语境中，但却有一种显而易见的强调人的独立性的趋势。歌德认为，艺术的最高目的就是要在它所能及的一切感官的华丽和美中展现人类形式。艺术天才需具备像自然一样宽广的创造力视阈，这种创造力是一种可以通过一个点来把握整体的能力，通过这种创造力选择一个对象即可反映最高美的光辉。艺术创造力也就是美的形式模仿能力。这样，歌德古典先验美学的一个重要命题便浮现出来：自然的结构就其整体而言是我们的最高美，好的艺术品就其整体而言则是对在自然之整体性中那种最高美的缩写模仿。[1] 荣耀，在歌德而言，只是美自身的一个方面，即它的照耀的力量，故而歌德的荣耀没有古代思想中的荣耀的那种独立性，更不要说基督教的了。

这个现代古典主义先验美学传统，在歌德之后，又经过尼采、里尔克诸人的深化与发展，最后在海德格尔哲学中获得其终极形式。"海德格尔终结了'古典传统'的时代。像所有这个精神家族的诗人和思想家一样，他通过回返古代的古典传统来寻求救赎——从既是基督教又是现代科技产物的世界命运——只是他的追求比德国古典运动甚至荷尔德林和尼采都要更彻底。"[2] 海德格尔存在主义哲学，在巴尔塔萨看来，充斥着变形的基督教神学主题，并且如尼科斯所言，他还"恢复了许多正统神学（尤其是《圣经》）美学主题"[3]。

众所周知，由于海德格尔竭尽全力要抛弃（从柏拉图到黑格尔的）整个西方形而上学传统，必然导致他需要直面前苏格拉底神话，而前苏格拉底神话已

---

[1] Hans Urs von Balthasar, *The Glory of the Lord: A Theological Aesthetics* vol. V: *The Realm of Metaphysics in the Modern Age* (Edinburgh: T. & T. Clark, 1991), pp.379-380.

[2] Ibid., pp.429-430.

[3] Aidan Nichols, *The Word Has Been Abroad: A Guide Though Balthasar's Aesthetics* (Edinburgh: T. & T. Clark, 1998), p.173.

是历史地纳入了基督教启示中去了的。海德格尔对希腊的回归，不是追求一种"前苏格拉底思想的文艺复兴"，而是作为一种"我们的历史精神存在起源的复兴"。因此，海德格尔《存在与时间》（Sein und Zeit）解构西方形而上学传统，目的也是为了揭示存在的本真面目。如巴尔塔萨所言："在存在事物的形式、秩序和光芒四射的美面前，实在的奥秘的基本经验是用一个希腊词 θαυμάξειν（惊奇）来表达的。"[1] 现象存在被海德格尔理解为存在的涌现，惊奇本质上是对存在的惊奇。所以，他反对托马斯经院哲学的本质与存在的本体论区别。在他看来，希腊人的 Φύσις（自然）是不能从本质的领域中剥离出去的，"Φύσις 对他来讲意味着从其原初根源（Urgrund）或深渊（Abgrund）中涌现在现象存在中的存在，并且是先于一切主体性的存在"[2]。这种存在的涌现赋予了现象存在其本体之神圣光辉。诗性创造与思想（Dichten und Denken）在揭示真理即存在自身的荣耀上面，有其共同的渊源。为了深入到"存在自身的怀念"（Andenken an das Sein selbst），海德格尔规避了传统意义上的形而上学和本体论，尤其是其后期思想中，对诗性创造与诗性直观赋予了崇高的哲学地位。所以，巴尔塔萨认为，海德格尔哲学乃是现代最深厚的"潜在荣耀哲学"。[3]

现代精神形而上学是现代先验美学的第三条发展线索，这也是巴尔塔萨形而上学荣耀美学最后需要检审的思想脉络。这条思想脉络主要体现在现代欧陆精神哲学（Geistesphilosophie）中，但其渊源依然可以回溯至艾克哈特和库撒的尼古拉斯。艾克哈特首先开启这一思想路向，他认为一切都放置在无限精神与有限精神的个体关系上，尼古拉斯则更进一步在上帝的创造自发性与人的次级创造性之间建立起一种类比。

笛卡尔（1596—1650）是现代精神形而上学的真正开端。他将外部世界只

---

[1] Hans Urs von Balthasar, *The Glory of the Lord: A Theological Aesthetics* vol. V: *The Realm of Metaphysics in the Modern Age* (Edinburgh: T. & T. Clark, 1991), p.432.
[2] Ibid., p.433.
[3] Ibid., p.449.

是作为物质留给精确的科学，故而将内部世界作为上帝与灵魂之间的存在类比的位置留给哲学和宗教，也就是说，他使现代（欧陆）形而上学专注于"我思"，由之提取出有限精神和无限精神的存在。"我思故我在"（Cogito, ergo sum）对自主意识主体的强调，实际上是把真理的把握理解为一种直接的精神直观（intuitus mentis）的。笛卡尔对思（cogito）的强调，使得光落在周围世界的一切黑暗上；"从上帝那里也流出它的存在之光，因此也就是真理之光，因为在上帝那里真理和真实必然是同一个东西……思（cogito）并不揭示一个诺斯替主义的造物主，而是在自由良善的造物主的基督教招牌之下直接揭示（柏拉图和普罗提诺的）善的存在的最高光芒，这个造物主也把与人和周围世界的实际的、生物学的内在关系建基在他自己的终极真理和存在的真实之中"[1]。在《沉思录》末尾，笛卡尔以哲学的崇拜方式崇拜这个上帝——尽管如此，这个上帝并不是帕斯卡的哲学的上帝（Dieu des philosophes）——"看起来我应该在对这个至上完满的上帝的沉思中稍作停留，用点时间去思考他那些奇妙的特性，去深思、惊奇、崇爱这种无量光辉举世无双之美，至少是在我的精神力量所能及的情况下，因为在它面前会炫目失明。"[2] 尽管笛卡尔处处谨慎严守哲学与神学的分界，不敢越雷池半步，但他自己也承认其哲学沉思乃是为了上帝的荣耀（La Glorie de Dieu）。

笛卡尔对外部世界与内部世界在人类精神领域中的严格界划，导致外部世界收缩为外延（其可以处理的只是"外部直觉的形式"），真理则挤压到灵魂与其理念的内在关系中（处理的是概念和直观）。在这些前提下，两位巴洛克哲学家——斯宾诺莎和莱布尼茨——重新思考了古典与传统的基督教形而上学。相较而言，其中莱布尼茨在思想的深度与广度上都要走得更远些。如巴尔塔萨所言："莱布尼茨是上帝和他的世界的辩护者，他可以为上帝的缘故（causa Dei）

---

[1] Hans Urs von Balthasar, *The Glory of the Lord: A Theological Aesthetics* vol. V: *The Realm of Metaphysics in the Modern Age* (Edinburgh: T. & T. Clark, 1991), p.460.
[2] Ibid. 另参见〔法〕笛卡尔：《沉思录》，庞景仁译，商务印书馆1998年版，第54页。

拼命到底","他的理性穿透力和雄辩的光辉闪耀的是上帝的荣耀（gloria Dei）"。"对他而言，真理存在于鸠尾榫接之事物的安排中；它存在于世界的和谐之中，这也是其善与其凯旋之美所在之处：beauté（美）是时间，并且作为解蔽之真理身份的最终证明，是除了gloire（荣耀）之外的另一个关键词。"[1] 可以说，不是斯宾诺莎，而是莱布尼茨赋予了德国唯心主义以美学气质，只是可惜启蒙时代没人意识到他的这个伟大之处。

康德是精神形而上学在启蒙时期的集大成者，"因此他根本上分享了——尽管受到休谟的攻击——启蒙的荣耀视野：对绝对神圣自我的崇拜（笛卡尔），从物质到精神的进程之中作为上帝之爱的光辉的世界秩序之美（莱布尼茨），以及那种相信他自己就是上帝在此世绝对性之代表的精神独裁者的骄傲（莱布尼茨和斯宾诺莎），物质作为同时是对象性的、'现象的''能量'，一种永恒进程的宇宙目的，在与上帝不断进步的关系中的世界的显现（莱布尼茨和莱辛）"[2]。他也吸收了鲍姆嘉登的作为一种科学的"美学"思想，将美学限定在人类之美（καλόν）的领域。其批判唯心主义不再为作为上帝荣耀的显圣的世界存在经验保留任何空间，"荣耀"被道德的崇高（Erhabenheit）替代。如巴尔塔萨所讲，对康德而言，如果人的核心，亦即那构成人之为人的东西，是以自律道德进入神人关系之奥秘，那么对其第三批判中发展出来的美学而言就是在（审美）崇高这个概念上获得其平衡的。而这个"崇高"只有在与"美"的关联和对比中才是可理解的。美在康德是无功利性的，"因此美的经验不同于'快适'，那种以给人快感的好处激起偏好的东西；它也不同于作为对象存在中的利害关系的'真'，以及在对象或行为中的此在（Dasein）中的利害关系的'善'"[3]。由之，美第一次彻底地完成了与真、善的价值分离，形成一种独立价值本体。但康德

---

[1] Hans Urs von Balthasar, *The Glory of the Lord: A Theological Aesthetics* vol. V: *The Realm of Metaphysics in the Modern Age* (Edinburgh: T. & T. Clark, 1991), p.468.

[2] Ibid., p.482.

[3] Ibid., p.505.

并未完全忽略美与真、善盘根错节的关系，所以他区分了依附美（pulchritudo adhaerens）和自由美（pulchritudo vaga），简单地说，前者指那种被附设或捆绑有真或善价值的美，后者指不与真、善发生价值勾连的单纯的形式美。关于美与崇高，康德认为根本分歧在于美体现了想象力与理性两种认知能力的和谐，后者是感性与理性理念之间的不和谐。而崇高这种不和谐给人带来的不快，作为一种压倒性的力量征服我们的想象力和情感，反而激起人向上的欲望，也就是说崇高同时也是一种提升精神的力量。与美相比，崇高离道德非常近，正如康德所讲："实际上，对自然界的崇高的情感没有一种内心的与道德情感类似的情绪与之相结合，是不太能够设想的"[1]；"智性的、本身自在地合目的的（道德）善，从感性上（审美上）来评判，必须不是被表现为美，而是宁可被表现为崇高，以至于它更多地唤起敬重的情感（它蔑视魅力）而不是爱和亲密的眷恋的情感；因为人的本性不是那么自愿地、而只有通过理性施加于感性之上的强制力，才和那种善达到协调一致"[2]。

康德之后，随着主体性哲学（人类学）统治地位的完全确立，人类精神的自我荣耀一路飙升。这里面不可避免地潜伏着一种危险："如果人类精神概念化地掌握了全部存在，那么存在之光将不复存在，而被思想家（康德、席勒）的'崇高'替代。"[3] 从席勒到费希特、谢林、黑格尔再到马克思，存在的荣耀全部变成了精神的自我荣耀。由之，返回基督教的道路被完全阻塞。所以，康德之后的精神形而上学土壤中已不可能再繁衍出"荣耀"的美学，而只能产生"美"的美学。借助德国唯心主义蔓延之势，作为科学的美学在19世纪因此盛极一时。

主体性哲学的现代兴起导致了形而上学领域中的荣耀的消逝，"存在不再拥有任何光辉，而从先验维度中驱逐出来的美则被围限于纯粹的尘世现实之

---

[1]〔德〕康德：《判断力批判》，邓晓芒译，第108页。
[2] 同上书，第111—112页。
[3] Hans Urs von Balthasar, *My Work: In Retrospect* (San Francisco: Ignatius Press, 1993), p.84.

中"[1]。美学因此只能作为严格的科学（审美学）存在。这意味着它不再是巴尔塔萨神学美学（或先验美学）探讨的对象了，因为巴尔塔萨关注的是"荣耀"，而并非尘世之美。所以，巴尔塔萨在《上帝的荣耀：神学美学》中谈论"审美科学"（现代美学），首先主要是将其视为神学美学批判和扬弃的反面教材来使用的。他甚至嘲讽说，当德国审美科学深切地关注良好趣味的标准时，德国的实际上也是全欧洲的艺术（法国绘画除外）都已沉沦到令人难以想象的贫乏品位之中。审美学作为一种"精密的科学"（exakten Wissenschaft）——"精密的美学"（exakten Ästhetik），必然排斥那种与一、真、善圆融一体，互渗相寓的美，但这种"精密的"尘世美，只是整体对象的一个方面或碎片，所以这种美学是只见树木不见森林，从而无法企及作为整体对象的美。尽管如此，巴尔塔萨并没有简单地摒弃现代审美学。他认为，虽然这样的碎片化的美学只能提供一种褊狭的视野，但也可能得到对整体之美的惊鸿一瞥。在他看来，"审美法则可以逐渐地提升到形而上学、神话以及最终启示的层面，因为换个视角来看，形而上学、神话和终极启示为了在尘世层面变得一目了然，实际也就是为了实现自我表现，它们可以在它们的下降中利用这些尘世的东西和碎片化的东西"[2]。所以在巴尔塔萨看来，"精密的美学"实际上是可以吸收、整合到荣耀美学的框架下的。也唯有如此，把现代审美学霸踞的美学领地开放给视野宏阔的荣耀（先验）美学，才能真正解决现代美学的难题。[3]

4. 基督徒与形而上学中的荣耀

面对西方近三千年的形而上学历程反射出来的荣耀之光，作为一个重要任

---

[1] Hans Urs von Balthasar, *The Glory of the Lord: A Theological Aesthetics* vol. V: *The Realm of Metaphysics in the Modern Age* (Edinburgh: T. & T. Clark, 1991), p.597.

[2] Ibid., p.599.

[3] Aidan Nichols, *The Word Has Been Abroad: A Guide Though Balthasar's Aesthetics* (Edinburgh: T. & T. Clark, 1998), p.181.

务，基督教应该如何继承这笔丰厚的遗产，成为巴尔塔萨《上帝的荣耀：神学美学》之形而上学部分最后需要探讨的问题。

在西方形而上学传统中，存在的惊奇，主要在于每一事物都在存在的必然性中如此奇妙、如此美妙有序地出现。在这种语境中，存在的荣耀通常被理解为美的总和，"它对具体美的'优越性'只是源于这个事实，就是明显地缺乏和谐的畸形的东西之韵律、极性和和谐化这些范畴，只能通过推测的方式应用于总体性之中"[1]。对存在的惊奇，在巴尔塔萨看来，不仅是形而上学的开始，也是形而上学在其中运行的永恒要素。而这不仅意味着存在者可能在它与存在的区别中对存在产生惊奇，还意味着存在本身表现为某种可以被惊奇且值得惊奇的东西，通过它自身最后导致惊奇。对存在的惊奇本质上是因为看到了荣耀反射出来的光辉，所以荣耀的反映必定是形而上学的基本目标。巴尔塔萨认为通过西方形而上学传统资源可从四个层面或阶段达到这一目标，并真正揭示形而上学领域内的荣耀。[2]

而巴尔塔萨所谓的四个方面所展示的，本质上与呈现在醒来的孩子之第一意识行为中的东西是一码事，或者说是同一件事的放大、延伸。"这个朝向超越前行的第一行为，当下即可触及最终目的：这只能是爱，唤醒我、庇护我的爱，在母亲微笑的脸上映入我眼帘的爱。"[3]爱是存在荣耀的守护者，因为爱，"一切事物连同它全部的恐怖（丑）和美，皆沐浴在比此世之本质更大的、更加荣耀的开放之光芒中"[4]。存在就像一种光芒一样自由地照进存在之物中，而爱揭示了存在的光辉。

巴尔塔萨认为，基督徒由于他的信仰而不得不进行哲学的质询，"他相信上帝为世界的绝对之爱，便不得不在其本体论区别中将存在理解为指向爱的，并

---

[1] Hans Urs von Balthasar, *The Glory of the Lord: A Theological Aesthetics* vol. V: *The Realm of Metaphysics in the Modern Age* (Edinburgh: T. & T. Clark, 1991), p.614.
[2] Ibid., pp.614-627.
[3] Ibid., p.635.
[4] Ibid.

依照这个指引生活"[1]。依靠爱的力量，基督徒仍然是形而上学惊奇的守护者。在巴尔塔萨看来，惊奇始终都是对作为整体的存在之美的惊奇，对宇宙秩序的惊奇。作为整体的存在之美或宇宙秩序之美，本质上是高于尘世之美的形而上学之荣耀。所以，基督徒理所当然应是形而上学荣耀的守护者，并负有将此原始之光带到整个世界的神圣使命。

第三节 《圣经》与神学美学

《圣经》是基督教信仰的源泉，无论是天主教、新教还是东正教都奉之为启示的宝库[2]，故而几乎没有任何神学可以绕过它，神学美学也不能离开这个活水源头独立开展，相反，它的基础恰恰植根于圣经神学。历史上曾有的名目繁多的神学美学体系，皆生发于这一源泉或曰共同中心，故而圣经神学亦成为神学美学判教的标准。诚如巴尔塔萨所讲："唯有圣经神学能够并且必然成为标准，由之评判这里所谈的（神学美学）历史发展之整个系列，通过使用这一标准，我们可能会看到，并不是所有这些体系都同样地接近这一源泉，

---

[1] Hans Urs von Balthasar, *The Glory of the Lord: A Theological Aesthetics* vol. V: *The Realm of Metaphysics in the Modern Age* (Edinburgh: T. & T. Clark, 1991), p.646.

[2] 基督宗教的这三大传统对经典的编修及经目权威认定方面存在些微分歧。在《新约全书》方面，天主教、新教、东正教皆认可 27 卷正典经文，在经目权威认定方面基本一致。其分歧主要存在于对《旧约全书》的经目认定和经文编修方面，一般新教只认定《旧约》正典 39 卷经文，天主教、东正教及某些新教教派（如圣公会）在《旧约》正典之外，还认可若干部"次经"（Apocrypha）或"第二正典"（Deuterocanonical Books），如《多比传》(*Tobit*)、《犹滴传》(*Judith*)、《所罗门智训》(*Wisdom of Solomon*)、《便西拉智训》(*Ecclesiasticus*)、《以斯贴记补篇》(*Additions to Esther*)、《巴录书》(*Baruch*)、《耶利米书信》(*Letter of Jeremiah*)、《苏撒拿传》(*Susanna*)、《马加比一书》(*1 Maccabees*)、《马加比二书》(*2 Maccabees*)、《马加比三书》(*3 Maccabees*)、《马加比四书》(*4 Maccabees*)、《玛拿西祷言》(*Prayer of Manasseh*)、《诗篇 151 篇》(*Psalm 151*)、《所罗门颂诗》(*Odes of Solomon*) 等。尽管如此，他们对《圣经》本身的权威性认同皆是一致的。另外，这里需要特别说明的是，鉴于目前大陆汉语人文学界对基督教学术的认知受新教学术影响最为普遍，故而本书引用及翻译经文大多采用和合本《圣经》汉译，而以汉译思高本为辅进行研究。

也不是全部都同样成功地描绘了圣经神学最内在的关切。"[1] 因此，巴尔塔萨《上帝的荣耀：神学美学》最后两卷的目标就是万法归宗——回归《圣经》这一神学本源，"在一种与一切人类思想体系隔离"[2] 的系统中为荣耀美学寻求经典依据。

但与传统圣经神学不同，这里巴尔塔萨圣经神学研究的学术旨趣，并不在追求一种通论意义上的旧约神学和新约神学[3]，而是旨在从"荣耀"的角度切近《新约》、《旧约》的本质[4]。按照厄廷根（Oetinger）的讲法，"上帝的荣耀不仅构成了《圣经》的主要内容，也形成了其正宗之基本特征"[5]。《圣经》是对上帝荣耀的原始见证，唯其细致分梳圣典之荣耀神学，才可能奠立神学美学之坚实基础。所以，这最后两卷圣经神学的任务就是要在"《旧约》和《新约》中探讨 gloria，直至在保罗和约翰对上帝荣耀的最终阐释中结顶"[6]。不过，巴尔塔萨的意图绝不是要"分析""荣耀的概念"，而是要"综合"，将"每一个碎片都融合到这个整体之中"[7]。循此思路，本节将力求简洁地概述巴尔塔萨对神学美学《圣经》源泉的发掘贡献，在揭示其神学美学与《圣经》启示的信仰渊源的同时，最终较为清晰地呈现其神学美学与古典美学传统之源流关系。

---

[1] Hans Urs von Balthasar, *The Glory of the Lord: A Theological Aesthetics* vol. VI: *Theology: The Old Covenant* (Edinburgh: T. & T. Clark, 1991), pp.20-21.

[2] Hans Urs von Balthasar, *The Glory of the Lord: A Theological Aesthetics* vol. IV: *The Realm of Metaphysics in Antiquity* (Edinburgh: T. & T. Clark, 1989), p.13.

[3] Hans Urs von Balthasar, *The Glory of the Lord: A Theological Aesthetics* vol. VI: *Theology: The Old Covenant* (Edinburgh: T. & T. Clark, 1991), p.17.

[4] Hans Urs von Balthasar, *The Glory of the Lord: A Theological Aesthetics* vol. VII: *Theology: The New Covenant* (Edinburgh: T. & T. Clark, 1989), p.9.

[5] Hans Urs von Balthasar, *The Glory of the Lord: A Theological Aesthetics* vol. VI: *Theology: The Old Covenant* (Edinburgh: T. & T. Clark, 1991), p.10.

[6] Hans Urs von Balthasar, *My Work: In Retrospect* (San Francisco: Ignatius Press, 1993), p.85.

[7] Hans Urs von Balthasar, *The Glory of the Lord: A Theological Aesthetics* vol. VII: *Theology: The New Covenant* (Edinburgh: T. & T. Clark, 1989), p.10.

1. 圣经美学的三大主题

圣经美学作为神学美学的源初形态，是古典美学的一种原型理论。以荣耀为首要主题的巴尔塔萨神学美学，就建基在这一古典美学原型理论基础之上。圣经美学，在巴尔塔萨看来，主要有三个核心主题：一是荣耀（gloria）；二是形象（imago）；三是恩典（charis）。

荣耀，作为圣经美学的第一主题，同时也被视作其神学美学的首要题旨，故而其《上帝的荣耀：神学美学》题名"Herrlichkeit"——这个德文词颇难翻译，由其词根可知大致包含双重含义，即Hehrsein（崇高）和Herrsein（尊威）[1]，英文、中文中俱无准确对应之词，英译本意译为the glory of the lord，中文译作"上帝的荣耀"或"上主的荣耀"。可以这样认为，荣耀在巴尔塔萨神学美学视阈中，是一切《圣经》主题之基本母题，其他的主题皆围绕它或紧随之而展开。依巴尔塔萨所讲，如果我们信顺《圣经》启示，那么荣耀就是无论如何也不可能与启示的语境分裂开来的；无论怎样，这一语境都会染着上帝涌射出的荣耀的色彩——换个角度也可以看，"没有启示的主题可以从神学美学的领域隔离出去"[2]。所以，即使是《旧约》中的有些主题一开始看起来是享有某种相对于荣耀主题的独立性，譬如创造主题，但对《圣经》思想者来讲，这些主题也绝不可能远离上帝统治（Herrschaft）的领地，或者因此就疏离了上帝的荣耀（Herrlichkeit）。神圣荣耀理念虽是永恒的《圣经》主题，作为基本主题理念，它贯透全部《新约》、《旧约》，但这并不是说荣耀理念在《圣经》中是一个一成不变的东西。其实荣耀理念本身在《旧约》和《新约》之间存在一系列的张力和转化。如巴尔塔萨所讲："贯穿摩西五书（Pentateuch）到约翰著作（Johannine writings）的神圣荣耀理念的转化是非常显豁的，并且中间步骤是如

---

[1] Hans Urs von Balthasar, *The Glory of the Lord: A Theological Aesthetics* vol. VI: *Theology: The Old Covenant* (Edinburgh: T. & T. Clark, 1991), p.10.

[2] Ibid., p.14.

此紧密相连，如此清晰地相互指向彼此，以至于在其变化之中这些环节构成一个整体，部分之间相互支撑和强化。"[1] 所以，如西奈山上耶和华的显荣，燃烧的荆棘中的异象，使以赛亚和以西结接受其使命的上帝异象，提波山上的耶稣变容，大马士革的耶稣异象，以及启示录中基督的异象，这些《圣经》中反映的荣耀理念存在重要的转化或蜕变，然而我们却也不能孤立地对待任何一个，因为它们拼合起来才是上帝荣耀的整全图景。

形象，作为圣经美学的第二主题，在巴尔塔萨看来是《圣经》开篇即点明了的："我们要照我们的形象，按照我们的样式造人……神就照着自己的形象造人，乃是照着他的形象造男造女。"（创1：26—27）所以，形象乃是有关上帝之造物同伴（人）的主题，其与荣耀正好构成宾主分庭抗礼之呼应关系。虽说形象与荣耀看起来是迥然有别的两个主题，不过二者之紧密关系却是再清楚明白不过的。"首先，它属于上帝施显尊威才在他自己对面设立他自己的形象。其次，如果这一形象的确是模仿它的原型，荣耀的某些特质必然内在地为之所固有（诗8）。最后，启示的整个运动以之为目标将形象和荣耀结合在耶稣基督里。"[2] 正如中世纪神学巨擘波纳文图拉所讲："造物无非是万能、全智、完美的第一始元的影子，永恒源泉、永恒之光、永恒充盈的回音，以及动力因、形式因和目的因的技艺的图像"[3]，"上帝不可见的形象、荣耀的光芒及其实体的形象通过其原始的创生而无处不在，就像在一切介质里面都有其肖似物的产生"[4]。一切造物，必然分受上帝光辉，某种程度上都可以称得上是上帝的"印迹"（vestigium）和"形象"（imago），但肖似的程度却依属灵多寡而有差等，即有的造物是上帝的影子（umbra）——上帝遥远而模糊的呈现；有的只是

---

[1] Hans Urs von Balthasar, *The Glory of the Lord: A Theological Aesthetics* vol. VI: *Theology: The Old Covenant* (Edinburgh: T. & T. Clark, 1991), p.17.

[2] Ibid., p.15.

[3] Bonaventure, *Itinerarium Mentis in Deum*, 2.11. in *Works of Saint Bonaventure,* vol. II (Saint Bonaventure, N.Y.: The Franciscan Institute of St. Bonaventure University, 1956).

[4] Bonaventure, *Itinerarium Mentis in Deum*, 2.7.

痕迹（vestigia）——上帝遥远但清晰的呈现；有的却是形象（imago）——上帝清晰而亲近的呈现。影子和痕迹皆是相对物质造物而言的，形象则专对属灵生物而言，如人与天使之类。故而，人这一上帝形象必然固有荣耀之光辉，道成肉身的耶稣基督作为神人的完美结合，正好表征形象与荣耀之珠联璧合。另外，巴尔塔萨也敏锐地洞察到，"尘世美学所固有'光辉'与'形式'的根本张力，在最高的《圣经》层面是与'无形式的'荣耀和有形式的形象之间张力相应的"[1]。实际上也可以讲，形式与荣耀在圣经美学中呈现的结构性张力，正好为在后世神学古典美学中被高度强调的"形式"与"光辉"这对范畴的关系提供了理论原型。

恩典，作为圣经美学第三主题，其实在巴尔塔萨看来只是一组《圣经》主题中最重要的一个。这组《圣经》主题是上帝在他自身与他的形象（人）之间设定的，即攸关神人关系的主题，譬如恩典、立约、称义等。[2] 故而某种程度上可以将第三主题视为第一主题与第二主题的中介环节，若非与荣耀和形象亲密相关，恩典无论如何也不会成为神学美学范畴。如巴尔塔萨所讲，由西奈山上的荣耀而有"十诫"这样的最被称颂的恩典，因为这些诫命宣布的基本律法，才使得人在上帝的领地的栖居成为可能，同时也使上帝栖居在人的领地成为可能。[3] 固然，恩典首先应理解为是上帝圣爱对苍生的眷顾，乃其对他自己的形象的主动的爱与缔盟结约。譬如在《新约》中，上帝道成肉身拥有形象同时，即体现圣爱恩典、新的盟约和神圣公义。然而恩典昭示上帝对人的爱（agape）并彰显其荣耀，这只是其意义之一方面，另一方面我们看到，恩典也激发人对上帝之感恩之情——一种积极向上的爱（eros），追求属义的、属神的生命境界，参与上帝的存在。"在《圣经》的意义上这意味着，一个受造物被许可遭遇

---

[1] Hans Urs von Balthasar, *The Glory of the Lord: A Theological Aesthetics* vol. VI: *Theology: The Old Covenant* (Edinburgh: T. & T. Clark, 1991), p.15.

[2] Ibid.

[3] Ibid.

上帝的荣耀越深，这个受造物就会越希望颂赞这一荣耀，并将其提升到超越它自己和一切造物的地位……一个受造物被许可进入上帝开放的领地越深，它就越理解恩典之所谓恩典。它对上帝的神圣性达到的真实的、认知理解越深，它就越清晰地意识到上帝的爱是超越一切理智的：γνῶναι τὴν ὑπερβάλλουσαν τῆς γνώσεως ἀγάπην——'知道这爱是过于人所能测度的'（弗3：19）。"[1] 恩典在神学美学中，虽说仍旧体现为上帝的主动行为，但却并不只是上帝单向度的施予，它同时也要求造物的回应，人亦须向上帝开放自己，以求神人之共同参与存在。唯其如此，上帝的荣耀才展现为具体的尘世美学形式，人亦才能感知、领会上帝无言之大美。

诚如巴尔塔萨所讲，仅凭这三个主题并不能给出圣经美学的全景式观照。[2] 所以接下来，还必须从《旧约》和《新约》逐步分梳。即使如此，如前所示，巴尔塔萨无意于建构那种完全意义上的旧约神学和新约神学，甚至仅就这里特别强调的三大主题，也不是均等地对待。按照他的思路，"荣耀的概念因而会置于首位，而其他两个领域将会是从这一视角给予考虑和呈现"[3]。荣耀涵摄形象与恩典两大主题，其实在他看来是有圣典依据的，其依据来自他视为《圣经》最后定论的约翰神学。《约翰福音》称"道成了肉身，住在我们中间，充满了恩典、真理"，原先在《旧约》中无休无止的系列尝试中被描绘成荣耀的实体因此获得了确定的形式（耶稣基督），所以，"我们也见过他的荣光，正是父独生子的荣光"（约1：14）。如巴尔塔萨所分析，"约翰认为这一荣耀必然伴随有'形象'的'真理'的实现，'盟约'的'恩典'的实现，最后他才能够在十字架和复活的统一中看见上帝的荣耀"[4]。

---

[1] Hans Urs von Balthasar, *The Glory of the Lord: A Theological Aesthetics* vol. VI: *Theology: The Old Covenant* (Edinburgh: T. & T. Clark, 1991), p.10.

[2] Ibid., p.16.

[3] Ibid., p.17.

[4] Ibid., p.19.

2. 旧约荣耀美学

《旧约》虽说名义上在基督教里享有同等于《新约》的地位，但由于其与犹太教的历史渊源关系，故常常在基督教神学中被有意无意地贬低或忽略。关于旧约神学与新约神学孰高孰低，当然不是本书这里关注的问题。但从文学和世俗美学的角度来看，《旧约》的审美价值明显有高于《新约》的地方，这也是不能否认的——譬如《旧约》中《出埃及记》、《士师记》、《列王记》的叙事美学成就和《诗篇》、《雅歌》的诗歌美学成就，都是《新约》难以望其项背的。当然，巴尔塔萨不会从一个世俗美学的角度来对其审美价值做出直接判断。《旧约》在他主要是作为其神学美学思想源泉和基础来看待的。因此之故，在他的神学美学中，《旧约》享有不次于《新约》的价值地位。循其思路，本节将力求简洁地勾勒巴尔塔萨对神学美学《旧约》源泉的发掘贡献，并借以揭示出其旧约荣耀美学对新约神学美学的价值意义。

巴尔塔萨旧约神学美学的展开，第一部分便是分别对荣耀、形象、恩典等圣经美学核心主题进行深入细致的经典文本分析。

有关"kabod"的说辞在《旧约》中可以说无处不在。"kabod"的希伯来文词根是"kbd"，其原始意义指物理意义上的重，引申开来它也能指称给予生命存在（特指人）外在压力（gravitas）从而彰显其宏大气势的东西，如亚伯拉罕和雅各拥有的物质财富（创 13：2，31：1），或一个人的名声、荣誉之类（创 45：13；诗 21：5），等等。所以，"kabod"意味着"荣华"和"大能"（一个存在者的分量）。[1] 这个词在《旧约》中被类比地运用于上帝："kabod-YHWH"（上帝的荣耀），以表达耶和华绝对凌驾于人之上的那个尊威无比之"我"：Ehyeh-Asher-Ehyeh（I AM WHO I AM，出 3：14）。如此，这个作为绝对者的"我"的"大能"即刻呈现为威严的特征，其诱惑的力量则呈现为崇高荣耀的

---

[1] Hans Urs von Balthasar, *The Glory of the Lord: A Theological Aesthetics* vol. VI: *Theology: The Old Covenant* (Edinburgh: T. & T. Clark, 1991), pp.32-33.

特征。这里需注意，作为人的 kabod（荣耀），是一种在生物层面和精神位格层面不可拆分的力量；然而上帝却绝不可能以此种方式沉沦到生物地位上去，在这种方式中，生物地位对他而言变成了一种自然话语的视阈（尽管他在世间履行自我的约定，也是类比于人的力量的）。[1] 这便涉及理解《旧约》中"kabod-YHWH"的问题关键了。永生上帝的临在或曰感性显现（sinnliche Anzeigen），是一个吊诡的问题：无形的上帝如何以有形的形式启示出他自身？这个问题也是神学美学之首要问题。上帝在尘世的显圣（theophany），按巴尔塔萨的讲法，"一方面，为人所特有的感官领域发生作用，它们（指显圣事件。——引者）才发生：经验发生，由此上帝才外在地被'听到'和'看见'的。而另一方面，牵涉到（显圣事件中。——引者）的人清楚地明白，绝对的、精神的和无形的大能者（Mightiness）在此临在，可比之于一个人在开始与其谈话者讲话之前吸引其注意力的行为，感性显现（sensory manifestation）只是指引迹象，就像它是一个符号或象征"[2]。即是说，上帝的荣耀以感性形式呈现，又超越感性形式。这本身是一个吊诡，但这也正是体现上帝不舍不着、道器不二、迹本圆融、既内在又超越之秘奥。凡人世俗荣耀之不逮上帝神圣荣耀，区别根本在此。

由于耶和华荣显的表象属于感性形式，其尘世属性决定了其有限性绝不能完整表达上帝神性荣耀的无限属性，尽管如此，上帝在尘世的感性显现，以碎片化的表象同样可以反射荣耀的耀眼光辉：

> 表象必然总是以一种支离破碎的方式言说出来的，尤其是当显露的东西是一个自由主体的时候。它的确通过显露表现了它自己，但它并没有因此放弃可能以别的其他方式显露的自由……我们已经看到，显露的自由是一种美的事物的本质要素。对于自然不能涵括在任何尘世形式中的永恒自

---

[1] Hans Urs von Balthasar, *The Glory of the Lord: A Theological Aesthetics* vol. VI: *Theology: The Old Covenant* (Edinburgh: T. & T. Clark, 1991), p.34.
[2] Ibid.

由之上帝的显现，这一点将是多么的确定无疑。[1]

关于上帝显圣的吊诡，在巴尔塔萨那里被视为一种"神学辩证法"。这种专指荣耀的感性显现的辩证法，根源上与《圣经》言说表象的碎片化方式相关，其在摩西五经中有淋漓尽致的展现——感性显现的辩证法集中体现在几组吊诡范畴上面，如"知与不知"、"见与未见"、"形式与非形式"、"光芒与黑暗"、"住所与事件"，以及"火的辩证法"，等等。[2]《圣经》就在这种暧昧的吊诡中呈现上帝的荣耀。但正如巴尔塔萨所说，这些悖论式的感官体验，"虽在其自身是暧昧不明的，但在它们中揭示自己的上帝那里却是绝对清晰的"[3]。

正因为上帝的荣耀以如此吊诡的形式呈现出来，所以巴尔塔萨认为："kabod-YHWH 在摩西五经中并不是一个原始现象，而是一个衍生的现象，是互相扞格的元素的综合，这表明它不是以'象征的'的方式而是以'辩证的'方式显现，因为这一显现的主体不可能在人类领域内被给予明确的表达。"[4] 这样，圣经美学探讨上帝的荣耀主题，就不得不将目光移向感性显现的主体，那个神圣的"我"，即在《圣经》中主动揭示自己的言说和行动的主体。人通过言说和行动必然显露其本质，上帝也一样，通过言说和行动显露他无限超越于尘世诸物的绝无仅有之存在。"因为这个，曾被我们在现象领域描绘为'上帝的荣耀'的东西，现在不可分割地与神圣之'我'的表现模式和必然在其启示中被揭示的上帝的属性连接在一起了。"[5] 作为感性显现主体的神圣之"我"表现荣耀，必然成为"我"之属性的表现，如"我"的力量、"我"的言语、"我"的神圣性和名字、"我"的面容，皆是神圣荣耀的展现。

---

[1] Hans Urs von Balthasar, *The Glory of the Lord: A Theological Aesthetics* vol. VI: *Theology: The Old Covenant* (Edinburgh: T. & T. Clark, 1991), p.36.

[2] Ibid., pp.37-50.

[3] Ibid., p.50.

[4] Ibid., p.53.

[5] Ibid., p.54.

《圣经》在见证上帝的荣耀的语言上，也并不总是运用摩西五经那些关于感性显现的辩证法，也经常直接使用风暴等威慑性力量来描绘，如风暴、乌云、黑夜、黑暗处爆发的闪电、雷鸣、倾盆大雨、冰雹等。这些自然现象在《旧约》中被视为自我启示的上帝的显著象征，以赋予上帝的显圣更加令人生畏的特征。[1]当然，《旧约》也使用了彩虹这样平和的景象来见证上帝荣显时的壮美："……环绕在周围的光，犹如落雨时云彩中所出现的云霓。这就是上主的光荣显现时的奇象。"（则1：28）"你看见虹霓，就当赞美它的创造者；它的光彩极其灿烂。它用光辉的弧形环绕天空，至高者的手，将它伸长。"（德43：12—13）这样巴尔塔萨将这样呈现上帝荣耀的方式称为"宇宙礼仪"（Kosmische Liturgie）。到此，《旧约》中上帝的显圣，至少获得了三种荣耀的形式："历史的"荣耀（以西奈山为中心）、"先知的"荣耀（在《以赛亚书》和《以西结书》中表达最清楚）和"宇宙的"荣耀（自然诗篇、《约伯记》、《德训篇》）。不过这三种荣耀的形式不应看作各自为政的独立形式，它们之间实际上并不能划出泾渭分明的界线，所以应将其结合在一起来看。依巴尔塔萨看来，在《旧约》神学中，上帝的历史经验是占据首要位置的，这一经验首先呈现它自身为感性要素，并勾勒出自然和神话的形象；先知经验是不可分割地与历史—自然经验糅合在一起的；宇宙中上帝荣耀之异象，实际上是那些了解上帝历史言说和行动，以及以明锐的眼睛在创造中窥见创造者的人之所见。[2]

巴尔塔萨讲："美的事物不仅是要依靠光辉；它也需要形体（Gestalt）和形象（Bild），即使是形体（Ge-stalt）所做的只是证实谁竖立了它（der Stellende），即使是形象（Ge-Bild）只有在当那超越一切形象的（überbildlich）光辉外露成像时才是美的。"[3]所以不像其他神学，圣经神学美学允许探讨形象的元素，"因

---

[1] Hans Urs von Balthasar, *The Glory of the Lord: A Theological Aesthetics* vol. VI: *Theology: The Old Covenant* (Edinburgh: T. & T. Clark, 1991), p.74.

[2] Ibid., p.85.

[3] Ibid., p.87.

为只有在《圣经》里，形象才不是无形无象的转瞬即逝之结构，后者屈从于死亡，或者生命或精神的非凡进化；只有在《圣经》里，上帝自己才以富于想象力的自由在他自己的对面设立形象——某种知道上帝的东西，并能自由回应上帝，以爱来迎接他"[1]。这样，圣经美学关注焦点必然会从上帝的荣耀（gloria Dei）转向上帝的形象（imago Dei）主题，诚如尼科斯所言："从荣耀转向形象就是从上帝转向出自上帝之手的作品。"[2] 上帝的作品即是他的造物，这里当然特指作为上帝形象的人，由此，圣经美学进入神学人类学的论域："作为形象的人，只因其来自上帝又终归上帝才能被理解，可是，我们必须马上补充一点，人也在上帝面前被授予某种自主的空间；其实在上帝的对面允许存在一个自主性的领域……"[3]

这种自主性，乃是人区别于其他造物而为万物灵长的关键。而这种自主性是上帝赋予的，或者说是来自人对上帝绝对自主性的模仿，因为人是按上帝形象"塑造的形象"（selem），故他必然"相似于"（demuth）上帝。[4] 不过这种相似性并不意味着上帝能做什么人就可以做什么，譬如塑造偶像。因为，"当上帝塑造形象时，他在'塑像'中注入的是他自己的荣耀；如果人塑造一个上帝的形象，他注入这个形象的就不是神圣的荣耀，而是他自己的人的荣耀，并且这个塑像会扭曲神人之间必需的直接性"[5]。这是摩西五经中一再申令严禁偶像崇拜的根本原因。虽然上帝形象分有上帝的神圣荣耀，但作为神圣恩典和荣耀的反映，人之美却不能逾越上帝分派给它的等级。实际上，《旧约》中上帝的形象（人）是残缺的或未完成的，巴尔塔萨认为这从《圣经》人类学的四个方面

---

[1] Hans Urs von Balthasar, *The Glory of the Lord: A Theological Aesthetics* vol. VI: *Theology: The Old Covenant* (Edinburgh: T. & T. Clark, 1991), p.87.

[2] Aidan Nichols, *The Word Has Been Abroad: A Guide Though Balthasar's Aesthetics* (Edinburgh: T. & T. Clark, 1998), p.196.

[3] Hans Urs von Balthasar, *The Glory of the Lord: A Theological Aesthetics* vol. VI: *Theology: The Old Covenant* (Edinburgh: T. & T. Clark, 1991), p.88.

[4] Ibid., p.89.

[5] Ibid., p.97.

浮现出来，这个方面可用四对术语来表达：男人与女人、自然与恩典、存在与行动、亚当与基督。[1] 上帝的形象只有在《新约》中才可以实现完满，按照巴尔塔萨的讲法，耶稣基督"按次序进入形象的古老形式，从里面将其打开，并使其完美无缺"，因为出现在整个世界面前的圣子是"那不能看见之神的像，是首生的，在一切被造的以先；因为万有都是靠他造的"（西1：15—16），"基督本是神的像……神荣耀的光显在耶稣基督的面上"（林后4：4—6）。[2] 只有借着道成肉身，上帝的形象才得以在尘世完美地出现在人子耶稣身上。耶稣基督乃超越一切尘世形象的完美无瑕的原型形象（Urbild），因为他就是三位一体的神。所以，巴尔塔萨一开始便称："《圣经》的形象学说，只有在神圣三一之光中才能被理解。"[3]

然而，基督的形象毕竟是《新约》的主题，这里巴尔塔萨只能在《旧约》基础上继续拓展形象的神学人类学理论空间："主体在其被赋予的自由空间中，在其竭尽全力在上帝面前形成的世界里来接受圣言，我们现在要关注主体的范围与深度。"[4]《旧约》展开这一主题前一阶段是在士师时代，后一阶段体现在大先知书、申命记祭司神学以及流放后的文学中，在二者之间，还有一个阶段：列王时代。在这个格哈德·冯·拉德（Gerhard von Rad）称作"人文主义"和"启蒙"，以大卫—所罗门时期为轴心的列王时代，"被理解为具有独特之'人性'和'完全去神话化世俗性'的人，从对宇宙的臣服中崛起；一种对他们自己的事情的好奇心开始觉醒……"[5] 不过《旧约》中人（王）的主体意识的发扬显示了希伯来《圣经》文化与古希腊史诗悲剧文化具有某种相似性，那就是，

---

[1] Hans Urs von Balthasar, *The Glory of the Lord: A Theological Aesthetics* vol. VI: *Theology: The Old Covenant* (Edinburgh: T. & T. Clark, 1991), pp.98-103; see also Aidan Nichols, *The Word Has Been Abroad: A Guide Though Balthasar's Aesthetics* (Edinburgh: T. & T. Clark, 1998), pp.197-198.

[2] Hans Urs von Balthasar, *The Glory of the Lord: A Theological Aesthetics* vol. VI: *Theology: The Old Covenant* (Edinburgh: T. & T. Clark, 1991), pp.102-103.

[3] Ibid., p.87.

[4] Ibid., p.104.

[5] Ibid.

在人的观念上，两种文化处境中的人都"以唯一神经验为背景诠释自身"[1]。如巴尔塔萨所言："这的确是世界戏剧，然而，情节掌握在上帝手中，这个上帝不仅是这幕剧的观赏者——为了以后的奖惩，这个上帝也是在他的'形象'的情节中，既隐匿又公开地参与情节的原型。他让人探寻其自由可能性之极限，然而他却将事件导演成一幕关于他的多重选择与面向的戏剧"[2]。人被赋予自由以释放、发展其可能性，追求权力、智慧、美这些尘世荣耀的面向，只是这种"上帝面前的尘世存在的自主荣耀"都难保永久，"春光明媚的世界景象都不可避免要变为暴风肆虐后光秃秃丫的面貌"，最后沦至《传道书》通篇强调的"凡事都是虚空，都是捕风"[3]。永生上帝也将他的形象服在虚空之下。（罗 8：20）这是因为万事万物都不得不服从暂时性的尘世法则。"神造万物，各按其时成为美好，又将永生安置在世人心里。然而神从始至终的作为，人不能参透。"（传 3：11）所以，"漂亮的事物总是自我节制，并顺应契机（καιρός）的标准"[4]。从而神圣形象在上帝面前形成一个自主的世界。

　　形象都可以归于虚无，但恩典却是具体而确凿的事实，上帝正是通过它向他的造物打开永生的空间。巴尔塔萨讲，只有当绝对主体的自我启示获得内容与具体性，上帝对世界所讲的话不再呈现为脱节于他自己的抽象交流，而是呈现为上帝召引我们分享他丰富的自我显露的时候，即是说，当光焰炽然赫奕的荣耀之抽象"美"和神圣临在之抽象"真"，以作为恩典的"善"为补充，使美者更美、真者更真的时候，原型与形象的关系才会变得明朗如镜。对希伯来人而言，先验属性相互交织、融渗，真（形象）寓于恩典（善），善寓于荣耀（美）。[5] "所有上帝的属性都完满地结合在绝对主体的自由中，并在这里成就

---

[1] Hans Urs von Balthasar, *The Glory of the Lord: A Theological Aesthetics* vol. VI: *Theology: The Old Covenant* (Edinburgh: T. & T. Clark, 1991), p.105.

[2] Ibid., pp.113-114.

[3] Ibid., p.137.

[4] Ibid., p.141.

[5] Ibid., pp.144-145.

神圣素朴之耀眼美满。"[1]

上帝的整个显露就是恩典，甚至上帝的愤怒在神学家眼中都是恩典的一个作用："他的怒气不过是转眼之间，他的恩典乃是一生之久。"（诗 30：5）因为，"当以色列被赐予恩典，它因此获得通向上帝的途径，一个在他身边的位置和栖居在那里的权利"。"但是恩典的首义，肯定不是上帝从遥远的天国赐予众生一种新'身份'，而是屈尊俯就尘世，并将人抬举到他自己的高度，使之以一种超出其一切能力和可能性的方式即'狂喜'的方式，进入上帝的国度。"[2] 上帝纡尊屈驾俯就众生的恩典，在《旧约》中突出表现为上帝与以色列订立的盟约（diatheke）。"因此，人们可以正确地理解神人之间的纯粹关联——'耶和华是以色列的上帝，以色列是耶和华的臣民'这一立约原则，《旧约》的漫长历史其实就是这一原则的深度诠释。"[3]

在盟约中，上帝的属性如良善（chesed）、喜爱（chen）、仁慈（rachamim）、正义（sedaka）、真理（mishpat）、和平（shalom）等，[4] 使其神圣之崇高对人来说变得具体。也就是说，上帝的遥不可及并不意味着完全不可知，他有绝对的自由和主权与众生交流，并允许他们进入他独一无二和神圣的领域。"这个恩典乃是人所未闻的召唤，它将人从其奴役之地救出，来到属于上帝的'地方'，所有人的概念因此改变：上帝荣耀之光照耀着他们所有人，使他们更美丽，更具分量。每一事物现在都依神圣正义的标准，他的伦理的'正义'（justice）和审美的'适宜'（justesse）的标准来判断。在上帝之约中，恩典与召唤不可分割地彼此环扣在一起。"[5]

上帝之约中的应许与召唤，目的是引领人进入他的领地，栖居在他的身边。

---

[1] Hans Urs von Balthasar, *The Glory of the Lord: A Theological Aesthetics* vol. VI: *Theology: The Old Covenant* (Edinburgh: T. & T. Clark, 1991), p.148.
[2] Ibid., p.149.
[3] Ibid., p.156.
[4] Ibid., pp.159-177.
[5] Ibid., p.177.

但立约是神人之对话，约不只是建立在上帝的恩典基础上，也同样建立在人的信、望、爱的基础上。只有人接受对神人之约的忠诚，对上帝畏惧和顺从，这个对话才会完美。上帝一诺千金，从不失信，但以色列人却不断地违约破誓。尽管如此，在巴尔塔萨看来，只要忏悔认罪，在上帝那里毁弃的承诺就可以重续，因为忏悔就已经是歌颂恩典了。立约是上帝的恩典，只要忏悔就表明人承认自己的软弱无力，愿意忠诚于上帝之约，顺从上帝，畏惧上帝，于是将荣耀完全归于上帝。所以，巴尔塔萨认为，对希伯来人来讲，美作为上帝赋予世界和人的光辉（作为荣耀的尘世反映）是不可能与立约分割开来的。[1]

旧约神学美学除依次展开以上三个核心主题的探讨外，还特别关注了《旧约》所反映的"顺从"主题。

巴尔塔萨认为，以色列人对上帝之约的不忠与背叛，乃是人之罪性的体现："从'立约'的角度来看，无论违犯的具体内容可能是什么，罪本质上与形式上都表现为不忠无信。"[2] 因为"立约"乃是圣经神学美学主题的缘故，以色列人因罪毁约，所以旧约神学美学也不得不关注恶的问题："荣耀必然遭遇恶的问题。"[3]

巴尔塔萨讲："以色列唯有与它的神同在，并在它的神那里获得一切满足；这个神看起来不能满足以色列，他们便背弃他去寻求其他神祇，恶便因此而生。恶就是背弃的行为。"[4] 可见，恶本质是对上帝神圣之约的背弃，对神圣恩典的漠视。《旧约》以色列历史宣告一个事实："当以色列背弃上帝时，就受诅咒；而当它回归上帝，就受祝福。"[5] 诅咒和祝福，在乎信与不信、忠与不忠之间，

---

[1] Hans Urs von Balthasar, *The Glory of the Lord: A Theological Aesthetics* vol. VI: *Theology: The Old Covenant* (Edinburgh: T. & T. Clark, 1991), p.210.

[2] Ibid., p.215.

[3] Aidan Nichols, *The Word Has Been Abroad: A Guide Though Balthasar's Aesthetics* (Edinburgh: T. & T. Clark, 1998), p.203.

[4] Hans Urs von Balthasar, *The Glory of the Lord: A Theological Aesthetics* vol. VI: *Theology: The Old Covenant* (Edinburgh: T. & T. Clark, 1991), p.216.

[5] Ibid., p.218.

忠于神约，相信应许，就得恩典；反之，则失恩典。恩典是"永恒之爱不可思议的赐予"，如果"莫名其妙地拒绝爱的回答"，[1] 必然得不到祝福，反而为恶受诅咒。如巴尔塔萨所说："在流离失所和灾难中生存之所以是《旧约》的基本主题之一，乃是因为上帝的荣耀已变作炽烧的愤怒。"[2] 以色列人拒绝上帝的爱，上帝的荣耀必然在尘世萎缩，而代之以上帝的怒火烈焰。唯一可以平息上帝愤怒的方法即是忏悔，但根本是敬畏、顺从——"只要你敬畏耶和华你的神，遵行他的道，爱他，尽心尽性侍奉他。遵守他的诫命、律例，就是我今日所吩咐你的，为要叫你得福。"（申 10：12）顺从上帝，谨守他给世人立的约，便是对他的博爱的积极回应，他自然恩典眷顾，祝福世人，使人荣耀，因为世人的顺从彰显了他的荣耀。历史上所有的伟大人物，如亚伯拉罕、摩西、扫罗、撒母耳、阿摩司、何西阿、以赛亚、耶利米、约伯等历代著名的先知，其伟大之处无不在顺从上帝，彰显了上帝的荣耀。所以，上帝也让他们享有荣耀。[3]

在基督降临前的五个世纪，是一个漫长的黎明时期。我们知道，《旧约》的历史不但是一个周期性堕落的历史，而且也是不可挽回地冲向灾难的历史。如巴尔塔萨所描述的，在这个阶段，上帝的荣耀放弃了他尘世的圣所，十二支以色列民被分散各地。现实的绝境显示着以色列人已陷入为神所弃的深渊中。先知们开始给出未来救赎的应许。只是，"救赎并没有来到，预言便整体终结在救赎预言无法实现的历史中"[4]。尽管如此，"在漫长黎明的尽头，耶稣基督将会撕开黎明的昏蒙，露出一刻晨光，他完成了对《旧约》来讲不可能的事情，并在圣子的自弃中揭示圣父的荣耀"[5]。所以，这个黎明时期既标志着一种没落，亦预示着一种开端。

---

[1] Hans Urs von Balthasar, *The Glory of the Lord: A Theological Aesthetics* vol. VI: *Theology: The Old Covenant* (Edinburgh: T. & T. Clark, 1991), p.216.
[2] Ibid., p.218.
[3] Ibid., pp.225-297.
[4] Ibid., p.301.
[5] Ibid., p.302.

巴尔塔萨发现，在《旧约》向《新约》转化的过程中，犹太人试图通过弥赛亚主义、末世论和智慧神学，将上帝的荣耀从其捉摸不定的隐匿中引出，使其能够确定无疑地出现在尘世众生面前。当然，犹太人如此迫切地要发展荣耀神学，是因为其与上帝之约破裂后上帝荣耀的萎缩与退隐造成了荣耀的缺乏——"只有极端的贫乏才会产生如此迫切的荣耀需求。"[1] 弥赛亚主义是在历史的未来维度中盼望上帝荣耀的降临；末世论则在超历史的末世意义上盼望上帝荣耀的神秘降临；智慧神学却从宇宙创造与救恩史之整体中出神地观照、经验它。犹太人这三种期盼上帝荣耀的神学努力，被看作为《新约》和基督教铺路："没有弥赛亚主义、末世论和智慧神学，就不会有《新约》；三者皆是必不可少的中间环节，因为它们使以色列的历史形式在三个方向上变得超越。"[2] 基督教便植根于犹太教的弥赛亚主义、末世论和智慧学说的土壤中，犹太人荣耀神学的这三个维度，为新约荣耀神学的综合发展提供了信仰资源。

巴尔塔萨这卷旧约神学，说到底就是在回答这一问题："耶和华的kabod（荣耀）概念，为其能够作为doxa Christou（基督的荣耀）与doxa Theou（神的荣耀）出现在《新约》中，出现在保罗、约翰那里，其采取的必然路径是什么？"[3] 这个路径一开始就被描述成从一种抽象感官荣耀向具体感官荣耀的融合。这一融合，是分散在那个深不可测的自由、至上之绝对"我"中所有一切的集中，这个"我"就是在恩典之约中向他的人类形象开放出他自己的生命领域的最高存在：上帝。这个"我"在辩证感官的荣耀（doxa）中是抽象荣耀的，但通过恩典、正义、忠诚、仁慈和爱诸立约之基本概念，它也变得具体。《旧约》历史显示，人们无法改变甚至先知们也无法阻止第一盟约的解除，他们能做的就是

---

[1] Hans Urs von Balthasar, *The Glory of the Lord: A Theological Aesthetics* vol. VI: *Theology: The Old Covenant* (Edinburgh: T. & T. Clark, 1991), p.365.

[2] Ibid., p.303; see also Hans Urs von Balthasar, *The Glory of the Lord: A Theological Aesthetics* vol. VII: *Theology: The New Covenant* (Edinburgh: T. & T. Clark, 1989), p.26.

[3] Hans Urs von Balthasar, *The Glory of the Lord: A Theological Aesthetics* vol. VI: *Theology: The Old Covenant* (Edinburgh: T. & T. Clark, 1991), p.415.

把握即将来到的第二个也是最后一个盟约：基督道成肉身所立之约。所以，这个主题会在新约神学中继续。[1] 在《新约》中，《旧约》的荣耀主题连同形象与恩典以及顺从诸主题，都会汇聚在耶稣基督事件（道成肉身、钉十字架与复活）中，耶稣基督由之成为神学美学或荣耀神学的中心。

3. 新约荣耀美学

《圣经》作为基督教信仰的活水源头，是巴尔塔萨神学美学体系创新的真正根基。对于荣耀美学的建立，与《神学：旧约》（第六卷）相比，《神学：新约》（第七卷）的奠基性意义则更加直接。按照巴尔塔萨神学美学之思想路向，这最后一卷《神学：新约》又返回第一卷《形式的观照》的基本主题——形式，并给予圣典之神学支撑。在巴尔塔萨看来，形式这个概念指向的物质实体，乃是我们沉思上帝荣耀所必须凭借的。在上帝欲与我们交流其荣耀的完全形式中，完全的《圣经》启示由之得以形成。[2]

如前所述，圣经荣耀神学关心的绝不是"荣耀"的概念分析，而是荣耀主旋律下的一种神学美学综合。如巴尔塔萨言，"我们所关注的就是做一个综合"[3]，而《新约》的任务正是要完成这一综合。《旧约》中上帝借着众先知多方多次（in fragmentary and varied fashion）地晓谕先民（希1：1），上帝言说自身荣耀的方式是碎片化的（fragmentary），且不得已又反复多方（various）。最后，也就是在《新约》中，"在神性的一切丰盛都肉身化地寓居其中的唯一者那里，一切特征、面向、概念、符号、形象、言辞和时代都沉淀为一种超越性的

---

[1] Hans Urs von Balthasar, *The Glory of the Lord: A Theological Aesthetics* vol. VI: *Theology: The Old Covenant* (Edinburgh: T. & T. Clark, 1991), pp.415-416.

[2] Ibid., p.416.

[3] Hans Urs von Balthasar, *The Glory of the Lord: A Theological Aesthetics* vol. VII: *Theology: The New Covenant* (Edinburgh: T. & T. Clark, 1989), p.10.

'完满'"[1]。这种在唯一者耶稣基督里的完满就是巴尔塔萨神学美学所谓的综合，旧约神学美学所分别阐述的荣耀、形象、恩典诸主题，在新约神学美学中汇聚到耶稣基督的形式主题上。按照巴尔塔萨的讲法，在基督里面，先前在神圣荣耀的原型与其在人类形象上的反映之间的区别，以及后来在恩典之约里原型与形象的交互性，被规避、溶解；耶稣基督因此以一种人所未闻的方式将一切时代、荣耀光辉和上帝自身本体真像整合到一起。所以，新约神学美学的中心是耶稣基督："这个表现上帝又是上帝，正如他表现世界又是世界的人，曾经活着，又死了；而他也带着他的历史、时代、死亡和世界复活，进入上帝的永恒生命"[2]；"唯一者耶稣基督，必须下降到与上帝荣耀完全的对立中，下降到为神所弃的黑夜中，下降到地狱无形式的混沌中，超越人可以视为形式的一切事物，他才可能是并且建立不朽的、不可分割的形式，将上帝与世界结合到新的永恒之约中"[3]。

耶稣基督作为形式为神学美学所聚焦，故而在新约美学中，首先要做的便是以"信仰的眼睛"（oculata fides）观照形式。"人在荣耀面前俯身崇拜首先得归功于这种观照，通过上帝的恩典，这种观照使人类心灵在刺眼强光中也不盲目，且使其有能力在无限素朴之临在中挺立；但同时，它也是将所见转变成行动的最强动力，因为形式的整体完全给出了进入其中的门径及可能性。因为道已成就肉身，并召唤男男女女来跟从。"《新约神学即由此最终形式发展而来，其神学主题便是在耶稣基督形式中揭示他自己和给出他自己的上帝之绝对三位一体之爱。按巴尔塔萨的讲法，神学美学"也必须在《新约》上帝之荣耀最后的自我揭示中才能圆满"，"如果我们权且在一种宽泛的含义上使用'美'这个词，那么我们可以说，美的光芒已经倾泻在了整部《新约》上面"；只是，"唯

---

[1] Hans Urs von Balthasar, *The Glory of the Lord: A Theological Aesthetics* vol. VII: *Theology: The New Covenant* (Edinburgh: T. & T. Clark, 1989), p.13.

[2] Ibid.

[3] Ibid., p.14.

有当一切万有的核心都被认作上帝对人的自由之爱，人才能够看到这种美"[1]。

这种美，当然本质是上帝的荣耀。如巴尔塔萨所言，在《新约》里，一切都环绕在荣耀概念的周围，也只有这里，这个概念才能获得其圆满性。[2]《旧约》对于此圆满性，尚不可企及。后流放时期犹太人神学出现的三个重大发展——指向未来的弥赛亚主义、指向天国的末世论和指向整个宇宙与世界史的智慧神学，虽然为《新约》的完满性奠定了基础，但它们并不是顺理成章地就进入了这个完满，即是说，二者之间虽有延续性，但其中也有断裂。巴尔塔萨认为是，它们自己由于其内在耗竭，在《新约》、《旧约》之间撕开了一道鸿沟。[3]《新约》福音书虽然都是集中叙述基督事件的经书，但是，共观福音（Synoptic Gospels）在描述基督事件时，并没有使用"荣耀"概念[4]，也就是说，《马太福音》、《马可福音》、《路加福音》没有充分展现荣耀的主题。只有在《约翰福音》中，荣耀（doxa）的主题才重新得以彰显，而且是完全的彰显，因为它已把《旧约》中所见的片鳞只爪之上帝荣耀诠释发展为《新约》的基督之完全荣耀。无怪乎巴尔塔萨在此卷前言中将约翰神学视为《新约》压轴的神学，是其神学美学旅行之终点。[5]

巴尔塔萨关于新约荣耀美学的探讨分为三个核心部分："道成肉身（verbum caro factum）"、"看见他的荣耀（vidimus gloriam eius）"、"颂赞荣耀（in laudem gloriae）"——"首先，我们必然要讲到表现耶稣基督而非'荣耀'之名的物质自身；然后，我们必然要接着讲证实荣耀之应用于他及相关于他的一切；最后，我们须讲到世界的回应，像在《新约》中改变过来的——赞美荣耀。"[6]

《新约》中荣耀的圆满性，如同《旧约》中的碎片化，乃是上帝在历史中独

---

[1] Hans Urs von Balthasar, *The Glory of the Lord: A Theological Aesthetics* vol. VII: *Theology: The New Covenant* (Edinburgh: T. & T. Clark, 1989), p.19.
[2] Ibid., p.24.
[3] Ibid., p.26.
[4] Ibid., p.27.
[5] Ibid., p.10.
[6] Ibid., p.28.

创之杰作。"这种圆满性，不是那种块块叠加的积木式的圆满，孩子不会搭积木，还需大人帮忙把它们垒到一块；这种圆满性只有通过综合才能实现，而这个综合对上帝来讲是可能的，而对人来讲是绝对不可能发现的。"[1] 形式的最终定型与完满，从《旧约》到《新约》经历了一个转变，这个转变被巴尔塔萨称为"综合"："《旧约》不计其数的形象都围绕、汇聚于一个开放性的、尚未成形的中心；通过基督的存在，不费吹灰之力就完成综合，这个中心也就定位了；当基督徒在复活节后反思这个的时候，一切片面的形象好像都自动地朝向这个中心，并诠释着这个统一。"[2] 耶稣基督成为这种综合和统一的目的地：形式（Gestalt）。在这个形式中，集合了《旧约》中所提及的神人中保、祭司、祭物这三种功能，诚如巴尔塔萨所言，也只有在《新约》中、在基督身上，这三种功能的整合才能成为可能，因为只有耶稣基督必死必生。[3] 另外，犹太人为寻求失落的上帝荣耀发展出的三种神学进路（弥赛亚主义、末世论、智慧神学），也唯有在耶稣基督新约中才能得到其统一性。[4] 从应许的《旧约》向实现的《新约》转化的过程中，施洗者约翰是一个关键性的过渡人物。他被神派来见证圣子，为耶稣"预备道路"："预备主的路，修直他的路。"（太 3：3；可 1：3；路 3：4；约 1：23）尽管施洗者约翰是犹太人最后一位先知（路 16：16），不过他还没有能力完成神才能完成的综合与统一（圆满性）。但是正如巴尔塔萨所说："约翰是超越自身的旧约自身，在这个超越中，新约已经隐含在其中了（Novum in Vetere latet）。"[5] 经由他见证圣子的到来，历史交到耶稣手中，世界正式进入基督教新约的荣耀历史。

上帝的道（圣言）成肉身，其中心乃是基督的死。只有他的赎罪祭之死，

---

[1] Hans Urs von Balthasar, *The Glory of the Lord: A Theological Aesthetics* vol. VII: *Theology: The New Covenant* (Edinburgh: T. & T. Clark, 1989), p.33.

[2] Ibid., p.34.

[3] Ibid., p.35.

[4] Ibid., p.39.

[5] Ibid., p.49.

才是道成肉身使命的完成。其死，标志着圣子降临尘世救赎万民之神圣工作功德圆满，所以基督临终时如释重负地长叹一声"成了"（约 19：30）。其死因之成为整个神圣荣耀神学之高潮。基督"言成肉身"，其救赎万民之生命历程就是上帝之自我揭示、自我言说。"但基督之死却不再是言说，而是沉默，上帝的沉默和死亡是言说、应许、永生上帝的实现。"[1] 而且，"哪里圣言陷入沉默，哪里真的消息就被大声地宣告：上帝心中的消息绽开"[2]。这个消息是救赎的消息，上帝国的消息，其本质上是三位一体之爱的奥秘的呈现，基督的全部工作都是作为工具向此爱敞开的。[3] 巴尔塔萨讲，新约神学，以及教会圣经神学与教义神学，根源上都与神学的"先验综合"（a priori synthesis）相关。"先验"意味着它与立约的爱的内在逻辑相关，这个逻辑只有在揭示自身为爱的神与接受他的人之间才能发挥作用。也就是说，这不是任何站在外边的旁观者所能把握的，也绝非那种夫妇之间行为的内在逻辑，而唯有在"耶稣是基督"的综合里，这种神圣亲密的逻辑才变成开放性的、普世性的，人通过信仰的参与，才得以进入其核心，经验、理解它。如果圣爱的荣耀之动力在基督与教会的交互性中被经验到，如果这一经验又反映在神学上，荣耀（kābôd）也就进入了神学的中心。[4]

关于"道成肉身"，巴尔塔萨认为其根本特征主要有三：权威（宣告）、贫困、自我放弃。此三者皆是深深植根于耶稣生命中，既是基督属性之先验设定，亦是基督生命之具体体现。历史的耶稣作为道成肉身的尘世形象，权威是他来自上帝的本质特征或见证："'权威'（ἐξουσία）是耶稣所独有的，其使之可能呈现上帝之道。"[5] 经书上也讲："因为父自己有生命，就赐给他儿子也照

---

[1] Hans Urs von Balthasar, *The Glory of the Lord: A Theological Aesthetics* vol. VII: *Theology: The New Covenant* (Edinburgh: T. & T. Clark, 1989), p.81.
[2] Ibid., p.86.
[3] Ibid., p.102.
[4] Ibid., p.113.
[5] Ibid., p.124.

样在自己有生命；并且因为他是人子，就赐给他行审判的权柄。"（约 5：26—27）如他洁净圣殿，即倚仗这样的至高无上的权柄（可 11：15—33）；他赶鬼，亦是倚仗这样的至高无上的权柄（路 4：36）。"如果没有上帝的力量临在和住在他里面，他的言行以及他的存在与完全的自我给予都是不可能的。"[1] "贫困"与"权威"同时成为耶稣基督的根本特征乃是一个吊诡。基督拥有至上的权柄，是世间一切的救赎者、赐予者，但他却又是绝对的贫困者。这是为什么呢？巴尔塔萨认为原因在"耶稣带来救赎，把他所有的一切都给予了他人，而他自己却是一无所有。"[2] 作为赎罪祭，耶稣道成肉身乃是为受难而来，因此他必须亲历尘世的苦难，与穷人（物质贫穷者）和罪人（精神贫穷者）一起，以自己的无助与软弱而求告于上帝（祷告），信靠于上帝（信仰），引导众人走出罪与苦难的黑暗（灵性），获得应许恩典的兑现。尽管"贫困"与"权威"看似悖论，但它们在耶稣这里却是统一的，这个统一缘自上帝的"自我放弃"："'权威'与'贫困'这两个耶稣存在的区别标志，表面上看（prima facie）是难以调和的：作为权威者，他言行都有上帝的在场的权力，作为贫困者，他则完全缺乏力量和可以逃避尘世权力的防御手段……于是出现道成肉身的第三个也是最后一个含义，由之头两个区别特征真正地交汇到一处，流向这个中心，无言大道，即自我放弃、自我消解之道。"[3] 基督只有通过自我放弃、自我倾空，他才能亲历受难，直至钉上十字架，完成救赎之尘世使命，在无言与虚空之道的形式中彰显神圣荣耀。

在宣告、贫困、自我放弃的三位一体结构中，道自身的根本特征变得有形可观，因为来自上帝的权威要起作用，须在无助的境地中，更彻底的

---

[1] Hans Urs von Balthasar, *The Glory of the Lord: A Theological Aesthetics* vol. VII: *Theology: The New Covenant* (Edinburgh: T. & T. Clark, 1989), p.125.

[2] Ibid., p.131.

[3] Ibid., p.142.

是在交出整个存在中，包含赋予它形式的上帝之天意筹划之死。耶稣存在的基本特征如此深邃，以至它决定了其延存的形式：它不可能只是指向完全委身的时刻、死亡时刻的存在；当他企盼这一时刻赋予意义而生存时，耶稣存在的每一时刻都有意义。在次级层面，这一时刻的形式将其特征赋予了教会及其追随者的时间形式，因为耶稣成就的时刻成为信仰中他的存在之决定因素。[1]

时间在巴尔塔萨看来乃是《新约》释经学最难的主题之一，因为经书上的时间概念一团乱麻，难以理清。但他把这些时间大致归属三种：耶稣的时间、教会的时间和信徒的时间。耶稣时间被其视为教会时间和信徒时间的基础，后二者俱从它流出。"耶稣时间是凡人的时间，一种毫不犹豫地奔向死亡的时间——并且是一种唯有上帝知其时间（如果这真的是一个人的时间）并决定于他的死亡（太 6：27；伯 14：5）。"[2] 但在他殉难后直到复活这段时间，即他下地狱的这段时间，其实对他而言是非时间性的混沌。至于复活后他被提升返回上帝怀抱，也不是尘世时间所能计量的，因为上帝的时间是永恒。所以，在十字架和复活中，耶稣时间一下子跃迁到尘世时间的终结点上，现在与未来的时间力量被根本地击破。由之耶稣时间呈现出尘世与末世两种视阈。总而言之，"耶稣时间的总体特点在于他'在创世以前就预先被选定了'（彼前 1：20），在末世才作为'无瑕疵、无玷污的羔羊'出现，所以耶稣的尘世时间一开始就被纳入计划和创世筹划，属于统辖世界的天命之永恒内容"[3]。教会时间、信徒时间没有自身之内在动力，故完全取决于耶稣时间。如巴尔塔萨所讲："正如圣言对回答是决定性因素一样，耶稣时间对教会时间也定然是决定性因素。如果

---

[1] Hans Urs von Balthasar, *The Glory of the Lord: A Theological Aesthetics* vol. VII: *Theology: The New Covenant* (Edinburgh: T. & T. Clark, 1989), p.202.
[2] Ibid., p.165.
[3] Ibid., pp.174-175.

圣言就其内在之逻辑无条件地要求一个回答，且其宣讲确实是为了这个回答的话，那么耶稣时间也会以同样的方式将其自身烙印在教会身上，通过恩典和自由的回应，教会时间产生了。"[1] "在信徒的生命里，耶稣时间的力量作为呼召的力量，将自己印到无条件的信徒身上。"[2]

最后，巴尔塔萨将目光收回到《新约》道成肉身之荣耀的原始意义上面。他讲："西奈山之荣耀的物质—辩证形象在此必须吐露出其灵性内容。"[3] 只是《旧约》自身无法完成这一工作，除非借助十字架的力量。因为，"《旧约》的概念和形象不可能在它们自身层面进入综合，而只能为理解这一超越它们的实在提供起点和方向标。这些提示会得到认真考虑；来自《旧约》的各条脉络都相交于十字架奥秘的中心，以此方式，它们有足够的动力环绕这个奥秘"[4]。巴尔塔萨认为，只有通过十字架，罪与爱、人与神的冲突才能最终化解。在十字架上，耶稣基督顺从天父之神圣旨意，自我倾空（self-emptying）、放弃神性（kenosis），将自己交到罪人手中，以深邃的沉默迎接受难和荣耀。诚如巴尔塔萨所讲："在约翰神学中被举在十字架上与被举在荣耀中是一回事，正如对保罗来讲，被举的人是与被钉死的那位不可分开的一样。"[5] 从《旧约》到《新约》、暂时到最后、先知到末世论的这一步，是死亡这个最后的仇敌的毁灭（林前15：26），或者讲"死亡被得胜吞灭"（林前15：54）。从天国下降到尘世的耶稣基督这个道成肉身的形式，在十字架上陨落的那一刻，又以死人耶稣的灵魂形式，背负世人的罪孽，顺着顺从的阶梯，下降到更深的黑暗与混沌之中：地狱。由之，"基督抵达其神性放弃的最低点"[6]。虽然这是神性放弃所抵至之最

---

[1] Hans Urs von Balthasar, *The Glory of the Lord: A Theological Aesthetics* vol. VII: *Theology: The New Covenant* (Edinburgh: T. & T. Clark, 1989), p.175.

[2] Ibid., p.188.

[3] Ibid., p.203.

[4] Ibid., pp.203-204.

[5] Ibid., p.228.

[6] Aidan Nichols, *The Word Has Been Abroad: A Guide Though Balthasar's Aesthetics* (Edinburgh: T. & T. Clark, 1998), p.232.

低点，但它同时也是遵从天父意志道成肉身的圣子身份之最高证明。故而，"在复活的绝对瞬间，进入地狱最深处的旅行顿时即可化入天国"[1]。

当巴尔塔萨新约美学进入"我们看见他的荣耀"（vidimus gloriam eius）部分，其神学美学也就进入了真正的高潮阶段。

"荣耀"（δόξα 与 δόξαζειν）一词在《新约》中出现超过176次，巴尔塔萨认为必须从一种综合性的观点来理解这个词，将之与作为《新约》中心的救赎事件联系起来思考："'荣耀'在这里具有一种转化、整合先在的每一事物并使之完满的与众不同的独特含义，一种从耶稣身上体现出来的上帝行动之力量必然当下揭示出它自身的含义，一种须是这一力量的自我诠释的含义。"[2] 此一概念应用于上帝，无论是在创造中作为万物主宰的特征，还是在基督与福音书里作为"尊威"或"崇高"，还是在这个词最本真的末世论意义上使用，这些含义都是不可彼此分别的，因为上帝一切即一。如同美（beauty）在哲学意义上是存在的先验属性，荣耀（doxa）在神学意义上也是上帝的先验属性。这一先验属性，通过耶稣基督事件被完整揭示出来。

如巴尔塔萨所说，圣子耶稣基督是天父派来的，以绝对的顺从在贫困和自我放弃中行使救赎使命。因为神性放弃（kenosis），基督也不是自取荣耀（来5：5），而是必须靠天父来荣耀他："我不求自己的荣耀，有一位为我求荣耀定是非的。"（约8：50）"他的一生只是寻求天父的荣耀，听从天父，执行他的使命和命令。"[3] 通过顺从，耶稣基督也荣耀天父："父啊，时候到了，愿你荣耀你的儿子，使儿子也荣耀你"（约17：1）；"如今人子得了荣耀，神在人子身上也得了荣耀"（约13：31）。在永恒之爱的光照中，父与子相互荣耀。巴尔塔萨讲："圣灵是父与子爱的结晶"，"一切爱的源泉，天父上帝，将与圣子一起通过

---

[1] Hans Urs von Balthasar, *The Glory of the Lord: A Theological Aesthetics* vol. VII: *Theology: The New Covenant* (Edinburgh: T. & T. Clark, 1989), p.234.

[2] Ibid., pp.240-241.

[3] Ibid., p.247.

圣灵被荣耀"。[1] 他又讲："天父在圣子里被荣耀，基督通过圣灵的工作在教会里被荣耀。"[2] 基督顺从天父，即为天父所荣耀；教会顺从基督，即是彰显基督荣耀。"保惠师"圣灵则在其中起穿针引线之作用。可见，须通过天父、圣灵、教会，耶稣十字架彰显的《新约》荣耀的完整图景才最终显现出来。尽管如此，荣耀的实体却只有一个："δόξα（荣耀）并不是意指多个实体，而是从多个方面意指单个实体。这个实体，作为降临世间的永恒三一之爱，已在约翰的终极诠释中被揭示出来。"[3] 所以，《约翰福音》称："我们也见过他的荣光，正是父独生子的荣光。"（约 1：14）信仰的眼睛可以看到通过耶稣的尘世存在闪耀出的荣耀之光。

犹太教时代对于"荣耀"的不同诠解——天国荣耀、宇宙荣耀、末世论荣耀，在《新约》时代都围绕一个新的中心旋转，这个创造与救赎历史中一切荣耀的中心就是："那吩咐光从黑暗里照出来的神，已经照在我们心里，叫我们得知神荣耀的光显在耶稣基督的面上。"（林后 4：6）荣耀的中心不再是"言语"，亦不再是"形象"，而是"面容"，基督的面容。[4] 通过耶稣基督的面容昭示出来的就是上帝的本质，荣耀的上帝（κύριος τῆς δόξης）自身的本质（ousia）。作为真正的形象——"《旧约》之偶像禁令回避了形象的领域，忽略了它们，为的是上帝可以自己在尘世树立他生动的形象"[5]——耶稣基督是神圣荣耀的显现。这一显现依托于道成肉身之耶稣的历史表象，并最终在十字架上达到光辉灿烂的顶点。如尼科斯所总结的，"如果荣显是肉身中之神圣显现行为，那么 eikōn（形象，image）、homoiōma（肖像，likeness）、homoiōsis（肖似性，similarity）、schēma（外形，shape）、charaktēr（特征，imprint）、morphē（形式，form）、

---

[1] Hans Urs von Balthasar, *The Glory of the Lord: A Theological Aesthetics* vol. VII: *Theology: The New Covenant* (Edinburgh: T. & T. Clark, 1989), p.252.

[2] Ibid., p.253.

[3] Ibid., p.260.

[4] Ibid., p.264.

[5] Ibid., p.273.

apaugasma（光辉，radiance）这一组词所表达的就是它的效果"[1]。巴尔塔萨通过对这些术语及其与希腊思想瓜葛关系的分析，展示了荣显丰富的神学美学内涵。最后，巴尔塔萨落脚到"看见荣耀"（vidimus gloriam）主题上。人类之"观看"不只是一种感官生理学行为，同时它也可看到时空中的精神关联并赋予它们一种综合统一（一种心灵感官行为）。"观看行为中的陶醉，就是一种爱耶稣和他里面的上帝的信仰（约14：1），与履行他的邻人之爱的命令（约14：15）之不可分割的统一。"[2] 因此，依巴尔塔萨的观点，"观看"作为一个整体，意指将一个人和一种命运解释成绝对之爱的显现的能力。观看的这种能力根源上不是人单纯自生的，而是来自绝对的爱："唯有绝对之爱自身才能使人看到绝对之爱。"[3] 除却信仰耶稣基督，"不能在耶稣里面认识到上帝之爱，就绝不会听到上帝的声音，看见他的面容"[4]（约5：37）。在巴尔塔萨看来，荣耀的内容在上帝之道化为形象（道成肉身）的自我启示中其实只算揭示了一半。要真正意义上领略上帝的荣耀，只有通过人对上帝之道的回应（爱）才能实现。在人对道的回应中，上帝自身与其尘世形象之间才能实现完美统一，也就是说，原型与复制品之间的完美和谐才能实现，上帝创造的完全主权才能得以建立，他的公正和公义在其全部领地中才能发生作用，荣耀才可以真正被看到。[5]

在道成肉身之三位一体之荣耀的光照中，《新约》"荣耀"的含义内容最终显露出来："神圣的自我表达（圣言）、自我显现（形象）、在他者中的自我实现（作为恩典的公义）。"[6] 但是，在耶稣基督身上，一方面，我们看见上帝的荣耀（δόξα τού θεού），另一方面，我们也看见了上帝本身的神秘性或隐匿性。上

---

[1] Aidan Nichols, *The Word Has Been Abroad: A Guide Though Balthasar's Aesthetics* (Edinburgh: T. & T. Clark, 1998), pp.236-237.
[2] Hans Urs von Balthasar, *The Glory of the Lord: A Theological Aesthetics* vol. VII: *Theology: The New Covenant* (Edinburgh: T. & T. Clark, 1989), p.288.
[3] Ibid., p.291.
[4] Ibid., p.292.
[5] Ibid., p.296.
[6] Ibid., p.318.

帝的奥秘无穷无尽，虽然通过耶稣启示出来，但却以"奴仆的形式"示人，隐匿了他的主权与尊威。所以，上帝既显露自己，又隐匿自己。如耶稣登山显荣（太 17：2），就是上帝隐匿的证明。其实上帝自身就是一个完全的奥秘，神秘性或隐匿性是他先天固有的。如巴尔塔萨所言："上帝是不可理解的，他越让我们知道他越多，他的不可理解性就越大。"[1] Si comprehendis, non est Deus（如果你明白，那么他就不是上帝了）。显露在耶稣面上的上帝荣耀，又恰恰被尘世耶稣的人面所遮蔽。《圣经》讲，基督是那隐匿之上帝的形象（西 1：15）。爱的荣耀通过耶稣的一生拥有自身之可见性，但作为荣耀源头的天父对人来说却是不可见的隐匿的奥秘。但是基督不就是那隐匿之三一上帝吗？《新约》上帝荣耀在显现与隐匿之间的吊诡，其实很大程度上可以说是一种依托于天父与圣子关系的荣耀辩证法。如巴尔塔萨所讲："在十字架为神所弃者一切荣耀的隐匿中，他进入与天父隐匿荣耀最直接的关系中，当他在复活节被举在这一神圣而隐匿的荣耀里，他在'基督荣耀的福音'中被真正的上帝呈现在世界面前。"[2] 从而隐匿之荣耀被信仰的眼睛捕获。

最后，新约荣耀美学将目光落在人对神圣荣耀的回应上面，颂赞荣耀（in laudem gloriae）因此成为圣经神学美学之终结主题。

巴尔塔萨讲：

> 神学美学始于"来看"来到我们中间并将自身给予我们及爱我们的上帝之道的形式。在观看的行为中，"陶醉"已经在那里发生了：在接近我们并使我们接受它自己的圣爱力量的呼召和影响下的我们存在的力量中，一种对于我们自身的突破。因此，"陶醉"并不意味着有限者要与它自身疏离，以便在其自身之外发现它的真正本质，那个无限的自身：它意味着我

---

[1] Hans Urs von Balthasar, *The Glory of the Lord: A Theological Aesthetics* vol. VII: *Theology: The New Covenant* (Edinburgh: T. & T. Clark, 1989), p.318.

[2] Ibid., p.367.

们对绝对之爱来讲不再是陌路人——因为封闭在自身中有限的"我"（乃至"我们"），首先是作为爱的陌路者存在的——它也意味着当荣耀呈现在耶稣基督里的时候，我们被卷入圣父与圣子之间的荣耀领域。给予我们这个新家的是恩典与圣灵的工作：他使爱的生命在我们中间涌现出来，而不是在我们之前或之上呈现，并因此赋予我们力量，使我们以自己的生命"赞美"那早已赐予我们的荣耀。[1]

所以，"颂赞荣耀"本质上属于圣灵论。"因为圣灵自身是对父与子之间的爱的赞美，在其中上帝真正的荣耀将自身展示给我们，另外也只有他才能在尘世生成赞美。"[2]

《新约》的"赞美"或"荣耀"（δοξάζειν）主要有三方面的意思。其一，我们赞美上帝不只是靠遵从他的律法，也不是仅靠嘴上的崇拜，而是必须通过我们的存在来赞美他；其二，人类存在的全部视阈在耶稣基督里以一种无法超越的方式揭示出来，在基督的奥秘之外，不存在任何上帝的奥秘或人类存在奥秘的启示，基督的奥秘就是上帝三位一体之奥秘；其三，《新约》的"荣耀"不再以上帝的荣耀为对象，而只是以之为内在原则，因为通过恩典，我们被裹进在耶稣基督和他的十字架及复活中的荣耀之爱，并赋予力量去回应它。[3] 在巴尔塔萨看来，赞美荣耀并非一种外在行为，而是一种人与上帝荣耀的内在关系。对于荣耀神学中人与上帝的关系，他从圣灵论的角度，使用"踞有"（appropriation）与"给出"（expropriation）两个术语来表达：人只有通过（依靠圣灵）被"托付给"上帝才能"拥有"上帝，也就是说："踞有"同时即意

---

[1] Hans Urs von Balthasar, *The Glory of the Lord: A Theological Aesthetics* vol. VII: *Theology: The New Covenant* (Edinburgh: T. & T. Clark, 1989), p.389.
[2] Ibid.
[3] Ibid., pp.397-399.

味着"给出"。[1] 所以巴尔塔萨讲:"因此不可能通过'踞有'的行为而将上帝带到他自身那里,因为上帝表现为托付(handing-over),而人也只有当他自己被给出和托付出来的时候才'知道'他、'拥有'他。"[2] 可见,人与上帝相互拥有、相互内在的关系,关键在相互给予,这种给予本质就是爱。正因为人与上帝荣耀的关系是相互内在的,所以当上帝毫无保留地给出自己的爱时,人也要以"硕果累累"(fruitfulness)之爱回馈上帝的恩惠(Donum Dei):"你们多结果子,我父就因此得荣耀,你们也就是我的门徒了。"(约 15:8)

基督徒有两条基本诫命,爱上帝和爱邻人:"你要尽心、尽性、尽意,爱主你的神。这是诫命中的第一,且是最大的。其次也相仿,就是要爱人如己。这两条诫命是律法与先知一切道理的总纲。"(太 22:37—40)前面讲踞有上帝之给出的人,通过自身的给出,将他的爱的荣耀奉还上帝,实际阐述的是人如何回应上帝的爱,即爱上帝。因为爱上帝,也要爱"基督为之而死的弟兄",即爱上帝所爱的一切世人。当耶稣投入罪人中走向十字架的时候,爱上帝与爱世人的统一性也就建立起来了。[3] 爱,因此被巴尔塔萨理解为顺从。耶稣顺从上帝之大爱,遂心甘情愿自我放弃,降身原罪中,并为爱世间一切罪人走上十字架。所以,"基督教信仰首先绝不是基督徒的自我理解,或者是作为团契的教会的自我理解,而毋宁说是顺从、承认,基督在他的死与复活中给出自己,人则通过托付给基督而给出自己。由于这种将基督徒的存在植根于基督而非他自己的顺从,爱——垂直下降又水平展开——高于一切知识,哪怕是最绝对的知识"[4]。如巴尔塔萨所说:"信仰与爱是不可分的;信仰是对认出基督里上帝之爱的原始回应,且因此它自身就已经是爱了。"[5] 所

---

[1] Aidan Nichols, *The Word Has Been Abroad: A Guide Though Balthasar's Aesthetics* (Edinburgh: T. & T. Clark, 1998), p.245.
[2] Hans Urs von Balthasar, *The Glory of the Lord: A Theological Aesthetics* vol. VII: *Theology: The New Covenant* (Edinburgh: T. & T. Clark, 1989), p.400.
[3] Ibid., p.444.
[4] Ibid., pp.452-453.
[5] Ibid., p.457.

以，在荣耀神学中，爱（agape）高于知识（gnosis），或信仰（pistis）高于知识（gnosis），其实是同一命题。爱（信仰）使世人结为一个团契（κοινωνία，communio，communion），或曰"圣徒团契"（communio sanctorum），这本质上就是通过耶稣的自我给予建立起的教会——这是他的荣耀实现的地方，在这里人们可以看到基督与三一之爱的荣耀。[1] 教会是基督的荣耀，正如"女人是男人的荣耀"（林前11：7）。

如前所述，基督的荣耀涉及来自上帝的最高光辉（Vidimus golriam eius）与同一光辉的最深隐匿之间的张力，同样的，颂赞神圣荣耀里也涉及这样的张力。荣耀通过基督已降临在世上，但荣耀的内容——"基督在你们里面"（Christ-in-you）仍然是"荣耀的盼望"（西1：27）。"这个构成基督徒存在（而最终关涉一切世人）本质的张力，比尘世耶稣生命里的张力还大、还矛盾；因为基督徒生存在十字架与基督复活的统一基础上（即在未济与既济统一的基础上），为即将到来的荣耀而坚持。这个张力是如此之大，以至看起来已将基督徒的存在置于存在的自相矛盾之境地：muero porque no muero。"[2] 因此，在巴尔塔萨看来，基督徒的生命乃是一种"末世论存在"，即一种在"盼望形式中的存在"[3]。所谓末世论存在，巴尔塔萨是从三个阶段来论证的："首先，末世论存在是从每一种封闭的存在状态向普适性（在基督里）的变迁：教会只有一个形式，以便它能够重新超越自身，并给予世界超越形式。其次，末世论存在意味着将已是未来的东西带进未来：与世界一起迈向上帝的未来，当然在它之中有'立约精神'的保证。最后，末世论存在因此是爱中的存在，这爱以十字架与天恩制造出绵绵的火焰。"[4]

---

[1] Hans Urs von Balthasar, *The Glory of the Lord: A Theological Aesthetics* vol. VII: *Theology: The New Covenant* (Edinburgh: T. & T. Clark, 1989), p.467.

[2] Ibid., pp.485-486.

[3] Aidan Nichols, *The Word Has Been Abroad: A Guide Though Balthasar's Aesthetics* (Edinburgh: T. & T. Clark, 1998), p.251.

[4] Hans Urs von Balthasar, *The Glory of the Lord: A Theological Aesthetics* vol. VII: *Theology: The New Covenant* (Edinburgh: T. & T. Clark, 1989), p.486.

结语

巴尔塔萨《上帝的荣耀：神学美学》从三大思想领域对其神学美学渊源的系统梳理，虽然宗旨不在于修撰神学美学思想史或古典美学思想史，但却为后世提供了一幅神圣荣耀美学的思想史长卷。由于著者以洋洋洒洒数百万字来展现这部渊雅宏博的美学思想史长卷，故而可以说囊括了近三千年西方（古典）美学精神发展的重要历程和主要成就。不过，即使是如此鸿篇巨制，要将整个三千年西方（神圣的与世俗的）精神的大小传统全部涵括也几乎是不可能做到的事情，至于那种欲将三千年之精神传统统摄、规整到一个体系框架下的企图，更无异于痴人说梦。巴尔塔萨建构如此庞大的思想体系，巡检了整个西方精神文化传统，固然他也有此种吞吐六合、海纳渊藏的雄心，但他并没有试图创立一个包罗一切的统一思想体系，而只是想围绕荣耀的主题来建立一种尽可能包罗万象的神学美学理论。尽管如此，他也无法规避两个方法论上的困难：一是除了历史本身，任何人、任何思想体系都不可能做到真正的包罗万象；二是文化形态的多样性，往往与思想体系建构的统一性形成对立，要么牺牲多样性来成全一个虚假的统一性，要么保全多样性而牺牲统一性或系统性（巴尔塔萨更多属于后一情况）。

由于巴尔塔萨《上帝的荣耀：神学美学》本身并没有提供一个包罗万象且条分缕析、中规中矩的理论形态，所以，本章虽竭尽全力，亦无法干净利落地从他的著作中勾勒出一目了然的荣耀美学思想史发展脉络——何况本书作者才疏学浅，根本无法像巴尔塔萨那样轻车熟路地驾驭整个西方文化传统，因此，本章只是概略地呈现巴尔塔萨神圣美学历史渊源梳理的大致脉络与重点，借以展现他对古典美学传统的发掘与爬梳的奠基性贡献。

如前所述，回溯荣耀美学的历史渊源，巴尔塔萨的目的绝不只是在历史本身，而是为建构其神学美学的新神学体系而展开的。他的"神学风格研究"为了给出上帝荣耀在神学历史中的见证，展示了神学史上最具代表性的十二种神学美学体系，但同时也展现了一幅"荣耀渐逝"[1]的神学历史图景。其"形而上学领域"研究旨在展现神圣荣耀在人类精神历史中的反光，以进一步佐证荣耀在人类精神领域的作用，但同时也展现了一幅"荣耀反光的衰微"或"美的下降"[2]的形而上学历史图景。所以，无论其神学美学体系向人类精神传统中延伸多远，最后巴尔塔萨都不得不回归荣耀本源，直接面对《圣经》启示的荣耀，在圣经神学中为神学美学寻找重建的根基。《圣经》才是他的神学美学体系建构的终极源泉。因此，《上帝的荣耀：神学美学》（后六卷）的历史重构不是简单的荣耀美学历史梳理，它的归结点最后还是要回落到第一卷所呈现的神学美学命题上的。这是巴尔塔萨《上帝的荣耀：神学美学》之历史梳理区别于一般（客观的）美学历史著作的根本所在。

同时，巴尔塔萨神学美学也绝非任何一种关于美的科学体系（如审美学）的现代建构方案。它的目的并不在于要树立一种现代审美理论，或提供另一套美的普世性标准。它的真正目的是要在宇宙论与人类学的神学进路失效的困境中，从神学的美学维度中建构一种荣耀神学，以开启一条真正可以通往启示和救赎的神学道路。所以，他的神学美学绝不会把世俗美学的审美标准或原则视为其理论建构的中心，他的神学美学关注的核心是上帝的荣耀、基督的形式，那种闪烁着荣耀之光的神圣美。因此之故，作为现代一般美学（审美学）主要关注对象的纯粹自然美和艺术美，几乎都为巴尔塔萨所忽略，而未被纳入其神学美学的检视视阈。于是在他的神学美学体系中，不可避免地呈现出神圣荣耀与世俗之美的二维张力。在他看来，那些只关注世俗（尘世）之美的现代学问是所谓"精密的美学"或"局部的美学"——审美学，并非真正的美学。真正的美学首先关注的是存在的第四大先验属性——美（先验美学），或神圣存在的荣耀（神学先验美学）。虽然依他的基督中心论的神学判教，先验美学作为哲学仍旧属于形而上学领域，充其量只是作为神学的荣耀美学在人类精神中的曲折

---

[1] 宋旭红：《巴尔塔萨神学美学思想研究》，第172页。
[2] 同上。

反映，故而是必须被神学美学所超克的对象。但正是这样一种在其神学美学体系中需要被扬弃、超克的先验美学，可能更接近本书所讲的"古典美学"的一般形态。这也就是说，巴尔塔萨《上帝的荣耀：神学美学》探讨神话、宗教、哲学、诗歌等领域中的荣耀踪迹的形而上学部分，可能才是古典美学的现代重构最应该重视的思想资源，因为这部分古典美学资源内在的人文属性，使其免去了神学美学向一般古典美学理论转化的"祛魅"过程。

当然，神学美学（包括圣经美学）也是古典美学不可或缺的重要组成部分。只不过，巴尔塔萨的神学信仰立场将其拔高到一般古典美学（先验美学）之上，这与本书从客观中立的美学史立场描述的古典美学历史经验存在区别。但无论如何，巴尔塔萨已经充分认识到一种区别于褊狭的现代美学（审美学）的古典美学传统的存在，他的神学美学正是要在这个传统的资源中重建一种（神圣）美的神学。他用六卷的巨大篇幅来发掘、重塑的神学美学思想渊源，实际上已为西方古典美学源流的梳理奠定了框架基础，作出了不朽的贡献。而这些古典美学资源，也有机地融入其神学美学体系之中，成为他的神学美学现代建构的思想源泉。

第二章　存在与美

引言

　　巴尔塔萨神学美学究其本质目的而言是一种现代神学体系（基础神学和教义神学）建构，所以他严格强调其神学美学与任何一种世俗美学理论（主要指现代美学）之间的区别。但这样一种从神圣存在的美的维度建构起来的神学，却无法撇清其与美学之间千丝万缕的关系。实际上，正如本书前面所讲，巴尔塔萨神学美学自身就已经是一种古典美学的现代建构方案。在这个神学体系中，他不仅比较清晰地标示出古典美学与现代美学两种截然不同的美学知识形态，而且从荣耀神学的角度对古典美学内容繁杂的思想源流进行了较为细致的发掘整理工作，并试图在此基础上建构一种现代荣耀神学或荣耀美学，一种古典美学的现代理论形态——尽管巴尔塔萨并没有直接宣称他要建立这样一种古典美学，而且作为一个苦心孤诣要为现代教会创立一种崭新神学进路的神学家，他也不愿意承认他建构的是一种美学，哪怕这种美学可以享有冠绝古今的荣誉。因为对他来讲，把他的神学美学当作"美学"就已经是一种价值上的贬低——"美学"的世俗性会降低其神学的品级——这是他一定要与浪漫主义神学中产生的"审美神学"划清界限的原因，这也是他对别人误解其意图将他当作"神学审美家"而深感恼火的原因。

　　巴尔塔萨神学美学对古典美学传统的现代复兴具有重大的美学史意义，这是他自己都未曾意识到的。过去巴尔塔萨的研究者主要集中在神学界，由于信仰的缘故，他们关注其神学美学的角度和方式并没有超出巴尔塔萨自己设定的路向，所以也没有意识到巴尔塔萨神学美学所包含的这种人文学术价值。本书从人文视阈重新检审巴尔塔萨神学美学这一潜在学术贡献，自然与他们的进路存在差异。所以，虽然巴尔塔萨神学美学是一种不折不扣的神学（其美学水乳交融地内蕴于神学之中），但这里重点诠释的却并非他的（荣耀）神学贡献，而是他的（古典）美学贡献。本书关注其神学美学所蕴含的古典美学价值，无疑须将研究的目光更多地集中在形而上学层面。巴尔塔萨神学美学作为古典美学的一种现代理论范式，迥异于一般现代美学（审美学主导）的地方即在于，他是以存有论为其根基的。所以，巴尔塔萨神学美学体系的核心或基础，本质上是一种关于美的神学形而上学。理解巴尔塔萨神学美学思想，必须从其美学的神学形而上学建构入手。

巴尔塔萨神学美学的形而上学，或称神学先验美学，作为古典美学传统中先验美学之基督教形式，虽然是属于不同于哲学先验美学的另一种古典美学形态，但从形而上学层面入手分析，其实神学先验美学与哲学先验美学之间的知识学隔阂也并没有想象中那么巨大。而且这种诠释进路，必然会有效地促成二者之间的沟通与对话，为古典美学的现代复兴提供更为丰富的思想资源。

从形而上学层面关注巴尔塔萨神学美学，首先必须正视的便是存在（希腊文 on，拉丁文 esse，法文 être，英文 being，德文 Sein）与美（希腊文 kalon，拉丁文 pulchrum，法文 le beau，英文 beauty，德文 Schönheit）的基本问题。因为，"形而上学的根基是存在"[1]，美学的基本范畴是美[2]，任何形上美学或美学形而上学的探讨都离不开这两个根基性的范畴，巴尔塔萨神学先验美学作为一种神学形而上学意义上的美学体系建构，自然也不例外。前面已经讲到，美

---

[1] Francesca Aran Murphy, *Christ the Form of Beauty: A Study in Theology and Literature* (Edinburgh: T. & T. Clark, 1995), p.40.

[2] 〔波〕瓦迪斯瓦夫·塔塔尔凯维奇：《西方六大美学观念史》，刘文潭译，第 4 页。

在巴尔塔萨神学美学中享有存在之先验属性的本体地位，存在与美的关系定位简单而明确。但这里关注的却绝不仅仅是存在与美的关系问题。本章首先需要探讨的是存在的奥秘，哲学中的存在是如何界定的，巴尔塔萨神学美学中的存在与之有何异同；其次需要明确的是存在的先验属性，先验属性学说的形成与发展，巴尔塔萨的先验属性学说的具体表述；最后需要清楚的是美在巴尔塔萨神学先验美学中的地位，以及巴尔塔萨是如何建立起美的神学形而上学的。

第一节　存在的奥秘

自古希腊以来"存在"一直是哲学家关注的基本问题。作为存在自身它被视为世界的根源，而作为哲学范畴它则是形而上学的根基。尽管存在问题在形而上学历史上一度被忽视或遮蔽，但自20世纪上半叶海德格尔发起世界性的存在主义哲学运动以来，它再次衣锦荣归哲学关注的核心题域，成为名副其实的基本哲学问题。巴尔塔萨神学美学作为一种海德格尔存在主义与基督教传统存有论思想影响下的现代神哲学体系，其形而上学建构自然也离不开对存在这一基本问题的探讨。

众所周知，虽然基督教作为一种宗教的信仰精神同（希腊）哲学的理性精神之间存在巨大的分歧，但基督教神学（Θεολογια）却自诞生之日就已经无法避免希腊哲学（形而上学）精神的影响了，无论这种影响是来自柏拉图主义还是亚里士多德主义。[1] 这种影响甚至可以追溯到《新约》之中——约翰和保罗的著作里都有明显体现，其后历史上虽也不断出现一些"原教旨主义"神学家，如德尔图良（Tertullian，145—220）、马丁·路德等，站在基督教（希伯来）信仰精神的立场上对希腊哲学精神保持警惕和拒绝态度，但整个神学历

---

[1] "神学"一词的希腊文 Θεολογια 是由 Θεος（神）和 λογος（道、语言）二词组合而成，λογος（逻各斯）本身就是希腊哲学中一个非常核心的概念。

史的主流却是基督教信仰精神与希腊哲学理性精神之间不断寻求理解、整合的"视阈融合"(Horizontverschmelzung)的历史，而且这些执哲学异见的神学家也几乎毫不例外地受到希腊哲学精神的潜在影响。希腊精神与希伯来精神这两种差异巨大的精神传统在基督教神学中的碰撞、激荡、磨合、融渗，不仅是文化渗透/涵化（acculturation）的过程，也是本色化（inculturation）和处境化（contextualization）的过程。奥古斯丁以来神学家们常说的"信仰寻求理解"（fides quaerens intellectum）[1]，本质上就是神学上一种对于希伯来精神与希腊精神之间的"视阈融合"的文化诉求，为的是在两种极具张力的精神传统之间达成和谐共融的理解——此理解（Verstehen）非彼"理解"（intellectum）也。诠释学的"理解"，在伽达默尔（Hans-Georg Gadamer, 1900—2002）看来，就是"对所说的东西进行同化的过程（eine solche Aneignung des Gesagten），以使它成为自身的东西"[2]。因此，基督教神学史可以说是一部信仰哲学化的历史，一部以神学形而上学为骨干的信仰学说史。巴尔塔萨的神学美学也置身于这样一种历史传统之中。其神学形而上学之"存在"概念，本质就是希腊（哲学）传统之"存在"观念与希伯来（宗教）传统之一神思想两千年融合的精神产物。

1. 哲学中的存在观念

如巴尔塔萨所讲："自从人类第一次开始哲学思考，他就已经通过区分两种要素来寻求对事物的把握：一种是实际的、个别的、感性的、具体的、偶然的；另一种是必然的、普遍的（且因为普遍而是抽象的），具有凌驾于个别情况之上并支配它的规律的合法性。这一思想框架是西方哲学的基础，并贯通整个

---

[1] 19世纪法国哲学家梅德比朗（Maine de Biran, 1766—1824）称：理智寻求通过信仰而理解（intellectus quaerens intellectum per fidem）。
[2] 〔德〕伽达默尔：《真理与方法》（下），洪汉鼎译，上海译文出版社1999年版，第508页。

西方哲学史。"[1] 似乎世界可分为一个低等的感性（现象）世界和一个高等的理智（本体）世界，强调前者的哲学家们形成了经验主义传统，强调后者的哲学家们形成了理性主义传统。理性主义传统无论在希腊还是在基督教抑或现代哲学中都是主流，因为哲学作为一种寻求普遍性真理的抽象思维活动，好像必须超越经验的、感性的现象界——受柏拉图主义影响的哲学普遍认为物质现象世界之所以是低级的乃是因为存在真理之匮乏——才能符合哲学的高贵品质，真理只存在于那个高等的理智世界。但对存在本身而言，却不存在这样的分别。"实际上，存在的真理并不只限于高等世界，而是涵括全部，尽管整体是从上面向下看的。"[2] 存在无所谓现象与本体的区别，所谓高等世界、低等世界其实是一个存在世界，存在是一，道器不二。

通常来讲，古希腊对"存在"最早的神—哲学思考可溯源至游吟诗人和"思辨的神学家"[3]塞诺芬尼（Xenophenes，约公元前 570—前 480）的"一论"。当然，他同时代的哲学家毕达哥拉斯（Pythagoras，约公元前 572—前 497）和赫拉克利特（Heraclitus，约公元前 535—前 475）等也已对此超越于万有之上的"一"进行过思考，前者认为数字上的"一"是万物基始，后者认为逻各斯（λογος）就是"一"。但像塞诺芬尼那样把一看作完全超越于世界万物之上的绝对、永恒之存在，看作宇宙整体，并直接宣称"一就是神"[4]，无论怎么讲都是人类精神史上第一次如此明确地表达存在的观念。塞诺芬尼关于"一"的存在哲学观念，经由其弟子巴门尼德（Parmenides of Elea，约公元前 515—前 450）发展，从而奠定古希腊存在（ον）哲学之矩镬。巴门尼德提出了"存在即一"的伟大哲学命题。在他看来，逻各斯是切入存在问题的关键。所谓逻各斯，

---

[1] Hans Urs von Balthasar, *A Theology of History* (New York: Sheed & Ward, 1963), p.5.
[2] Hans Urs von Balthasar, *The Glory of the Lord: A Theological Aesthetics* vol. II: *Studies in Theological Style: Clerical Style* (Edinburgh: T. & T. Clark, 1984), p.127.
[3] 〔美〕梯利：《西方哲学史》，葛力译，商务印书馆 1995 年版，第 24 页。
[4] 汪子嵩：《希腊哲学史》（第 1 卷），人民出版社 1988 年版，第 538 页。

就是"语言"、"言说"、"表述"[1]，言说（逻各斯）是揭示存在的道路——语言是存在的家（海德格尔语）。

巴门尼德之后，存在问题正式成为一个基本哲学问题。后起之柏拉图一方面通过其《巴门尼德篇》（Parmendes）等对话录，另一方面则主要通过其理念论继承、发扬了巴门尼德的存在论。虽然柏拉图理念论与巴门尼德存在论之间存在重大区别，前者一般强调的存在作为纯粹形式的理念或理式（ἰδέα）具有多样性和区别性，后者所讲的存在是唯一性的。柏拉图之理念是一种未作层次区分的理念，它除了包含被称为形式（εἶδος）、种（γένος）、原型（παράδειγμα）的具有多样性（如"种"或"属"）的理念共相外，还包含一个至高的理念——善的理念（ἀγαθόν ἰδέα），善的理念在柏拉图哲学中是凌驾于一切"类"的理念之上的最高的理念，本质上相当于巴门尼德所讲的存在。

亚里士多德形而上学对存在问题进行了更深入的探讨，并试图建立一种"作为存在的存在"的新型存在论。在对存在（eimi, einai, on 等[2]）的思考中，他首次引入 ὀυσία（本体或实体，拉丁转写 ousia，拉丁文 substantia，英文 substance）的形而上学概念——"本体 ousia 是亚里士多德创造的一个重要的哲学术语。它原来是希腊文动词'是'（eimi）的阴性分词 ousa，和中性分词 on 一样，本来也应译为 being，在巴门尼德和柏拉图使用时，还没有特殊意义；是亚里士多德改写为 ousia，并给它特殊意义，说它是其他范畴的主体（hypokeinenon）"[3]。在亚里士多德存在论中，个别事物之形式（相对于质料）是第一实体（ousia）；种（genos，genus）和属（eidos，species）为第二实体（ousia）。

亚里士多德以后，古典希腊哲学精神开始衰落，对存在的思考也进入另一个阶段——宗教形而上学阶段。古典希腊时代终结后的整个古代晚期（希

---

[1] 希腊文 λογος（逻各斯）源自动词 λεγειν（言说），故其原始地包含有"言说"、"语言"等含义。

[2] eimi 在希腊文中为动词原形，相当于英文中的 be；einai 为动词不定式，相当于英文中的 to be；on 为中性分词，相当于英文中的 being。

[3] 汪子嵩、王太庆：《关于"存在"和"是"》，《复旦学报》（社会科学版），2000 (1): 21-36。

腊化时期）和中世纪早期，柏拉图哲学主要通过斯多亚主义（Stocism）、亚历山大学派（Alexandria School）、新柏拉图主义（Neo-Platonism）和诺斯替主义（Gnosticism），对形而上学历史继续施加深刻影响。在其或隐或显的影响下，"在古代晚期的非基督教形而上学中，古典希腊的哲学概念带有浓厚的宗教色彩；而古代晚期和中世纪初期的犹太人和基督教的哲学则不同，它们力求用理性的哲学思想来回答宗教的问题"[1]。"在这个时期，宗教的基本思想同样也适用于哲学，带有浓厚宗教色彩的形而上学，成为哲学中占统治地位的学说。"[2]这个宗教形而上学阶段，形而上学的目标是"致力于解决上帝的问题，致力于寻找蕴藏在万物之中的神圣意义，以及世界存在的神圣基础"[3]。神圣存在成为此阶段的形而上学关注的基础问题。譬如普罗提诺的形而上学就以"万物源出上帝"、"从神圣太一流溢而出"的命题为哲学基础。在这种宗教形而上学类型中，逻各斯被赋予重要使命，成为沟通宗教与形而上学的桥梁。此段时期内兴起的基督教形而上学即以逻各斯为基本范畴，视其为上帝之言/道，耶稣基督就是逻各斯。这里，基督教形而上学的存在学说与古典希腊时期的存在学说已存在一个典型的不同，那就是后者将 being 或 ousia 视为一种抽象形式的存在，而基督教存在学说则将 ousia 看作一种位格性的实体（hypostasis）存在。

  托马斯在基督教神学背景中复兴亚里士多德形而上学，可视为中世纪基督教存在论的典型代表。几乎同所有基督教神学家一样，在托马斯形而上学中世界的最终根源必然回溯到上帝的存在（神圣存在）。为此，他还提供了五种证明上帝存在的论证进路或方法。在基督教存在论的发展方面，这五种论证方法的系统阐述固然也是托马斯的一个大贡献，但更具形而上学价值的应该是他在亚里士多德哲学基础上对存在（esse）与本质（essentia）诸概念的分梳。在托

---

[1]〔德〕马丁·摩根史特恩、罗伯特·齐默尔：《哲学史思路：超越两千年的欧洲思想史》，唐陈译，中国人民大学出版社 2006 年版，第 60 页。
[2] 同上书，第 59—60 页。
[3] 同上书，第 60 页。

马斯看来，存在者（ens）一般由存在与本质构成，因为存在者首先是用来言说实体（substantia）的，故而本质也就内在地、真实地存在于实体之中。所谓本质，指的是事物被归类的依据，亦即事物被归入其种或属的依据，"存在者只有借着它并且在它之中才是具有存在的"[1]。实体有复合实体和单一实体的区别，复合实体的本质包含形式与质料；单一实体的本质只是形式（和存在），一切单一实体（如上帝、天使、灵魂）都是没有质料的形式。单一实体又可分理智实体和上帝实体两种，前者指的是灵魂与精神体，后者指第一因——上帝的纯形式。虽然一切单一实体都具有单一性（simplicitatis），但理智实体的单一性并不充分、完满，唯有第一存在上帝才具有如此纯粹而绝对的单一性。所谓充分、完满的单一性，就是本质与存在的同一：本质即存在，存在即本质。这就是说上帝的存在与本质是没有区别的一码事；而在其他（受造）实体中，本质与存在绝不会是同一事物。这些本质与存在具有差别的实体自身是无法自行存在的，正如托马斯所讲："一切其存在有别于它自己本性的东西都是从他物获得其存在的。而且，既然凡通过他物而存在的东西都可以还原到那些通过自身而存在的东西，作为它的第一因，那就必然存在某件事物，其本身为一纯粹的存在，构成所有事物存在的原因。"[2] 这个纯粹存在（esse tantum）作为第一因"凌驾于存在之上"，故而是"无限存在"（esse infinitum），或称第一存在，亦即上帝。

自柏拉图以降，西方存在论学说普遍存在一种二元论取向，无论是柏拉图主义的理念与事物，还是亚里士多德主义的形式与质料的分割，往往将存在视为现象背后抽象的、超越的纯粹形式或本体，而忽略了其现实性与实体性因素。这一形而上学趋向在18世纪康德先验哲学的现象与物自体的区隔中达到顶峰。20世纪海德格尔存在主义哲学的问世，彻底扭转了这一哲学路向。尽管他也严格区分了存在者（das Seiende）与存在（Sein）——存在论区分——但他认为

---

[1] 〔意〕托马斯·阿奎那：《论存在者与本质》，段德智译，载《神学美学》（第1辑），上海三联书店2006：230—261；或参见《世界哲学》2007 (1): 53—76。

[2] 同上。

存在者与存在是同时显现的，存在者常常蒙蔽人们的眼睛，从而遮蔽存在自身，所以传统形而上学言说存在的时候，往往是在言说存在者后面的本质——现象背后的本体。他将此视为两千多年西方哲学的根本误区，哲学在他看来是关于存在的理论和概念的解释，其核心是存在论（Ontologie），可是传统形而上学探讨的却是本质的问题，所以他企图颠覆整个西方形而上学，重建存在的哲学，直接面对存在本身，回归存在问题的哲学本源。在他看来，虽然存在不能等同于（或不是）存在者，存在超越于存在者，但存在者存在，存在就已经在存在者身上显现出来了。存在是存在者存在的条件、根据和基础，它超越于它们，又同存在者一起出场，可见存在与存在者的关系简单地讲，就是既内在（显）又超越（隐）的不即不离之道器关系。[1]

2. 神学中神圣存在的奥秘

在基督教神学中，那个作为形而上学追寻的终极根基的存在（being），一般情况下都是指世界第一因，那个绝对、永恒的神圣存在——造物主上帝。但是，神学史上也存在一种将存在抽象化、形式化为理性（哲学）概念的传统，巴尔塔萨在《上帝的荣耀：神学美学》"现代形而上学"部分曾专就神学形而上学的这种趋向进行过清理（重点分析了托马斯之后的司各脱和奥康姆[2]）。他认为这种抽象的存在，必然变成既是最高又是最没有意义的范畴，"形式化到这种程度的存在尽管仍旧可能拥有一、真、善诸内在属性，但却不再可能拥有先验美这一内在属性"[3]。所以，本质上这种将存在抽象为理性概念（哲学范畴）的传统在基督教中是神学形而上学发展的歧出。基督教神学形而上学的正统主

---

[1] 后期海德格尔便使用无法言说的 Ereignis（大道）来命名此诡谲的亦显亦隐之"存在"——"不生亦不灭，不常亦不断，不一亦不异，不来亦不去。"（《中论》卷第一，大正 30·1b）

[2] Hans Urs von Balthasar, *The Glory of the Lord: A Theological Aesthetics* vol. V: *The Realm of Metaphysics in the Modern Age* (Edinburgh: T. & T. Clark, 1991), pp.16-21.

[3] Ibid., p.13.

流还是将存在诠释为那个鲜活饱满的位格化上帝——三位一体的上帝，正如前面所讲，这是基督教形而上学存在论区别于普通形而上学存在论的关键所在。

因为那种对神圣存在进行形式化、抽象化处理的结果，可能导致对存在之先验美这一内在属性的剥离，所以，巴尔塔萨当然会谨慎地避免这种对存在过度形式化、哲学化的诠释取向，毕竟他的神学美学目的就是要从美的维度开创一种崭新的且最有前景的神学进路。自然，在他的神学美学中，绝对存在不会是那个抽象的理论概念，而是指上帝自身。[1]

对绝对存在的沉思，巴尔塔萨认为应从反思人这个有限存在者的处境开始：

> 人，作为一个有限存在物生存在一个有限的世界，但他的理性是对无限者和所有存在敞开的。证据就在于对其有限性和偶然性的认知：我存在，但我也可能不存在。许多不实存的东西可能存在。本质是有限的，但存在不是。这一区隔，即圣托马斯的"实质区别"，是人类所有宗教和哲学思想的源泉。[2]

无限者（绝对存在——上帝）的奥秘可由有限存在者（人）的理性来探索，尽管这种探索并不能穷尽无限者的奥秘。因为，毕竟人的理性是向无限者和全部存在敞开的，他作为有限存在分沾了无限存在的属性，并参与到存在之中。如巴尔塔萨《神学戏剧学》中所讲："每一有限存在（essentia）都参与到真实存在中或存在活动（actus essendi）中，只是它们中没有一个等同于它，有限存在加在一起也不能穷尽它。"[3] 所以，"假定上帝是真的上帝（那就是说他是不需要造物的存在整体），那么上帝将会是一、善、真、美的完满，因而

---

[1] Hans Urs von Balthasar, *The Glory of the Lord: A Theological Aesthetics* vol. I: *Seeing the Form* (Edinburgh: T. & T. Clark, 1982), p.145.

[2] Hans Urs von Balthasar, *My Work: In Retrospect* (San Francisco: Ignatius Press, 1993), p.112.

[3] Hans Urs von Balthasar, *Theo-Drama: Theological Dramatic Theory* vol. V: *The Last Act* (San Francisco: Ignatius Press, 1998), p.68.

有限的造物只是以一种局部的、断断续续的方式分享这些先验属性"[1]。这里面涉及存在与本质的张力问题，如巴尔塔萨所说，本质是有限的，存在是无限的，"存在与本质的张力源自受造存在的基本结构"[2]。这是因为受造存在必然是有限存在，但受造存在也分享了无限存在的先验属性，故而在受造存在中凸显这种有限与无限张力。这种张力是"一个深不可测的奥秘"，"为人和其他造物所分有"。[3] 以最为特殊的有限存在者人（Dasein）来说，作为受造存在是有限的存在，但是，"圣保罗对哲学家讲，神创造了人，因而人将要寻求神性，并试图到达神性"[4]，"人类理性一定是对无限敞开的"[5]，人因此具有面向无限存在的潜能。所以，人身上必然体现存在与本质的两极张力结构。而这在无限之绝对存在——上帝身上是从来不会出现的情况，因为在他里面，绝对的无限性克服了一切构成性张力，本质就是存在，存在就是本质，二者毫无差别，圆融一如。

人作为造物分有了神圣存在的属性，但是人的理性在神圣存在的奥秘面前毕竟是有限的，"存在作为整体本质上总是要比我们对它的理解多得多"[6]。所以人对存在奥秘的探索，最后"只能是通过存在自身，从他自己启示出自己来给予"。而人会理解这个启示吗？巴尔塔萨认为除了《圣经》的上帝，没有谁可以给出肯定的回答。但是他相信，作为世界和人的创造者，上帝必然有能力让人理解他的启示——"眼睛是我创造的，难道我看不见吗？耳朵是我创造的，难道我听不见吗？"——"语言是我创造的，难道我不能说并使自己听见吗？"[7] 人对神圣存在奥秘的领悟，其实在人与其他造物（尤其是人）的对话关系中即

---

[1] Hans Urs von Balthasar, *My Work: In Retrospect* (San Francisco: Ignatius Press, 1993), p.115.
[2] Hans Urs von Balthasar, *Prayer* (New York: Paulist Press Deus Books, 1967), p.194.
[3] Ibid.
[4] Hans Urs von Balthasar, *My Work: In Retrospect* (San Francisco: Ignatius Press, 1993), p.113.
[5] Ibid., p.114.
[6] Hans Urs von Balthasar, *Theo-Logic: Theological Logical Theory* vol.I: *Truth of the World* (San Francisco: Ignatius Press, 2000), p.107.
[7] Hans Urs von Balthasar, *My Work: In Retrospect* (San Francisco: Ignatius Press, 1993), pp.113-114.

可展开，因为神圣存在本身就内在于世间一切存在之中，他自然可以通过造物启示出他的奥秘。巴尔塔萨以婴孩为例，简洁地分析了人是如何从生命一开始就领受存在的奥秘的："只有通过爱，通过他母亲的微笑，婴孩才产生自我意识。在那种相遇中，一切无限的存在的视阈为他开启，向他昭示了四件事情：（1）他与母亲（甚至也不止他母亲）是相爱的，因此所有存在是圆融的一；（2）爱是善意的，因此所有存在是善的；（3）爱是真实的，因此所有存在是真的；（4）爱唤起喜乐，因此所有存在是美的。"[1] 从母亲爱的微笑中，婴孩当下即可领受了存在的四大先验属性：一、真、善、美——"在其先验属性中，存在揭示出它自身，作为美，作为真，作为善。"[2] 尽管神圣存在毫无吝啬地将其自身启示给我们，然而神圣存在的奥秘永远不可能在尘世之人的眼前完全呈现出来——"上帝对我们而言是一个绝对的奥秘，尤其是在他的启示中。"[3] 亦如巴尔塔萨在《神学逻辑学》中所讲："真理是存在的解蔽，但当解蔽者解蔽它自身时，它保留的总是多于它所解蔽的。"[4]

前面讲到，巴尔塔萨的神圣存在是位格化的三一上帝。上帝的奥秘就存在于三位一体的关系中——"他的存在与本质的自我启示把它自身呈现为一种关系，一种在它自身之中是（三个）位格的关系。"[5] 在理解神圣存在的奥秘问题上，圣子永远是其中最为重要的一个环节："神的奥秘，就是基督。所积蓄的一切智慧知识，都在他里面藏着。"（西 2：2—3）在圣子耶稣基督身上，人性与神性、有限（存在）与无限（存在）完美地结合在一起，通过他，造物与上帝

---

[1] Hans Urs von Balthasar, *My Work: In Retrospect* (San Francisco: Ignatius Press, 1993), p.114.

[2] Hans Urs von Balthasar, *Theo-Drama: Theological Dramatic Theory* vol. II: *Dramatis Personae: Man in God* (San Francisco: Ignatius Press, 1990), p.25.

[3] Hans Urs von Balthasar, *The Glory of the Lord: A Theological Aesthetics* vol. I: *Seeing the Form* (Edinburgh: T. & T. Clark, 1982), p.609.

[4] Hans Urs von Balthasar, *Theo-Logic: Theological Logical Theory* vol. I: *Truth of the World* (San Francisco: Ignatius Press, 2000), p.104.

[5] Hans Urs von Balthasar, *The Glory of the Lord: A Theological Aesthetics* vol. I: *Seeing the Form* (Edinburgh: T. & T. Clark, 1982), p.609.

的直接沟通得以实现。如巴尔塔萨所说："作为上帝之中的圣子是天父永恒的肖像，他便可以毫无矛盾地在他自身之中呈现创造的形象，纯洁它，并且使它进入与神圣生命的交流而不是消融它（错误的神秘主义中就是这样）。"[1] 而在耶稣基督中显明自身的受造存在的奥秘，本身也就是上帝恩典意愿的奥秘："尤其是这个被爱和崇拜的人，站在我眼前，不是作为纯粹的'思想'，而是作为一个'实体'：他的存在的奇迹显示，不仅天父希望他作为一个存在之物——为我的缘故——而且，整个内在神圣之爱和恩典也在救赎者现实存在的奇妙事实中得以显明。"[2] 上帝正是通过耶稣基督启示出他的神圣奥秘，展示了他的存在与爱。受造的心灵通过信仰基督（即三位一体的上帝）而领悟上帝俯就世界之无限而绝对的存在，以及神性中本质与存在永恒合一的奥秘。正是通过信仰——"直等到基督成形在你们心里"（加4：19）——"基督徒的存在参与到基督的存在之中"[3]。基督徒参与基督的存在，也就参与了三一上帝的存在，分享了神圣存在的奥秘。这种对神圣存在奥秘的生存/生命体验，毫无疑问要比那种对神圣存在奥秘单纯的理性把握来得深刻得多。

综上所述，巴尔塔萨的（神圣）存在观念，是深受西方哲学传统之存在观念影响的一种神学形而上学根基观念。但它与纯粹思辨的存在哲学概念又存在本质性的区别，因为在巴尔塔萨神学美学中，神圣存在决不只是一个抽象的哲学概念，它同时是那个位格化的、鲜活饱满的三一上帝——这种存在观念，实质是古希腊哲学存在观与古希伯来宗教上帝观两千年来在基督教神学中交织、融合的一个产物。他的整个神学美学形而上学便是建立在这样一种神圣存在观念基础上的。

---

[1] Hans Urs von Balthasar, *My Work: In Retrospect* (San Francisco: Ignatius Press, 1993), p.118.
[2] Hans Urs von Balthasar, *Prayer* (New York: Paulist Press Deus Books, 1967), p.195.
[3] Hans Urs von Balthasar, *The Glory of the Lord: A Theological Aesthetics* vol. I: *Seeing the Form* (Edinburgh: T. & T. Clark, 1982), p.224.

第二节　存在的先验属性

存在的先验属性学说，作为存有论的天然构成部分，这样一种形而上学理论肇端于古希腊哲学发轫之处，而基本定型于中世纪神学形而上学之中：一（unum）、真（verum）、善（bonum）和美（pulchrum）被视为存在的四大先验属性，享有与存在同延的价值本体地位。其后，许多不同背景的哲学家或神学家从不同角度对此先验属性学说做出了新的诠释，但从没有人像巴尔塔萨这样既可以做到忠实于古代先验属性学说的基本精神，又可以做到积极拓展形而上学诠释空间并最终形成如此宏大之神学思想体系的（"美善真三部曲"）。当然更没有人像他那样从那个一向为人所忽视的存在之第四个先验属性（美）出发，建构出如此空前绝后的神学美学体系的。

在进行存在的先验属性学说形成历史回顾之前，首先有必要厘清"先验属性"（拉丁文 transcendentalia，德文 Transzendentale，英文 transcendentals 或 transcendental properties，法文 propriété transcendantale）这个概念。实际上，这主要关系巴尔塔萨德文原著中 Transzendentale 一词的汉译问题：Transzendentale 按字面意思通常可译为"先验属性"或"超验属性"、"超越属性"，这三个译法到底哪个更为贴切呢？这实际上又涉及现代哲学如何理解"先验"（transzendental）、"超验"（transzendent）、"超越"（Transzendenz）这几个概念的问题。[1]

从中世纪一直到康德之前，"先验"（拉丁文 transcendentala，德文 transzendental，英文 transcendental）和"超验"（拉丁文 transcendente，德文 transzendent，英文 transcendent）两个词都没有做过严格的区分，故而一般都作为"超越"（拉丁文名词 transcendentia 或 transcendentalia，德文 Transzendenz，英文 transcendence）意义来使用——诸词皆源自拉丁文动词 transcendo（逾越、

---

[1] 这几个词，尤其是 transzendental（"先验"）与 transzendent（"超验"）的汉译相当混乱，为了规范哲学术语，便于学术交流，汉语学界应该在这些基本术语方面达成共识。

超过)。所以，如果在康德之前，德文 Transzendentale 一词译作"超越属性"应该是没有异议的。但在康德对"先验"和"超验"做出哲学区分之后，现代哲学基本上都继承了这一概念分梳，故而今天使用这两个概念不能漠视其差异性。作为以德语为母语的思想家，巴尔塔萨自从青年时代便接受康德以降的现代哲学的滋养，他对康德哲学非常熟悉，所以他本人对这两个概念的分野应该是了如指掌的。[1]因此之故，本书研究巴尔塔萨神学形而上学，自然应当尊重学术史的客观演进历程及其成果，审慎对待这些语用上可能存在歧义的术语。依康德的观点，无论是"先验"还是"超验"都是超越于经验之上的，但不同的是，"先验"超越经验指的是先行于经验，即超越于经验而同时内蕴于经验[2]，构成经验或知识可能之先决条件[3]；"超验"是真正的"超越"（二者是同义的），一种完全凌驾于经验之上且不与经验发生任何关联的超越，即牟宗三所谓一往而不返的"超绝"或"超离"[4]。海德格尔曾讲："存在是绝对的 transcendens（超越者）"，而"作为 transcendens（超越者）的存在的一切开展都是先验的

---

[1] 巴尔塔萨的博士论文就是研究启蒙以来现代德国文学中的末世论问题的，参见 Hans Urs von Balthasar, *Geschichte des eschatologischen Problems in der modernen deutschen Literatur* (Zürich, 1930)。20 世纪 30 年代他在这篇博士论文的基础上，展开对德国现代哲学的研究，撰成《德意志精神启示录》三卷（重点涉及莱辛、赫尔德、康德、席勒、费希特、谢林、诺瓦利斯、荷尔德林、歌德、让·保罗、黑格尔、赫贝尔、克尔凯郭尔、尼采、柏格森、施皮特勒、霍夫曼斯塔尔、陀思妥耶夫斯基、舍勒、海德格尔、里尔克、卡尔·巴特、布洛赫等现代重要思想家），其中第一卷专门研究德国唯心主义，康德是他重点关注的对象之一，详参 Hans Urs von Balthasar, *Apokalypse der deutschen Seele. Studien zu einer Lehre von letzten Haltungen* (Salzburg: A. Pustet) Bd. 1: *Der deutschen Idealismus* (1937); Bd. 2: *Im Zeichen Nietzsches* (1939); Bd. 3: *Die Vergöttlichung des Todes* (1939)。

[2] 贺麟：《康德名词的解释和学说的概要》，《哲学与哲学史论文集》，商务印书馆 1990 年版，第 264—265 页。

[3] 〔德〕康德：《未来形而上学导论》，庞景仁译，商务印书馆 1997 年版，第 172 页。

[4] 牟宗三：《中西哲学之会通十四讲》，台北：台湾学生书局 1990 年版，第 50 页。牟宗三所谓"超绝"或"超离"实际上指的是 transzendent（"超验的"或"超越的"），而他所谓的"超越"才指的是 transzendental（"先验的"）。他讲："'超越'是指某种先验的（a priori）东西，先乎经验而有，不由经验而来，但却不能离开经验而又返回来驾驭经验，有此一来往，便有 Transcendental 一词之意义。假如是超绝或超离，即 Transcendent，则此超绝或超离就是与经验隔绝，完全隔离，一往不返，而超越则往而复返。"

(transzendental）认识"[1]。真、善、美诸本体价值属性对存在的展开，自然也是先验的。如果以"超验属性"或"超越属性"来翻译表示真、善、美诸属性的 Transzendentale，很可能将真、善、美诸属性当作完全超绝于经验世界的东西。但实际上我们认知或体验存在的真、善、美诸属性根本不可能完全离开经验世界，而它们也正是在经验中实现出来的——如前面所讲婴孩通过母亲爱的微笑领悟、认识存在的一、真、善、美便是实证。所以，以"先验属性"来翻译 Transzendentale 表示真、善、美诸属性应该是最恰切的。

1. 先验属性学说的形成与发展

虽然关于神圣存在的先验属性学说是在经院哲学鼎盛时期形成的，但这一学说的思想源头却可追溯到古希腊（柏拉图哲学）。

古希腊美与善（kalos kai agathos）的统一，是真、善、美合一思想发展最为关键的一步。正如尼科斯所讲："希腊人将善的概念和美的概念结合起来：这两个概念形成一个区别性的统一体，kalokagathia（美善）的统一。当善不再与美相连，巴尔塔萨指出，善就失去了其自我证明。"[2] 这种美善合一（Kalokagathia）的思想在梭伦和萨福著作中便已经出现[3]，后来大量充斥于柏

---

[1] Martin Heidegger, *Being and Truth* (London: SCM Press, 1962), p.62. 另参见〔德〕海德格尔：《存在与时间》，陈嘉映、王庆节译，生活·读书·新知三联书店 1999 年版，第 44—45 页。中文译者将 transzendental（transzendental）译为"超越的"，理由是他们认为海德格尔并没有沿用康德—胡塞尔对"先验"（transzendental）和"超验"（transzendent）的区分，而是在中世纪的传统意义上含混地使用这两个词——"超越"。国内另一位著名的海德格尔专家孙周兴认为中文译者误解了海德格尔，其实他对"先验"（transzendental）和"超验"（transzendent）区分得非常清楚，参见孙周兴：《超越·先验·超验——海德格尔与形而上学问题》，2003 年 3 月 17 日在香港中文大学哲学系所作报告。此文收入孙周兴、陈家琪主编：《德意志思想评论》（第一卷），同济大学出版社 2003 年版。

[2] Aidan Nichols, "Von Balthasar's Aims in his Theological Aesthetics", *Heythrop Journal* XL (1999), pp. 409-423; see also Ed Block (ed.), *Glory, Grace, and Culture: The Work of Hans Urs von Balthasar* (New York: Paulist Press, 2005), p.109.

[3] Hans Urs von Balthasar, *The Glory of the Lord: A Theological Aesthetics* vol. IV: *The Realm of Metaphysics in Antiquity* (Edinburgh: T. & T. Clark, 1989), p.87.

拉图哲学之中。众所周知，善是柏拉图哲学之最高理念，而他认为，善如果没有了美，也就不成其为善了，如在《会饮篇》中他借苏格拉底之口所讲："如果爱缺乏美的东西，而美和善是一回事，那么爱也缺乏善。"[1] 本质上，善作为最高理念，是作为次终极性的"类的理念"——美的理念之原型，也就是说美本身（auto to kalon）都是从其获得美之为美的规定性的，当然，善必然也是美的了，若善的理念本身不能涵括美的本体价值，它焉能成为最高理念？所以，在柏拉图哲学中，美与善是一致的，故而也可以说"在德性（善）中伦理的和审美的是一致的"[2]——后世哲学家如维特根斯坦（Ludwig Wittgenstein，1889—1951）讲"伦理学和美学是一个东西"[3]，世人不深究其渊源，则往往以为这是标新立异的奇谈怪论，殊不知此种思想古希腊早已有之。美善合一的思想在古罗马和中世纪都还十分盛行（如斯多亚学派、西塞罗、奥古斯丁、伪狄奥尼修斯、奥维尼的威廉等），这从当时作家对古希腊"美"这一概念的翻译即可看出，很多时候他们并没将 καλόν 或 καλός 直接译为 pulchrum（美），而是译作了 honestum 或 bonum（善）。[4]

正因为在柏拉图哲学中作为最高理念的善本身也是美的，真的理念分有此终极理念原型的时候，也必然分有其美。正因为如此，所以才有《理想国》的这种讲法："真理和知识都是美的，但善的理念比这两者更美。"[5] 真（ἀληθές）、善（ἀγαθόν）、美（καλόν）本质上是一个整体，如他在《斐利布篇》中所

---

[1] Plato, *Symposium,* 201C，参见〔古希腊〕柏拉图：《柏拉图全集》（第二卷），王晓朝译，人民出版社2003年版，第242页。
[2] Hans Urs von Balthasar, *The Glory of the Lord: A Theological Aesthetics* vol. IV: *The Realm of Metaphysics in Antiquity* (Edinburgh: T. & T. Clark, 1989), p.207.
[3] 〔奥〕维特根斯坦：《逻辑哲学论》，郭英译，商务印书馆1985年版，第95页。
[4] St. Thomas Aquinas, *Summa Theologiae*, II/II, 145, 3; see also Henri Pouillon, O.S.B., "La Beauté, propriété transcendantale chez les scolastiques (1220-1270)", *Archives d'histoire littéraire et doctrinale du Moyen-Âge,* vol.XXI, 1946, pp.263-329. 在中世纪大多数思想家看来，"美是一种特殊的善"，它从属于善。参见〔美〕艾德勒：《六大观念》，郗庆华译，生活·读书·新知三联书店1998年版，第152页。
[5] Plato, *Politeia*, 508E。参见〔古希腊〕柏拉图：《理想国》，郭斌和、张竹明译，商务印书馆2002年版，第267页。

讲:"如果我们不能在一个单独的理式下找到善,就让我们借助美、和谐和真三者的联结来获取它,然后把这三者视为一。"[1]善就是这个"一",统摄美与真,从而形成真、善、美的价值圆融整体,这对其后的古代哲学和神学产生深远影响。所以巴尔塔萨讲:"柏拉图(超越赫拉克利特和巴门尼德)教会了哲学家关注世界自身的整体性,并将此与善的形式之流光溢彩联系在一起:这是真,美(kalon)的一切也属于此。"[2]

尽管巴尔塔萨称:"在维吉尔和普罗提诺那里,这种先验属性(真、善、美)的互渗相寓就已经完成了。"[3]但真正先验属性学说的形成,还必须等到经院哲学鼎盛的时代。

先验属性学说主要是作为对亚里士多德形而上学的回应而在经院哲学中产生的。据艾柯和巴尔塔萨的研究,在13世纪初菲利普校长(Philip the Chancellor,约1160—1236)的《论善大全》(*Summa de Bono*)中,第一次建立了明确的先验属性的概念。[4]他特别强调了善的概念,并发展了一种关于先验属性间的同一性与转化的理论,可他的先验属性学说没涉及美,他所认可的四大先验属性是"存在"、"一"、"真"、"善"。然而正如艾柯所讲,他的许多同时代的经院神学家都谈到美这一先验属性的问题,尤其是在那些数量巨大的伪狄奥尼修斯著作评注中。实际上,伪狄奥尼修斯等早期基督教神学家对美的高度关注[5],促使他们不得不考虑美到底是不是一个先验属性的问题。如格罗斯

---

[1] Plato, *Philebus,* 65A, see Plato, *The Collected Dialogue of Plato* (Princeton: Princeton University Press, 1982), p.1147.

[2] Hans Urs von Balthasar, *The Glory of the Lord: A Theological Aesthetics* vol. IV: *The Realm of Metaphysics in Antiquity* (Edinburgh: T. & T. Clark, 1989), p.233.

[3] Ibid., p.21.

[4] Umberto Eco, *Art and Beauty in the Middle Ages* (New Haven and London: Yale University Press, 1986), p.20; see also Hans Urs von Balthasar, *The Glory of the Lord: A Theological Aesthetics* vol. IV: *The Realm of Metaphysics in Antiquity* (Edinburgh: T. & T. Clark, 1989), p.372.

[5] 伪狄奥尼修斯已将"美"与"一"、"善"并列指称上帝的名字,详参见《论圣名》(*De Divinis Nominibus*)第四章,参见(托名)狄奥尼修斯:《神秘神学》,包利民译,香港:汉语基督教文化研究所1996年版,第31页。

泰斯特（Robert Grosseteste，约 1168—1253）在他的伪狄奥尼修斯评注（1243）中就将美（Pulchritudo）与善（Bono）视为并列相等的，看作上帝的名字（属性）。其后在哈勒的亚历山大（Alexander of Hales，1186—1245）的《神学大全》（Summa Theolgoica，1245）中[1]，美的先验性问题就正式解决了，尽管这部《神学大全》的作者并没有将美列入神圣存在的先验属性之中[2]，但已为美被正式当作存在的普遍属性迈出了第一步。[3]

在托马斯早期的著作如《论真理》（De Veritate，1256—1259）中，托马斯已区分并讨论了六种先验属性概念：unum（一）、res（事物）、ens（存在）、aliquid（某物）、bonum（善）、verum（真）——但他并没有正式将美（pulchrum）纳入其所谓先验属性学说中。在其晚期的《圣名评注》（Commentary on The Divine Names，1265—1266）中，他从伪狄奥尼修斯的立场出发，才赋予美一种类似先验属性的地位。[4] 不过，托马斯自始至终并没有明确地将美认定为存在的先验属性，如艾柯所讲："阿奎那从没有清楚地讲过 ens、bonum、pulchrum 是可以互相置换的。而只是通过对善的沉思，美才附属于存在的。"[5] 而且，托马斯有时会认为美取决于主观感受——如他在《神学大全》中所讲："那些有关美的感官主要是认知性的，即服务理性的视觉与听觉……美是愉悦认识的东西。"[6] 这实际上是对美的（客观）先验属性地位的否定。在《神学大全》（其思想成熟期的代表作）

---

[1] 这部《神学大全》的作者实际上有三位：哈勒的亚历山大、让·德·拉·罗谢勒 (Jean de la Rochelle) 和孔塞德兰 (Brother Considerans)。

[2] Umberto Eco, *Art and Beauty in the Middle Ages* (New Haven and London: Yale University Press, 1986), pp.23-24.

[3] Henri Pouillon, O.S.B., "La Beauté, propriété transcendantale chez les scolastiques (1220-1270)", *Archives d'histoire littéraire et doctrinale du Moyen-Âge*, vol. XXI, 1946, pp.263-329.

[4] Umberto Eco, *The Aesthetics of Thomas Aquinas* (Cambridge, Mass.: Havard University Press, 1988), pp.26-37. 其实在早期，托马斯受业于大阿尔贝特（Albertus Magnus）的时候，曾跟大阿尔贝特集中学习过伪狄奥尼修斯的著作（1248—1252），并撰有《〈箴言〉评注》（*Commentary on the Sentences*, 1252），此书即可看出他在伪狄奥尼修斯神学美学思想的影响下对美的重视。不过，他对美学的这种高度关注还是主要体现在其晚期的伪狄奥尼修斯评注中（如《〈论圣名〉评注》）。

[5] Umberto Eco, *The Aesthetics of Thomas Aquinas* (Cambridge, Mass.: Havard University Press, 1988), p.37.

[6] St. Thomas Aquinas, *Summa Theologiae*, I/II, 27, 1.

中，他所提及的只是存在、真和善三大先验属性，且很少涉及美。可见，托马斯关于美的先验属性问题的论述充满了矛盾。正因为"阿奎那的文本中充满了不确定性和犹豫"[1]，所以，托马斯后学一直为此聚讼不休，譬如现代新托马斯主义中就出现泾渭分明的两派观点，蒙里克（De Munnynck）、埃特森（Jan A. Aertsen）等就坚决认为托马斯没有将美列入先验属性[2]，而马里坦、毛瑞尔（Armand A. Maurer）等却主张在托马斯神学中"美属于先验属性的序列"[3]，甚至还认为美是"统合在一起的先验属性的光辉"[4]（此纯属马里坦个人观点）。尽管学界对此问题迄今尚无最终定论，但巴尔塔萨是倾向于马里坦的观点的，他讲："托马斯吸纳了将美（pulchrum）置于真（verum）、善（bonum）这些先验属性中又超越于它们的位置上的观念，在其中，像伪狄奥尼修斯一样，他预设了善与美的根本统一，并且跟亚历山大、奥维尼的威廉和阿尔贝特一起，在此二者之间作了概念区分，这个区分使美更接近于真。"[5]

实际上，中世纪鼎盛时期真正对先验属性学说做出里程碑贡献的绝非这个久负盛名的亚里士多德主义者。正如前面讲到的，托马斯关注美学问题，主要的原因是他处理神学问题时不得不应对来自传统之中的美学材料（如评注伪狄奥尼修斯《论圣名》等著作），他个人并没有过多关注美的问题的兴趣。正因为如此，他没有系统思考、消化这些来自传统中的美学材料，形成自己原创性的美学体系。由于其美学思想缺乏体系性或统一性，故而后人将其相关美学只言

---

[1] Umberto Eco, *The Aesthetics of Thomas Aquinas* (Cambridge, Mass.: Havard University Press, 1988), p.47.

[2] Jan A. Aertsen, *Medieval Philosophy and the Transcendentals: The Case of Thomas Aquinas* (Leiden: E. J. Brill, 1996), p.337.

[3] Jacques Maritian, *Art and Scholasticism and the Frontiers of Poetry* (New York: Charles Scribner's Sons, 1962), p.30; see also Armand A. Maurer, *About Beauty: A Thomistic Interpretation* (Houston: Center for Thomistics Studies, University of St. Thomas, 1983), ch.I.

[4] Jacques Maritain, *Creative Intuition in Art and Poetry* (New Jersey: Princeton University Press, 1953), p.162. 尽管在其《知识的等级》（*The Degrees of Knowledge*）中，他认为最有价值的三个先验属性是存在、真和善，参见 Francesca Aran Murphy, *Christ the Form of Beauty: A Study in Theology and Literature* (Edinburgh: T. & T. Clark, 1995), pp.41-42。

[5] Hans Urs von Balthasar, *The Glory of the Lord: A Theological Aesthetics* vol. IV: *The Realm of Metaphysics in Antiquity* (Edinburgh: T. & T. Clark, 1989), p.400.

片语的论述汇集起来研究他的美学思想的时候，便会发现他的论述中常常存在模棱两可或前后抵牾的现象。所以，虽然托马斯美学看起来包罗万象，汇聚了历史上众多的美学观点，是"中世纪美学的集大成者"，但如果因此就将他视为中世纪最富成就或创造性的美学思想家，可能是美学史的一个重大误会——实际上这个误会已经发生，而且一百多年来都没有得到有效纠正。由于种种原因，人们忽视了在托马斯身边，就存在一位柏拉图主义传统的神学大师——波纳文图拉，他才是真正当之无愧的中世纪美学巅峰。[1] 这里所论之中世纪神学存在论的先验属性学说，就是在这位经院哲学巨擘手上最终定型的。

据现有文献显示，波纳文图拉是第一个明确将美列为存在的第四大先验属性的思想家。在20世纪30年代发现的一篇波纳文图拉早期小品（opusculum）手稿（*De transcendentalibus entis conditionibus*，1250）[2] 中，他明确讲道："存

---

[1] 一般美学史即使是穿黑格尔所讲的"七里神靴"跨过中世纪，也基本上都会重点论述托马斯的美学思想，而却几乎很少涉及波纳文图拉美学，或根本就将之忽略不论。在诸种多卷本美学史著作中，波纳文图拉美学虽然可以在中世纪部分占有一席之地，但一般论述都较为肤泛，评价或篇幅明显不及托马斯，如 Edgar de Bruyne, *Études d'Esthétique Médiévale*, 3vols. (Brugge: De Tempel, 1946)；Władysław Tatarkiewicz, *History of Aesthetics*, 3vols. (The Hague: Mouton, 1970—1974)；蒋孔阳、朱立元编，《西方美学通史》七卷本（上海文艺出版社 1999 年版）。托马斯在美学史上被重视，至少可以上溯到 19 世纪鲍桑葵（Bernard Bosanquet）的《美学史》（*A History of Aesthetic*, 1892）。但美学界对托马斯美学研究的重视，大概很大程度上要归功于新士林哲学家伍尔夫（Maurice de Wulf, 1867—1947）、马里坦诸人的推动，参见 Sister Emma Jane Marie Spargo, *The Category of the Aesthetic in the Philosophy of Saint Bonaventure* (St. Bonaventure, N.Y.: Franciscan Institute, 1953), p.1. 但严格意义上托马斯本人并没有发展出一种原创性的美学理论，参见 Umberto Eco, *Art and Beauty in the Middle Ages* (New Haven and London: Yale University Press, 1986), p.26; Hans Urs von Balthasar, *The Glory of the Lord: A Theological Aesthetics* vol. IV: *The Realm of Metaphysics in Antiquity* (Edinburgh: T. & T. Clark, 1989), p.393. 详参拙论《波纳文图拉光照论的神学美学意涵——兼论其渊源及其对现代神学美学的意义》，《基督教文化学刊》（第 20 辑），宗教文化出版社 2008 年版。

[2] 该手稿是 F.–M. 亨奎内（F.–M. Henquinet）发现的，他曾将此发现发表在 *Les études franciscaines* 上。这篇手稿的年代甚至早于以前公认的最早的波纳文图拉著作《彼得·郎巴德〈箴言书〉评注》（*Commentarii in quatuor libros Sententiarium Petri Lombardi*, 1248—1255），所以这篇手稿的重新面世无论是对波纳文图拉神学的研究还是美学史的研究都意义重大。参见 F.–M. Henquinet, "Un Brouillon autographe de S. Bonaventure sur le commentaire des sentences", *Etudes Franciscains*, 44 (1932): 633-655, and 45 (1933): 59-82. 后来亨利·布维隆（Henri Pouillon）也在其论经院哲学中美作为先验属性的论文中提及这篇手稿，参见 Henri Pouillon, O.S.B., "La Beauté, propriété transcendantale chez les scolastiques (1220—1270)", *Archives d'histoire littéraire et doctrinale du Moyen-Âge*, vol.XXI, 1946, pp.263-329. 亨利·布维隆后将此手稿给埃德加·德·布鲁内发表在 *Études d'Esthétique Médiévale* 中，参见第三卷 "Le XIIIe siècle" 论波纳文图拉一章。

在的四个属性，即一、真、善和美是圆融一如的（Quatuor conditiones entis communiter scilicet unum, verum, bonum et pulchrum）。"[1] 对于存在之先验属性之间的关系，手稿给出了比任何其他波纳文图拉著作都清晰的阐述[2]，并且还是联系亚里士多德四因说来加以说明的：一跟动力因相关，真同形式因相关，善与目的因相关，而美则涵括每一因。[3] 如斯帕高修女所讲："存在的这四个先验属性——一、真、善和美——根基于存在的本质。它们从其自身角度上丰富了这个概念。它们都以其所参与共享的存在之可理解性为先决条件，在这种参与共享中，它们之间也互为先决条件。美以善为条件，善以真为条件；依次，真则以一为条件。而一是等同于存在本身的。"[4]

虽然波纳文图拉存在论的先验属性学说标志着这一形而上学思想在神学中的正式形成，但这并不意味着这一学说就毫无争议地被后世完全接受了。实际上，相关争论在波纳文图拉身后仍在继续。不过，至少关于美与真、善的同等价值地位已越来越为思想家们所普遍认同。譬如我们已多次提及的康德的先验批判哲学建构，就是以真、善、美这几种先验价值本体为其基本框架的。只是如墨菲（Francesca A. Murphy）所见，"对康德而言，这些先验理念是范导人类思想的。而对经院哲学家而言，先验属性是范导本体的"[5]。之所以出现这一分野或转变，从根本上讲是现代哲学的主体性转向造成的。以康德为代表的现

---

[1] Edgar de Bruyne, *Études d'Esthétique Médiévale*, vol. 3（Brugge: De Tempel, 1946), p.190.

[2] 譬如波纳文图拉在《论创世六日》（*Collationes in Hexaemeron*）中也曾涉及四大先验属性，但阐述相当含混："再次，灵魂将此存在看作有实质、力量和作用的，各自又首先是至纯、至朴的，且同其他六种一样；在它自身之中包含有一、真、善，各自又首先是至纯、绝对的，且同其他六种一样；恒久不变、美、善，各自又首先是至纯、绝对的……"See Bonaventure, *Collations on the Six Days*, in *Works of Bonaventure* vol.V (Paterson, N. J.: St. Anthony Guild Press, 1970), p.92.

[3] "Unde Unum respicit causam efficientem, verum formalem, bonum autem finalem secundum appropriationem, sed pulchrum circuit omnem causam." See Edgar de Bruyne, *Études d'Esthétique Médiévale*, vol. 3 (Brugge: De Tempel, 1946), p.191.

[4] Sister Emma Jane Marie Spargo, *The Category of the Aesthetic in the Philosophy of Saint Bonaventure* (St. Bonaventure, N.Y.: Franciscan Institute, 1953), p.35.

[5] Francesca Aran Murphy, *Christ the Form of Beauty: A Study in Theology and Literature* (Edinburgh: T. & T. Clark, 1995), p.216.

代哲学家对真、善、美的关注，因为剥离了其（古典形而上学）存在论根基，那种本体论意义上即真即善即美的（古典）圆融世界观被分解为各自为政的真、善、美等价值本体以对应现代的科学、道德、艺术诸领域，故而究其实质而言这种分裂的价值观最多只能保留某种人类学意义上的终极价值地位。

现代哲学和神学对真、善、美这些先验理念的思考已形成相当丰硕的成果，这里恕不能一一列举。但论者认为在20世纪之前的两个世纪中，18世纪英国剑桥派新柏拉图主义思想家夏夫兹伯里和19世纪法国思想家库辛（Victor Cousin，1792—1867）的相关哲学思考比较具有代表性，特别值得美学界重视。关于前者，众多美学史研究已经有相对充分的涉及，美学界并不陌生；倒是后者，作为先验属性学说古典形而上学传统的杰出代表，却长期为人忽视，所以这里不妨略微涉及一点，以资美学界参考。库辛乃托马斯·里德（Thomas Reid，1710—1796）苏格兰学派在法国的首席传人，19世纪法国不可多得的哲学家，其最富代表性的著作即是《真美善》（*Du Vrai, Du Beau, et Du Bien*, 1836）[1]。在他的思想中，既有现代哲学（尤其是德国唯心主义）的深刻影响，又有复兴古代和中世纪哲学的宏远抱负和激情，因此他的哲学是古典与现代两种气质的结合，在这部论真善美的著作中也体现了这一特点。理解他的真善美思想，首先必须了解他的绝对者观念，这是他的形而上学体系的轴心。这个观念虽然有些黑格尔的影响，但绝不是从德国唯心主义哲学中简单借用而来，其实它的根源毋宁说是来自托马斯·里德的"常识的第一原则"概念，说到底也就是来自基督教"上帝"的观念。在他看来，绝对者（或上帝）是遗世独立的终极真理，不可能被直接认识到，"我们不理解绝对存在本身……但我们可以设想他存在的

---

[1] Victor Cousin, *Cours de philosophie sur de fondement des idées absolues du vrai, du beau et du bien* (Paris: Librarie Classique et Elémentaire de L. Hachette, 1836). 库辛自1816年便开设此课程，此书是其学生Adolphe Ganier 在他1818年讲稿的基础上编辑整理出版的，1853年又曾出修订版，参见 Victor Cousin, *Du vrai, du beau, et du bien* (Paris: Didier, 1853). 英译本参见 Victor Cousin, *Lectures on the Truth, the Beautiful and the Good* (New York: D. Appleton & Co., 1854).

必然性"[1],"我们只有通过其属性来把握这个主体"[2],也就是通过沉思"三种形式:真、美、善……来达到上帝的概念"[3]。"上帝是不可测知的:理性不可能获得他的本质:他必须通过一种可达到的、易被理解的外在性来证实他自己:这种外在性包含了真的理念、美的理念和善的理念。"[4] 在对美的思考方面,他认为,绝对者须通过自然表现自己,美因此是终极真理的感性象征,美的知识必然直接涉及终极真理的知识。[5] 美像真、善一样是绝对者的属性,故"美等同于善和真"[6]。因为美根基于绝对者,所以在库辛看来,美有其自身第一原则,美属于美的客体而非经验主体。[7] 可见,库辛美学绝少受到康德及其现代美学的影响[8],其本质上是属于古典美学传统的。

2. 巴尔塔萨的先验属性学说

巴尔塔萨的整个神学体系都是建基在神圣存在的先验属性学说之上的。存在的先验属性学说从古希腊(柏拉图哲学)的初具雏形到中世纪(经院哲学)的基本成形,其间经历了一个漫长的孕育过程。但随着18世纪以来启蒙现代性的降临,现代哲学的人类学(主体论)转向,古典存有论的先验属性学说所秉持的真善美圆融本体观开始面临分崩离析的困境,即真即善即美的"三位一体"关系最终瓦解为真、善、美诸独立的人类学意义的价值本体,并从此疏离存

---

[1] Victor Cousin, *Du vrai, du beau, et du bien* (Paris: Didier, 1853), p.73; see also James W. Manns, *Reid and His French Disciples: Aesthetics and Metaphysics* (Leiden: E. J. Brill, 1994), p.78.

[2] Victor Cousin, *Du vrai, du beau, et du bien* (Paris: Didier, 1853), p.138; see also ibid., p.79.

[3] Victor Cousin, *Du vrai, du beau, et du bien* (Paris: Didier, 1853), p.109; see also ibid., p.79.

[4] Victor Cousin, *Du vrai, du beau, et du bien* (Paris: Didier, 1853), p.261; see also ibid., p.86.

[5] Frederic Will, Intelligible *Beauty in Aesthetic Thought: From Winckelmann to Victor Cousin* (Türbingen: Max Niemeyer Verlag, 1958), p.72.

[6] Victor Cousin, *Du vrai, du beau, et du bien* (Paris: Didier, 1853), p.206; see also James W. Manns, *Reid and His French Disciples: Aesthetics and Metaphysics* (Leiden: E. J. Brill, 1994), p.86.

[7] James W. Manns, *Reid and His French Disciples: Aesthetics and Metaphysics* (Leiden: E. J. Brill, 1994), p.39.

[8] Frederic Will, Intelligible *Beauty in Aesthetic Thought: From Winckelmann to Victor Cousin* (Türbingen: Max Niemeyer Verlag, 1958), p.71.

本身，逸出存有论的界面。现代性的诸多困境或危机，其实都与此本体世界观的崩塌根本相关。面对古典形而上学的衰落，巴尔塔萨继承中世纪经院哲学的精神遗产，弘扬这一神学先验属性学说，在其神学三部曲的系统框架下赋予它更为充实饱满的历史内容与时代精神，复兴了这一伟大理论，创构了举世罕见的恢宏神哲学体系。这无疑可以视作古典（神学）形而上学——存在的先验属性学说现代复兴的一座丰碑。

在巴尔塔萨神学中，一、善、真、美是确凿无疑的存在先验属性，它们超越了所有的本质的局限并与存在同延，所以作为神圣存在的上帝即可称作一、善、真、美的完满。[1] 如艾柯所讲："这些先验属性是存在的'伴生条件'。"[2] 它们内在于神圣存在自身并成为其不可分割的部分，同时它们又同存在一起，于一切存在之物中涌现出来。本质上，"一切存在之物作为存在，都是不可分的（一）、可知的（真）、可爱的（善）和美的（美）。因此，像存在自身一样，这些先验属性超越任何范畴，并归属于一切存在之物"[3]。这是我们得以认知这些先验属性并由之领会存在本身的奥秘之根源所在。巴尔塔萨讲：

> 如果真和善实际上都是存在的先验属性，那么它们必然是相互交融的；如果我们视之为相互独立互不交涉的，则无可避免会扭曲其真正的本质。这对存在之最后一个先验属性——美来讲，也是一样的。美，亦同有普遍性的正当诉求，并且为此它也绝不能与其两个姊妹分隔开。真的伦理与审美因此是洞察存在真知的一个基本要求，只有存在的这三个先验属性能揭示其内在丰富性的本体，即它的真理，以及只有理论、伦理和审美的

---

[1] Hans Urs von Balthasar, *My Work: In Retrospect* (San Francisco: Ignatius Press, 1993), p.115.
[2] Umberto Eco, *Art and Beauty in the Middle Ages* (New Haven and London: Yale University Press, 1986), p.19.
[3] Christopher W. Steck, *The Ethical Thought of Hans Urs von Balthasar* (New York: The Cross Publishing Company, 2001), p.11.

观点之永恒、鲜活的统一能够传达存在的真知。[1]

所以，先验属性学说的关键在理解"真、善、美本质性的内在关联"[2]。如巴尔塔萨所言，"如果没有善的温暖，真的光辉会显得寒冷、凄凉"，"真与善是互渗相寓的"[3]，而"美是真、善自为之纯粹光照"[4]，因此根本上讲三者在存在中构成了互渗相寓的内在统一关系。而只有通过这种三大先验属性统一融合之内在关系的呈现，我们才有可能接触到神圣存在的奥秘；同时，也只有通过它们内在的相互关联，这些先验属性自身才可以被充分地理解：

> 真、善、美是如此完全的存在先验属性，它们只能在相互的交织关联中才能被把握。在其共融之中，真、善、美为存在无尽的深度和满盈的丰富提供了证据。最终，它们将表明，万事万物最后都是可理解的、昭然若揭的，只是因为万事万物都植根于一个终极的奥秘。这个奥秘之所以是奥秘，不在于它不够明晰，而在于它的光芒太过耀眼。[5]

神圣存在的奥秘最终通过真、善、美而呈现出来——这一先验属性学说命题直接被巴尔塔萨化用到其神学体系建构之中，形成"美善真三部曲"的基本结构，从而成就诠释上帝奥秘之神学典范。"感知是美的，言说是真的，行动是善的。"[6] 美学是关于感知的学问，戏剧学是关于行动的学问，逻辑学是关于言说的学问，

---

[1] Hans Urs von Balthasar, *Theo-Logic: Theological Logical Theory* vol. I: *Truth of the World* (San Francisco: Ignatius Press, 2000), p.29.

[2] Ibid., p.30.

[3] Ibid., p.221.

[4] Ibid., p.224.

[5] Ibid., p.225.

[6] Hans Urs von Balthasar, *Theo-Drama: Theological Dramatic Theory* vol. I: *Prolegomena* (San Francisco: Ignatius Press, 1988), p.18.

对应于存在之三大先验属性——美、善、真，巴尔塔萨神学三部曲依次展开[1]：

Theo-phany（神的显荣）= Aestheics（美学）
Theo-praxy（神的实践）= Dramatic Theory（戏剧学）
Theo-logy（神的学说）= Logic（逻辑学）

在巴尔塔萨看来，如同存在的三个先验属性之间的关系一样，"这三个部分是完全不可能彼此分割开来的"[2]。这三个部分依次回答三个问题：（一）人可以感知到什么（What can one perceive）？（二）人应该盼望什么（For what should one hope）？（三）人为何目的而具备理智（For what purpose has one intelligence）？第一个问题主要处理（基督徒）凝视（上帝），第二个问题主要处理（上帝和基督徒的）行动，第三个问题主要处理行动的内在逻辑。这三个问题本质上是内在关联的，属于一个完整的神学体系必须回答的三个问题或必须经历的三个阶段。所以，《上帝的荣耀：神学美学》、《神学戏剧学》和《神学逻辑学》是一个整体，三者相互勾连，如巴尔塔萨在《神学戏剧学》中所讲："《上帝的荣耀：神学美学》已经揭示了荣耀，并因此揭示了上帝行动之'美'，他的盟约之'美'，他立约公义的实现和作为这种实现功能的审判之'美'。而通过这样做，他业已揭示了上帝完全无偿之爱的'善'，没有这个，他的荣耀不会是美的，他的言说不会是真理。"[3] "美善真"神学三部曲由之构成三足鼎立的一个系统，唇齿相依，俱荣俱损。所以，即使只是研究他的神学某一面向（如神学美学），也不能忽视其他两个部分的内容。

神学史上一直存在着这样一种观点，即认为（神圣存在或上帝的）三大

---

[1] Hans Urs von Balthasar, *Theo-Logic: Theological Logical Theory* vol. I: *Truth of the World* (San Francisco: Ignatius Press, 2000), p.7.

[2] Hans Urs von Balthasar, *Theo-Drama: Theological Dramatic Theory* vol. I: *Prolegomena* (San Francisco: Ignatius Press, 1988), p.15.

[3] Ibid., pp.18-19.

先验属性是对应于神的三位一体的。譬如埃特森在他的托马斯研究著作中对中世纪经院哲学的先验属性学说进行总结时，便曾断言："伟大的经院哲学中先验属性三位一体是存在—真—善。存在对应于天父，真对应于圣子，善对应于圣灵。"[1] 不错，在经院哲学中确乎存在这样一种观念，如波纳文图拉便曾讲过："至高的统一对应天父，它是三个位格的根源；至高的真对应圣子，它作为天父之言源自天父；至高的善对应于圣灵，它是来自天父和圣子的爱与恩赐。"[2] 但这是否是经院哲学诸家先验属性学说中普遍的观念呢？由于没有足够的史料支撑，这里暂无法定论。不过这里更重要的问题是，巴尔塔萨自己也曾引述过波纳文图拉此观点，是否他本人的先验属性学说中也有这种对应关系呢？

巴尔塔萨曾讲道："在三位一体的教义中，上帝是一，是善，是真，是美，因为他本质是爱，爱假定一与真善美及其统一。"[3] 上帝是圣父、圣子和圣灵的三位一体，同时因为真、善、美是上帝的三大先验属性，也就可以类比地讲上帝是真、善、美的"三位一体"。所以，在某种程度上也可以像欧科斯（Edward T. Oakes）那样审慎地论断："他将真、善、美视为互渗相寓的；事实上它们的内在交互关系对他而言是神圣三位一体三个位格的相互内在性（circumincessio）的三位一体痕迹（vestigium trinitatis）。"[4] 但是，如果将真、善、美生硬地分派给上帝的三个位格，必然会出现神学上的危险：因为圣父、圣子和圣灵虽然是三个不同位格，但本质却是一，真、善、美三大先验属性是对上帝本质的描述，也就是说圣父、圣子和圣灵三个位格都享有真、善、美三大先验属性，若将真、善、美分割给上帝的三个位格，显然这在神学上是无法立足的。当然，"美善真

---

[1] Jan Aertsen, *Nature and Creature: Thomas Aquinas's Way of Thought* (Leiden: E. J. Brill, 1988), p.381.

[2] Bonaventure, *Breviloquium*（《短论》）, I.6; see Hans Urs von Balthasar, *Theo-Logic: Theological Logical Theory* vol. II: *Truth of God* (San Francisco: Ignatius Press, 2004), p.175.

[3] Hans Urs von Balthasar, *My Work: In Retrospect* (San Francisco: Ignatius Press, 1993), p.118.

[4] Edward T. Oakes, "HANS URS VON BALTHASAR: The Wave and the Sea", *Theology Today* 62 (Oct. 2005): 364-374.

三部曲"更不能简单对应于上帝三位一体的不同位格，实际上巴尔塔萨已明确讲道："整个三位一体都是三部曲的全部三个部分的关注焦点。"[1]

第三节 美的神学形而上学

美，是一个大多数古代神学家都会涉及的题域，从古希腊教父到中世纪经院哲学，一千多年的基督教古代神学历史，已经积累了相当丰富的神学美学思想资源，这仅从布鲁内《中世纪美学研究》（*Études d'Esthétique Médiévale*，1946）三卷本的厚重篇幅中即可窥见一斑。尽管如此，除了伪狄奥尼修斯和波纳文图拉等少数神学家外，其实并没有太多神学家愿意倾注更多的热情在这个论题之上。美对大多数神学家而言，只是一个边缘性的话题，其作为神学甚至是可以完全忽略不计的。至于说从存有论或形而上学的层面给予美高度重视的神学家，在 13 世纪之前的一千多年中其实只有奥古斯丁与伪狄奥尼修斯等寥寥数人而已。13 世纪初随着经院哲学开始走向繁荣，神学界慢慢恢复对古代美学思想的兴趣。部分经院学者在对古代神哲学著作的注解中才开始意识到美学这个维度对于神学的重要性，尤其是对伪狄奥尼修斯著作（特别是《论圣名》）的评注使他们开始关注美的先验属性问题。格罗斯泰斯特、亚历山大的《神学大全》的作者们（让·德·拉·罗谢勒与孔塞德兰）、大阿尔贝特、托马斯等曾经重视过神学之美学维度的经院哲学家，几乎都无一例外地受到伪狄奥尼修斯《论圣名》（尤其是第四章）的影响，而且他们大多数都注解过此书。当然，第一个明确将美视作存在之先验属性的神学家是波纳文图拉，这个前面已经讲到。波纳文图拉作为弗朗西斯修会（Ordo Fratrum Minorum）的神学家（第七任总会长），是古代神学中柏拉图精神传统在中世纪最后的巨擘，他继承同属柏拉图

---

[1] Hans Urs von Balthasar, *Theo-Logic: Theological Logical Theory* vol. I: *Truth of the World* (San Francisco: Ignatius Press, 1991), p.20.

传统的伪狄奥尼修斯之神学美学衣钵，将美擢升为存在之第四大先验属性，并由之创立了美的神学形而上学，将美学与神学熔为一炉。所以，波纳文图拉在整个古代基督教世界绝对可以称得上是首屈一指的神学美学大宗师。在他之前，唯有奥古斯丁、伪狄奥尼修斯可与之比肩；在他之后，恐怕也就只有巴尔塔萨能够后来居上了。

1. 美在巴尔塔萨神学美学中的地位

尽管巴尔塔萨神学美学之思想来源是十分复杂的，正如本书第一章所示，其思想资源来自西方文化之各个领域、各个传统，论渊雅宏博，举世之（神学）美学思想体系恐无出其右者。但从神学美学精神传统来讲，巴尔塔萨毫无疑问是中世纪波纳文图拉的衣钵传承者，而且是波纳文图拉最重要的精神传人，因为是他在20世纪下半叶实现了神学美学的现代复兴。

尽管从学术史的角度来讲，美在12世纪中叶便被波纳文图拉等神学家接纳为存在的先验属性，但美在中世纪作为存在的先验属性并没有得到普遍认可，包括在托马斯思想中美的先验属性地位仍旧还是模棱两可、暧昧不清的。而且，即使像波纳文图拉诸人将美视为存在的先验属性，美也只能屈居末位——第四大先验属性。但是，在巴尔塔萨神学体系中，美不仅确凿无疑地与一、真、善并列享有存在之先验属性地位，而且还跃居首位，成为先验属性之魁，领袖神学三部曲，得到神学家最多的倾心关注。

在巴尔塔萨神学美学中，存在作为整体在其超越性中是指向上帝的，在存在的先验属性中，"没有先验属性（transcendentale）比美（καλόν）更具有魔力……作为最后一个先验属性，美守护其他先验属性并在它们身上烙下印记：从长远来看，没有无偿赐予的恩典之光，就没有真的或善的东西。并且，一种追随现代性，只认可真（信仰作为正确假设的系统）或只认可善（信仰作为对主体最有用和健康的东西）的基督教，会成为一种自贬身价的基督教。而圣徒们在上帝更灿烂的荣耀之光中解释他们的存在时,他们总是成为美的守护者"[1]。从这段话大致即可看出,巴尔塔萨之所以如此高度重视神学之美的维度,全力以赴建构这样古今无双的庞大神学美学体系,其实原因主要存在于神学(形而上学)、(神学)历史和(基督教)现代困境三个方面。

首先,美是存在的先验属性,它理应享有等同于真、善之本体地位,得到神学存在论或形而上学关注。事实上,真与善,包括存在自身也都根本不可能离弃美而存在。巴尔塔萨讲:"在一个没有美的世界——即使人们不会缺少这个词,而且还不断地把它挂在嘴边恣意滥用——在一个也许并非完全不存在美,但却无从见到美或重视美的世界上,善也就失去了它的吸引力,失去了它必须付诸行动的自明性。"[2] 又讲:"在一个对美不再有承认的足够信心的世界,真的证据便失去了它的说服力。换句话说,三段论推理虽然仍旧能够像转轮印刷机或每分钟准确无误地计算出准确数字答案的计算机一样,按部就班地快速运转,但这些答案的逻辑自身已经机械化,也就不再吸引任何人了,结果本身也不再具有结论性意义。"[3] 美与真、善是互渗相寓的三大先验属性,唇齿相依,唇亡而齿寒,所以巴尔塔萨称真与善都烙上美的印记没有丝毫夸张。美与真、善在先验领域中关系如此,即使是类比地转化到人类学领域,三者依然休戚相关,如巴尔塔萨所讲:"没有审美的知识,无论是理论理性还是实践理性都不可能完整实现。"[4] 真、善诸先验属性不能离开美,存在自身也不可能驱逐美,因为美是它内在之先验属性,"美的真正价值(locus)现在也就是对存在真理的本体价值(locus)的展开"[5]。所以,美对于巴尔塔萨神学体系建构意义非同小可,正如斯泰克所总结的,"最终对巴尔塔萨而言,神学反思的哲学基础中如

---

[1] Hans Urs von Balthasar, *The Glory of the Lord: A Theological Aesthetics* vol. IV: *The Realm of Metaphysics in Antiquity* (Edinburgh: T. & T. Clark, 1989), pp.38-39.

[2] Hans Urs von Balthasar, *The Glory of the Lord: A Theological Aesthetics* vol. I: *Seeing the Form* (Edinburgh: T. & T. Clark, 1982), p.19.

[3] Ibid., p.19.

[4] Ibid., p.152.

[5] Ibid.

果没有包含美这一部分的话，就没有真正的荣耀美学——因此也没有让人满意的基督教神学——可以实现"。[1]

其次，美的问题在神学中尽管长期处于一种边缘化的状态，但却始终是神学传统中持续不断的主题，是神学史的有机组成部分。如巴尔塔萨所讲："如果从先验的角度来理解美，它的定义必然来自上帝自身。而且，我们所知最切合上帝的东西——他在历史和道成肉身中的自我启示——现在对我们而言，必然成为世界中最高的美和美的原型，无论我们是否看到。教父们如此认为，实际上所有伟大的天主教神学也都这样认为。"[2] 所以巴尔塔萨断言，在基督教历史上那些最重要和最具创造性的神学中心，几乎都可以发现荣耀（美）的神学。他的《上帝的荣耀：神学美学》"神学风格研究"两卷，针对十二位神学家的神学美学思想之专题研究，首先就旨在论证这一神学史问题。他的神学美学，即是要继承这一古已有之的神学美学传统，发掘整理出这一被长期遮蔽或边缘化的神学面向，并企图在整合这些传统神学美学资源的基础上，创构出踞有神学正当性或正统性的现代神学体系——一种从美的维度建立起来的现代神学体系——守护上帝的荣耀（美）。

最后，由于自中世纪之后，美便开始淡出（天主教）神学家的视野，新教（特别是加尔文主义）对美更加漠视甚至摒弃，神学之美学维度的恢复因之成为现代（主要是20世纪）神学的重要论域，尤其是在宇宙论与人类学两条传统神学进路被（巴尔塔萨）证明无效并使现代神学陷入困境之后，复兴神学之美学维度或神学美学的重要意义因此前所未有地凸显出来。另外，现代世界除了神学失落美的维度外，美在哲学（美学）中也陷入失落其先验维度的困境。随着人类中心主义思想意识的抬头，尤其是启蒙主体性崛起，神圣性被逐渐消解，

---

[1] Christopher W. Steck, *The Ethical Thought of Hans Urs von Balthasar* (New York: The Cross Publishing Company, 2001), p.12.

[2] Hans Urs von Balthasar, *The Glory of the Lord: A Theological Aesthetics* vol.I: *Seeing the Form* (Edinburgh: T. & T. Clark, 1982), p.69.

"那些在形而上学领域内配得上荣耀之名的都消失不见了。存在不再拥有任何光辉，美从先验的维度中被放逐出去，被限制在充满张力和矛盾的纯粹尘世实体之中。只有在此前提下，美学作为严格的科学才可能。这就不再属于我们探究的对象了，我们关心的是'荣耀'而不是一种内在世界之美的维度（一个方向上它可以延伸到'崇高'，另一个方向上可以延伸到丑）"[1]。所以巴尔塔萨讲："美（pulchrum）也从希腊时代便享有的整体性中未经反思的立场上被提升出来，并被变成拥有其自身独立（separate）科学的独立'对象'。"[2] "毫无疑问，美学就其从真和善的观念中解脱出来的美的观念而言，是一门年轻的科学；美的观念的解放，是启蒙运动后期的事情——尽管文艺复兴时期已经开始这一进程，而到了德国唯心主义时代这一进程才真正完成。这不仅仅是一个方法问题，也是一个完全哲学的问题；某种程度上古典主义时代和浪漫主义时代，即施莱尔马赫、谢林、黑格尔和叔本华的时代被看作一个'审美主义'的时代。"[3] 这些话表面上看是他对现代美学独立为严格科学（审美学）的赞叹，其实巴尔塔萨对现代美学的忧虑和不信任要远远大于他的欣赏和赞叹。将美与真、善分裂，必然导致其与存在的整体性决裂，从而使之丧失固有的先验性和神圣性，成为脱离存在论或形而上学的世俗性的东西——"世俗"在巴尔塔萨神学美学中大多数时候是贬义词——并最终逸出神学美学（古典美学）的理论图景。

2. 美的神学形而上学的建立

存在是形而上学的根基。巴尔塔萨整个美的神学形而上学（神学先验美

---

[1] Hans Urs von Balthasar, *The Glory of the Lord: A Theological Aesthetics* vol. V: *The Realm of Metaphysics in the Modern Age* (Edinburgh: T. & T. Clark, 1991), p.597.

[2] Hans Urs von Balthasar, *The Glory of the Lord: A Theological Aesthetics* vol. I: *Seeing the Form* (Edinburgh: T. & T. Clark, 1982), p.79.

[3] Hans Urs von Balthasar, *Explorations in Theology* Vol. I: *The Word Made Flesh* (San Francisco: Ignatius Press, 1989), p.95.

学），就是建基于存在及其先验属性（真、善、美）学说之上的。而他的美的神学形而上学，是其整个神学美学体系的神哲学基础。所以他讲："对上帝的荣耀、善、真的神学领悟，预设了一种尘世存在的本体论基本结构，而不只是形式上的或认知的基本结构。没有哲学，也就不可能有神学。"[1] 其美的神学形而上学，正是从存在深博的奥秘（Mysterium tremendum）入手来为神学美学进行哲学奠基的。

巴尔塔萨神学先验美学关于"美"的论说，存在一种基本的二元结构张力，即美可以区分为神圣美与世俗美，或者荣耀与（尘世）美（详参第三章专题论述）。但这种二元结构的两极并非是完全对立的。而且，"荣耀"也有神圣与世俗之分；世俗美学也同样可以区分出超验美和经验美。在巴尔塔萨神学美学中，我们可以看到他早已清晰地认识到，"神学层面的荣耀与哲学层面的先验之'美'是一致的"[2]，荣耀虽"指的是神圣美"，但"荣耀——希伯来文 kābôd，希腊文 doxa——经常被《圣经》作者用来表达通过尘世形式显现的神圣光辉"[3]。这里从巴尔塔萨神学美学之形而上学层面涉及的美，自然是指先验美，先验美有其超验的一面——神圣美，但也不摒弃经验的一面——世俗美。在巴尔塔萨看来，"美的故乡就是世界"[4]，所以其神学形而上学不可能弃置经验世界之美于不顾而单纯追求超越维度之美。他认为：

一、真、善、美这些先验属性之光与哲学之光是同一的，只有它们圆融一体才能照射出来。单纯美的超验性是不可能存在的；即使是它与基督教启示之间建立起了紧密的（辩证）关系，它仍然感激叔本华的现代的审

---

[1] Hans Urs von Balthasar, *Theo-Logic: Theological Logical Theory* vol. I: *Truth of the World* (San Francisco: Ignatius Press, 2000), p.7.

[2] Hans Urs von Balthasar, *My Work: In Retrospect* (San Francisco: Ignatius Press, 1993), p.80.

[3] Christopher W. Steck, *The Ethical Thought of Hans Urs von Balthasar* (New York: The Cross Publishing Company, 2001), p. 8.

[4] Hans Urs von Balthasar, *The Glory of the Lord: A Theological Aesthetics* vol. I: *Seeing the Form* (Edinburgh: T. & T. Clark, 1982), p.69.

美的非形而上学（尽管在内贝尔看来这是多么吊诡的一件事）。在神学根基上将美实存化，将使其无法结合到本质、主体与客体及其相互交织的结构中。我们将不可能从我们接触的任何一种纯粹本质，譬如说一朵花，获得一种真正的美的原始经验。这种美的经验，凭借它的宗教根基，即可以达到应运而生的伟大神话所实现的同样的实在深度。这使我们明白，如果脱离改变自己生命的神圣召唤，对美的事物的外在热情就只是无意义的闲谈。同时，美的事件不可以完全超验化地来把握，就像它完全是来自外面和上面的一样。当把这样一种美的事件从"存在者"分离出来，将它完全归于"存在"，那么就恰恰通过建立形而上学的行为，废黜了形而上学。[1]

可见，真正的美的神学形而上学，是不可能只关注超越（神圣）美而偏废内在（世俗）美的。那种脱离经验存在的形而上学抽象，将最终抽空美学形而上学的根基。所以，巴尔塔萨美的神学形而上学，在神圣（超越）与世俗（内在）两个维度上研究美的问题。

在（世俗）美与存在关系的问题上，巴尔塔萨的神学形上美学继承了柏拉图理念论美学传统的分有思想。在他看来，"美毫无疑问是显现（Erscheinung），ἐπιφάνεια。希腊人、柏拉图、斯多亚学派、普罗提诺这样看，在他们之后中世纪那些伟大的美学神学家也这样看，他们把尘世的'美'理解为隐匿的太一的显现，他在各种各样的事物的统一秩序中揭示其超越性"[2]。正因为美是太一上帝，或最真实的存在（ens realissimum）的显现，故而它是这个最高存在的光辉，而一切万物皆分有此种光辉——"每一个创造物都是对它自身的显明（越透彻等级越高）：它自身深度的表现，它自身背景的显露，来自它本质核心的语

---

[1] Hans Urs von Balthasar, *Explorations in Theology* vol. I: *The Word Made Flesh* (San Francisco: Ignatius Press, 1989), pp.107-108.

[2] Hans Urs von Balthasar, *The Glory of the Lord: A Theological Aesthetics* vol. V: *The Realm of Metaphysics in the Modern Age* (Edinburgh: T. & T. Clark, 1991), p.599.

言；善、真、美就根基于这种（从内向外的）存在的本质运动之上。每一种显现的行为，同时就是一种存在根基的光照以及对它自身维度的测度。"[1] 所以，在巴尔塔萨美的形而上学视阈中，一切万物皆有其美的品质，存在即是美的。即使现实世界存在着（对人而言的）丑的现象，那也只是美的阴影，如巴尔塔萨所讲："美和这个世界的恐怖（丑）相互补充，就像一幅完美的绘画中的明暗搭配一样，而由于其整体是美的，上帝就被当作这样一个世界的创造者。"[2]

巴尔塔萨美的神学形而上学建构，作为其神学美学的神哲学基础，不可避免地要利用甚至依赖世俗哲学或传统形而上学的方法与范畴。但正如巴尔塔萨在《上帝的荣耀：神学美学》第一卷中所强调的："建构神学美学并不是说要将质别于神学领域的范畴（比如希腊人对世界的宗教理解），毫无评判地移植到基督教启示的领域中。神学美学的基本原则事实上是，正如这个启示是绝对的真和善，它也是绝对的美；但如果简单地禁绝移植和应用来自逻辑学、伦理学（'语用学'）和美学领域的人类范畴到启示之中，禁绝对这些范畴的类比应用，这个主张也是毫无意义的。"[3] 所以，虽然巴尔塔萨坚决反对将世俗哲学的范畴毫无评判地直接运用到神学美学的体系建构中，但实际上他对神学美学中合理地、批判地利用世俗哲学资源并不反对，不仅不反对，而且还亲躬实践并成为现代神学史上融合人文学术资源与神学精神的典范。这已突出地表现在他对世俗美学（审美学）的处理态度上。

正如本书第一章已经讲到的，巴尔塔萨并没有简单粗暴地否定现代审美学的价值，而是认为这种碎片化的美学也能反射存在整体之美的一个侧面，尘世的审美法则是可以提升到形而上学的层面的，或者说形上之美也可利用这些尘世之物

---

[1] Hans Urs von Balthasar, *The Glory of the Lord: A Theological Aesthetics* vol. I: *Seeing the Form* (Edinburgh: T. & T. Clark, 1982), p.610.

[2] Hans Urs von Balthasar, *The Glory of the Lord: A Theological Aesthetics* vol. V: *The Realm of Metaphysics in the Modern Age* (Edinburgh: T. & T. Clark, 1991), pp.647-648.

[3] Hans Urs von Balthasar, *The Glory of the Lord: A Theological Aesthetics* vol. I: *Seeing the Form* (Edinburgh: T. & T. Clark, 1982), p.607.

来达到显现自己的目的。对巴尔塔萨而言，世俗的审美学是可以被美的神学形而上学以类比的方式充分利用的，尽管它自身存在必须被后者超克的先天局限：

> 对这种类比的适用范围，我们可以提出无数的疑问和警告，但这些疑问和警告只可能涉及误用这种类比的可能性，而不是它正确的运用。类比的误用在于将上帝的启示及其形式，不仅附属于形而上学以及个人、社会的伦理学法则，还附属于此世美学的法则，而不尊重已在上帝的作品中足够清晰地显现出来的权威。这种误用在美学中更为常见且过分，因为美学比天生便有疑问的尘世形而上学或伦理学更吸引人，且更能说服人。大多数人都不敢坚信世界本质的终极性质，或人类行为的终极正当性。但是，那些已经被自然中、人生中及艺术中的尘世之美内在地影响了的人，无疑不会坚持他们缺乏关于什么是美的真正观念。美具有一种无须沉思即可启明的自明性。这便是为什么当我们以美的范畴接近上帝的启示时，我们自发地就带上了这种尘世形式的范畴。只有当这种此世的美学与启示的超越形式不相吻合时，我们才会突然惊讶地停下来，本于严谨负责的态度不再继续走下去。在那一点上，对我们而言，将我们认为的美运用到启示的范围，要么只是一种对美的"狂热的"随心所欲的运用，这最多显露为一种幼稚的狂热——一种因为其启发性的影响可以被容忍的误解——要么，因为上帝之言的原始性和无与伦比的优越性，出于敬畏，我们将禁绝对美学范畴的扭曲的、轻忽的运用，实际上这根本是一回事。[1]

巴尔塔萨美的神学形而上学作为神学先验美学，可以说是神学视阈中的美学形而上学，也可以说是神学形而上学视阈中的美学。作为其神学美学哲学根基的奠立，巴尔塔萨美学形而上学的建构，是一项复杂的哲学工作。巴尔塔萨

---

[1] Hans Urs von Balthasar, *The Glory of the Lord: A Theological Aesthetics* vol. I: *Seeing the Form* (Edinburgh: T. & T. Clark, 1982), pp.36-37.

虽然没有在其《上帝的荣耀：神学美学》中专辟章节论述这一问题，但对这种形而上学思想的阐述，始终是关于神学美学论证的一个基础性题域。其美的神学形而上学，不仅为神学美学体系建构提供形而上学基础，同时也为神学古典美学与哲学古典美学的沟通提供了对话的基础。

结语

因为"存在"是形而上学的基本问题，所以，存在问题也必然成为神学形而上学的基本问题。巴尔塔萨美的神学形而上学正是建立在存在问题的神学奠基之上的。巴尔塔萨神学美学之本体论，是古希腊哲学之存在论与基督教神学之上帝观融合的产物。其（神圣）存在的（真善美）先验属性学说，亦是对萌发于古希腊哲学而成熟于中世纪经院哲学的先验属性学说的继承与发展。在此基础上，他在神学领域里建立起美学形而上学，为其神学美学奠定基础。这一奠基，是巴尔塔萨神学美学作为古典美学的根本保障。因为，美学存在本体论是古典美学理论的基本特征。

巴尔塔萨美的形而上学建构，继承了中世纪神学美学的存有论，吸收了哲学传统中的存在论思想，并在神圣美与世俗美的双重维度上深化这一基础学说，形成神学先验美学。这种对古典美学存有论的现代综合，为古典美学现代复兴中的本体论建构树立了范本。尽管如此，巴尔塔萨的神学美学存有论毕竟属于一种神学形而上学建构，所以，任何古典美学的现代重构或普世性（古典）美学的体系建构以之为参照时，都应谨慎对待其神学立场的相应局限。

当下汉语古典美学的复兴与重建，在其形而上学奠基方面，情况就比较特殊了。因为汉语传统思想中一向没有"存在"这样的西方形而上学概念，汉语学界自然不可能从自身传统中开掘出类似西方神哲学传统的存在本体论，为其古典美学之体系建设奠基。但这也并不是说汉语古典美学传统没有本体论或形而上学的理论空间。当代汉语美学界，实际上完全可以从自身丰富的形而上学传统中开掘出自身的美学本体论，譬如从道家美学传统开掘出以"道"为核心基础的自然形而上学，从儒家美学传统开掘出以"仁"为核心基础的道德形而上学，从佛家美学传统开掘出以"空"为核心基础的般若形而上学，等等。总之，从不同的途径构建美学本体论，并会通西方古典美学的存有论，为汉语古典美学的复兴找到一条普世性的形上美学建构道路。这里，巴尔塔萨神学形上美学所树立的范型，无疑可以作为一种有益的参考。

第三章　美的结构

引言

关于美的结构层次，从古至今美学家基于自身立场或理论目的——基于不同标准而提出的区分不胜枚举，如苏格拉底认为美有美本身和显现之美的区分，柏拉图则将物体之美与抽象线条之美区分开来，斯多葛学派将美区分为肉体之美和精神之美，西塞罗将美分为庄严之美（dignitas）与标志之美（venustas），格罗斯泰斯特将美区分为数目中的美和优雅中的美，安德烈认为美有本质之美和自然之美，康德将美分为自由美（pulchritudo vaga）和依附美（pulchritudo adhaerens），等等。[1] 由于美可以基于不同标准做出不同的结构层次划分，所以，这里首先需要限定的是，本章所谓的美的结构，不是指基于审美对象标准的横向版块划分，如现代美学理论中寻常所见的自然美与社会美或现实美与艺术美之类的审美对象范围划分，它指的是美内在的纵向层次结构划分。

早在古希腊时代，苏格拉底、柏拉图便曾对这种美的内在纵向层次结构提出过自己的观点。如在《会饮篇》（Symposium，210A—211C）中，借第俄提玛（Diotema）的名义，柏拉图以苏格拉底之口表明，美可以通过爱（eros）从最低等级上升到最高等级的美：形体之美→心灵之美→行为和制度之美→知识之

---

[1]〔波〕瓦迪斯瓦夫·塔塔尔凯维奇：《西方六大美学观念史》，刘文潭译，第 145 页。

美→美本身。[1] 尽管柏拉图美学中对美的层次有多达五级划分，但实际上，除了美本身（auto to kalon）外，其他层次的美，无论是最低级的形体之美还是（仅次于美本身的）最高级的知识之美，都是属人之美，衍生之美，也就是相对之美。只有美本身或美的理念是原初之美、绝对之美（尽管美本身后面还有善的理念这个"终极实体"）："这种美是永恒的，无始无终，不生不灭，不增不减的"；"一切美的事物都以它为泉源，有了它那一切美的事物才成其为美，但是那些美的事物时而生，时而灭，而它却毫不因之有所增，有所减"。[2] 由之可见，柏拉图美的结构学说本质上是一种理念二元论的衍生形式，也就是说，柏拉图美的五种层次是在绝对与相对之美的二元论整体框架下进行划分的，前四者——形体之美、心灵之美、行为和制度之美、知识之美只是在相对美的层面进行的进一步细化区分，都属衍生层面的美，按现代审美学对象范围的划分，它们是对应于上面所讲的自然美或社会美这些领域的。柏拉图这里美的根本二元结构是由美自身（本体美）与事物美（衍生美）的两个维度构成的。

柏拉图的这一思想被普罗提诺继承和发展。众所周知，在普罗提诺的宇宙图景中，太一流溢产生 nous（理智、精神、理性、心智），再由 nous 流溢出灵魂，最后由灵魂将太一之光流向物质。普罗提诺的美的结构学说也在这一宇宙图景构架下展开："美，这种与善同为一体之美，必须放在太一的位置上：从太一直接生成理智，理智即是美的最高表现；灵魂因理智而美。其余较低层次的事物如行为、事务中的美，则来自灵魂的运作，灵魂是感官世界之美的创造者。"[3] 其美的结构是从太一逐层流溢、下降的：（太一美→）理智美→灵魂美→感官美。明显可见，普罗提诺关于美的结构学说源自柏拉图，不过却比柏拉图的学说更具有形而上学的系统性。他这里所谓的美善同一的太一之"美"，实

---

[1] Plato, *Symposium*, 210A—211E,〔古希腊〕柏拉图：《柏拉图文艺对话集》，朱光潜译，第 214—216 页。另参见王太庆译，《柏拉图对话集》，商务印书馆 2004 年版，第 336—338 页。

[2] Plato, *Symposium*, 211A—B,〔古希腊〕柏拉图：《柏拉图文艺对话集》，朱光潜译，第 215 页。

[3] Plotinus, *The Enneads*, V.6.6, see Stephen MacKenna trans., *The Enneads* (London: Penguin Books, 1991), p.52.

际上就柏拉图那个隐匿在美的理念背后的"终极实体"——善的理念之"美";而他所谓的理智美,才是对应于柏拉图的美本身的。[1] 在美的结构学说上,普罗提诺比柏拉图更具系统性,首先固然是因为相对柏拉图片言只字的观点而言,他对此问题有专门系统的阐述(主要集中在《九章集》第一卷第六章);此外更重要的是,其美的结构学说具有以流溢说(或光照论)为形而上学基础的系统支撑,并且他还结合亚里士多德的形质论(Hylemorphism)加以系统阐释。在他看来,从太一(至善)向物质层的流溢,层层相因,上一层就好比下一层的形式因,下一层则好比上一层的质料因,所以物质美必须以灵魂美为形式因,灵魂美则必须以理智美为形式因,理智美最后必然须以太一之善为形式因:"善位于(理智)美的后面,是美的源泉和准则";"把理智世界看作一,太一就是原初之美"。[2] 不过普罗提诺讨论美的结构时,他也同柏拉图一样,基本上对太一这个终极实体之美是悬置不论的,他的美学中,一般来讲,理智美,即美的理念就是最高的美,万物之美皆以其为理念原型:"理智中的一切理念都是美的","所有的美都来自美的理念,而理念是理智存在的本质和产物"。[3] 一切事物之所以是美的,无论是有形的物质美(感性美),还是无形的精神美(灵魂美),都在于它们分有了美的理念形式。由之可见,他的美的结构学说同柏拉图是一样的,都是一种理念论二元结构模式。

中世纪基督教神学美学本于自身的宗教圣俗二元论神学基础结构,充分吸纳、继承了柏拉图主义或新柏拉图主义的此种美的二元结构模式。奥古斯丁将美分为物质美、精神美和上帝之美三个层次,明显就受到新柏拉图主义美学的影响,而这种影响还更加深刻地表现在其美的结构之二元划分上面。在《忏悔录》(Confessiones)中,他讲:"我的天主,我的光荣,就在这一方面我也要歌

---

[1] Plotinus, *The Enneads,* V.6.6, see Stephen MacKenna trans., *The Enneads* (London: Penguin Books, 1991), p.55.

[2] Ibid.

[3] Ibid.

颂你，向为我而自作牺牲的祭献者献上歌颂之祭，因为艺术家得心应手制成的尤物，无非来自那个超越我们灵魂、为我们的灵魂所日思夜想的至美。创造或追求外界的美，是从这至美取得审美的法则，但没有采纳利用美的法则。这法则就在至美之中，但他们视而不见，否则他们不会舍近求远，一定能为你保留自己的力量，不会消耗力量于疲精劳神的乐趣。"[1] 美从根本上被奥古斯丁分为至美（上帝之美）与造物美两个层次。上帝是一切创造之美的源泉："我们的眼睛喜爱美丽而变化无穷的形体、璀璨而给人快感的色彩……但这些事物并不能主宰我的心灵，能主宰它的只有上帝，上帝的确使这一切成为富有价值的美好之物，但我的美好之物只有上帝……"[2] 造物美（物质美和精神美）都是从上帝而产生的，造物美是对上帝至美（prima pulchritudo）的模仿或投影。

同是深受新柏拉图主义影响的伪狄奥尼修斯，则更加直接干脆地认为，人们应该对美和同时包容所有美的原因之至美加以二元区分："我们在可理解的事物中可以看到被分有的属性和分有属性的物体之间有不同。我们把分有美的物体叫做'美'，把作为万物中美的原因的那一要素称作'至美'。"[3] 至美是全善全美的，超越于一切美的事物，它是永恒不变的美，是美的终极原因，它美的根据在其自身——本质上至美与太一、至善都是上帝的名字。如伪狄奥尼修斯所言："它在自身中，根据它自身，便是独特的和永恒的美。它在自身中便是一切美的事物的超级丰盛的美之泉源。"[4] 可见，美的结构在伪狄奥尼修斯这里，直截了当地划分为（尘世）美与（神圣）至美两极结构。

中世纪基督教美学中这种柏拉图式美的结构学说，在神学美学大宗师波纳文图拉的著作中达到一种空前绝后的系统化或烦琐的巅峰。譬如在《心向上帝

---

[1] Augustine, *Confessiones*, 10.34, 参见〔古罗马〕奥古斯丁：《忏悔录》，周士良译，商务印书馆2008年版，第218—219页。
[2] 〔波〕沃拉德斯拉维·塔塔科维兹：《中世纪美学》，褚朔维等译，第78页。
[3] Pseudo-Dionysius, *De Divinis Nominibus*（《论圣名》）4.7, 参见（托名）狄奥尼修斯：《神秘神学》，包利民译，1996年版，第30页。引文有修改。
[4] Pseudo-Dionysius, *De Divinis Nominibus* 4.7, 参见（托名）狄奥尼修斯：《神秘神学》，包利民译，第31页。

的旅程》(*Itinerarium mentis in Deum*, 1259) 这部著作中，波纳文图拉所描述的心灵回归上帝的上升历程分为三个阶段：首先通过自己身外的痕迹以及在这痕迹中默观上帝；其次通过自己内部的肖像以及在这肖像中默观上帝；最后通过凌驾于我们之上的存在与至善默观上帝。这三个阶段所揭示的美学意涵，首先是肉体感官经验到的上帝在有形世界留下的痕迹中的感性美；接下来是心灵通过内部感官经验到的精神美；最后是通过对上帝的沉思领悟到的超越于心灵之外的原初美（上帝之美）。因此，由这三个阶段涉及的物质、精神、神圣存在等不同审美默观对象，产生了三种美学层次划分：物质美、精神美和上帝之美。[1]在前一章所涉及的那篇波纳文图拉早期神学美学手稿（*De transcendentalibus entis conditionibus*）中，也讲到和谐或比例作为美的特质时，其应用便导致美呈现出三级分化：部分的和谐产生自然美；理念或形上原则的和谐则产生精神美；而在上帝中，因为他不仅拥有最高程度的精神美，也拥有秩序的最高和谐，所以在他里面是最高美。[2] 波纳文图拉不仅对美作此三个层次的区分，还对其中的物质美和精神美另作细致的划分，如精神美在他看来还可分为天使之美和人类灵魂之美，而其中人类灵魂之美又可再划分为人类灵魂的自然美和超自然美两种[3]——波纳文图拉美学研究的代表性著作，斯帕高修女（Sr. E. J. M. Spargo）的《圣波纳文图拉哲学中的美学范畴》一书近半的篇幅便纠缠在这三个层次之美的清理上，可见这个学说已被波纳文图拉发展到何其复杂或烦琐的地步！不过正如斯帕高修女所见，波纳文图拉美的结构学说尽管烦琐，其实仍旧完全是

---

[1] 详参拙论《波纳文图拉光照论的神学美学意涵——兼论其渊源及其对现代神学美学的意义》，《基督教文化学刊》（第 20 辑），宗教文化出版社 2008 年版。

[2] "Aliter dici potest quod est congruentia partium, est congruentia rationum, est congruentia ordinis. Prima est pulchritudo in corporalibus, secunda in substantiis spiritualibus creatis…et in Deo est summa congruentia ordinis et summa congruentia rationum: ideo est summa pulchritudo." See Edgar de Bruyne, *Études d'Esthétique Médiévale* vol. II (Paris: Albin Michel, 1998), p.191. See also Sr. E. J. M. Spargo, *The Category of the Aesthetic in the Philosophy of Saint Bonaventure* (St. Bonaventure, N.Y.: Franciscan Institute, 1953), p.37.

[3] Sr. E. J. M. Spargo, *The Category of the Aesthetic in the Philosophy of Saint Bonaventure* (St. Bonaventure, N.Y.: Franciscan Institute, 1953), p.72.

放置在神学基本二元论结构框架下来建构的：创造美（物质美和精神美）与非创造美（上帝之美）。[1]如波纳文图拉在《独白：论心灵的四种操练》（*Soliloquium de Quatuor mentalibus exercitiis*，1259）中以灵魂的口吻向上帝所做的告白便呈现出这一基本二元结构："现在我认识到并羞愧地承认：受造物的美丽和动人已迷惑了我的双眼，我忘记了你比任何受造物都更为美丽动人，是你将你那无可估量的美丽的点滴赋予了万物。"[2]本质上来看，物质美和精神美都来自上帝的创造，虽然绚丽，却是有限的"创造美"；而上帝之美作为原初之美，是自有永有、无始无终、不生不灭、无穷无尽的"非创造美"。

基督教神学美学中美的结构学说，基本上都是在这种柏拉图式的圣俗二元论框架下生成的，包括神学美学史上那些所谓的亚里士多德分子（如托马斯、马里坦等）也都对超越之美与内在（审美）之美做了严格的基本神学层次区分。在古典美学传统中，关于这一二元对立的美的结构存在多种表述方式，如理念美与感性美、本质美与表象美、形式美与物质美、原初美与衍生美、先验美与经验美、绝对美与相对美、终极美与创造美、超越美与内在美、超自然美与自然美、太一之美与万物之美、上帝之美与世界之美、天国之美与尘世之美、神学之美与审美之美、彼岸之美与此岸之美、无形之美与有形之美，等等。其实种种术语本质上想要表达的是同一种美的结构区分。这种二元结构划分，在基督教神学论域完全可用神圣美与世俗美这一术语对举作为总括。不过需要注意的是，在这一美的二元结构划分中，神圣美与世俗美绝不是完全对等的两极。虽然基督教神学美学将美区分为神圣美与世俗美两个基本维度，但在其神学意识形态和柏拉图理念论的双重影响下，神圣美无疑才是这一美学二元论的重心，神圣美相对世俗美，具有不可替代或僭越的价值优位，世俗美始终统驭于神圣美。

---

[1] Sr. E. J. M. Spargo, *The Category of the Aesthetic in the Philosophy of Saint Bonaventure* (St. Bonaventure, N.Y.: Franciscan Institute, 1953), p.x.

[2] Bonaventure, *Soliloquium*, 1.12. 参见〔意〕波纳文图拉：《中世纪的心灵之旅：波纳文图拉神哲学著作选》，溥林译，华夏出版社 2003 年版，第 62 页。

在基督教美学中，神圣美与世俗美这一基本二元结构从教父时代一直延续至今，并葆有旺盛的理论活力。在巴尔塔萨神学美学中，神圣美与世俗美的二元对立或张力便是贯穿其整个体系的基本主题，几乎随处可见，但二者却又如此珠联璧合地铆合在一起，在其神学美学中形成一个理论整体。这里面的奥秘主要在于"美的类比"（analogia pulchri）。

第一节　美的类比基础

神圣美与世俗美这一基本二元结构关系[1]，是巴尔塔萨神学美学中的根本主题之一。正如巴尔塔萨研究者们所见，《上帝的荣耀：神学美学》关注的焦点在"尘世之美与神圣荣耀的对比，即柏拉图的 kalon（美）与《旧约》中上帝的 kabod（荣耀）以及《新约》中完全显现的基督的 doxa（荣耀）之间的对比"[2]；"他的整个神学工作就是要回答世俗美怎样才能在神圣美的光照中被注意到，而不与之混为一谈"[3]。虽然《上帝的荣耀：神学美学》中作者没有开辟专门章节集中探讨这一主题，但这一主题贯穿全书，所以某种程度上也可以说全书都是在探讨这一主题。尽管如此，巴尔塔萨暮年的时候仍专门撰写了一篇文章——《尘世之美与神圣荣耀》，刊载于1982年11月卷的德文版《团契》（*Communio*）上，简略而且浅白地说明了这一关系主题的大致内涵。在他看来，尘世之美与神圣荣耀间的密切关联和（更大的）差异都是明显的："被称为造物的'美'的东西，与被当作'荣耀'（kābôd, doxa, gloria）的神圣存在的崇高属

---

[1] 这一关系主题，巴尔塔萨通常表述为"（神圣）荣耀与（尘世）美"，在不同语境中他也表述为"绝对美与相对美"、"超自然（先验）美与自然美"等等。

[2] Edward T. Oakes, "HANS URS VON BALTHASAR: The Wave and the Sea", *Theology Today* 62 (Oct. 2005): 364-374.

[3] Stephan van Erp, *The Art of Theology: Hans Urs von Balthasar's Theological Aesthetics and the Foundations of Faith* (Leuven: Peeters, 2004), p.55.

性是一致的";"尘世之美总是在有限存在物或者通过有限实体的和谐一致中呈现为有限的,而被看作绝对存在和无限本体——唯一永恒生命的两个方面——的神,则将超越一切和遍及一切的不可分割的荣耀,照进他者。"[1]

但关于这一基础性神学美学主题的梳理,巴尔塔萨这篇短文显然有其难以回避的局限,即它过分简略而根本无法充分呈现这一基本神学美学主题的丰富内涵。故而仍旧需要对这一关系主题重新进行一番清理,以求清晰展现巴尔塔萨神学美学这一基础性主题之内在丰富性。浪漫主义诠释学曾经有个口号:"比言说者理解他自己更好地理解言说者。"[2] 这是在费希特甚至康德哲学中就有的观念,现在运用在这里,便是要比巴尔塔萨理解他自己更好地理解巴尔塔萨。

在巴尔塔萨看来,神圣美与世俗美,"这两个领域之间存在类比,而不是同一性"[3]。类比是他处理神学美学这个两极结构的基本原则。"实际上,巴尔塔萨神学美学就是建立在对美的审美沉思和对基督中上帝启示的感知之间的类比上的。"[4] 不仅如此,巴尔塔萨的类比思想作为一种基础性的哲学(神学)思维其实是贯穿于其整个(真、善、美三部曲)神学体系的,"'类比'是其神学的特色"[5]:

> 从第一部到最后一部,三部曲是对应于存在的先验属性的,尤其对应于类比,即它们在造物存在与神圣存在中的地位和形式的类比。因此,在美学中存在尘世之"美"与神圣"荣耀"的类比,在戏剧学中存在尘世有

---

[1] Hans Urs von Balthasar, "Earthly Beauty and Divine Glory", *Communio* 10 (Fall 1983): 202-206.

[2] Friedrich Schleiermacher, *Hermeneutics and Criticism and Other Writings* (Cambridge: Cambridge University Press, 1998), p.266.

[3] Hans Urs von Balthasar, *The Glory of the Lord: A Theological Aesthetics* vol.I: *Seeing the Form* (Edinburgh: T. & T. Clark, 1982), p.317.

[4] Michael Waldstein, "An Introduction to von Balthasar's The Glory of the Lord", *Communio* 14 (Spring 1987): 12-33.

[5] Christophe Potworowski, "An Exploration of the Notion of Objectivity in Hans Urs von Balthasar", in Ed Block (ed.), *Glory, Grace, and Culture: The Work of Hans Urs von Balthasar* (New York: Paulist Press, 2005), p.69.

限自由与神圣无限自由的类比。同样的道理，我们在这部神学逻辑学中的任务，就是反思造物真理的结构与神圣真理的结构之间的类比关系。[1]

当然，这里主要涉及的是神学美学中美与荣耀的类比。但作为类比，其实三部曲中的诸种类比思想渊源是相同的，都源自古代神哲学中的"存在的类比"（analogia entis）思想。不过在巴尔塔萨神学美学中，巴尔塔萨不仅从普茨瓦拉等天主教神学家那里继承了神学传统中古已有之的"存在的类比"思想作为神学建构的根基原则，还吸收了当代新教神学家卡尔·巴特等人极力主张的"信仰的类比"（analogia fidei）等思想要素，并最终在神学美学中形成独异的"美的类比"（analogia pulchri）思想[2]，成为荣耀神学体系的内在支撑骨架。

1. 古代形而上学中的类比思想

类比，是哲学和神学形而上学领域一个基础性的范畴，如道明会（Ordo Praedicatorum）托马斯学派大德迦耶坦（Thomas de Vio Cajetan, 1469—1534）在《论名称类比》（*De Nominum Analogia*, 1498）中所讲："此概念（类比）是如此重要，缺少它，任何人均无法研究形上学"[3]。类比一词德文作 Analogie，英文作 analogy，拉丁文作 analogia，皆源自希腊文 αναλογια 或 ανα-λογος。希腊文 αναλογια（类比）由介词 ανα 和名词 λογια，ανα 表示从下往上之意，λογια 表示语言、观念、思想、逻辑等，二者合在一起，就有向上追溯、追本溯源的字面意

---

[1] Hans Urs von Balthasar, *Theo-Logic: Theological Logical Theory* vol. I: *Truth of the World* (San Francisco: Ignatius Press, 2000), p.7.
[2] "美的类比"在巴尔塔萨神学美学中享有基础性的原则地位，这一点巴尔塔萨神学美学研究方面的学者早已认识到。20世纪80年代中期，瑞奇斯（John Riches）——此翁曾与费希奥（Joseph Fessio）联合美国与英国的学者，共同主持巴尔塔萨《上帝的荣耀：神学美学》全本英译——所编的一部研究巴尔塔萨神学美学的文集即取名《美的类比》，参见 John Riches (ed.), *The Analogy of Beauty: The Theology of Hans Urs von Balthasar* (Edinburgh: T. & T. Clark, 1986)。
[3] 曾仰如：《十大哲学问题之探微》，新庄市：辅仁大学出版社1991年版，第2页。

义，当然，它的实际含义是相似、类似、比较、比例、类比等——虽然现在一般译作"类比"，但在古代它也普遍地作为"对比"（comparatio）、"比例"（proportio/proportionalitas）等概念来使用（参见柏拉图、亚里士多德、西塞罗、昆体良、托马斯诸人的著作）。[1] 本质上，类比是介于同一（identity）与区别（difference）、同义性（univocity）与异义性（equivocity）之间的一个概念，只有在不是完全不同也不完全相同，既不是完全确定（清晰）也不是完全不确定（暧昧）的情况下，类比才可能作为一种中间性（中庸性）关系原则在思想中出场。在哲学中，类比主要用来对存在之"一"与"多"的关系作形而上学的诠释（存在即绝对类比）；在神学中，则主要用于对上帝与世界（造物）的关系进行解释（基督即绝对类比）。

类比观念在人类思想史上源远流长，其作为思维方式或认知方式甚至可远溯至原始先民之巫术思维[2]，不过到了古希腊时代人类才真正开始主动地运用类比这一观念来进行理性探索，类比（αναλογια）这一术语便是古希腊人进行数学思考时创造的。而从哲学方面来讲，前苏格拉底时期赫拉克利特便已运用类比观念来思考存在的问题。不过，最早使用并且在一种哲学学说的层面上使用类比概念的，还是柏拉图。他使用此概念来表示宇宙与神之间，城邦正义与灵魂正义之间，以及其他各种事物之间的相似性（比例）。[3] 本质上，柏拉图是通过其理念论的分有学说来树立起类比的哲学思想的。[4] 柏拉图的类比学说主要通过新柏拉图主义的发展对古代基督教神学产生深刻影响，此外，作为在中

---

[1] 曾仰如：《十大哲学问题之探微》，第5页。
[2] 参见〔法〕列维·布留尔：《原始思维》，丁由译，商务印书馆1997年版；〔英〕J. G. 弗雷泽：《金枝》，徐育新、汪培基、张泽石译，新世界出版社2006年版。
[3] Plato, Timaeus, 30A—32C, 参见〔古希腊〕柏拉图：《柏拉图全集》（第三卷），王晓朝译，人民出版社2003年版，第281—283页。
[4] 参见丁福宁：《柏拉图的本体类比》，《哲学与文化》第29卷第10期（2002.10）：873—890。西方哲学界对柏拉图的类比思想存在争议，有学者认为在柏拉图政治哲学中关于城邦与灵魂的类比，实际上是混淆了不同的类比原则，参见 Bernard Williams, "The Analogy of City and Soul in Plato's *Republic*", in E. N. Lee, A. P. D. Mourelatos and R. M. Rorty (eds) *Exegesis and Argument: Studies in Greek Philosophy Presented to Gregory Vlastos* (Assen: Van Gorum & Company B. V., 1973), pp.196-206; Robert William Hall, "Plato's Political Analogy: Fallacy and Analogy?", *Journal of the History of Philosophy* (Jan. 1974), 12 (4), pp.419-435; etc。

世纪早期译为拉丁文并流传下来的少数几篇希腊哲学经典之一，柏拉图《蒂迈欧篇》（Timaeus）中包含的类比思想，可能也对基督教类比神学思想的形成产生过直接影响。

其实，尽管柏拉图哲学中类比的思想雏形已具，但由于柏拉图自身并未对类比的概念详加阐述，故而亚里士多德才应该是古希腊真正奠定类比形而上学观念的哲学家。亚里士多德《形而上学》（Metaphysica）、《范畴篇》（Categoria）、《诗学》（peri Poietikes）等著作皆对类比观念作了较为详尽的分析，并在哲学上对类比的思想有所发展。对他而言，类比可以看作一种特殊的隐喻：''隐喻是对借来之词的使用，或者从种借来用于属，或者从属借来用于种，或者从属借来用于属，或者通过使用类比。''[1]这种（"隐喻"）类比指向两种同层次之物之间的相似性关系，本质上是"比例类比"（analogy of proportionality）的原型。在形而上学中，他又发展另一种类比思想。他认为，存在就像"健康"诸词一样具有多义性，可类比应用于多种事物之上，如身体、皮肤、语言等。也就是说，存在具有一种普遍性，其所关涉之物皆归于某种共同的东西或中心：''如此则存在有多种意义，但全部都与一个本原相关。''[2]不过在他看来，存在是"一切普遍中最普遍的"[3]，其普遍性超乎一切族类之上，"亚里士多德已经把这个超越的'普遍（者）'的统一性视为类比的统一性，以与关乎实事的最高族类概念的多样性相对照。不管亚里士多德多么依附于柏拉图对存在论问题的提法，凭借这一揭示，他还是把存在问题置于全新的基础之上了"[4]。在存在的这种绝对超越的普遍性中，世界上一切相对事物都从中分享属性，由之，亚里士多德的这种（存在分有说）类比思想成为"归属类比"

---

[1] Aristotle, peri Poietikes, 1457b, 参见〔古希腊〕亚里士多德：《亚里士多德全集》（第九卷），苗力田主编，中国人民大学出版社1994年版，第673页。

[2] Aristotle, Metaphysica, 1003b, 1061a-b, 参见〔古希腊〕亚里士多德：《亚里士多德全集》（第七卷），苗力田主编，中国人民大学出版社1993年版，第85、245—247页。

[3] Aristotle, Metaphysica, 1001a, 参见〔古希腊〕亚里士多德：《亚里士多德全集》（第七卷），苗力田主编，第79页。

[4]〔德〕海德格尔：《存在与时间》，陈嘉映、王庆节译，生活·读书·新知三联书店1999年版，第4页。

（analogy of attribution）的原型理论。这两种类比思想，是类比思想最为基础的两种类型。尤其是"归属类比"思想，经由经院哲学的继承和发扬，成为基督教神学形而上学的基本类比范式，这里亟须深入探讨的巴尔塔萨神学美学中的类比学说，即主要属于这一范式的现代衍化。

亚里士多德虽然对类比哲学观念作了比较充分的阐释，但毕竟离系统化的哲学学说还有距离。诚如曾仰如所见，从古希腊到教父时代，都还不曾发展出一套完整而明确的类比学说，一直到经院哲学时代这一学说才趋于完善，尤其是经由托马斯及其后学的努力，这一形而上学学说终于在神学中成形。[1] 尽管如此，亚里士多德的类比哲学观念，包括他关于形式与质料、现实与潜能的学说，为托马斯神学形而上学的类比学说的成熟，奠定了哲学基础。

类比思想贯穿于托马斯大多数著作之中，但在他的《亚里士多德形而上学评注》中，可以直接看到他的类比概念的思想来源及其发展。譬如在对亚里士多德《形而上学》第十一卷第三章（1061a-b）的评注中，他讲，很明显所谓类比词是介于同义词与异义词中间的一种用法。就同义词（单义词）而言，同一词意指不同事物意义完全相同，如表示有感觉的生命自由个体的"动物"一词，乃包含了"马"和"牛"；就异义词而言，则同一的名词可意指不同的事物与完全不同的意义，如"犬"（Canis）一词，很清楚既可指星座，同时又确实是指一种动物。所以在类比词而言，一个名词意指不同的事物时，其意义是部分相同，部分不相同。[2] 类比，一方面既是同义词又是异义词，另一方面既不是同义词又不是异义词，它是同义词与异义词的中间环节，但不是简单的折中，而应该是更接近后者的。不过，类比概念的划分，一般原则却是根据与前者的远离程度或方式，"换句话说，类比概念的种类应以此概念，如何与同义词的意义

---

[1] 曾仰如：《十大哲学问题之探微》，第7页。
[2] St. Thomas Aquinas, *Metaphysica*, XI, lect.3, n.2197, see *Commentary on the Metaphysics of Aristotle* (Chicago: H. Regnery Co., 1961), p.788.

之不同程度而定是更科学化的"[1]。托马斯检视了人类思想中许多种类型的类比，不同的地方对类比的分类存在不同的标准，故在其经院哲学中也产生了许多不同的类比名称，譬如模仿类比（analogia imitationis）、比例类比（analogia proportionalitatis）、归属类比（analogia attributionis）等。鉴于本节篇幅及论述重心所限，这里不一一梳理这些类比名称及分类方法，而仅就后来在士林哲学传统中被认为是最为核心的分类——比例类比（analogy of proportionality）与归属类比（analogy of attribution）——稍作概述。

至少在《论真理》（De Veritate）一书中，托马斯已经能够比较明确地区分比例类比与归属类比。[2] 按照士林哲学的传统诠释，所谓比例类比，是指同一层次的事物之间的类比，是平等事物间关系的类比，类比极（analogates）之间不存在主次之分或绝对与相对之分。比例类比，又可分原义比例类比（analogy of proper proportionality）和非原义比例类比（analogy of improper proportionality）。前者的特征是比例类比中类比词的意义为所有类比极所共有；后者的特征是比例类比中类比词的意义只为一个类比极所真正拥有，在其他类比极中是找不到的。后者又称比喻类比（analogy of metaphor），甚至被托马斯当作独立于归属类比与比例类比之外的一种类比类型。所谓归属类比，是指不同层次的事物之间的类比，其中一个类比极是绝对的、独立的、主要的，其他类比极是相对的、依附的、次要的。归属类比又区分为内在归属类比（analogy of intrinsic attribution）和外在归属类比（analogy of extrinsic attribution）：前者的特征是类比词的意义在主次类比极中都存在，但类比极之间的关系主要是因果关系、独立与依赖的关系；后者的特征是类比词的意义只在主要类比极中才存在，次要类比极中没有，类比极之间的关系主要是因果关系。[3] 托马斯神学形而上学早

---

[1] 曾仰如：《十大哲学问题之探微》，第12页。
[2] 关于托马斯类比思想，可参见 Bernard Montagnes, *The Doctrine of the Analogy of Being According to Thomas Aquinas* (Milwaukee: Marquette University Press, 2004); George P. Klubertanz, *St. Thomas Aquinas on Analogy: A Textual Analysis and Systematic Synthesis* (Chicago: Loyola University Press, 1960); etc。
[3] 曾仰如：《十大哲学问题之探微》，第21页。

期侧重比例类比，后期则主要关注的是内在归属类比，因为这是解释上帝与造物世界关系最恰切故也是重要的方式——这是柏拉图主义与亚里士多德主义所共享的类比方式。这种内在归属类比应用在神学形而上学领域，揭示存在与存在者、上帝与造物的关系，即通常所讲的存在类比（analogia entis）。虽然托马斯没有使用过这个术语（这个术语是苏阿雷斯推广普及的），存在类比却是他全部神学的基础，正是由于存在类比，人才能够以一种可企及的方式来理解天主的启示，神学的正当性也即在此。当然，与其说存在类比是托马斯神学的基础，毋宁说存在与本质的"实质区别"（distinctio realis）才是其神学的基础。本质上，实质区别也"是存在类比的神学根基"[1]。

总之，从神学形而上学角度来讲，类比思想在托马斯神学体系中达到一种全面成熟的理论状态，并成为天主教神学的核心解释原则。他的类比学说为后世提供了类比的权威理论范式，深深影响了迦耶坦、苏阿雷斯、普茨瓦拉、施维特（Gustav Siewerth）和乌尔里希（Ferdinand Ulrich）等历代天主教神学家，并通过普茨瓦拉、施维特、乌尔里希等深刻影响了巴尔塔萨神学类比学说的形成。不过，关于存在类比这条神学原则，从教义学的历史来看，远在托马斯之前便已存在，至少在《迦克墩信经》（Chalcedon Creed，451）基督论教义中已经明确[2]，后来第四次拉特朗大公会议（Lateran Council IV，1215）为反驳灵知派约阿希姆（Joachim of Fiore，1145—1202）更进一步发展该条教义："在创

---

[1] Stephan van Erp, *The Art of Theology: Hans Urs von Balthasar's Theological Aesthetics and the Foundations of Faith* (Leuven: Peeters, 2004), p.111.
[2] 《迦克墩信经》：我们跟随圣教父，同心合意教人宣认同一位子，我主耶稣基督，是神性完全人性亦完全者；他真是上帝，也真是人，具有理性的灵魂，也具有身体；按神性说，他与父同体，按人性说，他与我们同体，在凡事上与我们一样，只是没有罪；按神性说，在万世之先，为父所生，按人性说，在晚近时日，为求拯救我们，由圣母童贞女玛丽亚所生；是同一基督，是子，是主，是独生的，具有二性，不相混乱，不相交换，不能分开，不能离散；二性的区别不因联合而消失，各性的特点反得以保存，会合于一个位格，一个实质之内，而并非分离成为两个位格，却是同一位子，独生的，道上帝，主耶稣基督；正如众先知论到他自始所宣讲的，主耶稣基督自己所教训我们的，诸圣教父的信经所传给我们的。参见汤清编译：《历代基督教信条》，香港：基督教文艺出版社1989年版，第24—25页。

造主与造物之间，如果不注意更大的差异性，相似性就不能被注意到。"（"quia inter creatorem et creaturam non potest tanta similitudo notari, quin inter eos maior sit dissimilitudo notanda", DS 806）[1] 类比教义从创世神学的角度认为，造物和上帝之间存在一种相似关系，因为所有的造物都源自上帝，所以必然因此在某种程度上都肖似于他。中世纪开始，类比教义就是基础神学的一个基本原则。

2. 巴尔塔萨神学美学的类比学说

正如范·艾普所言："类比的观念对神学美学而言有深远的意义。上帝之美在自然和艺术作品中被认识到，但它只可能通过启示被认识，而不能通过愉悦感官或者看起来无功利的东西来认识。"[2] 感性美（世俗美）与上帝之美（神圣美）之间存在不可逾越的鸿沟，当然神圣美不可能通过感性审美的方式来认识或获得。此时，类比的意义便在神学美学中凸显出来，成为神学美学沟通世俗美与神圣美的桥梁，并可防止神学美学对神圣美的偏重而贬低甚至忽略世俗美的神学意义。所以，巴尔塔萨神学美学不可能略过类比这一神学原则："现在无可否认，形式的神圣法则必然在许多方面都与尘世之美尖锐对立。尽管如此，如果上帝赋予形式的意志真的像上帝实际想要的那样塑造人——为了完成伊甸园中始于上帝之手的工作——那么，想要否认上帝创造的工作与自然和人的形成力量之间存在类比，看来是不可能的。"[3]

类比，在巴尔塔萨神学美学中是基础性的思维模式或神学原则，享有至高的方法论地位——尽管它本身并不等于方法论。从某种程度上说，巴尔塔萨的神学美学就建基于这一原则之上。

---

[1] Erich Przywara, *Analogia entis: Metaphysik* (Einsiedeln: Johannes Verlag, 1962), pp.251-254.
[2] Stephan van Erp, *The Art of Theology: Hans Urs von Balthasar's Theological Aesthetics and the Foundations of Faith* (Leuven: Peeters, 2004), p.237.
[3] Hans Urs von Balthasar, *The Glory of the Lord: A Theological Aesthetics* vol.I: *Seeing the Form* (Edinburgh: T. & T. Clark, 1982), p.36.

巴尔塔萨的类比思想的形成自然受到过多方面的思想影响，但直接影响巴尔塔萨并给予他最深刻影响的，无疑是他早年所接触到的普茨瓦拉的存在类比学说。巴尔塔萨结束大学生活之后不久，于1929年加入耶稣会（Societas Jesus），在两年的见习修士培训完成之后，被修会派往普拉克（Pullach）研习（经院）哲学期间（1931—1933），结识了耶稣会著名的现代托马斯主义神学家普茨瓦拉；在1936年7月他晋铎为神父之后，1937年至1939年，他又被派往慕尼黑的《时代之音》（*Stimmen der Zeit*）任副编辑，与普茨瓦拉共事。普茨瓦拉的存在类比学说，成熟于20世纪30年代初，并以此为名出版其代表性的论著：《存在的类比》（*Analogia entis*，1932）。而恰好这段时期巴尔塔萨向他问学，故有机会亲炙其教诲。[1]

普茨瓦拉一生的神哲学思考，皆围绕存在类比这一作为"大公主义形式结构"[2]的核心原则。在他看来，"这里存在一个基本的形而上学事实，那就是存在类比之张力，或者说是'我们之中（内在）的上帝'与'我们之上（超越）的上帝'的张力，或者是造物的本性实体和自律性与上帝的普遍的、整全的实体和自发性之间的张力，作为上帝之可见性的造物世界与在他的整个创造世界之上的上帝的不可见性之间的张力。"[3]造物与上帝，本质上处于存在类比关系之中，造物相似于上帝，但又并不相似于上帝，这种类比关系其实是一种吊诡：

> 在这一形式中，造物领域是上帝的"类比"。通过其本质（Sosein）与存在（Dasein）之间统一的共同之处，它类似于上帝。但即使是在这种相似性中，它也在本质上跟上帝不相同，因为上帝本质与存在的统一形式是

---

[1] 当时巴尔塔萨亦曾专门撰文研究普茨瓦拉的形而上学思想，参见 Hans Urs von Balthasar, "Die Metaphysik Erich Przywaras", *Schweiz.Rundschau* 33, 489-499。

[2] Hans Urs von Balthasar, *The Theology of Karl Barth: Exposition and Interpretation* (San Francisco: Ignatius Press, 1992), p.36.

[3] Erich Przywara, *Religionsphilosophische Schriften* (Einsiedeln: Johannes Verlag, 1962), pp.92-93.

一种"本质性的统一",而造物的统一形式是"张力中的统一"。现在因为本质与存在的关系是"存在"的本质,所以上帝和造物是"存在"中的相似—非相似——那就是说,它们是相互"类比的":这就是我们所讲的存在类比。[1]

造物与上帝这种相似而非似的关系的吊诡,本质上是上帝的内在性与超越性之间的吊诡,这种吊诡关系唯有存在类比诡谲的辩证才能解决。如果看作类比的辩证法,那么这一主题就可顺利转化成——"上帝的超越性与上帝的内在性的交互关系。"[2] 存在类比涉及的是上帝之超越性与内在性(造物)这一基本张力结构,正如普茨瓦拉所说:"因为存在类比是建基于(上帝与造物的)矛盾之上的,它揭示它自身为最根本的原则。"[3] 所以,存在类比在神学中理应占据形而上学基础地位,就同托马斯神学中"实质区别"的形而上学地位一样。

普茨瓦拉对西方哲学传统类比思想尤其是天主教神学类比原则进行了系统的清理与总结,他的存在类比学说相对于传统而言有一个重大发展——如欧科斯所言:"如果要用一个词概括普茨瓦拉对类比的研究的独特贡献,在我看来,那就是'动态'这个词。"[4] 相对于传统的静态的存在类比学说,普茨瓦拉发现了存在类比中的精神维度,他通过以一种动态的方式来诠释存在类比,从而赋予了这一古代学说新的生命力。"每一造物都是面向上帝的一种动态的活动。作为造物,它模仿造物主,而在面向上帝的动态运动中,造物经历了一种朝向从造物的每一进路中隐退的超越者的不断的超升(excessus)。从人类范畴远远不

---

[1] Erich Przywara, *Religionsphilosophische Schriften* (Einsiedeln: Johannes Verlag, 1962), p.403.

[2] Hans Urs von Balthasar, *Cosmic Liturgy: The Universe According to Maximus the Confessor* (San Francisco: Ignatius Press, 2003), p.85.

[3] Erich Przywara, *Analogia entis: Metaphysik* (Einsiedeln: Johannes Verlag, 1962), p.205.

[4] Edward T. Oakes, *Pattern of Redemption: The Theology of Hans Urs von Balthasar* (New York: The Continuum Publishing Company, 1994), p.35.

能够把握上帝，类比的学说保留了上帝的超越性，揭示出上帝是永远最大的唯一者。普茨瓦拉因此将类比学说放在消极神学的框架内。"[1]

追随普茨瓦拉的思想踪迹，巴尔塔萨也相信：

> 一定存在着某种与神圣存在的类比。所有的存在物都由神圣存在衍生而来，并且我们猜测他是遍及诸界的至高实体。他通过在耶稣基督里（和在一切导向他和出自他里的）自我赠与，让我们更容易理解。《旧约》里都已经可以看到，神的基本特征便以这种方式互渗相寓：神的真理和真实（'emet）总也就是他的正义（sedek）和慈爱；并且所有这些都闪耀着他独有的神圣荣耀（kābôd）的光辉。这不只是要建基于希伯来语的具体原始语意，也客观地表现了神圣存在的统一性。[2]

从创世神学的角度看，世界上的事物都源自上帝的创造，造物必然肖似于他，是他的肖像、影子或痕迹，但造物毕竟不是上帝，甚至不像上帝。如巴尔塔萨所讲："事物既像上帝又不像他，而上帝肯定不像事物。"[3] "上帝的内在的名字是存在（Being）；他的超越的名字是非存在（Non-being），它不是我们所讲的作为存在的任何东西。"[4] "上帝不是一种具体的存在之物；他是在其整体上指向作为他根基的上帝的存在的深度中，由他揭示出他自身的。因为这个原因，前面所讲的首先应用于上帝，当然是以一种上帝与造物之间的存在类比所限定的方式：造物根本上注定于上帝，而上帝不会为了存在需要造物，造物

---

[1] John O'Donnell, *Hans Urs von Balthasar* (London: Geoffrey Chapman, 1992), p.4.

[2] Hans Urs von Balthasar, "Earthly Beauty and Divine Glory", *Communio: International Catholic Review* 10 (Fall 1983): 202-206.

[3] Hans Urs von Balthasar, *The Glory of the Lord: A Theological Aesthetics* vol. II: *Studies in Theological Style: Clerical Style* (Edinburgh: T. & T. Clark, 1984), p.168.

[4] Hans Urs von Balthasar, *Cosmic Liturgy: The Universe According to Maximus the Confessor* (San Francisco: Ignatius Press, 2003), p.88.

忠心认同上帝，认同上帝自由地给予他的任何东西。"[1] 所以，αναλογια（类比）往往被看作自下而上的类比（这与其希腊文词源之原始意义是一致的）。

　　青年时代的巴尔塔萨追随普茨瓦拉接受存在类比为基本神学形而上学原则，也充分吸收了他的导师在存在类比学说中的创新思想。不过，他个人类比思想的成熟还是在后来与巴特的论争中被激发出来的。当他试图以天主教神学传统中的存在类比学说应对巴特对此思想的批判时，虽然他极力为存在类比辩护，但他也开始意识到需要对普茨瓦拉的存在类比学说有所修正了。最终，在巴特的思想刺激下，他发展出自己的类比学说。

　　1940年巴尔塔萨被修会派往巴塞尔从事学生教牧工作。在此，他结识了巴塞尔大学（Basel Universität）神学教授卡尔·巴特，并成为忘年至交，这位被誉为路德、加尔文以来最重要的新教神学家，因此成为巴尔塔萨中年时代在神学上的良师益友和重要对话伙伴。巴特神学尤其是他的基督中心论以及为神学恢复美的维度（荣耀）的思考对巴尔塔萨产生了深刻影响。在巴塞尔，巴尔塔萨也曾就巴特神学开设一系列研究讲座（1949—1950），并在讲座基础上完成了一部研究著作《卡尔·巴特神学》（*Karl Barth: Darstellung und Deutung seiner Theologie*，1951）。此书虽是巴特神学的研究专著，其实作者的命意毋宁说是作为一个天主教神学家与新教（新）正统神学家的对话。作者认为，巴特神学中包含了新教最纯正的根基，可以直通改教宗师加尔文、路德的最初源泉，"在他里面，新教第一次找到了它最完全可靠的代表"[2]。所以他将巴特当作最理想的神学对话者。而在这种对话中，显然巴尔塔萨受益匪浅，其中包括巴特类比思想对巴尔塔萨类比学说的促成。从巴尔塔萨的著述年表来看，他与巴特的学术对话最初即是围绕类比原则这一核心问题展开的，20世纪40年代中期，他

---

[1] Hans Urs von Balthasar, *The Glory of the Lord: A Theological Aesthetics* vol. I: *Seeing the Form* (Edinburgh: T. & T. Clark, 1982), pp.244-245.

[2] Hans Urs von Balthasar, *The Theology of Karl Barth: Exposition and Interpretation* (San Francisco: Ignatius Press, 1992), p.22.

曾接连发表了两篇长文——《类比与辩证法》和《类比与自然》[1]，同巴特商榷这一问题。

在巴特看来，上帝与造物之间存在不可逾越的断裂，上帝是绝对的他者，造物绝对地相异于上帝，二者之间不存在可通约性，当然就没有所谓存在类比一说：Si quis dixerit, Deum unum et verum, creatorem et Dominum nostrum, per ea quae facta sunt naturalis rationis humanae lumine certo cognosci non posse: anathema sit.[2] 在《教会教义学》(*Die Kirchliche Dogmatik*，1932—1968) 首卷前言中巴特便公开批评存在类比学说是反基督的创造，是对天主教神学的扭曲，是大公性的最大障碍。巴特对存在类比学说的批判，主要针对普茨瓦拉等当代天主教神学家将存在类比视为神学基本原则的观点。尽管他否认在上帝与造物之间存在所谓存在的类比关系，但他并不能否认上帝与造物之间存在某种特定的关系。为了描述这种关系，早年（如《〈罗马书〉释义》中）他使用的是源自德国唯心主义的神学"辩证法"；后来接触到天主教经院神哲学的类比学说后，他虽然不承认存在类比原则，但却接受了类比的概念，因为他也认识到"类比的概念实际上是不可避免的"[3]，于是从《教会教义学》第一卷开始渐渐以"类比"置换"辩证"，先后使用 analogia relationis、analogia proportionis、analogia operationis、analogia adorationis et orationis 等类比概念[4]，并最终形成自己的"信仰的类比"思想。

---

[1] Hans Urs von Balthasar, "Analogie und Dialektik. Zur Klärung der theologischen Prinzipienlehre Karl Barths", *Divus Thomas. Jahrbuch für Philosophie und spekulative Theologie* 22, Nr.2, 171-216; "Analogie und Natur. Zur Klärung der theologischen Prinzipienlehre Karl Barths", *Divus Thomas. Jahrbuch für Philosophie und spekulative Theologie* 23, Nr.1, 3-56.

[2] "如果任何人讲唯一真天主，那我们的创造者和上主，就不可能通过被创造的事物由人类理性的自然之光所确定地知晓：anathema sit." (DS 3026) See Wolfgang Treitler, "True Foundations of Authentic Theology", in *Hans Urs von Balthasar: His Life and Work* (San Francisco: Ignatius Press, 1991), pp.173-174.

[3] Karl Barth, *Die Kirchliche Dogmatik* Bd. II. Teil 1. *Die Lehre von Gott.* (Zollikon: Verlag der Evangelischen Buchhandlung, 1940), p.254.

[4] Hans Urs von Balthasar, *The Theology of Karl Barth: Exposition and Interpretation* (San Francisco: Ignatius Press, 1992), p.163.

在《卡尔·巴特神学》一书中,"表面上矛盾的类比学说,存在类比与信仰类比,是巴尔塔萨的巴特神学诠释的关注焦点"[1]。存在类比与信仰类比的问题,被巴尔塔萨视为他与巴特神学对话的一个核心议题。在这部著作中,巴尔塔萨总结了巴特反对存在类比的四条理据:第一,"存在的概念表达上帝与造物关系的决定性要素是不充分的";第二,"存在的概念,无论我们怎样把它设想为具有类比性的,它仍然只是一个概念";第三,"存在概念,和所有其他源自有限、相对存在的概念一样,其自身只能是有限的、相对的";第四,"在一个罪人的手中,存在概念会变成不顺从的最危险的工具,因为有了它罪人便要从他自身之内生产出那只能作为来自上帝的礼物的东西"。[2] 存在类比(analogia entis)既然存在问题,就必须被信仰类比(analogia fidei)替代,在巴特看来,只有信仰类比可以根除所有这些危险和弊病。巴特所谓信仰类比,简言之,就是通过耶稣基督上帝的道成肉身,上帝创造了他自己与世界的一致性。唯有相信这一拯救消息,人类才能达到一种与上帝一致的关系。[3] 如巴尔塔萨所总结的:

> 信仰类比表达了这样的事实:(1)一切上帝的知识事实上都应该依赖于来自上面的上帝的先天启示;(2)人只有通过自由地在信仰行为的崇拜中放弃他自己的真理,才能获得来自这种启示的知识(在这种信仰行为中确确实实存在一种真正的类比,一种真正的知识上的收获,但只是作为创造的潜能被拽入启示事件的神圣实现中);(3)最后信仰类比讲上帝的自我启示必须在耶稣基督这一中心点上来把握,因为在基督里上帝的启示临在于历史之中,创造对信仰者来说才变成一个事件。[4]

---

[1] Stephan van Erp, *The Art of Theology: Hans Urs von Balthasar's Theological Aesthetics and the Foundations of Faith* (Leuven: Peeters, 2004), p.116.

[2] Hans Urs von Balthasar, *The Theology of Karl Barth: Exposition and Interpretation* (San Francisco: Ignatius Press, 1992), p.162.

[3] Medard Kehl and Werner Löser (eds), *The von Balthasar Reader* (Edinburgh: T. & T. Clark, 1982), pp.23-24.

[4] Hans Urs von Balthasar, *The Theology of Karl Barth: Exposition and Interpretation* (San Francisco: Ignatius Press, 1992), p.163.

对巴特而言，信仰类比与存在类比全然不同，它不是来自观察者立场所理解的那种类比，它不是存在，就像造物跟上帝有共同之处一样，尽管他们之间存在根本的不同。这种类比，毋宁说是一种行为（action），它是相似于上帝行为的一种人类决断。此外，信仰类比与存在类比一个极大的差别是，上帝对他的造物的相似性是单向的，即是说这种相似性被来自上面的宰制造物的圣言所塑造。[1] 因为所有的相似因素都取决于上帝，而与造物无关，所以巴特的信仰类比是"外在归属类比"。[2]

尽管巴尔塔萨非常欣赏巴特对于信仰类比的诠释，尤其是基督教中心论的类比诠释，但巴尔塔萨并不认同巴特以信仰类比来排除存在类比的观点。在他看来，信仰寻求理解，必然会包括信仰类比与存在类比的和平相处，二者是完全可以结合到一起的。[3] 而且他认为，其实巴特许多时候讲信仰类比，都包含有存在类比在其中；[4] 巴特描绘的信仰类比常常不能与存在类比明确地区分开来。[5] 原因在于二者并非是必然的矛盾体，相反，存在类比是信仰类比的必要前提，因为没有存在类比来保障造物的自由，那基督为之而上十字架的《新约》的订立就成了上帝单方面的盟约，信仰类比最终也是根本不可能的。所以，巴尔塔萨说："那种将存在类比与信仰类比对置起来的企图没有任何意义。"[6] 信仰类比、存在类比，其实只是理解上帝同一启示的两条路径而已（甚至是两条有很多重合交叉的路径）。尽管巴特名义上反对存在类比，但通过分析巴特的神学思想，最终巴尔塔萨坚定不移地相信："信仰类比，作为巴特在基督中理解上帝启示的途径，已经包含了存在类比。"[7]

---

[1] Hans Urs von Balthasar, *The Theology of Karl Barth: Exposition and Interpretation* (San Francisco: Ignatius Press, 1992), p.108.
[2] Ibid., p.110.
[3] Ibid., p.163.
[4] Ibid., pp.164-165.
[5] Ibid., p.53.
[6] Ibid., p.394.
[7] Ibid., p.382.

这样，巴尔塔萨避免了在存在类比与信仰类比之间作出非此即彼的抉择，一方面，他积极吸收了巴特的信仰类比思想；另一方面，"巴尔塔萨从没有真正离开过存在类比的哲学根基"[1]。他在捍卫天主教传统的存在类比学说的同时，克服了巴特从（新教）新正统主义神学立场上发展出来的信仰类比学说对人类主体性完全漠视的弊端："在卡尔·巴特否认人类接近上帝的任何神学正当性的时候，巴尔塔萨使用存在类比，不仅保护了上帝与造物关系中上帝的自由的优先性，也挽救了在人类主体在那种关系里面可能被当作真正的伙伴的方式中人类超越的积极性。换句话说，在他对全部实体的类比特征的理解中，他不仅保护了上帝的绝对自由，也守护了人类自由的现实性。"[2] 也就是说，巴尔塔萨的类比观既顾全了（无限）存在的超越性，又尊重了（有限）存在的内在性（现实性），从而避免了巴特没有存在类比作为前提的信仰类比学说可能陷入的危险，即那种将神学变成上帝与他自己之间的独白的危险。

而且，在与巴特的对话中，巴尔塔萨实现了对普茨瓦拉的存在类比学说的超越，所以中年以后他对普茨瓦拉存在类比学说的态度也开始有所保留了。如在为《普茨瓦拉著述年表》（*Erich Przywara: Sein Schrifttum 1912—1962*，1963）一书所作序言中，巴尔塔萨讲："普茨瓦拉的中心因此不是世界和人的内在性，而是与永生上帝相遇的那不可把握的一点……普茨瓦拉命名这一点为存在类比，诚然这是个没有多少生命力的术语，但仍然是必选的术语。"[3] 在他的类比思想成熟以后，尽管他依然坚持存在类比作为神学的基本原则，但他与普茨瓦拉的区别也越来越明显。除了他对巴特基督中心论的信仰类比学说的采纳之外，他与普茨瓦拉的另一重大区别是：后者太过于强调与上帝的差异性或不可通约性，而他更喜欢关注有限性的积极价值，即被造个体在相似于上帝及其在尘世中揭

---

[1] Stephan van Erp, *The Art of Theology: Hans Urs von Balthasar's Theological Aesthetics and the Foundations of Faith* (Leuven: Peeters, 2004), p.115.

[2] Thomas G. Dalzell, *The Dramatic Encounter of Divine and Human Freedom in the Theology of Hans Urs von Balthasar* (New York: Peter Lang, 1997), p.61.

[3] Leo Zimny, *Erich Przywara. Sein Schrifttum, 1912-1962* (Einsiedeln: Johannes Verlag, 1963), pp.5-6.

示上帝能力的发展。[1] 在他看来，普茨瓦拉把第四次拉特朗大公会议确定的类比提法理解为纯粹的消极神学是有问题的，他更愿意在积极神学的框架下来理解造物（人）与上帝的类比关系。

可见，某种程度上讲，巴尔塔萨的类比学说是在普茨瓦拉与巴特的类比学说折中或者融合的基础上发展出来的。当然，这包含了他对传统类比学说的继承与批判基础上的新创造。巴尔塔萨类比学说，本质上还是以存在类比为其根基的，故仍旧可以称作存在类比学说。但由于他的类比学说重视有限存在之自由与神圣存在之自由的积极交流与沟通，强调受造主体对存在的参与，所以这里为区别于其他传统的存在类比学说，不妨称其类比学说为"自由的类比"（analogia libertatis）学说。[2] 巴尔塔萨这一类比新理论，可以视为现代神学史上，继普茨瓦拉等神学家复兴古典神哲学传统中的类比思想后，对类比这一基本神学原则的进一步发展。从类比在神哲学史上的发展来看，巴尔塔萨的自由类比思想已是相当圆熟的一种类比学说，这一学说构成了他整个神学体系的思想原则（"准方法论"）基础。

在其神学美学中，巴尔塔萨由自由类比成功地推衍出"美的类比"学说，解决了荣耀（神圣美）与美（世俗美）的关系问题，从而成为整个神学美学体系的内在支撑构架。在他看来，"运用一种美学的类比：每一种美的形式都被视为一种超世俗美（神圣美）的表现，这种表现在时空中是脆弱的，而这种超世俗美既能够包容也能够证实美的事物的消亡，因为消亡也属于不朽之美在其中显现的形式，美的事物正在消亡，却最终在沉思它的精神上真实地表现出不朽

---

[1] Thomas G. Dalzell SM, *The Dramatic Encounter of Divine and Human Freedom in the Theology of Hans Urs von Balthasar* (Bern: Peter Lang, 1997), p.63; see also Stephan van Erp, *The Art of Theology: Hans Urs von Balthasar's Theological Aesthetics and the Foundations of Faith* (Leuven: Peeters, 2004), p.114.

[2] Hans Urs von Balthasar, *The Glory of the Lord: A Theological Aesthetics* vol. II: *Studies in Theological Style: Clerical Style* (Edinburgh: T. & T. Clark, 1984), pp.237-239; see also Thomas G. Dalzell SM, *The Dramatic Encounter of Divine and Human Freedom in the Theology of Hans Urs von Balthasar* (Bern: Peter Lang, 1997), p.63.

之美"[1]。巴尔塔萨美的类比，建基于自由类比之上，而自由类比又以存在类比为基础。所以，荣耀（神圣美）与美（世俗美）的类比，本质上也是"上帝与世界之存在类比（analogia entis）关系的一种反映"[2]。

第二节　神圣美与世俗美

巴尔塔萨神学美学以美的类比为形而上学基础，展开神圣美与世俗美的二元美学理论图景。虽然他试图通过美的类比原则积极沟通神圣美与世俗美，使这个美的二元结构在其神学美学体系中浑然一体，但他决不会为了追求美的两极结构的一致性，而像浪漫主义审美神学将现代（世俗）审美学的范畴直接引入神学论域，从而将神圣美的深度削平至尘世美的维度。神圣美与世俗美之间，存在难以逾越的鸿沟，除了美的类比，根本无从建立二者间的逻辑关联。神圣美与世俗美的二元结构，在巴尔塔萨神学美学中通过荣耀与美的对置与关联呈现出来，而这种美的结构在耶稣基督身上得到了终极完美的表现。此外，基督教艺术作为一个特殊的神学美学领域，在巴尔塔萨看来也集中呈现了这一美学结构。

1. 神圣荣耀与尘世之美

在巴尔塔萨看来，"如果这个精妙而美丽的世界上的一切事物皆是显现（epiphaneia）——那种在表现形式中从存在隐匿然而非凡的深度中透射出来的光芒和荣耀——那么，在此世形式之中，在语言和历史中，且最终在人类形式

---

[1] Hans Urs von Balthasar, *The Glory of the Lord: A Theological Aesthetics* vol. I: *Seeing the Form* (Edinburgh: T. & T. Clark, 1982), p.198.
[2] Hans Urs von Balthasar, *The Glory of the Lord: A Theological Aesthetics* vol. II: *Studies in Theological Style: Clerical Style* (Edinburgh: T. & T. Clark, 1984), p.168.

自身之中的隐匿的、绝对自由的、至高无上的上帝的自我启示事件中，其自身将与那种尘世之美形成一种类比，无论它超越于它有多远"[1]。上帝作为自我启示的尘世显现，就是巴尔塔萨神学美学所倾心关注的荣耀（希伯来文 kābôd，希腊文 δόξα，拉丁文 gloria，德文 Herrlichkeit，英文 glory），它与世俗美构成类比的二元神学结构。

荣耀是《圣经》最为重要的基本主题[2]，"一切都围绕荣耀这个主导概念"[3]，它是《圣经》诸主题之首。这一主题贯彻在整部《圣经》之中："正如 kābôd/δόξα（荣耀）的概念贯穿《旧约》，δόξα（荣耀）的概念也贯穿《新约》的全部层段"[4]。基本上，作为一个恒常的《圣经》主题，从摩西时代一直到使徒时代，荣耀都有被用来形容上帝的显现（theophany）。[5] 仅在《新约》中，据巴尔塔萨统计，"荣耀"（Herrlichkeit）一词就被使用了116次之多，这还不包括不下60次使用的"荣耀……"（verherrlichen）这样的动词词组。[6] 不过，尽管作为神圣美的上帝的荣耀（Gloria Dei）对《圣经》而言是一个万古长青的神学主题，但这并不意味着它是一个一成不变的静态术语。

希伯来人将荣耀称为 kābôd，其词根 "kbd" 指物理意义上的重量，故而，"kābôd 原初的意思是一个人的重要性或分量；耶和华的 kābôd 是指使先知、以

---

[1] Hans Urs von Balthasar, *The Glory of the Lord: A Theological Aesthetics* vol. II: *Studies in Theological Style: Clerical Style* (Edinburgh: T. & T. Clark, 1984), p.11.

[2] Hans Urs von Balthasar, *The Glory of the Lord: A Theological Aesthetics* vol. VI: *Theology: The Old Covenant* (Edinburgh: T. & T. Clark, 1991), p.14.

[3] Hans Urs von Balthasar, *The Glory of the Lord: A Theological Aesthetics* vol. VII: *Theology: The New Covenant* (Edinburgh: T. & T. Clark, 1989), p.24.

[4] Ibid., p.318.

[5] Hans Urs von Balthasar, *The Glory of the Lord: A Theological Aesthetics* vol. VI: *Theology: The Old Covenant* (Edinburgh: T. & T. Clark, 1991), p.17-20; see also John Riches, "The Biblical Basis of Glory", in Bede McGregor and Thomas Norris (eds), *The Beauty of Christ: An Introduction to the Theology of Hans Urs von Balthasar*, (Edinburgh: T. & T. Clark, 1994), pp.56-72.

[6] Hans Urs von Balthasar, *The Glory of the Lord: A Theological Aesthetics* vol. VII: *Theology: The New Covenant* (Edinburgh: T. & T. Clark, 1989), p.239.

色列乃至世界都望而生畏、如芒在背的分量"[1]。犹太人也将耶和华的 kābôd 称作舍金纳（Shekinah Yahweh）——Shekinah 是希伯来文，原义为"神的荣耀留存大地"，或指神的显现，或指神显现时光芒四射之云。[2] 在《旧约》中，耶和华的荣耀（kābôd-Yahweh）往往是通过自然现象来呈现的，如云霓、烟火等，而且特别热衷于以风暴、乌云、黑夜、黑暗处爆发的闪电、雷鸣、倾盆大雨、冰雹等威慑性的自然力量来呈现这种荣耀的威严、崇高、神圣与独一无二。在《新约》中，上帝的荣耀（δόξα）则主要通过耶稣基督的神圣光辉形象呈现出来。如巴尔塔萨所言："在《旧约》之中，这种荣耀（kābôd）呈现在耶和华闪耀的光辉形象在他的约中的临在，并且通过这个约显现给世界；在《新约》中，这一崇高荣耀在基督里的那种圣爱中显现出来……"[3] 可见，至少荣耀的概念在《新约》、《旧约》之间存在某种重要的衍变或演进——这里暂且不论如《旧约》中存在的所谓"历史的"（geschichtlichen）、"先知的"（prophetischen）、"宇宙的"（kosmischen）三种荣耀形式之类的区分。[4]

从词源学的角度看，《新约》的 δόξα（荣耀）概念的神学渊源，可以追溯到使徒书信或者第一部福音书出现之前 300 年的希腊文七十子译本（Septuagint）。当时希腊人将希伯来《旧约》中的 kābôd 译为 δόξα——当然，用 δόξα 来翻译的希伯来文《圣经》中的词汇远不止是 kābôd 一个，据巴尔塔萨统计，δόξα 一共翻译了与 kābôd 相关的词语共 25 个，如 hod（华贵崇高）、hadar（神圣的装饰）、yekar（尊贵）等，不过其中还是翻译 kābôd 的时候为多，

---

[1] Hans Urs von Balthasar, *The Glory of the Lord: A Theological Aesthetics* vol. IV: *The Realm of Metaphysics in Antiquity* (Edinburgh: T. & T. Clark, 1989), p.340.

[2] Hans Urs von Balthasar, *The Glory of the Lord: A Theological Aesthetics* vol. VII: *Theology: The New Covenant* (Edinburgh: T. & T. Clark, 1989), pp.271, 319.

[3] Hans Urs von Balthasar, *Love Alone* (New York: Herder and Herder, 1969), p.8.

[4] Hans Urs von Balthasar, *The Glory of the Lord: A Theological Aesthetics* vol. VI: *Theology: The Old Covenant* (Edinburgh: T. & T. Clark, 1991), p.85.

一共有 181 次。[1] 尽管希腊译本中的 δόξα 的核心含义仍由希伯来《圣经》中 kābôd 所决定——权能与光辉——"kābôd 这个词原本没有发光的意思，这还不同于希腊文的 δόξα 和拉丁文的 gloria，但是它显示了位格的重要性、他的显赫、他的荣誉，和他作为感官光辉来源的精神光辉。亨利希·席列尔（Heinrich Schlier）因此将'δόξα'翻译成'权能的光辉'。"[2] 但是，毕竟希腊形而上学领域中 δόξα 与希伯来《圣经》的启示领域中的 kābôd 存在差异，它是一个用来表示"赞誉"、"光荣"、"显赫"、"荣耀"诸含义的异教多神世界中的神话——哲学概念，并不具有 kābôd-Yhwh（耶和华荣耀）中必然应有的独一无二性，所以用 δόξα 来翻译 kābôd 可能存在不能完全接榫的地方。这就如同 400 年前耶稣会士在汉语世界中用中国古经中至上神义的"上帝"或多神论语境中的"天主"翻译基督世界中唯一神义的"Deus"这个拉丁词一样，必然是一种穿凿附会的翻译诠释——尽管历史证明这种本土化和处境化的翻译往往能收到移花接木之功效。后来使徒圣约翰沿用的希腊《圣经》译本 δόξα 概念，明显就有《旧约》希伯来的 kābôd 概念与古希腊的 δόξα 概念的双重根源。[3] 可见，这种由翻译的"归化"（naturalisation）带来的意义整合或视阈融合几乎是不可避免的。δόξα 在《新约》中，除了指那种《旧约》中常见的显现在尘世之可见的上帝荣耀，也指对上帝的赞美。

当然，《新约》中荣耀意义的最大转变，可能还是由于耶稣基督的降临尘世带来的。原先在《旧约》中主要依靠自然现象的力量来表现的神的荣耀，现在找到它在尘世最完美的表现方式，那就是神人一体的耶稣基督。由此，《新约》的荣耀摆脱了那种原始的自然崇拜（nature worship）痕迹，主要以耶稣基督的尘世形象来表现真正三位一体的荣耀——所以，《新约》中的 δόξα 是"神

---

[1] Hans Urs von Balthasar, *The Glory of the Lord: A Theological Aesthetics* vol. VI: *Theology: The Old Covenant* (Edinburgh: T. & T. Clark, 1991), pp.51-52.
[2] Hans Urs von Balthasar, "Earthly Beauty and Divine Glory", *Communio* 10 (Fall 1983): 202-206.
[3] Hans Urs von Balthasar, *The Glory of the Lord: A Theological Aesthetics* vol. VII: *Theology: The New Covenant* (Edinburgh: T. & T. Clark, 1989), p.375.

圣的自我表达（言），自我呈现（形象），和在他者中的自我实现（作为恩典的称义）"[1]。

尽管《新约》δόξα与《旧约》kābôd存在一些区别或概念上的演进，但正如上面所讲，前者的含义主要还是后者确定的，它的基本意义并没有发生本质的变化。在这两个词中，我们可以看到某种一以贯之的东西，那就是δόξα对kābôd核心含义的保留或继承。除了权能（majesty/power）和光辉（splendour）这两个基本含义外，δόξα也保留了kābôd作为感性的显现这一核心含义，从而避免了那种抽象化、伦理化的荣耀概念。[2] 当然，这种保留并不是无条件的，准确的讲法是："《新约》上帝荣耀的可见性自身包含了《旧约》耶和华荣耀（kābôd）的那种可见性，但又改造了它，使之精神化了。"[3] 这种改造或者说精神化，主要也就是上面所讲的《新约》的荣耀对《旧约》荣耀那种自然崇拜痕迹的摆脱，使之在基督身上更多地体现为一种精神化的荣耀。另外，任何时候都不能忽略的一点是，δόξα分毫不爽地继承了kābôd的神圣性——"在它被自由地了解的时候，δόξα是上帝的神圣性。"[4]"上帝展现他自己的荣耀，总是也揭示出他的神圣性，而因此它也揭示出把握这种荣耀的人的完全的非神圣性。"[5] 正因为有了这种神圣性与非神圣性（世俗性）的区分，神学美学的精神才体现出来。

巴尔塔萨的Herrlichkeit这一概念，直接来源于《圣经》传统的Gloria（kābôd/δόξα）。在他看来，"上帝的荣耀（Herrlichkeit）——他的崇高性

---

[1] Hans Urs von Balthasar, *The Glory of the Lord: A Theological Aesthetics* vol. VII: *Theology: The New Covenant* (Edinburgh: T. & T. Clark, 1989), p.318.

[2] Hans Urs von Balthasar, *The Glory of the Lord: A Theological Aesthetics* vol. VI: *Theology: The Old Covenant* (Edinburgh: T. & T. Clark, 1991), p.52.

[3] Hans Urs von Balthasar, *The Glory of the Lord: A Theological Aesthetics* vol. VII: *Theology: The New Covenant* (Edinburgh: T. & T. Clark, 1989), p.365.

[4] Ibid., p.265.

[5] Hans Urs von Balthasar, *The Glory of the Lord: A Theological Aesthetics* vol. VI: *Theology: The Old Covenant* (Edinburgh: T. & T. Clark, 1991), p.13.

(Hehrsein)和神性(Herrsein),这在他自身之中和他的自我启示中都是完全主动的——是(在毫无疑问存在于上帝与其造物之间的存在类比基础上,也在恩典引导造物能够面对这一荣耀的多种方式的基础上)构成上帝独特属性的东西,即为了所有的永恒而使之区别于一切非上帝之物的东西;这是他的'完全的他性',他只能以这种方式显露,甚至也只能以这种方式被显露……"[1] 荣耀(Herrlichkeit),是上帝独一无二的属性,是作为造物的人首先可以感受、领会的上帝之"绝对他性",所以,巴尔塔萨将其神学三部曲之首——神学美学题名为"上帝的荣耀"(Herrlichkeit)。关于这一点,他在撰著这部巨作的过程中已在《回顾》(*Rechenschaft*,1965)一文中说得相当详细:

> 因为它首先有关于如何学着观看上帝的启示,因为上帝只有在其神性(Herrheit)和崇高性(Hehr-heit)中才能被知晓,这种神性和崇高性以色列人称为 kābôd,《新约》称为 Gloria,某种在一切人类本性伪装下和十字架下可以认出的东西。这意味着上帝对我们而言首先不是一个教师(真),一个有用的"拯救者"(善),而是在真爱与真美一致的"无利害"中显露、放射他自身,其永恒的三位一体之爱的光辉。对上帝的荣耀而言,世界是被造的;通过它也为了它,世界也被拯救。并且,只有被这种荣耀的光辉照耀的人,对无功利之爱有原始感受的人,才能学会在耶稣基督里看到圣爱的临在。Aisthesis(感知行为)与 Aistheton(具体感知之物)一起使神学的对象活跃起来。神学层面的荣耀与哲学层面的先验"美"是一致的。但是对西方伟大思想家(从荷马到柏拉图中经奥古斯丁、托马斯到歌德、荷尔德林、谢林和海德格尔)来讲,美是囊括一切的存在本身最后一个综合属性,它最后的神秘光辉使其作为一个整体被爱,尽管它对个体存在而言可能是隐匿的。通过存在的光辉,在其原始的深度中,《圣经》事件的奇

---

[1] Hans Urs von Balthasar, *The Glory of the Lord: A Theological Aesthetics* vol. VI: *Theology: The Old Covenant* (Edinburgh: T. & T. Clark, 1991), p.10.

异征兆以上帝的荣耀照耀出来，《圣经》、教会礼仪和宗教社团创始圣徒们的箴言都充满了对他的褒誉和颂赞。[1]

在巴尔塔萨看来，"在教会时代中，没有一种具有历史性影响的神学本身不是上帝荣耀的反映；只有美的神学，也就是说，只有被上帝荣耀所照耀并能自身发出光辉的神学，才有机会以令人觉悟与转变的方式影响人类历史"[2]。他的神学美学建构正是基于这种神学史观及神学之使命意识。美（荣耀）的神学在他看来是现代基督神学通往救赎的必由之路。

但（神圣）荣耀与（世俗）美之间毕竟存在质的差别，二者除了类比，没有可以沟通的余地。如其在神学美学第一卷"导论"最后陈述"神学美学的任务和结构"时所讲：

> 自我呈现出来的奥秘之光，不能混同于尘世中的其他审美光辉。尽管如此，这并不意味着那种神秘之光与这种审美光辉不存在任何共通之处。这里探讨的"观照"（并不绝对排除"听"）表明，尽管重重遮蔽，但仍旧有可以看到和把握（cognoscimus）的东西。因此，它说明人不只是在完全的奥秘中言说，好像他被迫在盲目赤诚的信仰中忠顺地接受隐匿于其后的东西，而是上帝以某种方式"给予"人的某种东西，人确实可以看见它，理解它，掌握它，并由之过人之为人的生活。[3]

正是通过美的类比，人才能以审美的方式真正直观地把握上帝的荣耀，认识到神圣者耀眼炫目的光辉。尽管如此，神学中这种"美"（荣耀）的概念，是

---

[1] Hans Urs von Balthasar, *My Work: In Retrospect* (San Francisco: Ignatius Press, 1993), pp.80-81.

[2] Hans Urs von Balthasar, *The Glory of the Lord: A Theological Aesthetics* vol. II: *Studies in Theological Style: Clerical Style* (Edinburgh: T. & T. Clark, 1984), pp.13-14.

[3] Hans Urs von Balthasar, *The Glory of the Lord: A Theological Aesthetics* vol. I: *Seeing the Form* (Edinburgh: T. & T. Clark, 1982), pp.120-121.

永远不可能与尘世之内在美处于同一层级的。如巴尔塔萨在谈论荷马史诗中海伦之美的悲剧性时所讲："外在之美无疑是一种有价值的财富（海伦由于她的美而被神圣化），但因为它并不等同于最终的荣耀，所以它是悲剧的根源：海伦之美（对别人和对她自己而言）是可恨的，因为它'带来了毁灭'。"[1] 世俗之美虽然可以引来赞誉和爱慕，但同样可以招致灾祸和毁灭，因为世俗之美是短暂的、相对的，所以它的价值才会在积极与消极两极之间摇摆；而荣耀是永恒的、绝对的，所以，它的积极价值是终极性的，故而绝不会走向消极的一面。甚至，按照巴尔塔萨严格的区分，不仅尘世之内在美无法跟荣耀相提并论，就是形而上学中的先验美也不能与荣耀相提并论。在他看来，神学美学作为一种根基于《圣经》的神学形态，"不可能将其自身定位在任何一般（形而上学）的美的概念上，而必须从上帝在基督里的独一无二的自我启示中获得其美的理念"[2]。

但其实巴尔塔萨神学美学中的"荣耀"与形而上学领域中的先验美的地位是相同的。他自己也讲："我们已经看到哲学上，'美'是如何将其自身呈现为一个统辖一切存在之物的存在的一个超越属性的；现在，在神学的层面上，'主导的、崇高的、荣耀的'东西证明它自己是存在根基——上帝——的一个属性，呈现于一切存在之物中，并必然超越范畴中的一切界定。'荣耀'（δόξα）作为关于上帝的说法，因此'事实上不只是一个概念：它是一个原始的密码'，'因为荣耀超越了一切言说和文字'。"[3] "就 δόξα（荣耀）是一种神学先验属性（transcendentale）而言，它必然与存在的哲学先验属性（一、真、善、美）有某种共同之处，即，它与其他先验属性存在于一种不可分解的互渗相寓（Perichoresis）之中，任何事物在神学上是真的也就是善的和荣耀的，是荣耀的也就是善的和真的；因为上帝自身是原初的一，他所有的自我显现都烙有这

---

[1] Hans Urs von Balthasar, *The Glory of the Lord: A Theological Aesthetics* vol. IV: *The Realm of Metaphysics in Antiquity* (Edinburgh: T. & T. Clark, 1989), p.152.

[2] Hans Urs von Balthasar, *The Glory of the Lord: A Theological Aesthetics* vol. VII: *Theology: The New Covenant* (Edinburgh: T. & T. Clark, 1989), p.22.

[3] Ibid., p.242.

个统一的印记。"[1] 甚至他还讲："神学是唯一能够以先验之美为其对象的科学，但前提是我们应将先验之美放在首位。"[2] 可见，巴尔塔萨神学美学中先验美与荣耀的界限，并不是十分清晰的。如果从神学形而上学的角度看，其实这两个概念的地位、作用，并没有本质区别，故而他有时候将此二者视为相同的东西。但从神学的角度看，为了区别于一般形而上学，以避免将神学美学的神圣信仰精神混淆于形而上学的人类理性精神，他更多时候又倾向于将二者区分开，认为神学中上帝的荣耀超越于哲学中的先验美。[3] 然而，不仅上帝的荣耀与尘世之内在美之间存在类比关系，先验美也与内在美存在类比关系，且先验美与荣耀一样，都属于美的类比中的主要类比极。也就是说，在类比关系逻辑中，无论是荣耀还是先验美都拥有相对于内在美的支配地位，它们都是绝对的、独立的。所以，如果主张荣耀高于先验美，逻辑上便会陷入悖论——这在巴尔塔萨是无法解决的神学美学逻辑难题。但如果从古典美学的角度看，二者实际上是同一范畴在不同语境下的不同表达——先验美是形而上学的概念，荣耀是神学美学的概念（荣耀不过是神学的先验美或启示的先验美）——这一逻辑矛盾就根本不会出现。

虽然，在圣俗二元结构的神学美学框架下，巴尔塔萨将尘世之内在感性美贬低到次级的、衍生的地位，但并不是说内在美就不重要。其实在他看来，"感性美是不可越过的"[4]。不仅不可越过，而且，他"认为美的概念应该在神学中有其中心位置"[5]。虽然内在世界之感性美不具有终极意义，是相对的、短

---

[1] Hans Urs von Balthasar, *The Glory of the Lord: A Theological Aesthetics* vol. VII: *Theology: The New Covenant* (Edinburgh: T. & T. Clark, 1989), pp.242-243.

[2] Hans Urs von Balthasar, *The Glory of the Lord: A Theological Aesthetics* vol. I: *Seeing the Form* (Edinburgh: T. & T. Clark, 1982), p.70.

[3] Hans Urs von Balthasar, *My Work: In Retrospect* (San Francisco: Ignatius Press, 1993), p.81.

[4] Hans Urs von Balthasar, *The Glory of the Lord: A Theological Aesthetics* vol. I: *Seeing the Form* (Edinburgh: T. & T. Clark, 1982), p.317.

[5] Stephan van Erp, *The Art of Theology: Hans Urs von Balthasar's Theological Aesthetics and the Foundations of Faith* (Leuven: Peeters, 2004), p.55.

暂的，但这并不意味着它们就没有真实性。正如墨菲所说："如果形而上学的美和诗学的美不是真实的，巴尔塔萨的神学美学就会是全然悖论的。"[1] 世俗美与神圣荣耀，虽然存在明显的区别，但因为美的类比作用原则，"美与荣耀仍旧共有一种关键特征：令人如痴如醉"[2]。这是作为造物的人通过美来认识荣耀的关键所在。

巴尔塔萨认为："对古代人而言，一切尘世之美都是神圣荣耀的显现。"[3] "上帝被称为美和绝对美，不仅是因为他是一切尘世之美的实际基础，还因为（如吉尔贝特、格罗斯泰斯特所讲到的）他'通过他的本性创造'，而且作为动力因，他当下就是模型和（准）形式因。"[4] 用柏拉图主义的语言讲，尘世之美分有了荣耀的光辉；用亚里士多德主义的语言来讲，尘世之美从荣耀那里获得了形式因。所以，荣耀通过尘世之美的形式显现出来。如范·艾普所说："有限之美只能被看作无限荣耀的痕迹和形象"[5]；"美可以看作神圣者的一种痕迹，但它的荣耀却应该被视为无限地相异的、更大的"[6]；"因此，神圣之美的光辉从尘世形式之美中照射出来"，"明显的类比的学说应用在此，所以没有尘世之美等同于神圣荣耀"[7]。故而，巴尔塔萨要求我们谨慎看待荣耀与美的类比关系，"警惕启示的先验美滑到一种与内在世界的自然美相同的东西"[8]。无论如

---

[1] Francesca Aran Murphy, *Christ the Form of Beauty: A Study in Theology and Literature* (Edinburgh: T. & T. Clark, 1995), p.133.

[2] Edward T. Oakes, "HANS URS VON BALTHASAR: The Wave and the Sea", *Theology Today* 62 (Oct. 2005): 364-374.

[3] Hans Urs von Balthasar, *The Glory of the Lord: A Theological Aesthetics* vol. IV: *The Realm of Metaphysics in Antiquity* (Edinburgh: T. & T. Clark, 1989), p.323.

[4] Ibid., p.387.

[5] Stephan van Erp, *The Art of Theology: Hans Urs von Balthasar's Theological Aesthetics and the Foundations of Faith* (Leuven: Peeters, 2004), p.237.

[6] Ibid., p.108.

[7] Stephan van Erp, *The Art of Theology: Hans Urs von Balthasar's Theological Aesthetics and the Foundations of Faith* (Leuven: Peeters, 2004), p.138.

[8] Hans Urs von Balthasar, *The Glory of the Lord: A Theological Aesthetics* vol. I: *Seeing the Form* (Edinburgh: T. & T. Clark, 1982), p.41.

何，相对于绝对的、整全的荣耀而言，尘世美只能提供一种不可能成为整体的"碎片"或"部分"。[1]

虽然在巴尔塔萨看来，"δόξα 是神圣启示的'先验属性'，呈现于所有阶段和层面"[2]，也显现于尘世之美的形式中。但是，作为整体的神圣荣耀本身，并不会在碎片化的尘世美中直接呈现给凡胎肉眼，而是呈现给那种纯粹的审美眼光——"上帝的荣耀是隐藏着的，但对信仰的眼睛而言，荣耀，作为永恒三一之爱的荣耀却照射出眩目的光辉。"[3] 没有信仰，永远也无法认识到荣耀本身。这是神学美学之荣耀与形而上学之先验美的根本差异所在，也是神学美学与世俗美学难于通约之处。

2. 基督的荣耀

钉十字架的圣子基督，作为道成肉身的形式，天父上帝在尘世的形象，其本质是神人二性同体的，这是他独一无二的救赎身份所决定的。这种特殊身份将神性与人性、无限与有限完美地结合在一起，无可避免地会涉及类比的问题。在巴尔塔萨看来，神人二性同体的耶稣基督身上体现着一种全美的类比："在这意义上基督可以被称为'具体的存在类比'，因为他在其自身之中，在其神性与人性的统一中，形成了上帝与人之间的间距比例。"[4] 由之，上帝采取主动，在道成肉身之中克服了任何人都无法克服的上帝与人之间的无限距离。"因此耶稣是完美地表现上帝存在的奥秘的完全人类实体。如圣约翰所讲，他是上帝的注

---

[1] Hans Urs von Balthasar, *The Glory of the Lord: A Theological Aesthetics* vol. V: *The Realm of Metaphysics in the Modern Age* (Edinburgh: T. & T. Clark, 1991), p.598.

[2] Hans Urs von Balthasar, *The Glory of the Lord: A Theological Aesthetics* vol. VII: *Theology: The New Covenant* (Edinburgh: T. & T. Clark, 1989), p.261.

[3] John O'Donnell, "Hans Urs von Balthasar: The Form of His Theology", in David L. Schindler (ed.), *Hans Urs von Balthasar: His Life and Work* (San Francisco: Ignatius Press, 1991), p.215.

[4] Hans Urs von Balthasar, *A History of Theology* (New York: Sheed & Word, 1963), p.74.

解（exegesis）。"[1] 可见，"神学中类比的问题必然最终是一个基督论问题"[2]。基督这个具体的存在类比，本质上也是绝对的类比。而从神学美学的角度看，基督里的荣耀与美的类比关系也是一种终极性的呈现：

> 在基督形式中的上帝与人的内在协调、比例与和谐，将其提升到一种原型的层次，不只是所有宗教的和伦理的原型，沉思和积极行为的原型，还同样是美的原型，无论这是否适于有创造性审美感性的个人，也不管所有可能提出的关于涉及依从这一原型的"审美模仿"的问题。因为这种美的对象是启示：它是显现在人之中的上帝之美，和在上帝中并唯有上帝才能发现的人之美。[3]

耶稣基督的道成肉身在巴尔塔萨看来，本身就是一种沟通神圣存在与造物的美学行为："上帝的道成肉身完善了整个本体论和造物的美学。道成肉身在一个新的深度将造物作为一种神圣存在和本质的语言及表达方式。"[4]

如巴尔塔萨所说，《旧约》中以多种形式开始出现的 kābôd（荣耀），最终在《新约》基督的 δόξα（荣耀）中实现。基督在《新约》中的使命就是对圣父之名的荣耀。[5] 基督完美地表现了上帝的荣耀，因为他一方面是天父荣耀的完美形象，另一方面是所有造物参与上帝荣耀的原型。[6] 作为天父上帝的完美形象，耶稣基督即是"上帝的理式（eidos）或形式，因此是一切美的美学原

---

[1] John O'Donnell, *Hans Urs von Balthasar* (London: Geoffrey Chapman, 1992), p.42.

[2] Hans Urs von Balthasar, *The Theology of Karl Barth: Exposition and Interpretation* (San Francisco: Ignatius Press, 1992), p.55.

[3] Hans Urs von Balthasar, *The Glory of the Lord: A Theological Aesthetics* vol. I: *Seeing the Form* (Edinburgh: T. & T. Clark, 1982), p.477.

[4] Ibid., p.29.

[5] Hans Urs von Balthasar, *The Glory of the Lord: A Theological Aesthetics* vol. VI: *Theology: The Old Covenant* (Edinburgh: T. & T. Clark, 1991), p.66.

[6] Hans Urs von Balthasar, *The Glory of the Lord: A Theological Aesthetics* vol. VII: *Theology: The New Covenant* (Edinburgh: T. & T. Clark, 1989), p.21.

型"[1]。作为人类实体，耶稣基督是真正唯一的一个确定无疑的美的形象，一个拥有绝对美、无限美的形象，是上帝自身启示出来的一个永恒的奇迹，这个"'奇迹'的领域超越于一切尘世之美的领域"[2]。他为一切尘世之美设立标准，同时，他作为完全的尘世的人（造物）又代表着一切尘世之美参与上帝的神圣荣耀。

耶稣基督作为上帝道成肉身的艺术（ars divina），是上帝最伟大的艺术，通过这件伟大的艺术品（耶稣基督），上帝之绝对美直接暴露在世人面前。[3] 巴尔塔萨认为上帝的启示是可以通过双眼直观到的，耶稣基督尤其是十字架上受难的耶稣这个上帝的历史形式，因此成为我们直观上帝启示的客观对象。这个形式，是上帝借用创造本身来表现的自身，"圣子，就是'他光芒四射的荣耀'（ἀπαύγασμα τῆς δόξης）和他作为上帝事实（χαρακτήρ τῆς ὑποστάσεως αὐτοῦ）的'痕迹'和'表达'"[4]。神圣荣耀，本是隐匿不可见的，这不是因为它无形（虚无），而是因为它的光辉璀璨夺目，凡胎肉眼在它的大光中根本无法窥见它的面貌（"大象无形"）。故而，上帝为彰显他的大慈仁爱，俯就世人，才纡尊屈驾道成肉身下降为造物的形式，以人子耶稣的形象让人看见他、理解他、相信他的启示——"信仰感知的第一时刻就是看见上帝此世的形式，亦即耶稣基督。"[5] 这实际是在有限的形式中来表现无限的本质，转换为神学美学的话语，即在一种尘世之美中表现上帝绝对之美（荣耀）。

《哥林多后书》宣告："基督本是神的像……那吩咐光从黑暗之中照出来的

---

[1] Hans Urs von Balthasar, *The Glory of the Lord: A Theological Aesthetics* vol. I: *Seeing the Form* (Edinburgh: T. & T. Clark, 1982), p.609.

[2] Hans Urs von Balthasar, *The Glory of the Lord: A Theological Aesthetics* vol. V: *The Realm of Metaphysics in the Modern Age* (Edinburgh: T. & T. Clark, 1991), p.190.

[3] Hans Urs von Balthasar, *The Glory of the Lord: A Theological Aesthetics* vol. II: *Studies in Theological Style: Clerical Style* (Edinburgh: T. & T. Clark, 1984), p.347.

[4] Hans Urs von Balthasar, *The Glory of the Lord: A Theological Aesthetics* vol. I: *Seeing the Form* (Edinburgh: T. & T. Clark, 1982), p.435.

[5] Stephan van Erp, *The Art of Theology: Hans Urs von Balthasar's Theological Aesthetics and the Foundations of Faith* (Leuven: Peeters, 2004), p.140.

神,已经照在我们心里,叫我们得知神荣耀的光显在耶稣基督的面上。"(林后4:4—6)这是《新约》中关于基督作为上帝荣耀的直接显现最为核心的表述,按照巴尔塔萨的分析,对保罗而言:"在光与力量中的上帝的荣耀拥有一种可见的成分:这种荣耀在基督面上是客观可见的,也就是说在他的死亡与复活的整个事件中这种荣耀是客观可见的,当然,只有当上帝'要有光'的客观命令在主体的内心深处找到一种回应的创造性感召,被赋予能力去观看时,这种情况才会出现。"[1]那种直接观照上帝的荣耀的能力本质上就是主体信仰作为对上帝的回应而赋予的,信仰是窥见基督面上之神圣荣耀的必要前提。

没有这个必要前提,世俗美学的审美范畴可能将很难适于解释十字架上苦难叹息的恐怖形象(美的缺位)——而就在同一时刻同一形象上面,在神学美学视阈内看到的是完全相反的一幅景象:上帝至美的荣耀之光,瞬间照透尘世的黑暗——"为了死和复活而变成人的上帝,是显现在尘世的上帝的唯一荣耀:基督是上帝全部的 δόξα(荣耀),荣耀'肉身化地'栖息在他之中,而且,从基督永恒的形式中,他的荣耀将光照进宇宙。"[2]不过,在巴尔塔萨看来,道成肉身及耶稣的受难与复活,虽然是为了彰显上帝的荣耀,但上帝的荣耀并没有因此而增加或提升,反而为俯就尘世而有所降低:

> 上帝显现给人时,并没有计划增大他的"绝对他者"的荣耀,相反是减小它——兑现上帝的仆人无"佳形美容"的预言(《以赛亚书》第五十三章二节)。耶稣自己承负了世界之罪的污点,要"带走它",所以绝对的(三位一体的)爱的难以想象、深不可测的荣耀,可以照进世界,照进它的历史。在为人拒绝(十字架)和为神支持(复活)无法解决的悖论中,神

---

[1] Hans Urs von Balthasar, *The Glory of the Lord: A Theological Aesthetics* vol. VII: *Theology: The New Covenant* (Edinburgh: T. & T. Clark, 1989), pp.358-359.

[2] Hans Urs von Balthasar, *The Glory of the Lord: A Theological Aesthetics* vol. I: *Seeing the Form* (Edinburgh: T. & T. Clark, 1982), p.217.

圣荣耀像闪电一样照亮，一劳永逸的，决定性的，终末的，也就是无法超越的。[1]

在神学美学中，正如法利（Edward Farley）所讲："美是内在于信仰生活的，因为它是被罪扭曲又被救赎复原的神圣形象的特征。"[2] 这种耶稣基督身上体现出来的美或荣耀，只有通过信仰类比才能被准确地把握、理解。而这也正是构成基督教神学美学与世俗美学的分野最深刻的地方。

3. 基督教艺术

神学美学探讨美的结构，即神圣美与世俗美这对关系主题，不仅要自上而下考虑（神圣）荣耀向（世俗）美下降的类比运动，也须自下而上探讨（世俗）美向（神圣）荣耀上升的类比运动。前者主要通过上帝在尘世的肖像耶稣基督这个启示的形式来呈现；后者主要通过艺术美与自然美来呈现。不过，由于巴尔塔萨神学美学几乎没有涉及自然美（自然神学美学）的议题，所以这里只能取基督教艺术作为探讨对象。巴尔塔萨自己也认为"神学美（glory/image/charis）与尘世美的关系是一个与基督教艺术特别相关的问题"[3]。在所谓基督教艺术中，作为神学美学的核心议题是尘世之美的表现方式是如何表达三位一体的神圣荣耀的？实际这一问题即尘世之美揭示神圣荣耀可能性及其途径的问题，在基督教艺术中是最容易得到答案的。而且，在探讨基督教艺术的时候，可以轻易地发现，上帝的艺术与艺术家（人）的艺术正好形成类比。

尽管如此，虽然巴尔塔萨觉得基督教艺术的问题很重要，他本人也是个充

---

[1] Hans Urs von Balthasar, "Earthly Beauty and Divine Glory", *Communio* 10 (Fall 1983): 202-206.
[2] Edward Farley, *Faith and Beauty: A Theological Aesthetic* (Aldershot: Ashgate Publishing Ltd., 2001), p.viii.
[3] Hans Urs von Balthasar, *The Glory of the Lord: A Theological Aesthetics* vol. VI: *Theology: The Old Covenant,* (Edinburgh: T. & T. Clark, 1991), p.27.

满艺术气息的神学家,兼出色的钢琴师、文艺作家和艺术评论家[1],但他煌煌七卷本的《上帝的荣耀:神学美学》却很少涉及(狭义)艺术(如雕塑、绘画、音乐、建筑等)的主题,他自己也承认在他的神学美学体系中"基督教艺术的问题只是以一种补充的方式来探讨的"[2]。

在巴尔塔萨看来,信仰与美之间是可以成为一致的东西,审美创造也可以与宗教信仰形成类比。[3]美的艺术,自然会显露出一种深度:"伴随表现形式被看见的外观,存在一种被感知到的没有显现出来的深度:只有它才能给予美的现象令人陶醉和不可抗拒的特征,正如只有它才能确保存在之物的真和善。这对自然美和艺术美都有效,哪怕是通过试图在外观、颜色、韵律的平面上表达所有东西而将深度降低到极限的那些抽象艺术品中的艺术美。"[4]这种深度在基督教艺术之中,就是上帝的神圣荣耀。基督教艺术中的美,是艺术家出于信仰的立场有意识地以尘世之(艺术)美学原则在尘世(艺术)形式中对神圣荣耀的精神呈现,它所表现出来的艺术美(世俗美)与三位一体之上帝的神圣美自然存在某种一致性或相似性,或者更准确地说是"从美向荣耀的超越"[5]。"在这个意义上,在一件伟大的艺术作品……与道成肉身中的上帝自我交流之间,便存在一种'美的类比'。"[6]

基督教艺术中,一方面可以看到艺术美与神圣美之间存在美的类比关系;另一方面又可以看到艺术家的艺术与上帝的艺术存在某种美学的类比。当然,艺术家的艺术是永远也不能与上帝的艺术相提并论的,它们之间的区别远远

---

[1] 巴尔塔萨一生写过不少艺术评论,其实他的第一部著作就是艺术理论专著:《音乐理念的发展:一种音乐的综合尝试》。参见 Hans Urs von Balthasar, *Die Entwicklung der musikalischen Idee. Versuch einer Synthese der Musik* (Braunschweig: Fritz Bartels Verlag, 1925)。
[2] Hans Urs von Balthasar, *My Work: In Retrospect* (San Francisco: Ignatius Press, 1993), p.86.
[3] Hans Urs von Balthasar, *The Glory of the Lord: A Theological Aesthetics* vol. I: *Seeing the Form* (Edinburgh: T. & T. Clark, 1982), p.221.
[4] Ibid., p.442.
[5] Hans Urs von Balthasar, "Earthly Beauty and Divine Glory", *Communio* 10 (Fall 1983): 202-206.
[6] Kevin Mongrain, *The Systematic Thought of Hans Urs von Balthasar: An Irenaean Retrieval* (New York: The Crossroad Publishing Company, 2002), p.64.

大于其相似性。单就表现来讲，一件人类艺术作品并不就是简单地表现作者自己，恰恰相反，艺术作品大多数时候表现的却是艺术家以为对别人来讲是客观、合理的世界观。不是他自己，而是他想要形成并使之成为信念的世界观。为这，艺术家一旦将要展现自身时，他即将隐藏自己。固然他在塑造其世界观时，他也就展示了自身某些东西，但在一个更深的层面上，他渴望证明他理解的世界，而他对自己而言已变得不重要，并且将自己仅仅是作为一个媒介对待。同样是创造，上帝的创造就完全不同了。上帝创作他的艺术作品时，他只表现他自己，因为他是与每一种可能的"世界观"（或可能的世界）完全同一的。某种程度上可以讲，每一可能的世界都取决于上帝的形象和肖像，并因此指向它的作者。[1] 这是人类艺术与上帝艺术之间一个本质的区别。但这并不能排除人类艺术对上帝艺术的模仿行为，亦即不能排除它们之间可能存在的美学类比。

虽然美学类比永远不可能是完美的，但要理解神学美学中尘世之美对应于神圣荣耀的二元美学结构，艺术尤其是基督教艺术中存在的这种美学类比关系，仍然值得重视：

> 一件伟大艺术品的灵感是不可理解的，并且其取得的成果是不能完全分析的。在这个意义上灵感抗拒分析——后者确实可以指出部分间的比例与和谐，但却不能综合部分成为整体，并且这是一个在其特有的美中无从把握的整体。此外，正像在凝视美的东西时，眼光从客体自身游离回来，迷失在主体的深渊中，在一个超越心理学的层面，在一个实体的奥秘已揭示给艺术家的卓越眼光的地方——基督特有的那种整体性要求回溯到上帝奥秘，实现对奥秘的一瞥。通过基督的高明行动，上帝已证明了他的"比光还要闪耀的奥秘"：他既是他自己又是他者；他是三位一体的也是实体

---

[1] Hans Urs von Balthasar, *The Glory of the Lord: A Theological Aesthetics* vol. I: *Seeing the Form* (Edinburgh: T. & T. Clark, 1982), p.443.

的。这是神圣自由的奥秘，其在艺术作品中，是与至高的必然性结合在一起的。[1]

在艺术作品呈现的尘世之美中，其实已分享了上帝的奥秘。那无法看见奥秘的荣耀之光，在尘世之美中透显出来，并照亮艺术作品。对基督教艺术而言，不是别的，正是"对基督中的美的爱创造性地产生了美"[2]，就像上帝对其造物的爱产生荣耀一样。而鉴赏基督教艺术，就要从美的形式观照中超越形式本身，直接从那源自荣耀的美中窥见神圣荣耀之光。

结语

巴尔塔萨神学美学中关于神圣美（荣耀）与世俗美（美）的二元结构学说，代表着基督教神学美学对柏拉图古典美学传统中美学二元结构思想的继承与发展。这种二元结构是美的内在纵向结构层次划分最为基本的模式。巴尔塔萨通过类比的神哲学原则——准确讲是"美的类比"这一神学美学原则——将这个二元结构的两极合理地关联起来，使之成为其神学美学中既对立又统一的基本关系主题而贯穿始终。可以说，这种美的二元结构思想，在巴尔塔萨神学美学的体系建构中，被擢升到了一个前所未有的理论高度。

实际上，一般古典美学都会（或隐或显地）涉及这一美学二元基本结构。因为古典美学除了在一般审美学层面研究相对美（感性美），还必须在本体论层面处理绝对美（先验美）的问题，故而必然会涉及美的内在纵向层次，而美的

---

[1] Hans Urs von Balthasar, *The Glory of the Lord: A Theological Aesthetics* vol. I: *Seeing the Form* (Edinburgh: T. & T. Clark, 1982), p.488.
[2] Hans Urs von Balthasar, *The Glory of the Lord: A Theological Aesthetics* vol. II: *Studies in Theological Style: Clerical Style* (Edinburgh: T. & T. Clark, 1984), p.135.

内在纵向层次划分基本上都是以绝对美和相对美的二元结构为基础的。所以,美的此种二元结构是古典美学的一个基本特征。[1] 只是这一美学二元结构的两极之间名称会因语境差异而有所不同(参见本章引言)。巴尔塔萨虽是在神学美学论域中将此二元结构凸显为神圣美(荣耀)与世俗美(美)的对举,并以神圣美统驭世俗美,这一原则未必适宜其他古典美学理论体系的建构,但其创造性的"美的类比"原则却为他的这一美学二元结构学说奠定了坚实的哲学基础,使之成为一个圆满自足的理论学说支撑起神学美学的内在结构。所以,在这个意义上,巴尔塔萨美的二元结构学说对于古典美学(尤其是神学古典美学)的现代建构而言是有创新价值的。

两个世纪以来,美学疏离(存在)本体论,向认识论(审美学)滑落。古典美学中所标举的美的神圣超越维度及其崇高价值,被启蒙以降的世俗文化精神彻底腐蚀、瓦解,于是美学身不由己地向感性所代表的世俗方向急遽坠落,其在知识谱系中的地位一落千丈。这已成为世俗美学不得不面对的现代性困境。

现代美学神圣超越维度的缺失,主要表现在美的观念的狭义化——狭义化为审美的观念,故失落了美的神圣性或超越性维度(美本身)。关于美的神圣超越维度重建,回归古典美学的传统资源是必由之路。因为只有古典美学传统中才从不匮乏神圣维度与超越价值。以巴尔塔萨为代表的西方神学美学在20世纪的复兴,已经为西方现代美学重建美的神圣维度指出了一条道路。而对汉语美学界来讲,情况又是如何呢?

汉语美学的现代建构自清末从日本舶来西方现代意义的"美学"

---

[1] 这里并不是讲一切将美区分为"绝对美"和"相对美"二元结构的美学,都符合古典美学的基本特征。绝对美与相对美的二元区分,符不符合古典美学的特征,关键要看这一美学二元结构是否与本体界和现象界的二元区分一致。古典美学的绝对美是指本体界之超越美,其相对美则指的是现象界之经验美(感性美)。所以像18世纪英国美学家哈奇生所提出的,在美学史上赫赫有名的"绝对美"("本原美")与"相对美"("比较美")的美学二元结构学说,严格来讲就不属于古典美学。原因在于他所谓的"绝对美",并不是从本体论层面来界定的——他将之界定为从审美对象那里认识到的美,这是从经验现象层来界定的。他所谓的"绝对美"和"相对美",只是从是否与其他审美对象发生关系的角度来区分,跟本体与现象的形而上学区分毫无关系。

(aesthetics)，已经经历了一百年的风云变幻。其间自清末民初王国维、梁启超、蔡元培等第一代现代美学家以降，汉语美学的现代建构已历经四五代学人之手，汉语美学已蔚然成为（大陆）汉语思想史与学术史中不容忽视的学术思想现象，并在世俗精神领域享有其不可替代的价值地位。尽管如此，然而自20世纪80年代中期大陆"美学热"退烧以后，汉语美学也不得不面对边缘化的处境，其在世俗精神领域的价值优位也不断遭遇诘难。固然，汉语美学的边缘化有多重因素，但其中最为根本的原因在于美学超越维度与崇高价值的消逝。当然，从根本上讲，这并不只是当代汉语美学的问题，整个西方启蒙以来现代美学都存在这个弊病。所以，汉语美学在某种程度上讲只不过是承袭了西方美学的现代性问题。因此之故，汉语美学将不得不与西方美学一起共同承担其现代性历史命运。现代美学欲走出困局，必须重建美学失落已久的神圣超越维度。唯其如此，才能够恢复美在现代社会的价值优位，以及重新树立美学的知识话语地位。

众所周知，汉语美学界从20世纪上半叶以引介西方美学思想为主流的状况，到五六十年代开始形成自身体系化的流派学说至今，已有逾十家学说出现。[1] 然而，关于美的神圣超越维度的重建及其意义，至今没有引起大多数美学流派及学者的重视。即便少数汉语美学论述中已经提及美的神圣超越性问题，亦未充分展开，抑或是缺乏坚实的理据支撑。所以，美的神圣超越维度之重建仍旧是未来汉语古典美学建构一个亟待解决的重要议题。对于汉语美学而言，其美的神圣超越维度之重建，汉语传统自身即存在丰富的思想资源，譬如由刘勰《文心雕龙·原道》所讲的"道"与"文"，即可开掘出"道"之至美与"文"

---

[1] 20世纪五六十年代围绕美的主客观性问题，大陆美学界形成所谓"主观"、"客观"、"主客观统一"、"客观性与社会性统一"等四派学说。80年代实践美学兴盛过后，大陆美学界又出现新实践美学、生命美学、生存美学、超越美学、否定主义美学、意象美学、境界美学等一系列的美学学说。港台地区则以新儒家美学与新士林美学最具学派原创代表性。

之相对美的二元结构。[1] 其实关于汉语学界美的神圣超越维度的重建，当代新儒家代表人物牟宗三的"真善美的分别说与合一说"，可以说已经为"合一说的美"（"无相之美"）与"分别说的美"（"有相之美"）这一二元区分，从中国传统文化的立场上奠定了坚实的哲学基础。[2] 所以，汉语古典美学神圣超越维度的重建，对汉语美学界来讲，并不缺乏理论资源。何况西方古典美学尤其是神学古典美学的资源也可以成为其思想源泉或理论参考。譬如巴尔塔萨的神学美学体系里对美的二元结构学说全面而深刻的阐述，尽管其主张美的神圣维度不可避免地带有不可通约性的基督教信仰文化立场，但这一学说并没有因为标举美的神圣价值而否定世俗美的存在意义，相反是在美的二元论框架下保护了世俗美的合理价值。这一思想，是完全可以与汉语古典美学传统中的相关思想互参互证，并给予当代汉语美学以重建美的神圣超越维度启示的。

---

[1] 刘勰《原道》之"文"，有广狭之分。广义之"文"乃天地万物之文采；狭义之"文"指具体的人文（辞章文学）之美。宇宙万物之文采，体现的是道的至美："夫玄黄色杂，方圆体分，日月叠璧，以垂丽天之象；山川焕绮，以铺理地之形；此盖道之文也。"（《文心雕龙·原道》）"日月叠璧，以垂丽天之象"，属于"天文"的范畴；"山川焕绮，以铺理地之形"，属于"地文"之范畴。"傍及万品，动植皆文，龙凤以藻绘呈瑞，虎豹以炳蔚凝姿，云霞雕色，有逾画工之妙；草木贲华，无待锦匠之奇；夫岂外饰，盖自然耳。至于林籁结响，调如竽瑟；泉石激韵，和若球锽；故形立则章成矣，声发则文生矣。"（《文心雕龙·原道》）此则讲的是万物之文采。天地万物之文采——美，俱是道的彰显。宇宙万物都可以彰显它们的文采，何况"为'五行'之秀，实天地之心"、"性灵所钟"、与天地并称"三才"的人呢？"夫以无识之物，郁然有彩；有心之器，其无文欤！"（《文心雕龙·原道》）"心生而言立，言立而文明，自然之道也。"（《文心雕龙·原道》）人文（辞章文学）虽由心生，亦是道的彰显——"人文之元，肇自太极。"（《文心雕龙·原道》）

[2] 详参本书结论部分第二节"古典美学现代复兴的东方呼应"。

第四章　形式与光辉

引言

在巴尔塔萨神学美学中，形式（Gestalt）和光辉（Glanz）——中世纪称为 species/forma（形式）和 lumen/splendor（光辉）——是美的两个关键要素，并且二者被看作美中不可分割的两个基本元素，"在表达美的奥秘时相互补充"[1]。

美的事物首先是一种形式，并且这种光辉不是从上面、从外部照在这一形式上，而是从形式内部照射出来的。形式（species）与光辉（lumen）在美中是一体的，如果形式真的配得上那个名字（不是指别的任何形式，而是指令人愉悦的、光辉四射的形式）。有形的形式不仅"指向"一个无形的、无法言喻的奥秘；形式是这一奥秘的显现，并在保护它、隐藏它的同时揭示出它。自然的形式和艺术的形式都有一种显现的外在深度和内在深度，而二者在形式自身之中是不可能分割开的。内容（Gehalt）不在形式（Gestalt）的后面，而在形式之中。如果看不到形式，也就看不到内容。没有为形式所光照，也就看不到内容中的光辉。[2]

---

[1] Hans Urs von Balthasar, *The Glory of the Lord: A Theological Aesthetics* vol. I: *Seeing the Form* (Edinburgh: T. & T. Clark, 1982), p.436.

[2] Ibid., p.151.

巴尔塔萨关于美是形式与光辉的结合之美学思想，直接源自托马斯美学，正如他在《上帝的荣耀：神学美学》第一卷前言中所讲："如果所有的美都客观地处于托马斯所谓'形式'（species）和'光辉'（lumen）两个环节的交叉点上，那么它们的相遇就是以'观看'和'陶醉'为其特征的。"[1] 在对"观看"和"陶醉"两种（神学）审美过程的理论阐述中形成的"观照理论"（基础神学）和"陶醉理论"（教义神学），正是巴尔塔萨神学美学之基本构成，可见巴尔塔萨神学美学如何倚重托马斯这种美的观念。可以说，"形式"与"光辉"结合生成之美的观念，是巴尔塔萨神学美学展开之重要理论基石。

尽管关于形式的美学思想渊源可远溯至毕达哥拉斯，光辉的美学思想渊源也可回溯至柏拉图，但将二者结合在美的概念中，大概最早也只能追溯到伪狄奥尼修斯。不过，此种美学理念即使在伪狄奥尼修斯那里，也还只是一种思想萌芽。真正将此美学理念充分阐述并最终确定下来，却是13世纪的经院哲学鼎盛时期的理论成果，更确切地讲，主张美是光辉与形式的合一，主要是13世纪中期阿尔贝特学派的哲学创造。通过开设伪狄奥尼修斯著作（《论圣名》）研读课程（1248—1252），大阿尔贝特从伪狄奥尼修斯那里得到启发，在《论美与善》（*Opusculum de pulchro et bono*）中首次明确地将希腊哲学中的"比例"（形式）概念与新柏拉图主义的"明晰"（光辉）概念结合在一起来界定美：一切美都基于形式与光辉，美是照在按比例构成的物质各部分之上的形式的光辉。在亚里士多德的影响下，他又认为形式与光辉的关系实际上就是潜能与实现的关系，因此也可以以形质论来思考：光辉是美的形式，"比例"（形式）则被看作美的质料。[2] 大阿尔贝特的得意门生乌尔里奇（Ulrich of Straussburg，约1225—1277）和托马斯都参加过他在科隆讲授的这门课程，他们的美学思想明显受到他的深刻影响。乌尔里奇几乎原封不动地承袭了大阿尔贝特的美的定义，认为

---

[1] Hans Urs von Balthasar, *The Glory of the Lord: A Theological Aesthetics* vol. I: *Seeing the Form* (Edinburgh: T. & T. Clark, 1982), "Foreword".

[2] 〔波〕塔塔科维兹：《中世纪美学》，褚朔维等译，第292页。

美就是物质形式之中清晰的光辉。托马斯虽然又新增一个"整体性"概念，从而构成后来托马斯主义美学关于美的三大经典要素定义——整体性、比例和明晰——但其实形式这个概念本身就是用来表示在个别事物中那个以不同清晰度呈现出来的存在之整体性的[1]，也就是说，整体性和比例都是可以涵括在形式概念之中的——托马斯的哲学导师亚里士多德早就讲过："整体，即形式或形式的具有者。"[2] 故而，托马斯主义美学主要讲的还是形式与光辉这两大美学要素。这也是巴尔塔萨《上帝的荣耀：神学美学》第四卷中专论托马斯美学思想时唯独侧重形式与光辉两个概念，而几乎对整体性这个概念视而不见的原因。[3]

在他看来，"那些试图传达出美的意义的词语，首先都指向形式（Gestalt）或形象（Gebilde）的奥秘——Formosus（美的）一词源自 forma（形式），speciosus（秀美的）一词源自 species（形象）。然而这提出了光辉的问题，即是说，形象（形式）之所以是美的，乃是因为'从内部放射出巨大的光辉'使之成为美。我们同时要面对形象，又要面对从形象中照射出来的使之变得可爱的东西"[4]。形式作为美的形式，本身是与光辉合为一体、紧密关联的。"从形式中照射出来并将它揭示给理解的光辉，因此是形式自身不可分割的光辉（经院哲学称之为 splendor formae，即形式之光）和作为整体的存在之光，形式便浸没于其中，这样它便有一个统一的形式。超越性随着内在性而增加。以美学的讲法，一个形式越高级越纯粹，越多的光就能从其深度中涌现出来，它也就越能显示存在之光在其整体性中的奥秘。"[5]

---

[1] Hans Urs von Balthasar, *The Glory of the Lord: A Theological Aesthetics* vol. IV: *The Realm of Metaphysics in Antiquity* (Edinburgh: T. & T. Clark, 1989), p.29.

[2] Aristotle, *Metaphysica*, 1023b，参见〔古希腊〕亚里士多德：《亚里士多德全集》（第七卷），苗力田主编，第 139 页。

[3] Hans Urs von Balthasar, *The Glory of the Lord: A Theological Aesthetics* vol. IV: *The Realm of Metaphysics in Antiquity* (Edinburgh: T. & T. Clark, 1989), pp.393-412.

[4] Hans Urs von Balthasar, *The Glory of the Lord: A Theological Aesthetics* vol. I: *Seeing the Form* (Edinburgh: T. & T. Clark, 1982), pp.19-20.

[5] Hans Urs von Balthasar, *The Glory of the Lord: A Theological Aesthetics* vol. IV: *The Realm of Metaphysics in Antiquity* (Edinburgh: T. & T. Clark, 1989), p.31.

在某种意义上，对巴尔塔萨而言，光辉是一种无限"垂直的"深度，而形式则是一种"水平的"延展，所以美可以看作有限形式与无限光辉两条线（两个面）垂直的相交点。[1] 故而，巴尔塔萨这样认为：

> 作为形式，美可以从物质上来把握，作为数的关系、和谐和存在的法则，甚至是可以量化的。新教美学完全误解了这一维度，甚至斥之为异端，而将美的全部本质置于突然涌现的光的事件之中。诚然，除非它根本上是一个符号，是一种非我们能够理解和可见的深度和圆满性的呈现，否则形式不会是美的。[2]

美是有限形式与无限光辉的相遇，不可见的存在光辉的深度在具体的形式中呈现出来，"光辉便是照透一切（受造的和非受造的）形式的意义之光"[3]。这也就是说，美将无形之光辉结合到了有形之形式之中，诚如蒙格瑞（Kevin Mongrain）所言："根据巴尔塔萨，'形式'（species, Gestalt）和'光辉'（lumen, Glanz）这两个术语勾勒出了古典美学的基本内容。古典美学总是将此二元素结合在一起：美的事物同时也就是一种不可见的精神之光和一种具体的感官形式。"[4]

形式与光辉，在巴尔塔萨看来，不只是美学的基本范畴，同时也是神学的基本范畴。所以他讲："不同时处理光辉与形式（lumen et species），就不可能谈

---

[1] Francesca Aran Murphy, *Christ the Form of Beauty: A Study in Theology and Literature* (Edinburgh: T. & T. Clark, 1995), p.142.

[2] Hans Urs von Balthasar, *The Glory of the Lord: A Theological Aesthetics* vol. I: *Seeing the Form* (Edinburgh: T. & T. Clark, 1982), p.118.

[3] Francesca Aran Murphy, *Christ the Form of Beauty: A Study in Theology and Literature* (Edinburgh: T. & T. Clark, 1995), p.143.

[4] Kevin Mongrain, *The Systematic Thought of Hans Urs von Balthasar: An Irenaean Retrieval* (New York: The Crossroad Publishing Company, 2002), p.62.

论基督教信仰。"[1] 按照神学美学的观点，形式与光辉，最终在耶稣基督身上得到终极完美之结合。巴尔塔萨认为，从《圣经》中的神圣历史来看，"整个启示运动都以将形象和荣耀结合在耶稣基督里作为其目标。因此，尘世美学之'光辉'与'形式'之间的原初张力，在最高的《圣经》层面上是与'无形的'（申4：12）荣耀与其有形的形象之间张力一致的。"[2] 神圣荣耀之光在耶稣基督的形式之美中完全地呈现出来。形式与光辉在基督里的结合，因之成为基督教终极性的奥秘，同时也是使基督教成为伟大的美学宗教的终极原因所在：

> ……将客观的基督剖解为一种唯一属性就是外在呈现的形式和一种只保留在宗教体验内部的无形式之光，是不大可能的。基督教根本区别于其他宗教的整个奥秘，就是形式不站在无限之光的对立面，因为上帝自己已设立并认可这样的形式。虽然这种形式是有限的、尘世的，正如每一种世上的美的东西必然消亡一样，这种形式也必定会消亡，然而它并没有滑向无形式的领域，留下一种无限的悲剧性的渴望，而是提升到作为一种形式的上帝，一种在上帝自身之中已变得与圣言和光同一的形式，这是上帝赐予世界的。这种形式自身必然参与到死亡和复活的过程之中，并因此变得与上帝之光／言同延。这使基督教原则成为一切美学都没法超越的原则，基督教成为最卓越的（par excellence）美学宗教。[3]

众所周知，康德先验哲学高扬主体性的哲学立场，致使主、客严重对立。由于康德哲学的巨大影响，这一认识论二元格局遂成为现代理性主义哲学的主

---

[1] Hans Urs von Balthasar, *The Glory of the Lord: A Theological Aesthetics* vol. I: *Seeing the Form* (Edinburgh: T. & T. Clark, 1982), p.215.

[2] Hans Urs von Balthasar, *The Glory of the Lord: A Theological Aesthetics* vol. VI: *Theology: The Old Covenant* (Edinburgh: T. & T. Clark, 1991), p.15.

[3] Hans Urs von Balthasar, *The Glory of the Lord: A Theological Aesthetics* vol. I: *Seeing the Form* (Edinburgh: T. & T. Clark, 1982), p.216.

流；同时，康德—施莱尔马赫以来，神学对信仰主体性的强调也成为现代潮流。但巴尔塔萨对形式与光辉这两大神学美学基本客观结构要素的重视，表明他的神学并没有迎合这种潮流，所以在某种程度上，"巴尔塔萨神学美学被视为对客观性的重新发现"[1]，"不是人类对启示感知的主观性，而是对神圣启示的客观性才是神学美学的根基"[2]。不过，也不能由此就讲他是一个纯粹的客观主义者，实际上，他在对待神学美学的主、客体问题上，是一个地地道道的歌德主义者。与康德不同，"歌德拒绝分裂主、客体而转向主体，他在现象自身，在形式中寻求主客体的统一"[3]。巴尔塔萨拒绝了康德的进路，而选择了歌德。一方面，他的神学美学逆主体性哲学——神学的现代潮流而行，强调信仰（美学）对象的客观性；另一方面又通过对信仰（审美）行为主观性的分析（详参第五章），寻求对信仰客观性和主观性的重新整合。[4] 所以，那种将巴尔塔萨神学美学视为客观主义神学或美学的观点，是存在严重偏颇的。

第一节　形式元素

《上帝的荣耀：神学美学》首卷《形式的观照》是巴尔塔萨神学美学的理论基础，在整个体系中居于核心地位。《形式的观照》这卷著作研究的主要问题，除了对神学美学的理论图景进行整体的界定与勾勒之外，主要便是处理神学美学的主、客观证据问题。在这卷著作中，"形式"处于中心的位置，"所有一切

---

[1] Christophe Potworowski, "An Exploration of the Notion of Objectivity in Hans Urs von Balthasar", in Ed Block (ed.), *Glory, Grace, and Culture: The Work of Hans Urs von Balthasar* (New York: Paulist Press, 2005), p.84.

[2] Stephan van Erp, *The Art of Theology: Hans Urs von Balthasar's Theological Aesthetics and the Foundations of Faith* (Leuven: Peeters, 2004), p.140.

[3] Dennis M. Doyle, *Communion Ecclesiology: Version and Visions* (New York: Maryknoll, 2000), p.96.

[4] Larry S. Chapp, *The God Who Speaks: Hans Urs von Balthasar's Theology of Revelation* (San Francisco-London-Bethesda: International Scholars Publications, 1996), p.115.

都围绕着形式这个概念"[1]。所以，从某种程度上讲，形式也是整部《上帝的荣耀：神学美学》探讨的核心概念和"起点"[2]，地位不逊于荣耀。

巴尔塔萨的形式概念思想来源复杂。大致而言，这是一个兼有亚里士多德（托马斯）主义实体形式、柏拉图主义超越形式及其他感性形式（如形象）概念内涵的综合性术语。与世俗美学的形式概念不同，巴尔塔萨所讲的形式之美学本质不在于其直观美感，而在于其所呈现的存在奥秘及其荣耀的光辉。另外一个重要不同是，巴尔塔萨的形式概念存在单数与复数的区别。其复数的形式指自然的或艺术的形式或形象，单数的形式则指唯一的神圣启示形式——耶稣基督。后者作为超越而内在的、动态的、鲜活形式，才是巴尔塔萨神学美学关注的中心。所以，归根结底，神学美学探讨的荣耀，其实核心就是作为终极完美的"启示形式"——耶稣基督之荣耀。将"形式"概念引入基督论美学之中，使之成为一个既超越又内在的神学美学概念，这是巴尔塔萨一个重大的理论创造。其神学美学即是围绕此"形式"概念展开的，所以，"形式"在巴尔塔萨神学美学体系中具有一种基础性的概念地位，唯有厘清这一概念及其美学含义，才能真正进入巴尔塔萨神学美学的研究。

1. 形式的哲学基础

形式的思想历史可谓源远流长，远可上溯至柏拉图和亚里士多德的 eidos 和 morphê，中世纪阿奎那的 forma 和 species，近则有赫尔德、歌德及后来风行一时的柏林格式塔（Gestalt）心理学、俄国形式主义等学派对这个概念的推重。

如塔塔尔凯维奇所讲，在美学讨论的领域中，极少有像"形式"（希腊文

---

[1] Hans Urs von Balthasar, *The Glory of the Lord: A Theological Aesthetics* vol. II: *Studies in Theological Style: Clerical Style* (Edinburgh: T. & T. Clark, 1984), p.12; see also *The Glory of the Lord: A Theological Aesthetics* vol. VI: *Theology: The Old Covenant* (Edinburgh: T. & T. Clark, 1991), p.416.

[2] Hans Urs von Balthasar, *Theo-Drama: Theological Dramatic Theory* vol. V: *The Last Act* (San Francisco: Ignatius Press, 1998), p.72.

μορφή/εἶδος，拉丁文 forma/species/figura/examplar，德文 Form/Gestalt，法文 forme，英文 form）这样经久耐用的名词。[1] 根据塔塔尔凯维奇的分析总结，西方美学史上一共出现过十余种形式含义[2]，其中五个含义被普遍地使用：（1）意指各部分的安排（比例）；（2）意指直接呈现在感官之前的事物；（3）意指某一对象的界限或轮廓；（4）意指某一对象之概念性本质；（5）意指康德意义上给予经验杂多以规定性的先验图式。[3] 当然，这些形式含义并没有想象中那样泾渭分明，人们也很少像美学史家那样清晰地认识到这一点，故而几种含义被混淆着使用也是思想史上极其常见的事情——尤其是前三种含义关系紧密，产生混淆的可能性也非常高——由于数千年的意义叠加导致形式一词含义的歧义性或丰富性，是无法根本改变的概念历史现状，所以刻意在诸含义之间划清界限往往徒劳无功。

　　巴尔塔萨虽然对西方传统了如指掌，但他的神学美学关注重心其实不是一种世俗意义上的美学分析，因此他所使用的形式概念，并不限定在某一种单纯美学含义上。他也不会像塔塔尔凯维奇这样的美学史专家那样，精细地计较形式概念的含义界分。于是，这就注定了他难免会在一种笼统的意义上使用形式概念。尽管他也试图对形式概念作出界定——认为形式一词在探讨存在的整体性是如何在个体存在中闪现出光辉的时候就可以派上用场，它意味着对存在或绝对者的一种缩小的表现，或者存在整体性在尘世事物中的一种整体性的表现。[4] 但其神学美学中的形式概念基本上在塔塔尔凯维奇认为最普遍的前四种含义上都有使用，其渊源中不仅包含来自神哲学领域的诸种形式概念，也包含来自古老《圣经》传统的形象观念。有鉴于此，这里便不得已放弃效法塔塔尔凯维奇那种严格区分含义的形式概念之历史梳理，故侧重可能对巴尔塔萨神学

---

[1] 〔波〕瓦迪斯瓦夫·塔塔尔凯维奇：《西方六大美学观念史》，刘文潭译，第 226 页。
[2] 同上书，第 227—249 页。
[3] 同上书，第 227—228 页。
[4] Hans Urs von Balthasar, "Transcendentality and Gestalt", *Communio* 11 (Spring 1984): 4-12.

美学产生重大影响的形式之哲学观念分梳。

形式的思想渊源可以追溯到毕达哥拉斯学派的"数理形式"观念,即比例和谐思想——这种美学思想将美还原成各部分之间的比例和谐关系,又将比例和谐关系还原成数的关系。美在比例和谐的理论在古代作为主流美学观念盛行两千多年,塔塔尔凯维奇称之为美的"伟大理论"。在塔塔尔凯维奇看来,各部分之间的比例和谐关系是可以"视同形式"的[1],故这里权称之为"数理形式"。尽管数已在毕达哥拉斯哲学中享有了世界本原的本体地位,不过,其数理形式作为美学范畴基本上还停留在具体事物之外在形式(比例关系)上,不具备超越性、普遍性特征。

毕达哥拉斯学派关于美是数的比例和谐的思想被柏拉图及其后学继承,但是,柏拉图在形式这个哲学观念上明显超越了他的前辈。柏拉图的 ἰδέα(理式[2])所指的超越形式,是一种完全超越于经验现象之上的独立的、绝对的、普遍性的、永恒不变的精神实体。柏拉图的理式,并没有摆脱希罗多德、修昔底德那里就有的"种"(εἶδος)、"属"(γένος)含义而完全抽象为一种绝对理式(如黑格尔之"绝对精神")。所以,理式概念在柏拉图哲学中存在层次区分,也就是说,既有作为绝对理式的善的理式,也有种、属意义的一般理式。美的理式(美本身)即属于后者。美的理式相对美的事物而言,是绝对的、永恒的、普遍的内在形式,一切美的事物皆是对它的呈现。美的艺术是模仿,不过模仿的是美的事物的外在形式,而不是对美本身这种内在形式的直接模仿。

柏拉图理式哲学思想最终为普罗提诺继承并发扬光大,他以流溢说将柏拉图理式论与亚里士多德形质论结合在一起,使之成为一种系统性的原型论形而上学。普罗提诺认为宇宙的起源来自超绝之第一实体,即太一。太一流溢出一

---

[1] 〔波〕瓦迪斯瓦夫·塔塔尔凯维奇:《西方六大美学观念史》,刘文潭译,第350页。
[2] ἰδέα 又译"理念",该希腊文词根是动词 εἴδω(看),后者也是希腊文 εἶδος(形式)的词源,故 εἶδος 与 ἰδέα 的原始意义是相通的,都指形式,故 ἰδέα 译作"理式"可能最恰切。参见 Frederic Will, *Intelligible Beauty in Aesthetic Thought: From Winckelmann to Victor Cousin* (Türbingen: Max Niemeyer Verlag, 1958), p.17。

切，充盈宇宙存在。这种溢出（emanatio），是一种无限、永恒的流溢，即太一源源不断地流出，却不损耗自身。太一之光的流溢呈现出阶段性，由之即产生世界的等级差别。首先太一流出第二实体 Nous（精神、理性、理智）。由 Nous 再流出第三实体灵魂——Nous 直接流溢出世界灵魂，再由世界灵魂流溢出个体灵魂。正如 Nous 包含两个面向，其向上凝视、沉思太一，向下产生灵魂；灵魂本身也有两个面向，其向上即趋向 Nous，向下则趋向物质世界。个体灵魂向下最终流向物质，物质世界因此构成流溢说的底端。但物质质料本身并非太一流溢的产物，物质是与太一的光明相对的混沌黑暗的领域，所以物质世界的秩序只是来自灵魂的光照。从太一到物质层的流溢，层次分明，上一层就好比下一层的形式因，下一层则好像对上一层的模仿，或称痕迹、质料因，越远离太一，则分受太一的光辉越少。[1] 普罗提诺原型论形而上学本质上是与其美学形而上学融为一体的。这种原型论思想最后通过新柏拉图主义对基督教神学的影响，将柏拉图主义的美学形式观传递给基督教神学美学（如奥古斯丁、伪狄奥尼修斯、波纳文图拉等）。

与柏拉图理式所意指的那种脱离、抽象于感性事物的超越形式不同，亚里士多德严格遵循从实体论立场来思考形式问题（尽管他也受到柏拉图的形式观念的启发）。其《物理学》（*Physika*）中，在思考具体事物的本质上，他提出著名的"四因说"——质料因、形式因、动力因、目的因，其中关于事物的内在构成要素而言，主要就是质料因和形式因，质料因是事物不完美的潜能，所以须借着形式因使之实现完美。后来他在《形而上学》中将此处于对立统一关系中的质料与形式，阐述为个别事物本质的两大基本要素，从而发展出形质论。在他看来，任何个别事物作为实体存在的本质都是形式与质料组合而成的。"如若质料是存在的，形式是存在的，由两者所构成的东西也是存在的；如果质料

---

[1] Plotinus, *The Enneads*, V.1, V.3, VI.7, etc. see Stephen MacKenna trans., *The Enneads* (London: Penguin Books, 1991).

是实体，形式是实体，由两者构成的东西也是实体。"[1] 质料与形式都是构成具体事物的不可分割的部分，不过形式的部分是优先的部分，它提供构成实体本质的普遍原则，质料是潜能，形式是实现，因此形式也被亚里士多德称作"第一实体"（πρώτη οὐσία）——此乃其思想成熟期所著《形而上学》的定位，在其早期著作《范畴篇》（Categoria）中形式是被当作"第二实体"（δευτέρα οὐσία）的。"部分，或者是形式的部分（至于形式，我说的是是其所是），或者是由形式和质料组成的组合物的部分，或者是质料自身的部分。而只有形式的部分才是原理的部分，原理是普遍的。"[2] 作为普遍性的原理，形式是先在的，给质料提供范型，"所以，我们寻求的是使质料成为某物的原因，这个原因就是形式，也就是实体"[3]。也就是说，亚里士多德的形式很大程度上决定了实体本质。因此，形式是首要的、第一性的、真正严格意义上的实体。

首先，通过对亚里士多德《物理学》、《形而上学》等著作的评注，中世纪经院哲学继承并发扬光大了亚里士多德的实体形式思想，尤其是在阿尔贝特—托马斯学派的努力下，这一概念于13世纪在神哲学和神学美学中达到一种前所未有的高峰。其中，神学大宗师托马斯倾注在亚里士多德形式概念阐释及运用上的心力尤多，成果尤丰硕，表述也最具系统性。概括地讲，托马斯对实体进行了严格区分，他认为实体有复合（物质/感性）实体和单一（精神）实体的区别，单一实体又可分理智实体和上帝实体两种，理智实体指的是灵魂与精神体，上帝实体指第一存在。复合实体由本质与存在构成，其本质包含形式与质料；单一实体的本质只是形式，一切单一实体（如上帝、天使、灵魂）的本质都是没有质料的形式——对上帝实体而言，存在即本质，因此是绝对的超越性实体；对理智实体而

---

[1] Aristotle, *Metaphysica*, 1035a，参见〔古希腊〕亚里士多德：《亚里士多德全集》（第七卷），苗力田主编，第170页。

[2] Aristotle, *Metaphysica*, 1035b-1036a，参见〔古希腊〕亚里士多德：《亚里士多德全集》（第七卷），苗力田主编，第172—173页。

[3] Aristotle, *Metaphysica*, 1041b，参见〔古希腊〕亚里士多德：《亚里士多德全集》（第七卷），苗力田主编，第187页。

言，虽然其本质摆脱了质料，是单纯的形式，但其实体仍由本质（潜能）与存在（实现）组成，因此是有限的超越性实体；复合实体不能摆脱质料与形式、本质与存在双重的潜能与实现关系，因此是有限性实体。在托马斯看来，任何实体都必然具有形式，但却不一定要有质料，所以复合实体与单一实体的区分主要看有无质料包含其中。这种思想虽然在亚里士多德形而上学中已经存在一些萌芽——"至于那些不以质料构成、无质料的东西，它们只有形式的原理，它们是不消亡的，或者一般地不消亡，至少不像这样地消亡"[1]——但亚里士多德显然没有如此清楚、系统地表述出来。托马斯继承亚里士多德形质论，在其神学形而上学中完成了这一学说的系统表述，由之，形式的多样性或层次性得以展现：在复合实体中，质料与形式构成其本质，二者关系实际是潜能与实现关系在本质领域的应用；在单一实体中，实体的本质是完全脱离质料的形式，尤其是上帝实体被看作独一无二的"纯形式"。对于神学美学来讲，更重要的是这种亚里士多德主义的形式观念与新柏拉图主义的光辉观念结合起来，形成了经院（托马斯主义）美学关于美的经典定义。这对后世神学美学影响深远，巴尔塔萨神学美学亦从中受益匪浅。

2. 巴尔塔萨神学美学的形式概念

托马斯之后，启蒙时代的赫尔德、歌德的形式思想，以及更晚近一些的埃伦费尔斯（Christian von Ehrenfels）的格式塔理论，都对巴尔塔萨神学美学中的形式概念的形成，产生过积极的影响。如他自己所讲：

> 这个概念远承柏拉图的理式（eidos）和亚里士多德的形式（morphê）概念，在中世纪形而上学中处于中心地位（species 和 forma），在赫

---

[1] Aristotle, *Metaphysica*, 1035a, 参见〔古希腊〕亚里士多德：《亚里士多德全集》（第七卷），苗力田主编，第 171 页。另参见 *Metaphysica*, 1050b；"永恒的东西在实体上先于可消灭的东西，任何潜能都不能永恒。"参见〔古希腊〕亚里士多德：《亚里士多德全集》（第七卷），苗力田主编，第 215 页。

尔德（与康德相反）和歌德的自然学说中也处于中心位置；它被埃伦费尔斯小心翼翼地但却非常成功地从原子联想心理学（atomistischer Assoziationspsychologie）的废墟中发掘出来（*Über Gestaltqualitäten*, 1890; *Kosmogonie*, 12th edn 1916; *Das Primzahlengesetz*, 1922），并给予它一个尊贵的地位；然后当然它又重新在内部被柏林格式塔心理学派 [韦特默（M. Wertheimer）、苛勒（W. Köhler）、勒温（K. Lewin）、梅茨格（W. Metzger）] 置于危险之中，因为形式被看作一种以"精确科学的"可测性为目的的，物理的"要素功能"的"关系统一体"，并且这些与"相似性理论"一致的"功能"应该是作为心理学的和物理学的实体的同种形式的"功能"。因此，作为形式概念中心的对象的超越中心又一次被放弃了。[1]

尽管巴尔塔萨的形式概念与思想史上多种形式概念都有或多或少的渊源，但其形式概念最初是直接来源于歌德的。这一思想渊源可以回溯到其学生时代的现代德意志文学中的末世论问题研究——显然这一研究内容本身极大地（本质是先入为主地）形塑了巴尔塔萨一生的思想基础。所以，在其晚年的访谈录中，巴尔塔萨坦言，他的主要神学论敌拉纳（Karl Rahner，1904—1984）选择康德作为其神学起点，而他则一开始就选择了歌德作为其神学起点，并且他将歌德的形式概念引入了神学，把基督教或基督形象看作一种形式。[2]

如巴尔塔萨所说："对歌德而言，自然是荣耀固有的所在；荣耀对他来说正是存在于这个真理中，'形式'从其自身之中展现无限的奥秘理念，这个理念——唯一者——总是使神圣者超越于所有显现的现象。"[3] 形式是对无限的存

---

[1] Hans Urs von Balthasar, *The Glory of the Lord: A Theological Aesthetics* vol. IV: *The Realm of Metaphysics in Antiquity* (Edinburgh: T. & T. Clark, 1989), pp.29-30.

[2] Hans Urs von Balthasar and Michael Albus, "Geist und Feuer: Ein Gespräch mit Hans Urs von Balthasar", *Herder Korrespondenz* 30 (1976): 72-82; "Spirit and Fire: An Interview with Hans Urs von Balthasar", *Communio: International Catholic Review* 32 (Fall 2005): 573-593.

[3] Hans Urs von Balthasar, *The Glory of the Lord: A Theological Aesthetics* vol. V: *The Realm of Metaphysics in the Modern Age* (Edinburgh: T. & T. Clark, 1991), p.362.

在奥秘的呈现，而荣耀亦在这种形式的呈现中闪现出来。同时，歌德也把个体的形式看作对无限性或完美存在的一种参与。[1] 这种观点充分体现在巴尔塔萨神学美学中，不过，从巴尔塔萨自己的形式概念界定上，却似乎很难立即看出他与歌德的直接渊源："只要讲那种在个别的存在物中以不同清晰度呈现出来的存在之整体性，形式的概念就可以派上用场。这意味着一种同样地被控制的、同样地存在及被界定的部分与要素的整体性，因为它的存在需要的不仅是一个'外部环境'，也需要作为一个整体的终极存在：在这种需求中它是（如库撒的尼古拉斯所讲）'绝对者'的'缩小的'表现，它超越于作为成分的部分之上并在其限定的领域内制约着它们。"[2] 其实，作为巴尔塔萨思想成熟期的神学美学，其形式概念虽然最初直接源出歌德，但他的实在论立场却暴露了他与马里坦诸人一样，终究还是托马斯主义的。[3]

当然，如前面所讲，巴尔塔萨的形式概念思想来源比较复杂，含义也比较丰富（或含混），因此也就不可能只包含托马斯主义的形式观。大体上来看，他的形式概念是以托马斯主义所继承的亚里士多德实体形式为基础，综合柏拉图主义的超越形式及其他感性形式（比例、外形、形象等）因素的一个综合性载体。不过，他的形式概念与以往神学美学的形式概念存在一个巨大的不同，即他的形式有单数和复数之分——所谓复数的形式指尘世的自然的或艺术的形式，所谓单数的形式指《新约》中神圣的启示形式（耶稣基督），后者有时被他称为"超级形式"（Übergestalt）[4]，是形式的终极表现。单数的形式，是巴尔塔萨神学美学关注的重心或中心，甚至如宋旭红所讲："在终极意义上，巴尔塔萨神学

---

[1] Hans Urs von Balthasar, *The Glory of the Lord: A Theological Aesthetics* vol. IV: *The Realm of Metaphysics in Antiquity* (Edinburgh: T. & T. Clark, 1989), p.30.

[2] Ibid., p.29.

[3] Francesca Aran Murphy, *Christ the Form of Beauty: A Study in Theology and Literature* (Edinburgh: T. & T. Clark, 1995), p.197.

[4] Hans Urs von Balthasar, *The Glory of the Lord: A Theological Aesthetics* vol. I: *Seeing the Form* (Edinburgh: T. & T. Clark, 1982), p.432; *The Glory of the Lord: A Theological Aesthetics* vol. VII: *Theology: The New Covenant* (Edinburgh: T. & T. Clark, 1989), p.17; etc.

美学只有一个审美对象或形式，即耶稣基督。"[1] 实际上，也只有上帝这个既超越又内在的形式存在，才能根本上化解包含在巴尔塔萨神学美学之形式概念中的悖论问题（如超越形式与感性形式的矛盾），否则，巴尔塔萨的形式概念应用在纯粹的自然与艺术审美领域将是难以自圆其说的。

这里须稍作补充说明的是，所谓"形式"，这个巴尔塔萨神学的核心范畴，其德文原词不是Form，而是Gestalt。这是一个特别难翻译的概念，巴尔塔萨认为可以翻译成英文的form（形式）、figure（形象）、shape（形态）[2]——足见其含义的丰富性或含混性。但是，考虑到译名统一的必要性，英语学界通常采用其颇具形上意味的主导性义项form（形式）来译此词——尽管多有学者对此持保留态度[3]——汉语翻译为求统一也尊重英语学界的主流观点，一概译作"形式"，而不再从德文Gestalt直译作"完形"或音译作"格式塔"。

波纳文图拉曾讲："凡存在即具有形式，凡形式即具有美。"(Omne quod est ens, habet aliquam formam; omne autem quod habet aliquam formam, habet pulcritudinem.) [4] 巴尔塔萨对此深信不疑，如前所述，他早从词源学的角度上看到，拉丁文formositas（美）或formosus（美的）一词就源自forma（形式）。美来自形式，形式存在即意味着美：

> 只有具有形式的东西才能使人进入陶醉的状态。只有通过形式才能闪耀出永恒之美的光芒。就在那么一瞬间，当精神的闪光显现出来时，它就

---

[1] 宋旭红：《巴尔塔萨神学美学思想研究》，第132页。

[2] Hans Urs von Balthasar, "Theology and Aesthetic", *Communio: International Catholic Review* 8 (Spring 1981): 62-71.

[3] Michael Maria Waldstein, *Experssion and Form: Principles of a Philosophical Aesthetics According to Hans Urs von Balthasar* (Ph.D. Dissertation, The Braniff Graduate School of The University of Dallas, 1981), p.65-68; Louis Dupré, "The Glory of the Lord: Hans Urs von Balthasar's Theological Aesthetic", *Communio: International Catholic Review* 16 (Fall 1989): 384-412; etc.

[4] Bonaventure, *Commentaria in quatuor libros Sententiarum Magistri Petri Lombardi*, t. II, 34.2.3.6. (*Opera Omnia*, II 814). See Sr. E. J. M. Spargo, *The Category of the Aesthetic in the Philosophy of Saint Bonaventure* (St. Bonaventure, N.Y.: Franciscan Institute, 1953), pp.34-35.

完全在其光芒之中浸透了外在的形式。由此发生的方式和程度，我们知道我们是否处在"感性"之美抑或"精神"之美中，优雅之美抑或内在的庄严之中。但是没有形式，任何情况下人都不会被陶醉、激动。然而，被激动属于基督教的开端。使徒被他们之所见、所闻、所感激动——通过显现在形式中的每一事物。尤其是约翰，也包括其他人，孜孜不倦地以新的方式描述耶稣这个形象是如何在其相遇和对话中凸显出来的，以及如何在他的独一无二的轮廓显现的时候，突然在一种无法言喻的方式中，无限者之光芒破云而出，使人跪倒膜拜，从而将人变成信徒和追随者。[1]

而形式之所以是美的，那是因为形式呈现了某种内在的具有存在深度的东西："显现给我们的形式之所以美，仅仅是因为它在我们心中唤起的喜悦建立在这样的事实基础上：在它里面，实体本身深奥的真和善被显明和给予出来，这种显明和给予向我们揭示了自身，作为某种具有无限的、无穷无尽价值的东西，某种令人着迷的东西。"[2] 在他看来，任何的美，虽然都离不开审美的感知，但审美感知也离不开美的"形式"或"形象"。在形式与美的关系方面，巴尔塔萨与波纳文图拉观点一致，认为形式的美学本质并不在于它是美感的潜在对象，而在于使之得以表现出来的内在力量，即"实体本身深奥的真和善"。这是巴尔塔萨神学美学形式观与现代美学林林总总之形式观的根本区别。这也是巴尔塔萨神学美学（古典美学）与现代美学的根本分野所在。巴尔塔萨的形式之美或美的形式，是深深植根于存在的奥秘中的。

由于美的形式植根于存在的奥秘，于是，人可以从美的形式沉思甚至直观存在的奥秘——上帝的荣耀："美的形式呈现给我们的时候，在其自身是如此

---

[1] Hans Urs von Balthasar, *The Glory of the Lord: A Theological Aesthetics* vol. I: *Seeing the Form* (Edinburgh: T. & T. Clark, 1982), pp.32-33.

[2] Ibid., p.118.

的超越，以至于它从自然世界直接就进入了超自然世界。"[1] 依《圣经》与传统神学的观点，原本上帝是不可见的，这倒并不是因为他不存在，而是因为他无所不在的光辉过于炫目耀眼，肉眼凡胎根本无法逼视，故而人看不见。所以上帝是隐匿的、无形的，"上帝对我们而言是一个绝对的奥秘"[2]。为了让人看到他的荣耀、光明和盼望，领悟他的奥秘之美，"上帝的启示必须拥有一个客观形式"[3]。因为，"表象对于理解者而言是绝对不可缺少的：它给予他通向本质的路径；实际上，它揭示出本质自身"[4]。故而无限、无形上帝虚己下降到有限的时空中，以道成肉身介入历史，即以耶稣作为超验、永恒之神性寓居肉身的历史形式，通过其肉身性的生存、死亡和复活展现神性，直接自我揭示、呈现出自己。因此，耶稣成为"启示的中心形式"[5]。而这一点也将耶稣区别于其他一切宗教创始人[6]，同时将基督教区别于其他一切宗教[7]——"耶稣基督是启示的中心形式，我们的救赎启示中的所有其他元素都环绕他结晶并聚合在他周围，基督教思想便以此著称。"[8] 这也是巴尔塔萨神学美学形式观区别于一切（神学）美学形式观的核心所在，一般美学之形式概念，只是作为审美客体对象的静态概念，而巴尔塔萨神学美学之形式概念，在耶稣基督这一启示形式中获得了生命，他以生命主体的形式呈现了一种全然不同的动态形式概念。

这里不得不强调的是，基督进入尘世形式，成为启示的中心形式，并不是

---

[1] Hans Urs von Balthasar, *The Glory of the Lord: A Theological Aesthetics* vol. I: *Seeing the Form* (Edinburgh: T. & T. Clark, 1982), p.34.

[2] Ibid., p.609.

[3] Ibid., pp.429-433.

[4] Hans Urs von Balthasar, *Theo-Logic: Theological Logical Theory* vol. I: *Truth of the World* (San Francisco: Ignatius Press, 2000), p.104.

[5] Hans Urs von Balthasar, *The Glory of the Lord: A Theological Aesthetics* vol. I: *Seeing the Form* (Edinburgh: T. & T. Clark, 1982), pp.153-154, 463.

[6] Ibid., pp.502-509; see also John O'Donnell, *Hans Urs von Balthasar* (London: Geoffrey Chapman, 1992), p.27.

[7] Hans Urs von Balthasar, *The Glory of the Lord: A Theological Aesthetics* vol. I: *Seeing the Form* (Edinburgh: T. & T. Clark, 1982), p.463.

[8] Ibid., p.154.

将自身完全泯同于尘世形式,也不是将自身置于尘世形式的对立面,而是将原型与形象融为一体的超级形式。[1] 如巴尔塔萨所讲:"启示的形式,因此不是作为一种无限的非形式(ἄπειρον)之有限(πέρας)的表现,而是一种无限确定的超级形式的表现。而更重要的是:启示的形式并不是站在被形象化之物的对立面,将其自身呈现为一种上帝独立的形象,而是呈现为一种在原型与形象之间的独一无二的、实体的联合。在启示的形式中,为形象者对隔离不感兴趣,并且对他自身(耶稣这个人)而言,只有在这个形象(基督!)中上帝描绘了他自己——事实上这个人自身就是上帝。"[2] 这就是说,基督形式既是造物主又是造物,既是原型又是形象。亦如恰普(Larry S. Chapp)所言:"基督是所有受造形式的原型形象。他的'形式'是所有受造形式将会与之合为一体的形式。"[3] 所以,基督形式是独一无二的内在而超越的启示形式。

尽管上帝可以在任何形式(包括自然的形式、艺术的形式)中启示自己,但只有"在耶稣基督里,上帝隐匿的启示才达至完美,且这不仅是在受难的事件中,也在道成肉身之中——已经存在于道成肉身的事实中"[4]。作为上帝隐匿奥秘之启示形式,耶稣基督无疑是最终极、最完美的,因为"基督本是神的像……神荣耀的光显在耶稣基督的面上"(林后4:4—6),"他是神荣耀所发

---

[1] 只有在基督论中,形象才享有与原型同等的地位,成为具有完全形而上学独立性的"超级形式"。在柏拉图主义传统中,"形式"(原型)与"形象"从来就不是同一个东西。形象可以肖似于形式,但绝不能等同于形式。在柏拉图哲学中,形象(εἰκών)只是理式(εἶδος, ἰδέα)的模仿。后来在新柏拉图主义那里,形象才稍稍获得一些形而上学品格,它被视为对理式的揭示,而不再被视为只是对理式的影子式模仿。但无论如何,整个柏拉图主义哲学传统都把形象视作形式的产物或后裔,它不具备形而上学独立性。因此无论形象如何肖似于形式,它都只是一个依附体。参见Dimitrios N. Koutras, "The Beautiful According to Dionysius", in Aphrodite Alexandrakis (ed.), *Neoplatonism and Western Aesthetics* (Albany: State University of New York Press, 2002), pp.32-33。

[2] Hans Urs von Balthasar, *The Glory of the Lord: A Theological Aesthetics* vol. I: *Seeing the Form* (Edinburgh: T. & T. Clark, 1982), p.432.

[3] Larry S. Chapp, *The God Who Speaks: Hans Urs von Balthasar's Theology of Revelation* (San Francisco-London-Bethesda: International Scholars Publications, 1996), p.126.

[4] Hans Urs von Balthasar, *The Glory of the Lord: A Theological Aesthetics* vol. I: *Seeing the Form* (Edinburgh: T. & T. Clark, 1982), pp.456-457.

的光辉，是神本体的真像"（来1：3）——"耶稣是上帝之圣言、形象、表现和注释"[1]，"上帝最伟大的艺术品，是神与人的完美结合，他既是上帝绝对神性和统治地位的表现，也是完美造物的表现"[2]。在基督这个尘世形象（形式）中，上帝描绘了他自己，从而创作了世界上最伟大的艺术品，这个艺术品其实就是上帝自身。[3]耶稣基督无疑是他所表现的东西——上帝；但耶稣基督又不是他所表达的东西——天父。这一无与伦比的悖论，构成了基督教的美的活水源头，因而也成为神学美学的源泉。

"按照巴尔塔萨的观点，美与存在的显现，尤其是与最光辉灿烂的显现形式紧密相连。"[4]巴尔塔萨自己也讲："每一种美的形式的开放性，将美变得像启示的形式一样有用，这种美的形式总是更多地在最完美的、终极性的表现中，而不是在形成的事物中表现出它自身（即荣耀的无限性）。"[5]这就是说，上帝无限的荣耀或先验之美，只有在耶稣基督这个形式中才能充分被揭示出来。所以，当巴尔塔萨讲"我们把形式视为光辉，视为存在的荣耀"[6]，这个形式在神学美学的视阈中主要所指必然是耶稣基督这个启示形式。因为上帝是一切万物的终极根据，他的荣耀是美的本源。上帝是至美（荣耀），基督作为最高的启示形式自然便是至美（荣耀）的最高表现[7]——"如果这一形式是天上地下一切事物的起源，那么它也就是一切形式的形式，一切尺度的尺度，正如由此它

---

[1] Hans Urs von Balthasar, *The Glory of the Lord: A Theological Aesthetics* vol. I: *Seeing the Form* (Edinburgh: T. & T. Clark, 1982), p.29.

[2] Hans Urs von Balthasar, *Explorations in Theology* vol. I: *The Word Made Flesh* (San Francisco: Ignatius Press, 1989), p.117.

[3] Hans Urs von Balthasar, *The Glory of the Lord: A Theological Aesthetics* vol. I: *Seeing the Form* (Edinburgh: T. & T. Clark, 1982), p.432.

[4] Michael Maria Waldstein, *Expression and Form: Principles of a Philosophical Aesthetics according to Hans Urs von Balthasar* (Ph.D. Dissertation, The Braniff Graduate School of The University of Dallas, 1981), p.21.

[5] Hans Urs von Balthasar, *The Glory of the Lord: A Theological Aesthetics* vol. IV: *The Realm of Metaphysics in Antiquity* (Edinburgh: T. & T. Clark, 1989), p.34.

[6] Hans Urs von Balthasar, *The Glory of the Lord: A Theological Aesthetics* vol. I: *Seeing the Form* (Edinburgh: T. & T. Clark, 1982), p.119.

[7] Ibid., pp.435, 437, 612-618.

也是一切创造的荣耀的荣耀"[1]——因此基督形式也就是一切美的原型[2]：

> 存在的形式在这里被基督的原型照耀，并且通过创造主的精神之自由力量开始行动。后者拥有不需要毁灭自然就可以达到其超自然目的的全部权能。因为这个原因，显而易见的是，在任何时代——尤其是在我们这个时代，基督只有在他真正变成这个他想要的形式，才能实现他的使命。这种形式的外在特征必然以一种可靠的方式来表现与反映其内在给世界，而通过显现它的外在之真，内在必然在光芒四射的美中被证实并变得可爱。当它被获得时，基督形式就是在人类世界中可能被发现的最美的东西。[3]

第二节　光辉元素

光辉同样是一个古老而常青的神哲学主题与美学范畴。几乎在古代所有人类高级形态的文明中，光都被赋予美学的意义，并在神学或形而上学的层面给予高度关注。光辉的美学意义阐释首先直接面对的是作为感官对象即物质现象的外在之光，如明晰（claritas）、色彩（color）等。但是在神哲学层面，客观的光辉，除了指肉眼所见的外在之光外，通过形上的抽象或类比，它还指非物质的内在（精神）之光。这种内在之光本来是无形无象的——抑或说是太耀眼炫目（大象无形），故非凡人肉眼所能见，只有通过心灵或信仰之眼才能看到。不过，内在之光也并不是完全隔绝于世界的，它自然会从（存在）形式内部涌现出来，映照在外在形式之上，形成明晰、色彩这样的外在光辉，让人的眼睛可

---

[1] Hans Urs von Balthasar, *The Glory of the Lord: A Theological Aesthetics* vol. I: *Seeing the Form* (Edinburgh: T. & T. Clark, 1982), p.432.

[2] Ibid., p.609.

[3] Ibid., p.28.

以捕捉到它美丽的影子。所以，内在之光与外在之光之间，存在一种类似神圣美与世俗美之间的类比。外在之光呈现的美是有局限的，因为美从根本上说不取决于外在之光。真正的美是从存在的奥秘中涌现出来照在形式上的光辉，它的存在本质上在于内在之光的作用。所以，巴尔塔萨讲，美的事物首先是一种形式，并且这种光辉不是从上面、从外部照在这一形式上，而是从形式内部照射出来的[1]；形象（形式）之所以是美的，乃是因为"从内部放射出巨大的光辉"使之成为美。[2]

在巴尔塔萨的神学美学中，光辉被赋予了前所未有的理论地位（无论是在美学层面还是在神学层面）。其《上帝的荣耀：神学美学》关注的中心便是一种无与伦比的光辉——上帝的荣耀（Herrlichkeit）。巴尔塔萨在圣经神学传统和柏拉图主义神哲学传统的光辉学说思想基础上，发展出自身独特风格的光辉学说——荣耀（神学）美学。荣耀（神学）美学将光辉提升到核心主题概念的地位，同时又将神圣荣耀光辉与尘世审美光辉以类比的关系锚定下来，并引入基督论与三一神学的系统阐述之中，从而极大地拓展了神学美学光辉学说的理论空间。所以，这里廓清光辉概念及相关学说，是诠解巴尔塔萨神学美学的关键所在，任何系统的巴尔塔萨神学美学研究都不能绕开这个核心主题。

1. 光辉的神哲学基础

对于基督教神学美学而言，光辉这一概念主要来源于《圣经》和柏拉图主义神哲学两个传统。首先，就《圣经》传统而言，从希伯来《旧约圣经》到基督教《新约圣经》，"光"（lux/lumen）都是一个贯透始终的主题。《约翰一书》第一章便宣讲："神就是光，在他毫无黑暗。"（约一1：5）而《约翰福音》第

---

[1] Hans Urs von Balthasar, *The Glory of the Lord: A Theological Aesthetics* vol. I: *Seeing the Form* (Edinburgh: T. & T. Clark, 1982), p.151; see also p.120.
[2] Ibid., pp.19-20; 151.

一章则把耶稣基督里上帝的荣耀（Gloria Dei）视为美丽耀眼的光辉："生命在他里头，这生命就是人的光。光照在黑暗里，黑暗却不接受光"（约1：4—5）；"那光是真光，照亮一切生在世上的人"（约1：9）；"道成了肉身，住在我们中间……我们也见过他的荣光，正是父独生子的荣光"（约1：14）。其实早在《创世记》第一章开篇讲创造第一日便已涉及这一主题："神说要有光，就有了光。神看光是好的，就把光暗分开了。神称光为昼，称暗为夜。有晚上，有早晨，这是头一日。"（创1：3—5）第一天的创造，只涉及一个对象：光。[1] 光字被重复了五次。光作为创造之物是从上帝的言说中生成的，所以，本质上光是上帝原生的。光作为善（bona）是上帝的属性，同时上帝本身即是光（lux）——这是一种内在之光。除此之外，《圣经》也讲作为物质现象的自然之光（luminare）——外在之光，同样，在《创世记》第一章便讲到上帝在第四日创造日月星辰等天体自然之光："神说，天上要有光体，可以分昼夜，作记号，定节令、日子、年岁，并要发光在天空，普照在地上。事就这样成了。于是神造了两个大光，大的管昼，小的管夜，又造众星，就把这些光摆列在天空，普照在地上，管理昼夜，分别明暗。神看着是好的。有晚上，有早晨，是第四日。"（创1：14—19）本质上，这些日月星辰所发出的物质之光（lumen）都源自上帝原初之光（lux）。如《雅各书》所言："各样美善的恩赐和各样全备的赏赐都是从上头来的，从众光之父那里降下来的。"（雅1：17）

尽管《圣经》中有关于光辉的丰富资源，但毕竟这种资源不是以一种理论的形态存在的。所以，《圣经》中对光辉的种种描述，可以成为基督教神学美学取之不尽的源泉，但却不能够为作为神学理论形态存在的神学美学在形而上学层面提供更多的支撑。故而，神哲学领域的柏拉图主义传统在神学美学光辉学说（theory of claritas）的形成和发展中，发挥了更为基础性的作用。需要限定的是，这里研究的光辉学说只从形而上学之客观层面探讨存在的光辉——光照

---

[1] 房志荣：《创世记研究》，台北：光启文化2005年版，第138页。

论（illumination theory of cognition）的客观维度，而不包括关系认识论的光照论的主观维度。后者作为柏拉图主义传统中一种认识论和形而上学创造，为基督教神学美学的全面发展奠定了坚实基础，下一章研究巴尔塔萨神学美学之主观性问题会重点涉及，此节专论客观维度的光辉学说。

早在柏拉图哲学中，美（无论是美的理式还是美的事物）便已成为一种不能与光辉分开的东西："美本身在天外境界与它的伴侣同放异彩，而在这个世界上，我们用最敏锐的感官来感受美，看到它是那样清晰，那样灿烂。"[1] 在"洞穴譬喻"中，理式被柏拉图喻为像太阳一样放射光辉而照亮一切的终极本体："它的确就是一切事物中一切正确者和美者的原因，就是可见世界中创造光和光源者，在可理知世界中它本身就是真理和理性的决定性源泉。"[2] 理式本身是光辉，同时即是光辉的源泉，一切尘世（事物）形式由之而获得光辉的照耀。

柏拉图这一思想经由新柏拉图主义的发展，成为系统而完备的光辉学说。普罗提诺的流溢说，本质就是太一的光辉流溢，是一种光照过程——太一是光辉，太一流出一切，一切皆分受太一光辉，而光辉又从万物流回太一。所以，狄龙（John Dillon）认为，普罗提诺所谓太一大化流行之创生过程，与其说是"流溢"，毋宁说是"光照"的结果更为恰切。[3] 在普罗提诺看来，光辉是美的生命："在获得至善之光之前，美了无生趣。"[4] 一切外在形式上的光辉都源自太一至善之光，"内涵光辉的物质形式，仍旧需要一种外在于它们并使它们的光辉显现出来的光；正是如此，那个领域的存在物（beings），虽然都笼罩在光辉之中，但仍需要另一种更高贵的光，以使他们自己能被看见"[5]。"那么，看见这光，我们就会为这些存在物所感动，渴望那照耀着它们的光辉，并为之欣喜，

---

[1] Plato, *Phaedrus*, 250D。参见〔古希腊〕柏拉图：《柏拉图全集》（第二卷），王晓朝译，第165页。

[2] Plato, *Politeia*, 517C。参见〔古希腊〕柏拉图：《理想国》，郭斌和、张竹明译，商务印书馆2002年版，第276页。

[3] John Dillon, "Plotinus: An Introduction", *The Enneads* (London: Penguin Books, 1991), p.xci.

[4] Plotinus, *The Enneads*, vi.7.22, see Stephen MacKenna trans., *The Enneads* (London: Penguin Books, 1991), p.492.

[5] Plotinus, *The Enneads*, vi.7.21, see ibid., p.491.

正如尘世之爱不是为了物质之形式，而是为了显现在形式之上的美一样。"[1]

新柏拉图主义的光辉学说与《圣经》传统中的光辉思想最后融合在一起，形成了基督教神学美学的光辉学说。这一融合，早期在巴塞尔（Basilius Magnus, 329—379）神学（*Homilia in Hexaemeron*）中即有所体现。巴塞尔认为，美有时候并不完全取决于部分之间的比例关系，光辉也是美的决定性因素，如金子，它之所以美并不是因为部分之间的比例，而是因为美丽的颜色；再如星星，它们之所以美也不是因为组成部分之间的比例，而是由于其悦目的光辉。他还认为，就上帝而言，光辉之美就不只在于视觉之愉悦了，存在于光中的美还有非肉眼所能判断的东西[2]——这即意味着还存在一种必须由心灵之眼来观看的内在之美。从巴塞尔的相关论述中可以看到，在他的思想里，基督教神学美学的光辉学说已具备一定雏形。当然，真正的基督教神学美学的光辉学说的基本成形或系统化，是由奥古斯丁与伪狄奥尼修斯完成的；到了中世纪经院哲学时期，格罗斯泰斯特、波纳文图拉等又继承这一神学成果，将这一学说在神学中发挥到极致。尽管历史上各家神学对光辉的美学解读存在种种差异，但无一例外，都将光辉看作一种形而上学要素，而不只是明晰或一种鲜亮的色彩。[3]

在《圣经》传统与新柏拉图哲学传统中的光辉思想影响下，由上帝是真理、上帝是光、上帝创造万有诸神学前提出发，奥古斯丁认为，上帝的真理是通过创造，以光的形式照耀出来的。上帝之光是高高在上的：

> 我进入心灵后，我用我灵魂的眼睛——虽则还是很模糊的——瞻望着在我灵魂的眼睛之上的、在我思想之上的永定之光。这光，不是肉眼可见的、普通之光，也不是同一类型而比较强烈的、发射更清晰的光芒普照四

---

[1] Plotinus, *The Enneads,* vi.7.22, see ibid.
[2] Basil of Caesarea, *Homilia in Hexaemeron*（《创世六日布道文》）II.7, 参见〔波〕塔塔科维兹：《中世纪美学》，褚朔维等译，第30页。
[3] Francesca Aran Murphy, *Christ the Form of Beauty: A Study in Theology and Literature* (Edinburgh: T. & T. Clark, 1995), p.210.

方的光。不，这光并不是如此的，完全是另一种光明。这光在我思想上，也不似油浮于水，天覆于地；这光在我之上，因为它创造了我，我在其下，因为我是它创造的。谁认识真理，即认识这光；谁认识这光，即认识永恒，唯有爱才能认识它。[1]

这种内在的神圣之光是绝对独一无二的最纯粹的光辉，一切世间受造万有皆分有这种炫目耀眼、令人无法逼视的巨大光辉。奥古斯丁讲："万有是美好的，因为是你创造的，但你，万有的创造者，更是无比美好。"[2] 创造主之所以无比美好，就是因为他是这种原初之光，受造的万有之所以美，即在于分享了这种原初之光而显现为外在的光辉[3]，如悦目的色彩[4]。

伪狄奥尼修斯将普罗提诺的光辉流溢说完美地运用到其神学美学的理论建构中。在他看来，光辉来自太一至善，"光是这原型之善的形象"，故而太一至善也可称为"光"。"它照亮了一切能接受它是光的东西，但又永远不会失去它完全的光"；万物皆分有至善之光，同时为至善之光所吸引而转向它、回归它。[5] 伪狄奥尼修斯神学美学中所讲的至美，就是太一至善："至美者与至善者是同一的，因为万物皆以至美与至善为存在之因；世上没有任何东西不分有一定的至美与至善。"[6] 至美超越于万物之美，万物分有其美也是通过光辉流溢的方式，"它拥有这个名字是由于它是一切事物中和谐与美好的原因，由于他像光一样把自己引起美的闪耀光芒照到万物之上。（至）美将万物召唤向自己，并把一切事

---

[1] Augustine, *Confessiones*, 7.10，参见〔古罗马〕奥古斯丁：《忏悔录》，周士良译，第126页。
[2] Augustine, *Confessiones*, 13.20，参见〔古罗马〕奥古斯丁：《忏悔录》，周士良译，第307页。
[3] Augustine, *De Civitate Dei*, 10.2，参见〔古罗马〕奥古斯丁：《上帝之城》（中），王晓朝译，香港：道风书社2004年版，第6页。
[4] Augustine, *De Civitate Dei*, 22.19，参见〔古罗马〕奥古斯丁：《上帝之城》（下），王晓朝译，第354页。
[5] Pseudo-Dionysius, *De Divinis Nominibus*（《论圣名》）4.4，参见（托名）狄奥尼修斯：《神秘神学》，包利民译，1996年，第28—29页。
[6] Pseudo-Dionysius, *De Divinis Nominibus* 4.7，参见（托名）狄奥尼修斯：《神秘神学》，包利民译，第31页。

物都聚集在自身之中"[1]。

格罗斯泰斯特是中世纪将光论应用于形而上学与美学目的的一个重要人物，并且，他或多或少算得上是引领了从波纳文图拉到托马斯的整个经院哲学对光辉美学的神学兴趣之思想潮流。[2] 在其早期著作中，他主要主张比例的美学观，后来才吸收光辉的观念，在《创世六日评注》、《论光》及伪狄奥尼修斯《圣名论》评注等著作中集中地表述了他的光论美学思想。在探讨光辉的美学性质问题时，格罗斯泰斯特并没有否弃比例说，他认为光作为最简单的事物，本身的统一性、均一性即体现了最完美的和谐比例，"光本身就是美的，因为它的本性是简单的，而且同时自身就是一切。所以，它是最统一的，而且由于其均一性而与自身处于最和谐的比例之中；和谐的比例即是美。所以，无论物质的形式是否有和谐的比例，光本身却是最美的和看上去最使人愉悦的"[3]。这样，通过对比例的重新诠释，他就在比例与光辉之间找到了一种折中调和的途径。格罗斯泰斯特将光视为存在的本质[4]，光辉本身是美的，所以光辉是事物之美的原因，"是光使事物变美并在最高程度上展示出事物之美"[5]。而本质上，万物的光辉之美皆来自上帝之光的流溢，上帝才是那统一、均质、和谐的原初之光、终极之美。

波纳文图拉将新柏拉图主义光辉的神学形而上学发展到了登峰造极的程度。波纳文图拉认为："上帝不可见的形象、荣耀的光芒及其实体的形象通过其原始的创生而无处不在，就像在一切介质里面都有其肖似物的产生。"[6] 一切造

---

[1] Pseudo-Dionysius, *De Divinis Nominibus* 4.7，参见（托名）狄奥尼修斯：《神秘神学》，包利民译，第30—31页。

[2] Umberto Eco, *Art and Beauty in the Middle Ages* (New Haven and London: Yale University Press, 1986), pp.48-49.

[3] Robert Grosseteste, *Commentarium in Hexaemeron*（《创世六日评注》），参见〔波〕塔塔科维兹：《中世纪美学》，褚朔维等译，第281页。另参见 Umberto Eco, *Art and Beauty in the Middle Ages* (New Haven and London: Yale University Press, 1986), p.49.

[4] Hans Urs von Balthasar, *The Glory of the Lord: A Theological Aesthetics* vol. IV: *The Realm of Metaphysics in Antiquity* (Edinburgh: T. & T. Clark, 1989), p.368.

[5] 〔波〕塔塔科维兹：《中世纪美学》，褚朔维等译，第281页。

[6] Bonaventure, *Itinerarium Mentis in Deum*, 2.7.

物，在波纳文图拉看来都分受了上帝的光辉，故某种程度上都可以称得上是上帝的"痕迹"（vestigium）和"形象"（imago）。关于内在的精神光照（即上帝对主体心灵之光照）学说，在其《论学艺向神学的回归》（*Opusculum de reductione artium ad theologiam*，1257）等著作中有系统之表述，此处专论其光照学说的客观维度，暂不过多涉及。对波纳文图拉而言："在物质的东西之中，光是最美的、最令人愉悦的和最完满的。"[1] 但光不只是局限在尘世之物质层面，"光是天上地下所有实体所共有的东西……光是实体的实质形式；通过它们对光之或多或少的参与，实体获得真理及它们存在的尊严"[2]。光因此是一切美的根本原则，所有的美皆是由于光辉的照耀。前一章论波纳文图拉美的结构学说，从《心向上帝的旅程》所描述的心灵回归上帝的三个阶段所涉及的物质、精神、神圣存在等三个层次不同审美默观对象，衍生出美的三级结构：物质美、精神美和上帝之美。由此可知，光辉也相应存在三个层次：物质之光（splendor/color）、心灵之光（lumen）和上帝之光（lux）。上帝的永恒之光（lux aeterna）是一切光辉和美的源泉，它与众光的关系在波纳文图拉看来即是形式与质料的关系。

此外，新柏拉图主义的光辉学说，主要通过伪狄奥尼修斯的影响融入经院哲学中的亚里士多德学派（主要是阿尔贝特学派和托马斯学派）神学美学思想中，从而光辉概念与形式概念一起构成了他们对美的基本界定。关于此点，前面已经谈到，这里恕不赘述。

总体而言，柏拉图主义的光辉学说与《圣经》的光辉思想源泉融汇，形成了基督教神学传统中的光辉思想。这种思想早期经由奥古斯丁、伪狄奥尼修斯诸神学家的阐发，已初步形成了基督教神学美学的光辉学说，其后在中世纪分为两条思想史线索：一条沿新柏拉图主义神学传统，在波纳文图拉那里集其大成；一条则直接融入亚里士多德主义的经院哲学传统中。尽管神学美学光辉学说在中世

---

[1]〔波〕塔塔科维兹：《中世纪美学》，褚朔维等译，第289页。
[2] Bonaventure, *Commentaria in quatuor libros Sententiarum Magistri Petri Lombardi*, t. II, 13.2.2, quoted in Umberto Eco, *Art and Beauty in the Middle Ages* (New Haven and London: Yale University Press, 1986), p.50.

纪的思想史线索呈现出这样一种分野，但就其实质而言，基督教神学传统中的光辉学说，自始至终都带有深深的新柏拉图主义的烙印，亚里士多德主义神学家在此论域并无显著成绩。故而从这个角度讲，这种思想史线索分野并不构成基督教神学中光辉概念基本含义的重大区隔（因此本节对经院哲学中亚里士多德学派的相关思想存而不论）。波纳文图拉所建构的光辉学说，仍旧代表着基督教神学美学中古典光辉学说的巅峰——直到 20 世纪下半叶巴尔塔萨荣耀神（美）学出现，神学大传统中才出现真正可与之分庭抗礼的光辉学说。其实，巴尔塔萨的荣耀美学，也是在波纳文图拉所代表的新柏拉图主义神学美学传统之光辉学说基础上发展而来的。没有这么悠久的古典美学传统作为根基、源泉，巴尔塔萨的荣耀美学也不会如此内容丰富、枝繁叶茂——甚至可以说根本就无从建立。

2. 巴尔塔萨神学美学的光辉概念

巴尔塔萨神学美学的荣耀学说将光辉这一美学概念提升到了一个崭新的历史高度。尽管巴尔塔萨所谓的荣耀的思想源泉直接出自《圣经》，而且他在界定美时所用的光辉概念看起来也直接来自托马斯[1]，但实际上，同托马斯以及大多数教父和经院哲学家一样，他的光辉概念的主要形而上学根源，是新柏拉图主义的光辉学说。

如前所述，巴尔塔萨神学美学的核心主题概念——荣耀（神圣美）的词义中本身就包含着光辉的含义，荣耀在神学美学中即意味着神圣之光的照耀。在巴尔塔萨看来，神学美学在两个意义上离不开"神圣之光的照耀"："这种光辉在客观意义上使形式可见，而在主观意义上则照耀探寻的精神并使之明朗。"[2]

---

[1] Hans Urs von Balthasar, *The Glory of the Lord: A Theological Aesthetics* vol. I: *Seeing the Form* (Edinburgh: T. & T. Clark, 1982), "Foreword".

[2] Ibid., p.126.

前者是本章研究的重点内容，后者留待下章详考。源自（神圣）存在的光辉，是客观形式成为观照之对象的必要条件，也是美的观照的必要条件，"现在存在不只是一个存在物和对象实在，而是存在物可以成为充满光辉的客体之所在，因为在存在之光中事物才看得见……"[1]这种光辉是从存在内部照射出来投射到存在之物上的，本身即是存在，所以，"托马斯把存在（das Sein）称作存在之物（das Seiende）的'确定之光'"[2]。换个角度讲，所有存在之物作为一种客观形式都可"视为光辉，存在的荣耀"[3]。

光辉在巴尔塔萨神学美学中是荣耀的核心含义，自然也就是美的核心含义。美因此可以称作一种显现在客观形式之上的光辉，形式自身闪现着内在光辉之客观流露。巴尔塔萨讲："只要形式是真的——亦即有生命力的、灵验的形式——它就是被精神赋予生命的身体，其意义和统一法则都是精神规定和施加的。显现的形式层面内在地超越了它自身，它的自我超越明显地显示出精神内在于它，并通过它而光辉灿烂地显现出它自身。"[4]这里所谓的"精神"，是指一种内在的光辉。当然，这主要是从一种尘世美学的角度来讲的。而从根本上说，也就是从先验美学的角度上来说，美是从真、善或者说是存在的根基中照耀出来的光辉，它照耀一切作为观照对象的存在之物，也照耀观照者（同时也是被观照的存在之物）。如巴尔塔萨所讲："美是真、善自为的纯粹光照……就像太阳照耀大地一样，美的光芒照耀所有观看它的人。"[5]光辉，更确切地说是指客观之内在光辉。光辉在此其实是一种隐喻，一种"审美隐喻"[6]。如华德

---

[1] Hans Urs von Balthasar, *The Glory of the Lord: A Theological Aesthetics* vol. I: *Seeing the Form* (Edinburgh: T. & T. Clark, 1982), p.158.

[2] Ibid., p.19.

[3] Ibid., p.119.

[4] Ibid., p.22.

[5] Hans Urs von Balthasar, *Theo-Logic: Theological Logical Theory* vol. I: *Truth of the World* (San Francisco: Ignatius Press, 2000), p.224.

[6] Michael Maria Waldstein, *Expression and Form: Principles of a Philosophical Aesthetics according to Hans Urs von Balthasar* (Ph.D. Dissertation, The Braniff Graduate School of The University of Dallas, 1981), pp.96-108.

斯坦（Michael M. Waldstein）所讲："光的隐喻在巴尔塔萨美学中有两个主要功能：作为表现形式可理解性之首要原则，它意味着那种根基的表现；它意味着这一表现积极的光辉。"[1] 美正是从存在的根基中涌现出来的积极光辉，是对存在根基的呈现。所以，这种美学隐喻有着天衣无缝的精当，而历时数千年经久不衰的光辉美学学说亦充分证明了这种美学隐喻的正当性或生命力。故而巴尔塔萨将此美学隐喻引入神学美学不仅理由正当，而且体现了对传统的尊重。

在巴尔塔萨神学美学中，耶稣基督作为终极的启示形式，即闪耀着神圣荣耀之光的形式。如他所讲："被天父派到尘世的圣子，就是亲自下降到尘世并获得形式的上帝的荣耀。"[2] 在基督的形式中，"上帝之道是绝对光辉四射、不证自明的，它照耀着它自身"[3]。如《启示录》所描述的，"他的头与发皆白，如白羊毛，如雪，眼目如同火焰，脚好像在炉中锻炼的光明的铜……面貌如同烈日放光"（启1：14—16）。在信仰的客观证据角度来看，巴尔塔萨认为："这是从现象自身中显露、流溢出其光辉的那种证据，而非在满足主体需要中所认可的那种证据。我们历史地遭遇的这种形式，就其自身而言是令人信服的，因为照耀我们的这种光辉是从形式自身中放射出来的，并以非常有说服力的力量证明它自身就是这种源自客体自身的光辉。"[4] 同时可见，基督形式中的光辉除了照耀他自身，还照耀我们乃至众生万物："耶稣之言（道）具有一种照向我们的光。"[5]——"那光是真光，照亮一切生在世上的人。"（约1：9）这种从基督形式中照射出来的真光，被巴尔塔萨称为一种"新的光辉"：

---

[1] Michael Maria Waldstein, *Expression and Form: Principles of a Philosophical Aesthetics according to Hans Urs von Balthasar* (Ph.D. Dissertation, The Braniff Graduate School of The University of Dallas, 1981), p.107.

[2] Hans Urs von Balthasar, *The Glory of the Lord: A Theological Aesthetics* vol. I: *Seeing the Form* (Edinburgh: T. & T. Clark, 1982), p.667.

[3] Hans Urs von Balthasar, *Theo-Drama: Theological Dramatic Theory* vol. III: *Dramatis Personae: The Person in Christ.* (San Francisco: Ignatius Press, 1992), p.59.

[4] Hans Urs von Balthasar, *The Glory of the Lord: A Theological Aesthetics* vol. I: *Seeing the Form* (Edinburgh: T. & T. Clark, 1982), p.464.

[5] Hans Urs von Balthasar, *New Elucidations* (San Francisco: Ignatius Press, 1986), p.16.

当然，对这种真理的特殊感知而言，显然要有一种"新的光辉"照亮这个特殊的形式，这是一种同时从形式自身内部涌射出来又照射到形式之上的光辉。这样，这种"新的光辉"将使观照形式同时成为与形式一道被观照的对象。以此种方式呈现自我的奥秘的光辉，因此不可能与我们在尘世所见的其他审美光辉相提并论。尽管如此，这并不意味着奥秘的光辉就与这种审美的光辉毫无可以比较的地方。[1]

在基督形式中涌现出来的神圣荣耀光辉，自然非尘世之审美光辉所能比拟。"因为基督里最高的荣耀之光（lumen gloriae）"[2] 所具备的绝对、纯粹的一面，是一切尘世审美光辉所没有的。本质上，一切尘世审美光辉都只是神圣荣耀光辉在尘世存在之物上的映射反光。所以，如巴尔塔萨所言，尘世之审美光辉与神圣之荣耀光辉之间还是存在可以比较的地方的，二者的关系准确地讲就是类比的关系。这种光辉的类比，仍然还是存在类比的一种衍生形态。

尽管如此，耶稣基督身上的光辉看起来不可避免地存在两个层次的光辉的悖论张力，即神性的无限光辉与人性（肉身）的有限光辉之间的张力或吊诡。前者是无限、无形的神圣荣耀光辉，后者是有限、有形的尘世光辉。人们肉眼所见的是后者，前者必须通过信仰者的沉思以心灵之眼（信仰之眼）才能观照到。但后者不容置疑确实是前者在尘世的显现，而就在显现的同时又对无形无象的荣耀之大光形成遮蔽、隐匿。所以，在耶稣基督身上，荣耀之光既显现又隐匿，它的显现恰恰在于其隐匿："由此基督形式以其最简约和最隐匿的方式获得了其最大的光辉。"[3] 本质上，隐匿与显现、神圣光辉与尘世光辉在基督中是

---

[1] Hans Urs von Balthasar, *The Glory of the Lord: A Theological Aesthetics* vol. I: *Seeing the Form* (Edinburgh: T. & T. Clark, 1982), p.120.

[2] Hans Urs von Balthasar, *Explorations in Theology* vol. II: *Spouse of the Word* (San Francisco: Ignatius Press, 1991), p.76.

[3] Hans Urs von Balthasar, *The Glory of the Lord: A Theological Aesthetics* vol. I: *Seeing the Form* (Edinburgh: T. & T. Clark, 1982), pp.485-486.

同一的，它们之间不可消弭的张力或距离在"神—人"耶稣里面获得彻底的克服或消融，从而混为一体。

巴尔塔萨讲："《上帝的荣耀》（Herrlichkeit）以（耶稣基督道成肉身的）'形式'为其起点，这一形式只有在它宣称其根源在圣父的统一性中并回返到圣灵中时，它才是真实而光辉四射的（'荣耀的'）。"[1]这就是说基督形式的荣耀或光辉，就其自身而言，必然是三位一体的荣耀或光辉，否则就不是真正的上帝的神圣荣耀或光辉。因为，"基督的本质自身就是三位一体的"[2]。如尼科斯所说，基督的形式必然包含的三个前设[3]——创造、道成肉身、三位一体——三位一体这一基础对基督形式而言是必不可少的。基督的形式虽然以一种尘世面貌显现，但它的根基却是深深地扎牢在三位一体的上帝中的。[4]所以神学美学关注基督的形式，是三位一体中的形式，而不是孤悬于尘世的基督形式。基督之光永远也不能与三一之光分裂开来，反之亦然——"上帝的荣耀在任何地方、任何时候都不能与羔羊分开，三位一体之光也不能与基督之光分离。"[5]

第三节　美学基督论

形式和光辉，是西方古典美学用以描述美的客观要素的基本范畴，同时也是基督教神学中经常运用的两个范畴。这两个范畴交汇在神学美学中，形成了中世纪古典神学美学对美的基本界定。巴尔塔萨继承了这一古典神学美学思想，

---

[1] Hans Urs von Balthasar, *Theo-Drama: Theological Dramatic Theory* vol. V: *The Last Act* (San Francisco: Ignatius Press, 1998), p.72.
[2] Hans Urs von Balthasar, *The Grain of Wheat: Aphorisms* (San Francisco: Ignatius Press, 1995), p.62.
[3] Aidan Nichols, *The Word Has Been Abroad: A Guide Though Balthasar's Aesthetics* (Edinburgh: T. & T. Clark, 1998), pp.34-35.
[4] Hans Urs von Balthasar, *Engagement with God* (London: SPCK, 1975), p.40.
[5] Hans Urs von Balthasar, *The Glory of the Lord: A Theological Aesthetics* vol. I: *Seeing the Form* (Edinburgh: T. & T. Clark, 1982), p.438.

并进一步发挥，将其引入基督论。

如蒙格瑞所言："对巴尔塔萨来说，上帝的荣耀完全揭示在基督里，他不是无形上帝的抽象概念（begriff），而是一种'形象'或表象。"[1] 基督是一种具有形象（gebilde）或表象（vorstellung）的具体形式（gestalt），并非一种概念化的完全抽象的形式，所以有时巴尔塔萨甚至想以"启示身体"（offenbarungsleib）代替"启示形式"（offenbarungsgestalt）一词。[2] 而就在这个具体的尘世的启示形式中，恰恰揭示出的是完全的上帝的荣耀，天上地下最耀眼的光辉。形式与光辉作为美的两大元素，最终结合在基督形式中——"正如我们通过对基督生命的信仰在复活及其希望中所见，基督的荣耀是将光辉与实在结合在一起的。"[3] 这是巴尔塔萨神学美学关注的中心。形式与光辉结合在基督里展现出的是天地之大美——上帝的荣耀。而这种美归根结底源自上帝之爱：

  圣子的化身为人，是天父上帝的爱，实际也就是整全上帝的爱，现在已经显明。因为在他为世界献出生命的时候，圣子即是完全表现出其自身的上帝之爱。血肉中的形式，因此是倾泻出它自身的圣爱之纯洁光辉：在基督里形式与光辉结合在一起。[4]

一种旨在重点描画基督形式中闪耀着的上帝神圣荣耀之光的美学之所以真正可能，其根基正在于上帝普世之爱（agape），在这种大爱之中，上帝屈尊俯就众生（罪人），下降到尘世，并在尘世形式——基督形式中揭示出自我，揭示出神圣的荣耀——上帝之美。"正如除了通过上帝化身为人的圣子，我们没有任

---

[1] Kevin Mongrain, *The Systematic Thought of Hans Urs von Balthasar: An Irenaean Retrieval* (New York: The Crossroad Publishing Company, 2002), p.55.
[2] Hans Urs von Balthasar, *The Glory of the Lord: A Theological Aesthetics* vol. I: *Seeing the Form* (Edinburgh: T. & T. Clark, 1982), p.433.
[3] Ibid., p.124.
[4] Ibid., p.235.

何方法接近永生的上帝，而在圣子里面我们则可以真实地接近他里面的上帝，因此，没有涉及他在救赎历史中呈现出来的显现的形式和方式，我们就绝不能谈论上帝之美。从上帝的显圣及其不可言喻的荣耀中，可以推断和读出上帝特有的美和荣耀。"[1] 正是基于这一认识，巴尔塔萨围绕基督这一中心启示形式建构起其庞大的神学美学体系。他的神学美学的立场毋庸置疑是基督中心论的，或者说是以基督论为其核心的，而更重要的是他由此建立起独具一格的神学美学基督论。

1. 基督中心论

巴尔塔萨的基督中心论神学立场，直接受到普茨瓦拉、瓜尔蒂尼（Romano Guardini, 1885—1968）和巴特等这些师友辈的当代神学家的影响，尤其是巴特的基督中心论神学思想，在巴尔塔萨神学思想的成熟过程中具有举足轻重的地位。[2] 在他看来，巴特的基督中心论回归了教父和经院神学的精神，故而是根基最佳的一种基督教中心论。[3]

基督中心论贯穿巴尔塔萨思想成熟期（中晚年）的神学建构，其神学三部曲也皆是以基督为中心的神学体系。然而鉴于本节题旨所限，这里主要就其神学美学中的基督中心论予以阐明。巴尔塔萨曾讲："当我们要着手描绘《新约》中'荣耀'的内容时，就必然要从上帝中心论迈向基督中心论：这是这种美学之神学性的最佳保障……"[4]《新约》中"荣耀"主要指的是显现在基督事件中的上帝的荣耀，这是巴尔塔萨神学美学关注的中心主题。所以巴尔塔萨这句

---

[1] Hans Urs von Balthasar, *The Glory of the Lord: A Theological Aesthetics* vol. I: *Seeing the Form* (Edinburgh: T. & T. Clark, 1982), p.124.

[2] Hans Urs von Balthasar, *The Theology of Karl Barth: Exposition and Interpretation* (San Francisco: Ignatius Press, 1992), pp.326-363.

[3] Ibid., p.362.

[4] Hans Urs von Balthasar, *The Glory of the Lord: A Theological Aesthetics* vol. VII: *Theology: The New Covenant* (Edinburgh: T. & T. Clark, 1989), p.263.

话的意思，不仅可以理解为基督中心论是《新约》荣耀美学的神学性的基本保障，也是其整个神学美学体系的基本保障。

不过，与许多当代神学家不同，巴尔塔萨的基督论首先不是那种自下而上的运动，即从基督的人性开始，从造物朝向天国上帝的攀升运动，而是自上而下的运动，即上帝通过基督向尘世形式的下降运动。其基督论的根基在于约翰神学所揭示的道成肉身（Verbum Caro）事件——"道成了肉身，住在我们中间，充充满满地有恩典，有真理。我们也见过他的荣光，正是父独生子的荣光。"（约1：14）如巴尔塔萨所说：

> 基督事件，作为《圣经》故事的港湾和目的地，开创了一种全新的神圣荣耀经验。这一新事物提供的不仅是为人类所知的荣耀的一个另外的维度；它完全改变了它。基督经验不只是一种"新的经验"，也是一种独一无二的经验：到这样的程度以至相较所有其他的上帝经验都一起退缩到某种它们自己的类范畴之中，而它唯独成为一个中心点，这个点是从上面施予的，从下面是无法得到的。这种对在其自身之自我显露中的新的、无可比拟的中心的理解，从现在开始将是基督"神学"：源自上帝之 logos（道）的关于上帝的 logos（言说），他在一种先知的、道成肉身的言说中表达他自己。[1]

正如福音书反复强调的，上帝本质上是无相无形、永不可知的，除了通过上帝道成肉身自我启示出来，没有人可以认识上帝——"除了子和子所愿意指示的，没有人知道父"（太11：27）；"这不是说有人看见过父，唯独从神来的，他看见过父"（约6：46）；"从来没有人看见神，只有在父怀里的独生子将他表明出来"（约1：18）。所以，道成肉身的基督事件给了人们一种全新的上帝之

---

[1] Hans Urs von Balthasar, *The Glory of the Lord: A Theological Aesthetics* vol. IV: *The Realm of Metaphysics in Antiquity* (Edinburgh: T. & T. Clark, 1989), p.317.

神圣荣耀经验，而且是独一无二的上帝经验。这种经验是自上而下从天父那里赐予下来的。因为基督形式是天父上帝的自我倾空，以无限之造物主的神性下降到有限之造物的人性之中，在道成肉身的形式中自我揭示出来的神圣奥秘。所以圣子是天父上帝之道说与形象。如巴尔塔萨所说："一开始的时候他是道（圣言），而当他在世界面前开口言说天父的时候，他也开始表达他自己，因为他是永生之道，并当下即是言说者和言说。他来到这个世界，就是为了揭示他自身是天父的启示。"[1] 基督为启示上帝的恩典而采取可见的造物形式（肉身），其实从功能主义的角度上讲完全可以理解为一种上帝迁就人类的权宜之计，或者说是一种上帝荣耀他自己的"工具"：

> 上帝之子采取（λαβών，腓2：7）的肉身（指人类形式，μορφή）完全是上帝对世界的拯救行为的工具；从这一关系出发可以建立起一种功能性基督论（卡尔·巴特、库尔曼）。基督的形式（morphē）是上帝要在这个世界上荣耀他自己的工具。但这种荣耀只有通过上帝屈尊化身为人才会发生。因此，基督的形式存在于一种对它来说独一无二的张力中，一种只有在基督论意义上才能理解的张力：它是上帝形式（μορφὴ Θεοῦ）的一种倾空（κένωσις），并因此首先呈现它自身为这一神圣形式的反面和最大的隐藏，但它也同样将此神圣形式拉近并使之成为可见的，因为谦卑和对十字架的顺服正是耶稣基督神圣天命的人类实现。[2]

尽管从这种功能性的基督论来看，为了救赎的使命而俯就人类，上帝采取了耶稣这一尘世形象作为工具，但工具并不意味着耶稣就是外在于上帝的完全的创生之物。耶稣作为工具是上帝的形象，而且自始至终是上帝的形象，如巴

---

[1] Hans Urs von Balthasar, *Heart of the World* (San Francisco: Ignatius Press, 1979), p.37.
[2] Hans Urs von Balthasar, *The Glory of the Lord: A Theological Aesthetics* vol. I: *Seeing the Form* (Edinburgh: T. & T. Clark, 1982), p.670.

尔塔萨所讲:"耶稣这个人不是后来才提升到上帝的形象的;从一开始他就意识到他是上帝的形象。"[1] "耶稣说:我实实在在地告诉你们:还没有亚伯拉罕就有了我。"(约8:58)"爱子是那不能看见之神的像,是首生的,在一切被造的以先。因为万有都是靠他造的,无论是天上的、地上的、能看见的、不能看见的,或是有位的、主治的、执政的、掌权的,一概都是借着他造的,又是为他造的。他在万有之先,万有也靠他而立。"(西1:15—18)

圣子耶稣基督下降到尘世形式中,是他的谦卑,是他对天父上帝的顺从,所以"放弃神性"(kenosis)自我倾空,进入造物的有限性中。表面上看,"在基督里,创造与受造存在交换了位置"[2],但实际上这种交换并无损于造物主的无限性,道成肉身最终是将创造与受造、无限与有限、神性与人性、超越与内在统一到了一体,即统一到了基督形式之中。所以,基督形式的这种内在性,并没有影响到他作为上帝的超越性或神性,反而积极地彰显了上帝的奥秘、上帝的荣耀。如巴尔塔萨在《神学戏剧学》中所讲:

> 一个完全超越的上帝(如果存在的话)会是一个抽象的、完全消极的奥秘。相反,一个既超越又内在的上帝,才是一个具体的、积极的奥秘:只有在他接近我们的时候,我们才开始意识到他在我们之上到底有多高;只有他在真理中将他自己揭示给我们的时候,我们才开始了解他超越于我们的理解之上到底有多远。为了说我们能理解的话,做我们能理解的事,三位一体的一个位格应该迁就我们的本性,这一事实就其自身而言是完全超越于理性的,因此,所有这一位格的言行具有一种完全超越于我们的维度,并就我们这一方面来说要求有纯洁的信仰。当然,单向度的理性主义只是太迅速以至于不能抓住这个亲近我们并与我们共处之上帝的启示,以

---

[1] Hans Urs von Balthasar, *Christian Meditation* (San Francisco: Ignatius Press, 1989), p.12.
[2] Francesca Aran Murphy, *Christ the Form of Beauty: A Study in Theology and Literature* (Edinburgh: T. & T. Clark, 1995), p.174.

至于根据"共同感"或者甚至作为一种人类智慧的最终结论来误解它。但耶稣的言行比所有的理性主义都要长命，并会继续以无与伦比的清晰证明其奥秘的一面。在揭示他自己给我们的时候，上帝的神性并没有减少，对我们的理解而言也没有变得更容易。尘世中的上帝执行"天国中来的"永恒意志；尽管存在（神圣位格间的）区别，但一种完全忽略我们距离的天与地之间的（神圣本质中的）同一性还是被呈现在我们面前。[1]

这即是说"上帝自己采取主动，在道成肉身中克服上帝与人的无限距离"[2]，将天地之间的距离拉近，使神人同为一体。所以，基督形式"绝对是神与人相遇的形式。这一相遇产生了道成肉身之形式……这一相遇也具有与化身为人的上帝相遇的完全的人的形式"[3]。既是作为圣子的神的形式，又是作为人子的人的形式，所以，耶稣基督是一个在悖论中统一的形式。基督的身份处处标示出他既超越又内在的双重属性，是上帝与人的对话："作为神又作为人的基督，总是既是原型又是形象，既是形式又是镜子，既是模型又是模仿，既是主又是仆。关于他的每一件事都是上帝给人的一个问题和一个呼召，同时又都是人对上帝的一个回答。"[4] 正如巴尔塔萨所讲："哪里有对话，哪里就有言说。言说就是从隐匿的地方走出来，那里形式可以被理解为表现：作为使其自身被知的根基。"[5] 上帝那不为人知的奥秘，那神圣的根基正是通过神与人在基督形式中的主动对话而启示出来的。

《约翰福音》中讲："除了从天降下仍旧在天的人子，没有人升过天。"（约

---

[1] Hans Urs von Balthasar, *Theo-Drama: Theological Dramatic Theory* vol. III: *Dramatis Personae: The Person in Christ* (San Francisco: Ignatius Press, 1992), pp.530-531.

[2] John O'Donnell, *Hans Urs von Balthasar* (London: Geoffrey Chapman, 1992), p.42.

[3] Hans Urs von Balthasar, *The Glory of the Lord: A Theological Aesthetics* vol. I: *Seeing the Form* (Edinburgh: T. & T. Clark, 1982), pp.303-304.

[4] Hans Urs von Balthasar, *The Grain of Wheat: Aphorisms* (San Francisco: Ignatius Press, 1995), p.61.

[5] Hans Urs von Balthasar, *Theo-Drama: Theological Dramatic Theory* vol. II: *Dramatis Personae: Man in God* (San Francisco: Ignatius Press, 1990), pp.24-25.

3：13）耶稣宣称："我就是道路、真理、生命，若不藉着我，没有人能到父那里去。"（约 14：6）基督徒必须相信耶稣基督，信靠他，皈依他，才能分享救赎的信息，才能最终使生命得到提升，进入永恒的彼岸，分享到天国的荣耀。所以，隐匿的上帝在耶稣基督里显现，是所有信仰客观证据的中心，其他所有证据都环绕这个中心。[1] 巴尔塔萨洞察到这个中心，因而建立起基督中心论的神学美学，正如有研究者所指出的："救赎的上帝正是在耶稣基督中启示出他自己的上帝：对巴特和巴尔塔萨来讲，耶稣基督的救赎消息处于他们整个神学的中心，在其最内核的地方，呈现为基督论。"[2]

2. 神学美学基督论

不仅基督中心论直接受到巴特的影响，巴尔塔萨的美学基督论亦从巴特教义神学之相关美学论述中得到过不小的启发。[3] 所谓美学基督论，是巴尔塔萨从美（荣耀）的维度发展出的一种新型基督论神学，即一种应用神学美学范畴来诠释道成肉身奥秘的基督论。[4] 美学基督论也可称作一种以基督中心论为内在支撑、以基督形式为研究对象的神学美学。这是巴尔塔萨对基督论的一个重大贡献。巴尔塔萨毫不犹豫地认为他的神学美学必然是基督中心论的：

> 基督的荣耀在最深层面上讲的是基督教真理的问题。通过天父、圣灵和教会，他直抵十字架的顺从的三重荣耀，每每是这一顺从真实所是的证

---

[1] Hans Urs von Balthasar, *The Glory of the Lord: A Theological Aesthetics* vol. I: *Seeing the Form* (Edinburgh: T. & T. Clark, 1982), p.484.

[2] Medard Kehl and Werner Löser (eds). *The von Balthasar Reader* (Edinburgh: T. & T. Clark, 1982), p.24.

[3] Hans Urs von Balthasar, *The Glory of the Lord: A Theological Aesthetics* vol. VII: *Theology: The New Covenant* (Edinburgh: T. & T. Clark, 1989), pp.21-24.

[4] John O'Donnell, "Hans Urs von Balthasar: The Form of His Theology", in David L. Schindler (ed.), *Hans Urs von Balthasar: His Life and Work* (San Francisco: Ignatius Press, 1991), p.209.

据。如果被钉十字架者不能复活，那么"你们的信便是徒然"（ματαία，林前15：17）。由此可以讲，神学美学的中心关注必然是顺从与爱的一致性，自我倾空的隐匿与被举而显现的存在（"被圣灵称义，被天使看见，被传于外邦，被世人信服，被接在荣耀里"，提前3：16）的一致性；因为以此种方式，神学美学可以建立在完美比例的最后诉求中，这个比例是基督通过他的顺从，为所有人在天地之间，以及在天国天父意志与他自己在尘世的意志之间建立起来的比例，这个比例不断通过天父、圣灵、教会在解释澄清中显现出来。有关神学美的学说的中心和自身对象，就存在于这种通过创造性顺从在上帝与尘世之间，因此也是在（《旧约》）原型（上帝）与受造的形象和肖像（人）之间建立的平衡中；神学美自身也包含神学之真（在《旧约》和约翰的意义上）和善（存在于人中上帝的称义和上帝中人的称义中）。这样一种美学显然是基督中心论的。[1]

在基督形式中，神与人、创造与受造、天国与尘世、无限与有限、隐匿与显现、原型与形象、权威与顺从达到一种完美和谐（比例）的状态，这种状态实际是最理想的美学境界。这即意味着基督形式实现了美学追求的终极目标。所以正如斯科拉所言："在神学上讲，美的形式是上帝的荣耀（kābôd, δόξα），他的光辉使人心驰神往。上帝的荣耀在耶稣基督里，在使神与人（世界）在那个崭新的永恒之约中结合在一起的不朽形式中，达到其顶峰。"[2] 其实，通过道成肉身，"神荣耀的光显在耶稣基督的面上"（林后4：6），"揭示在基督里的上帝隐匿的荣耀就变得再明显不过了"[3]。

---

[1] Hans Urs von Balthasar, *The Glory of the Lord: A Theological Aesthetics* vol. VII: *Theology: The New Covenant* (Edinburgh: T. & T. Clark, 1989), pp.261-262.

[2] Angelo Scola, *Hans Urs von Balthasar: A Theological Style* (Michigan: William B. Eerdmans Publishing Company, 1991), p.2.

[3] Hans Urs von Balthasar, *The Glory of the Lord: A Theological Aesthetics* vol. VII: *Theology: The New Covenant* (Edinburgh: T. & T. Clark, 1989), p.359.

如前所述，神学美学的中心对象圣子耶稣基督，是形象（形式）与荣耀（光辉）的完美结合体。形象（形式）代表着圣子一种水平方向的延展（显现），荣耀（光辉）代表着一种垂直方向的深度（根基），二者相交正好形成基督的十字点。"作为美的显现，基督在其位格中汇聚了光辉的无限深度和形式的有形存在……基督的先验美是一种时空宽度上的形式（Gestalt），光辉（Glanz）之无限深度在其中穿行而过。"[1] 所以巴尔塔萨讲："在形式中天父的圣子表现与赞美和'荣耀'（δοξάζειν）密切相关，这依次紧密相关于将其真价值归于天父的行为和尊崇（τιμᾶν）他为尊贵的上主的行为——以同样的方式，形象与荣光、形式与光辉在美中成为一体。"[2]

基督通过道成肉身将形式与光辉结合为一体，从而彰显天父上帝的荣耀，无与伦比的大美。所以，道成肉身本身是一种美的行为。[3] 道成肉身的形式实际上包含着天父与圣子、根基与显现、内容与形式的对立统一关系。如巴尔塔萨所说："父与子的关系实际是通过圣子揭示出来的。天父是根基，圣子是显现。天父是内容，圣子形式通过启示以独一无二的方式展现出来。这里，没有显现就没有根基，没有形式就不存在内容。在美中根基与显现是同一的，它们相辅相成。"[4] 在基督之荣耀（美）中，天父与圣子、根基与显现、内容与形式水乳交融，合为一体，从而成就耶稣基督这一终极性的美学对象——同时亦是美学源泉：

> 事实上，上帝的道成肉身使受造存在的整个本体论和美学变得完美。

---

[1] Francesca Aran Murphy, *Christ the Form of Beauty: A Study in Theology and Literature* (Edinburgh: T. & T. Clark, 1995), p.143.

[2] Hans Urs von Balthasar, *The Glory of the Lord: A Theological Aesthetics* vol. I: *Seeing the Form* (Edinburgh: T. & T. Clark, 1982), p.612.

[3] Francesca Aran Murphy, *Christ the Form of Beauty: A Study in Theology and Literature* (Edinburgh: T. & T. Clark, 1995), p.143.

[4] Hans Urs von Balthasar, *The Glory of the Lord: A Theological Aesthetics* vol. I: *Seeing the Form* (Edinburgh: T. & T. Clark, 1982), p.611.

道成肉身是在一个新的深度使用受造存在，作为表现神圣存在和本质的一种语言和方式。尽管自路德以来，我们已经习惯把《圣经》叫作"上帝的圣言"，但上帝的原始语言和自我表达并不是《圣经》，而是耶稣基督。作为太一和唯一者——然而只能在人类整个历史的处境和整个受造宇宙的处境中被理解——耶稣是上帝的圣言、形象、表现和注解。通过使用人类存在从生到死的整个表现，包括所有人生阶段、生命中的所有孤独的和社会的状态，作为一个人，耶稣见证了上帝。他是他所表现的，即上帝；他又不是他所表现的，即天父。这个无与伦比的吊诡是基督教美学的源泉，因此也是一切美学的源泉！[1]

这种人类理性无法（分析）理解的吊诡，却完美结合在基督形式中。这一不可思议的形式在神学美学的视阈内，必然被看作美学最后的对象和永不枯竭的源泉。因此，基督形式将不同于其他任何形象或形式，正如巴尔塔萨所言："对这个新时代而言，基督带来不再可能是一个相同意义的形象：它仍旧具有形式，甚至是一个临时的形式，但基督把短暂的尘世形式和不朽的天国形式都包含在了其本质统一体中。"[2] 所以，唯有耶稣基督才配享神圣荣耀在尘世那种毫无保留的显现，"神圣美，荣耀在尘世形式中决定性的显现是保留给基督形式的。这里，绝对者不会以形式超越其自身而指向神圣者的方式显现，而是基督自身就是具体形式中的绝对之真、善、美"[3]。巴尔塔萨认为："在其善真之中的上帝荣耀，在耶稣基督并最终在他对十字架和地狱的绝对顺从中揭示出来。爱的神圣权能之无与伦比的光辉，从这一事件无与伦比的契机中显现出来，为所有称为'荣耀的'事物建立标准……由于这个中心事件，基督对死亡的顺从，不是神话，而是上帝在

---

[1] Hans Urs von Balthasar, *The Glory of the Lord: A Theological Aesthetics* vol. I: *Seeing the Form* (Edinburgh: T. & T. Clark, 1982), p.29.

[2] Ibid., p.627.

[3] Christopher W. Steck, *The Ethical Thought of Hans Urs von Balthasar* (New York: The Cross Publishing Company, 2001), p. 9.

历史中的最后的自我启示，因此所有其他的荣耀都被它'去圣化'……"[1]

基督论美学或美学基督论，除了包含道成肉身的荣耀形式，自然还应包括十字架的荣耀和复活的荣耀。尤其是基督在十字架上的荣耀，才是美学基督论真正的高潮所在，因为基督在十字架上的受难是他尘世生命的顶峰和终点——"基督尘世旅程的终点是十字架：这是他的生命以及他的天命的目的地。他可以独自承受它，背负所有的重担"[2]——正是在十字架上他完成了他救赎的使命，所以，基督论在巴尔塔萨神学美学中享有中心地位，而十字架又在其基督论中享有中心地位。[3] 其实在近两千年来的基督教信仰文化及艺术中，十字架也一直是基督信仰的核心象征：

> 在基督宗教的中心，可隐约看见十字架高悬在上。从第一幅刻画在石墙上嘲笑基督徒的涂鸦，经过所有伟大的基督教艺术风格，十字架一直是信仰耶稣基督的核心象征。不管是君士坦丁的胜利十字架，或在拉韦纳（Ravenna）宛如发光的复活十字架，还是哥特式的悲苦十字架，在基督教特殊标记的所有类型背后，则是一段可怕的历史罪行、一种酷刑的方式，西塞罗称之为"所有临死的痛苦中最残酷且可憎的"，来描述这人可能的遭遇（In Veri. II, 5）。而基督徒被要求跟随他的主人到十字架：没有任何赎罪的路径可以绕道借此避开。"谁若没有天天背着自己的十字架跟随我"（路九23），就不能成为耶稣的门徒。[4]

神学美学自然不能漠视这一基督论中心主题。在巴尔塔萨看来，"十字架是道成肉身的首要目的，只要世界还存在，它就是不可或缺的，并且无论在复

---

[1] Hans Urs von Balthasar, *The Glory of the Lord: A Theological Aesthetics* vol. VII: *Theology: The New Covenant* (Edinburgh: T. & T. Clark, 1989), p.243.
[2] Ibid., p.188.
[3] Medard Kehl and Werner Löser (eds), *The von Balthasar Reader* (Edinburgh: T. & T. Clark, 1982), p.25.
[4]〔瑞士〕巴尔大撒：《赤子耶稣》，陈德馨译，台北：光启文化2006年版，第74页。

活的喜乐中被给予的是什么，它都不可能代替通过十字架找到救赎的责任和深刻分享受难本身的责任。为此缘故，内在于上帝启示的荣耀，其超越所有可能的美学理念的尺度的完满，必定对所有人（信徒或非信徒）的眼睛都是隐藏着的，虽然存在程度的差异"[1]。尽管如此，十字架仍被看作观照神圣荣耀的中心，因为，"十字架是上帝荣耀在此世的终极表现"[2]。"通过将十字架看作'荣耀的光辉'，这种光辉以其光芒注满了道成肉身的每一方面。"[3]所以，十字架的荣耀是基督形式之美的关键所在。按照巴特的观点来讲："上帝的下降与上升是一体的，上帝带来他自己的形式和美。《以赛亚书》讲'他无佳形美容'的地方，正是上帝无与伦比之美大放光彩之处：'如果我们不是在钉十字架者的荣耀中寻求基督的美，就注定会徒劳无功。'"[4]在十字架上，耶稣基督虽然为了世人的罪死去，但是，"在基督的死中，所有一切都完成了，永恒之光已然照进最深的黑暗"[5]。他的永恒之荣耀光辉，照进信仰的眼睛，于是造物主之美和造物之美都毫无保留地呈现给信仰的心灵。

按照巴尔塔萨（主要受斯佩尔影响形成的）某种神秘主义的理解，耶稣基督基于顺从和自我倾空的十字架救赎牺牲，必然要经历一种（但丁式的）彻底向地狱下降的死亡过程，而且一直要沉降到地狱最深的地方，最后跨越死亡的魔障（人类最终的敌人），即刻复活并回归上帝永生的怀抱，至此，整个道成肉身的十字架救赎牺牲才算功德圆满。所以，基督的复活在美学基督论中仍然是一个不容忽视的环节："复活的是荣耀的。"（林前 15：43）

尽管基督复活的荣耀主题在《新约》中没有得到足够的重视，四福音书也

---

[1] Hans Urs von Balthasar, *Explorations in Theology* Vol. I: *The Word Made Flesh* (San Francisco: Ignatius Press, 1989), p.113.

[2] Michael Waldstein, "An Introduction to von Balthasar's The Glory of the Lord", *Communio* 14 (Spring 1987): 12-33.

[3] Hans Urs von Balthasar, *The Glory of the Lord: A Theological Aesthetics* vol. I: *Seeing the Form* (Edinburgh: T. & T. Clark, 1982), p.116.

[4] Ibid., pp.55-56.

[5] Hans Urs von Balthasar, *The Glory of the Lord: A Theological Aesthetics* vol. VI: *Theology: The Old Covenant* (Edinburgh: T. & T. Clark, 1991), p.413.

只有《马太福音》对基督复活的荣耀场景进行了描述:"他的相貌如同闪电,衣服洁白如雪。"(太 28:3)这种荣耀图景与基督生时在西奈山上的显荣图景完全一样:"脸面明亮如日头,衣裳洁白如光。"(太 17:2;可 9:3;路 9:29)固然,这两次荣耀之光的显现,作为上帝的神圣荣耀没有本质的区别,但基督的处境却是判若云泥的。前一次显现是在耶稣尘世生命结束之前,即在其受难下降的历程中,他尚未摆脱尘世形式有限性的限制;后一次显现则是在耶稣尘世生命结束之后,救赎受难已经完成,并下降到地狱之最深处,正折返天堂,此时他已然复活并获得永恒生命,已经完全不受尘世形式所限(尽管他还可以尘世形式显现)。后一显现的荣耀是一种引领新生命、开启新纪元的荣耀。这一显现为世人指明了末日审判后人同样获得永恒生命时所分享上帝的荣耀的情景。所以,基督复活的荣耀还必须与其末日审判的荣耀联系起来,惟其如此,才能构成完整的基督论美学。可惜巴尔塔萨在这一主题上并未充分展开。

巴尔塔萨讲:"在最高和最重要的意义上,'形式'可以只理解为存在奥秘的一种启示:终极意义只在这个奥秘充满、存在于形式的地方显露出来。"[1] 耶稣基督作为形式中的形式(Gestalt der Gestalten),是神圣存在奥秘最直接的启示、最彻底的显露。所以,巴尔塔萨神学美学以基督形式为中心,基督论自然就成为巴尔塔萨神学美学的核心。"因此,我们可以说,神学美学在救赎历史的基督论形式(严肃地采用这个词)中达至顶点。"[2]

结语

形式与光辉俱是古典美学关于美的客观要素的基本概念。在巴尔塔萨神学

---

[1] Hans Urs von Balthasar, *The Glory of the Lord: A Theological Aesthetics* vol. I: *Seeing the Form* (Edinburgh: T. & T. Clark, 1982), p.500.
[2] Ibid., p.646.

美学中，形式与光辉作为美（荣耀）的核心组成要素，也是最为基础的范畴。

巴尔塔萨的"形式"概念，思想来源比较复杂，既有柏拉图传统的理式（eidos）概念渊源，亦有亚里士多德传统的形式（morphê）概念渊源，甚至启蒙以来赫尔德、歌德、埃伦费尔斯诸贤的形式范畴都曾对其神学美学之"形式"概念产生过影响。同时，他的"形式"概念本身还有《圣经》与基督教艺术传统中"形象"（imago）的渊源。所以，他的"形式"概念可以说是古典美学的一个现代综合产物（或曰集大成的概念）。巴尔塔萨将西方传统神哲学中的形式概念纳入其神学美学，其核心在于特别意指耶稣基督这一启示形式。由此，其形式概念突破了作为单纯哲学概念的抽象性局限——在其意指耶稣基督这一形式时，形式其实已是一个被赋予神圣位格（圣子）的实体性概念。也就是说，在某种意义上，他的形式概念是在希腊哲学传统中抽象形式概念基础上，融合希伯来宗教传统中形象概念而形成的一个新概念。在巴尔塔萨神学美学的视阈内，形式存在即意味着美，作为最高启示形式的基督形式因此是至美（美的原型）。巴尔塔萨神学美学将神哲学传统中的形式概念引入基督论之中，使之成为一个既超越又内在的概念，这是一种前所未有的理论创造。

巴尔塔萨的"光辉"思想虽然直接源自基督教神学传统，但作为美的客观要素的光辉概念（光照论的客观方面），却主要是柏拉图神哲学（古典美学）传统的遗产，不过巴尔塔萨神学美学的荣耀学说赋予了这一古典美学概念更加丰富而深刻的内涵。在其荣耀（神学）美学中，光辉被提升到核心主题概念的地位。同时，巴尔塔萨将神圣荣耀光辉与尘世审美光辉以"美的类比"锚定下来，并引入基督论与三一神学进行系统论述，这也极大地推动了神学美学光辉学说的理论拓展。就美学史的角度来看，这个概念的重要性在于构筑了巴尔塔萨神学美学作为典型古典美学的重要基础。

形式与光辉这两个古典美学与神学范畴，在巴尔塔萨神学美学中获得了新的诠释。二者作为荣耀（美）的核心组成要素，是不可分割的两个部分，有机地结合在一起：光辉是一种垂直维度的无限深度，形式是一种水平维度的有限延伸，二者垂直（十字）相交形成美（荣耀）。美是形式与光辉结合的产物，这一古典美学思想源自中世纪神学美学，巴尔塔萨继承过来加以新的发展——在其神学美学视阈中，形式与光辉只有在基督中才能完满结合在一起，生成无与伦比的至美——荣耀。这种荣耀以道成肉身的基督形式为中心，在十字架上达到巅峰，并最终以基督复活的荣耀结顶。由之，巴尔塔萨构建起一种神学美学基督论或基督论美学。这种学说，无论对于神学而言还是对于美学而言，都是一种崭新的理论创造。当然，在巴尔塔萨看来，也许其神学美学基督论的最大意义在于证成了一个惊世骇俗的命题：基督教是最卓越的美学宗教。

第五章 观照与信仰

引 言

启蒙运动以来,随着人类主体性的急遽膨胀,不仅美学不可避免地滑入主观主义的洪流,甚至一向贬低人类主体性的神学也身不由己地卷入主观主义的人类精神浪潮(如新教浪漫主义神学、自由主义神学等)。巴尔塔萨神学美学对启示与美的客观性的重新强调,一度被研究者视为对神学或美学客观主义传统的复归。不错,巴尔塔萨对启示与美的客观性的重视,的确在某种程度上回归了古代神学和美学的客观主义传统,而且他的这种古典主义的神学美学建构对某些深陷主观主义泥淖的现代神学或美学学说或学派而言,无异于一剂清醒剂。

然而,倘若因此就把巴尔塔萨神学美学视为一种纯粹的客观主义神学或美学,那就大谬不然了。须知,《上帝的荣耀:神学美学》主体部分首先处理的就是神圣启示的主观证据问题(参见第一卷),而且《上帝的荣耀:神学美学》全部七卷著作都没有离开主体对神圣启示的感知(观照)这一基本主题,如巴尔塔萨所言:"美学构成了三部曲的第一部分,它描述的是我们在此世遭遇、感知(在其'荣耀'的多种形式之中)神圣启示现象的方式。"[1] 主体性的问题在他看来是神学美学必须关注的问题,因为,无论是信仰还是审美感知都不可能绕

---

[1] Hans Urs von Balthasar, *Theo-Drama: Theological Dramatic Theory* vol. I: *Prolegomena* (San Francisco: Ignatius Press, 1988), p.15.

开人类主体性这个领域。

不过，应该注意到，尽管巴尔塔萨认为信仰行为是高度个人化的，但他并不认为信仰是完全主观主义的。恰恰相反，在巴尔塔萨看来，主体在观照信仰对象时是被抽离他自身的，所以他显然不会认同施莱尔马赫那种把信仰看作纯粹主体性行为的观点。在信仰中，信仰者是从属于信仰客体，即基督的。[1]如巴尔塔萨所讲："信仰之光来源于信仰客体，并且这种光是传递给信仰者的见证，依靠它，上帝在基督中表明他自己。"[2]所以某种程度上可以讲，信仰的"主观性完全依赖于客观证据之上"[3]。没有源自信仰客体（基督）的神圣光辉，就不可能存在信仰之光（lumen fidei）。神圣存在之光在主、客体之间搭起了一座桥梁，使之联结在一起。"存在之光笼罩了主体和客体，并且在认知行为中，成为二者首要的共同特征。信仰之光源自客体，它在将其自身揭示给主体的时候，把它从其自身抽离出来（否则它就不会是信仰）进入客体的领域……在信仰行为中，主体和客体一起'浮游'在'神圣生命'的共同介质中。"[4]由之可以看出，巴尔塔萨神学美学一直有意识地在避免主客二元论[5]，从而努力寻求信仰与启示之间"主、客观之光的张力中的同一性"[6]。因此，无论将巴尔塔萨神学美学视为客观主义还是主观主义神学或美学，都是存在偏颇的。巴尔塔萨的神学和美学主张主客观统一，是一种超主客二元论的中庸道路。

当然，本章的任务主要集中在神学美学主观论即神学审美感知这一面向上，目的是初步勾勒出巴尔塔萨神学审美学的基本轮廓，以展示其神学美学这一不

---

[1] John O'Donnell, *Hans Urs von Balthasar* (London: Geoffrey Chapman, 1992), p.24.

[2] Hans Urs von Balthasar, *The Glory of the Lord: A Theological Aesthetics* vol. I: *Seeing the Form* (Edinburgh: T. & T. Clark, 1982), p.192.

[3] Ibid., p.156.

[4] Ibid., p.181.

[5] John O'Donnell, *Hans Urs von Balthasar* (London: Geoffrey Chapman, 1992), p.23.

[6] Hans Urs von Balthasar, *The Glory of the Lord: A Theological Aesthetics* vol. V: *The Realm of Metaphysics in the Modern Age* (Edinburgh: T. & T. Clark, 1991), p.370.

容忽视的部分。归根结底，不能忘记一点："美学是一种感知学说。"[1] 神学美学虽然本质上是一种神学，是一种从客观的神圣启示中发展出来的美的学说，但它同样"是建基于启示之客观美的一种审美鉴赏之上的"感知学说。[2] 因此，神学审美学是巴尔塔萨神学美学不可分割的重要组成部分。

巴尔塔萨神学审美学的关键词是"观照"和"信仰"。对于巴尔塔萨而言，神学美学之审美感知，首先并且主要就是观照（schauen, sehen, wahrnehmen, erblicken）。神学美学，"首要的目标不是去思考，去将柏拉图式的理智抑或是神秘的范畴强加于事物，而是简单直接地去观照事物是什么"[3]。所以，"神学美学始于对形式的观照"[4]。在巴尔塔萨看来，"形式的观照"是基督信仰的起点，而这也决定了神学美学成为基督教神学的起点。[5] 另一方面，信仰在巴尔塔萨神学美学中，又被看作神学审美感知（观照）的基本前提。"信仰赋予心灵一种新的光辉（lumen fidei）"[6]，这种信仰之光使心灵获得信仰之眼，从而观照到神圣启示的形式及其荣耀，并最终使人参与上帝（基督）的永恒生命，进入天（神）人合一的美学（荣耀）境界中。这种美学境界，在巴尔塔萨神学美学语境中称为陶醉、迷狂的境界：

> 在这一点上我们不仅要阐明"形式"主题，也要阐明"喜乐"、"愉悦"的主题；不仅要阐明感知主题，也要阐明陶醉忘我的主题。一开始我们就讲感知学说总是包含着陶醉学说，反之亦然。因为，即使是在尘世美学的

---

[1] Hans Urs von Balthasar, *Theo-Drama: Theological Dramatic Theory* vol. I: *Prolegomena* (San Francisco: Ignatius Press, 1988), p.18.

[2] Dennis M. Doyle, *Communion Ecclesiology: Version and Visions* (New York: Maryknoll, 2000), p.97.

[3] Hans Urs von Balthasar, *The Glory of the Lord: A Theological Aesthetics* vol. II: *Studies in Theological Style: Clerical Style* (Edinburgh: T. & T. Clark, 1984), p.45.

[4] Hans Urs von Balthasar, *The Glory of the Lord: A Theological Aesthetics* vol. VII: *Theology: The New Covenant* (Edinburgh: T. & T. Clark, 1989), p.389.

[5] 宋旭红：《巴尔塔萨神学美学思想研究》，第 99 页。

[6] Hans Urs von Balthasar, *The Glory of the Lord: A Theological Aesthetics* vol. I: *Seeing the Form* (Edinburgh: T. & T. Clark, 1982), p.149.

领域内，没有观照者的投入，形式也不可能真正被感知到。美不只是平面的，它总还是具有高度和深度的。[1]

对于神学美学而言，这种审美观照的投入就是信仰，没有信仰是根本无法了解神圣荣耀奥秘之深度的。唯有信仰，才能为眼睛真正获得信仰之光，穿透形式，并最终窥见那无可言喻、无与伦比的荣耀之美，由之凡世生命进入陶醉的信仰美学境界——所以，巴尔塔萨神学美学由"观照理论"和"陶醉理论"两大部分组成。在这里，观照和信仰的关系可以看作互补的，"通过信仰人，才可能看到，而只有在观照中，人才能相信"[2]。

第一节　神学审美观照

在巴尔塔萨看来，基督教的信仰不能忽略感官（sensus），首先来讲，在人类学的层面上一切知识都以感官为基础；信仰之对象，基督形式本身就是一种感性形式。[3] 而在人类的诸种感觉器官（眼、耳、鼻、舌、身）中，眼睛几乎一开始就被视为最高贵的感官，它可以"揭露在最大深度中的真实"[4]。所以，在西方美学刚刚起步的时候，眼睛就被希腊人看作最重要的感觉器官。[5] 譬如柏拉图就讲："视觉器官是肉体中最敏锐的感官"，"美本身在天外境界与它的伴侣同放异彩，而在这个世界上，我们用最敏锐的感官来感受美，看到它是那样

---

[1] Hans Urs von Balthasar, *The Glory of the Lord: A Theological Aesthetics* vol. I: *Seeing the Form* (Edinburgh: T. & T. Clark, 1982), p.604.
[2] John O'Donnell, *Hans Urs von Balthasar* (London: Geoffrey Chapman, 1992), p.23.
[3] Ibid., p.25.
[4] Hans Urs von Balthasar, *Explorations in Theology* vol. II: *Spouse of the Word* (San Francisco: Ignatius Press, 1991), p.474.
[5] Frederic Will, *Intelligible Beauty in Aesthetic Thought: From Winckelmann to Victor Cousin* (Türbingen: Max Niemeyer Verlag, 1958), pp.17-18.

清晰,那样灿烂"[1]。他相信,当双眼注视美的汪洋大海,凝神观照,便会产生最富成果的心灵对话和最崇高的理想,获得美的知识。[2] 甚至柏拉图哲学和美学中最为基础的概念 ἰδέα(理式或理念),也与眼睛的观照相关,其词根就是动词 εἴδω(看)。对基督教而言,《圣经》从摩西五经直到启示录都比较注重观照对于启示与信仰的直接意义;神学则自爱任纽以来,综合柏拉图和《圣经》两大传统的观照思想或学说,从而形成基督教自身观照学说传统。[3] 巴尔塔萨神学美学的审美观照学说,便可以看作是继承爱任纽以降的历代神学家(如奥古斯丁、伪狄奥尼修斯、波纳文图拉、托马斯、依纳爵、巴特、瓜尔蒂尼等)观照思想基础上的一种新发展。[4] 由之,巴尔塔萨在其观照学说基础上形成了他独具风格的神学审美学。

　　对于巴尔塔萨神学审美学而言,这种观照,首先是直接的肉眼的观看,但却并不止于生理意义的肉眼观看,"人类的观照不只是一种感官的生理行为;它能够观照到感官觉察到的(时空中的)理智联系,并能够概括这些联系,赋予它们一种整体性"[5]。因此,巴尔塔萨的观照在意指自然感官的观看的同时,又是指向超自然感官——心灵感官或内在感官(sensus interni)——的观照的。他讲:"如果人要生活在一种原初形式中,那个形式必然首先是被看到的。人必须拥有能够怀有一种敬畏之心来观照(wahrnehmen)存在形式的心灵之眼(观照是多么好的一个词)。……再强调一遍,为此,一双能够观照精神形式的眼睛是必不可少的。"[6] 唯有首先借助观照——生理与精神双重意义上的观照——才

---

[1] Plato, *Phaedrus*, 250D。参见〔古希腊〕柏拉图:《柏拉图全集》(第二卷),王晓朝译,第 165 页。

[2] Plato, *Symposium*, 210D。参见〔古希腊〕柏拉图:《柏拉图全集》(第二卷),王晓朝译,第 254 页。

[3] Hans Urs von Balthasar, *The Glory of the Lord: A Theological Aesthetics* vol. II: *Studies in Theological Style: Clerical Style* (Edinburgh: T. & T. Clark, 1984), pp.45-55.

[4] Hans Urs von Balthasar, *The Glory of the Lord: A Theological Aesthetics* vol. I: *Seeing the Form* (Edinburgh: T. & T. Clark, 1982), pp.367-407.

[5] Hans Urs von Balthasar, *The Glory of the Lord: A Theological Aesthetics* vol. VII: *Theology: The New Covenant* (Edinburgh: T. & T. Clark, 1989), p.287.

[6] Hans Urs von Balthasar, *The Glory of the Lord: A Theological Aesthetics* vol. I: *Seeing the Form* (Edinburgh: T. & T. Clark, 1982), p.24.

能认识真正的上帝的荣耀。所以，在认识上帝荣耀的奥秘方面，巴尔塔萨神学审美学首先强调的是观照，如巴尔塔萨所讲：

> 重点放在了观看（Sehen）、观照（Schauen）、窥见（Erblicken）上面，而不是首先放在听（Hören）或者信（Glauben）上面。"听"只是在"道"（"言"）已成人身之后才有涉及，正如在看到指向不可见的上帝的奥秘时，"信"才会提及。而真正将听和信包含在自身之中的包罗万象的行为是观照（Wahrnehmung），严格来讲是对呈现自我的真（Wahres）的感知（nehmen）。当然，对这种真理的特殊感知而言，显然需要一种"新的光辉"来照亮这一特殊形式，这是一种同时能从形式自身照耀出来的光。[1]

1. 观照与光照

观照概念在巴尔塔萨神学美学中具有双重含义，它既包含了生理意义的肉眼的观看，也包含了精神意义的信仰之眼的观照——用于精神观照的信仰之眼只有在神圣信仰之光的照耀下才可能形成。正是基于巴尔塔萨观照概念的双重含义，尤其考虑到精神（信仰）意义的观照的内容的丰富性（它有时甚至超出"看"的感官范畴，成为统摄诸感官的"超感官"）和抽象性，所以本书在涉及巴尔塔萨著作中指称"看"的诸词（如 schauen、sehen、wahrnehmen、erblicken 等）时，一般都以较具形上意味的"观照"来统称之，至于具体的语词翻译及运用则视乎具体语境而变通处理。

在巴尔塔萨神学美学中，之所以可以区分出生理（肉体）的观照和精神（信仰）的观照两种类型，其思想基础在于对肉体感官与心灵感官的二元区分。这种区分在哲学史上可以回溯到柏拉图的认识论，他把理智的洞见（理智直观）

---

[1] Hans Urs von Balthasar, *The Glory of the Lord: A Theological Aesthetics* vol. I: *Seeing the Form* (Edinburgh: T. & T. Clark, 1982), p.120.

类比于感官知觉的直观，实际上已经意识到肉体（外在）感官与心灵（内在）感官的区别。而且，柏拉图的灵肉二元论一直是后世哲学和神学中肉体感官与心灵感官二元区分的重要哲学基础和思想源泉。

　　肉体感官主要指眼、耳、鼻、舌、身，以及相应的视觉、听觉、嗅觉、味觉、触觉等五种感官或感官能力。[1] 心灵感官（sensus spiritales）主要指一种神秘的心灵经验能力和行为，一般可以视为视、听、嗅、味、触五种身体感官的精神化。[2] 若依波纳文图拉的讲法，心灵感官则可看作人类在默观中把握上帝的理智和意志行为。[3] 神学家们通常认为，心灵感官相应于身体感官也具有视、听、嗅、味、触五个种类，这五种超自然感官是对超言绝相却又无处不在的上帝的精神默观经验。"心灵感官是人类感官涵盖的范围，它们适宜于上帝在其启示中采取的道路的丰富性和多样性，有了这种能力，就可同时'看到他的荣耀'、'听到他的言语'、'闻到他的芬芳'、'尝到他的甜美'、'触摸到他的临在'。"[4] 毋庸置疑，在这种神学认识论中，心灵感官与身体感官之间是存在类比关系的，或可称"感官类比"。

---

[1] 佛教将眼、耳、鼻、舌、身、意统称为六根，又称六情、内六贼；六根分别相应产生六种作用，称为六触（眼触、耳触、鼻触、舌触、身触、意触）或（内）六入（眼入、耳入、鼻入、舌入、身入、意入）；六情摄取相应六境（色境、声境、香境、味境、触境、法境），六境又称六尘（色尘、声尘、香尘、味尘、触尘、法尘），或外六贼（人）；六根对六尘，即生六识或六识身（眼识、耳识、鼻识、舌识、身识、意识）。六识学说形成于原始佛教时期，后为大、小乘通说之法门。其中唯识学在传统的眼、耳、鼻、舌、身、意六识的基础上增加末那识和阿赖耶识（藏识），形成唯识学之"八识心王"。按照瑜伽行派五位百法的分类，六识之前五识（眼、耳、鼻、舌、身）属于色法，即原始佛教所谓色、受、想、行、识五蕴之色蕴，色蕴包含内色与外色，内色指眼、耳、鼻、舌、身——五根，外色指色、声、香、味、触——五境，合称五双色；最后一识（意）部分属于心法，部分属于色法（法处所摄色），它随前五识任一识作用而同时俱起作用。所以，五双色是对应于西方神哲学所讲的五种肉体感官的。至于第六识（意），某种程度上或可讲相似于西方神哲学所讲的心灵感官。

[2] Hans Urs von Balthasar, *Explorations in Theology* vol. II: *Spouse of the Word* (San Francisco: Ignatius Press, 1991), p.477.

[3] Hans Urs von Balthasar, *The Glory of the Lord: A Theological Aesthetics* vol. I: *Seeing the Form* (Edinburgh: T. & T. Clark, 1982), p.372.

[4] Hans Urs von Balthasar, *Explorations in Theology* vol. II: *Spouse of the Word* (San Francisco: Ignatius Press, 1991), p.478.

受柏拉图主义影响的身体感官（外在感官）与心灵感官（内在感官）的二分学说，直到近代仍有学术市场。对世俗美学界来讲，可能最熟悉的莫过于英国新柏拉图主义者夏夫兹伯里及其门徒哈奇生的内在感官与外在感官学说了。固然，巴尔塔萨对此二人的思想并不算陌生，但是他的相关思想却并不来源于此。巴尔塔萨神学美学的精神感官学说是直接从基督教神学传统中继承而来的。按照巴尔塔萨的说法，心灵感官学说在神学史上大致经历了三次重要的发展：在早期教会，奥利金在柏拉图与《圣经》传统的基础上，首倡"五种心灵感官"学说，并使他的这一学说成为教父时代一种无人超越的独特的认识论建构；到了中世纪，这一学说也受一些神学家的关注，尤其是在波纳文图拉那里得到了系统阐发；之后的神学家因袭波纳文图拉，又使这一学说再次消沉下去，直到依纳爵的《神操》重新激发出这一学说的生命力，并使这一学说渐渐开始在神学历史中产生持续影响。[1] 总体上看，心灵感官主要是在柏拉图主义和神秘主义的神学传统中得到高度的重视，并被看作神学中人直接把握上帝奥秘、经验上帝荣耀的重要途径。[2] 这一点，在中世纪鼎盛时期的心灵感官学说中表现得相当明显，正如巴尔塔萨所说，在经院哲学中，"心灵感官就越来越明确地诠释为对上帝的神秘的、直观的经验的表达了"[3]。

巴尔塔萨神学美学的心灵感官学说，正是继承这一传统而来。其神学美学关于启示的主观证据的探讨，最后必然涉及"心灵感官"的领域。[4] 不过，巴

---

[1] Hans Urs von Balthasar, *The Glory of the Lord: A Theological Aesthetics* vol. I: *Seeing the Form* (Edinburgh: T. & T. Clark, 1982), pp.367-380.

[2] 西方柏拉图主义和基督教神秘主义传统固然是心灵感官学说的重要渊薮，但这不代表西方其他神/哲学传统不关注心灵感官的问题。其实亚里士多德主义和托马斯主义的神/哲学传统也一直存在内在感官与外在感官的区分，只是表述进路有所不同，不属于巴尔塔萨继承的思想脉络而已。这个传统的哲学家认为，人普遍具有内在感官。作为内在感官，它与外在感官的区别在于，它并不直接依赖身体的感官，其对象也不是外在感觉的具体事物；它所依赖的是人内在的脑神经中枢，其对象是间接的由外在感觉所留下的印象的再生。内在感官主要有四种：综合官、想象官、记忆官、利害官。参见张振东：《士林哲学讲义》（上），宗教文化出版社2002年版，第198—204页。

[3] Hans Urs von Balthasar, *The Glory of the Lord: A Theological Aesthetics* vol. I: *Seeing the Form* (Edinburgh: T. & T. Clark, 1982), p.371.

[4] Ibid., p.365.

尔塔萨之前柏拉图主义和神秘主义传统中的心灵感官学说，普遍存在一种贬低身体感官的取向。这种取向的哲学根源主要来自柏拉图。柏拉图灵肉二元论对肉体、物质的贬低，直接导致其认识论对肉体感官的贬低。[1] 奥利金以来的多数心灵感官学说都有意无意地继承了这种二元论偏歧态度，即因为强调内在（精神、理智）感官而导致忽略、贬抑外在（身体、自然）感官。[2] 巴尔塔萨的心灵感官学说虽说也源自这一传统，但他却比较谨慎地规避了这种灵肉二元论的偏歧取向。

在他看来，"感知，作为一种完全的人类相遇行为，必然不仅包含诸种感官，而且还要强调它们，因为只有通过诸种感官并且在这些感官中，人才能感知并获得关于世界与存在现实的可感性。进一步讲，在基督教里上帝正是在尘世现实中显现给人类的。这一相遇行为的中心，因此必然存在于这样一种地方，为使信仰行为成为可能，世俗的人类感官变成'心灵的'，而为了成全人，信仰变成'感官的'"[3]。"但是心灵的感官特征并不必然意味着尘世或肉欲的消极意义上的感性；它可能不用任何割裂和转换就强化了感官知觉的模式，并将其领入在它们之上的精神维度中。只有这样，才可以理解伯纳德、弗朗西斯、波纳文图拉和依纳爵是如何在他们的'感官应用'中，将理智—心灵感官模式直接带入身体感官的模式中运作起来的。"[4] 可见，对巴尔塔萨来讲，心灵感官并不是与身体感官完全割裂的，二者并非两种截然对立的感官类型。所以，巴尔塔萨并不认为重视心灵感官，就应该贬低甚至摒弃身体感官。恰恰相反，心灵感官首先必须依赖身体感官，然后才能在自然意义的感知中寻求心灵的感知升

---

[1] 哲学史上毕达哥拉斯最早提出"肉体即牢狱"（Soma-Sema）的观念，柏拉图的灵肉二元论显然直接受其影响。

[2] Hans Urs von Balthasar, *Explorations in Theology* vol. II: *Spouse of the Word* (San Francisco: Ignatius Press, 1991), p.478.

[3] Hans Urs von Balthasar, *The Glory of the Lord: A Theological Aesthetics* vol. I: *Seeing the Form* (Edinburgh: T. & T. Clark, 1982), p.365.

[4] Hans Urs von Balthasar, *Explorations in Theology* vol. II: *Spouse of the Word* (San Francisco: Ignatius Press, 1991), p.478.

华或拓展，从而在心灵的感悟中认识到身体感官所不能企及的精神形式（具体指上帝荣耀的奥秘）。这种升华或拓展是源自信仰对上帝的回应，而为上帝恩典之光所照耀所形成的——恩典之光克服了自然感官能力的局限才形成心灵感官。如巴尔塔萨在谈及恩典之光提升自然观照为精神观照时所讲："恩典之光来辅助这种自然能力的缺失；它强化、加深了观照的能力。它并不为'科学'论证的不充分提供新的线索或弥补，而是赋予洞察力，使眼睛看见那些正在显露出来的东西。"[1]

如前所述，美学自身必然包含作为感知的学问的部分（审美学），而审美感知离不开感官的作用。感官，无论是外在的身体感官还是内在的心灵感官，都可以带来审美愉悦。[2] 在诸种审美感官中，巴尔塔萨神学审美学特别强调（身体的和心灵的）眼睛的观照。因为上帝的（核心）启示是以形象和形式显露出来的，因此，"观照的能力是多么的需要，且要作为前提"[3]。在巴尔塔萨看来，形式的感知就是对形式整体性的观照。[4] 他讲："观照一个形式，假设我们可以获得形式的整全视野。它的轮廓，它的突出形象，它的比例与重量之间的关系，它的色彩和声音——所有这些必然平等地展示在感官和心灵能力面前。"[5] 可见，观照是一种对于形式的全面性的感知方式，因此它在巴尔塔萨看来明显优越于其他感官能力，并在某种程度上能够统摄诸种感官能力。

对于形式的观照，巴尔塔萨认为："明晰和距离是我们观照的基本范

---

[1] Hans Urs von Balthasar, *The Glory of the Lord: A Theological Aesthetics* vol. I: *Seeing the Form* (Edinburgh: T. & T. Clark, 1982), pp.175-176.

[2] 此处或可与佛教所讲"六触生爱"沟通。佛教"六触生爱"观念认为，于凡夫位，则生爱染，即依凡人的六根（六触）而起六种爱欲：眼触生爱、耳触生爱、鼻触生爱、舌触生爱、身触生爱、意触生爱。（详参《杂阿含经》卷十三，大正 2·87a）。佛教所讲的爱，固然是消极意义的贪爱，但爱即意味着感官的或精神的愉悦，这在尘世美学的意义上其实并不与审美愉悦矛盾。

[3] Hans Urs von Balthasar, *The Glory of the Lord: A Theological Aesthetics* vol. I: *Seeing the Form* (Edinburgh: T. & T. Clark, 1982), p.29.

[4] John O'Donnell, "Hans Urs von Balthasar: The Form of His Theology", in David L. Schindler (ed.), *Hans Urs von Balthasar: His Life and Work* (San Francisco: Ignatius Press, 1991), p.209.

[5] Hans Urs von Balthasar, *The Glory of the Lord: A Theological Aesthetics* vol. I: *Seeing the Form* (Edinburgh: T. & T. Clark, 1982), p.186.

畴。"[1] 这里所讲的明晰主要指的是外在形式对象的光辉，这是观照的一个基本前提，也是美的一个基本要素。（美的）形式的观照离不开光辉，这当然是一个基本常识。但对于观照而言，光辉不仅是指外在观照对象自身的光辉，也指观照者内在心灵中的光辉。所以，观照理论与光照论（illuminismus）存在天然的关联——光照论为神学美学观照理论提供了直接的前提和基础。前一章探讨美的客观元素重点分析了存在（外在与内在）的光辉，即光照论之客观维度；本章探讨审美感知条件则要重点分析观照主体内在的精神光辉，即光照论的主观维度（光照认识论）。

光照论（illuminatio）与原型论（exemplar）或理念论是同体共生、不可分割的两种思想学说，二者犹如一枚硬币的阴阳两面，作为形而上学是同一神哲学观念在不同阐释方向下的思想产物：原型论主要由上往下说，光照论主要由下往上说。光照论固然包含客观的一面，但它"由下往上说"即不免关涉人类主体如何认识存在本体的问题，故其必然包含一种知识论学说（认识论）。光照论的理论雏形可以回溯至柏拉图。柏拉图的回忆说（Anamnesis，参见 *Meno*）作为知识论，与基督教光照论的形成有莫大渊源，这点在奥古斯丁光照论神学思想中表现得尤为清楚。[2] 在奥古斯丁之前，柏拉图的哲学传人普罗提诺在其灵魂回忆说基础上形成的灵魂复归说，则已可视为基督教光照论的理论前驱。按照普罗提诺流溢说的观点，太一流出一切，一切皆分受太一光辉，而光辉又从万物流回太一。故流溢本身提供了一种万有回归太一的道路，灵魂亦不例外。灵魂通过自身分受的太一光辉（善），涤荡（kathasis）其中的物质性欲望（恶），向上提升（anodos, ascensus），默观 Nous，回返太一。灵魂修炼的境界即是摆脱一切物质、肉欲的束缚，上达与太一冥合的陶醉、迷狂（ekstasis）神

---

[1] Hans Urs von Balthasar, *Explorations in Theology* vol. II: *Spouse of the Word* (San Francisco: Ignatius Press, 1991), p.474.

[2] Augustine, *De Trinitate*, 14.4.21，参见〔古罗马〕奥古斯丁：《论三位一体》，周伟驰译，上海人民出版社 2005 年版，第 391 页。另参见周伟驰：《记忆与光照：奥古斯丁神哲学研究》，中国社会科学文献出版社 2001 年版，第 1—54 页。

秘境界，唯有如此方可得灵魂的救赎。[1]

基督教的光照论问题虽然在希腊教父时代就受到爱任纽、奥利金等神学家的关注，但其作为一种完整意义上的神学认识论学说却是在奥古斯丁神学中完成的。奥古斯丁将《圣经》传统与柏拉图主义传统中的光照思想结合在一起，创构了影响深远的神学光照论。在他看来，上帝是没有任何黑暗的真光，通过创造，他的（真理）光辉照耀出来。灵魂作为他的肖像，受造的时候即赋予理智——尽管是有限的理智，但这种理智因为灵魂受到上帝理智之光的照耀，故而自身也具备理智之光，即心灵的理智之光——"你是理智之光，在你、靠你、由你，一切有理智之光的事物才有它们的理智之光。"[2] 上帝之光是灵魂有限的理智之光的源泉。诚若只有在太阳照耀下眼睛才可以看见万物，心灵只有在上帝光辉的照耀下才可以洞察真理。如奥古斯丁所讲："灵魂的感觉恰如心灵自己的眼睛，进一步说，那些在理论知识中最确实的东西就像在太阳照耀下可看见的事物，比如大地和所有世俗的事物——但是正是上帝自身给了这光照。"[3] "我们的心灵有了这种光的照耀，方能正确地判断一切事物"，而且，"我们得到的这种光越多，我们判断事物的能力就越强"。[4] 上帝的光辉在奥古斯丁看来，是从基督形式中照射出来的，基督通过他的光照启明灵魂并照耀世界，同时在其光照中揭示上帝的永恒真理——"存在是光，这种光辉是其照向心灵的道（Logos），一种已经被自然受造理智接受为一种恩典和启示的道：事实上，需要从哲学中提取出信仰神学的一切，将会把普通的哲学知识论转化到基督教三位一体的模式，把基督看作心灵的救赎光照者和天父的揭示者。"[5] 光照成为人类

---

[1] Plotinus, *The Enneads,* V.1.1-7, V.3.2-9, etc. See Stephen MacKenna trans., *The Enneads* (London: Penguin Books, 1991).

[2] Augustine, *Soliloquium*, I.1.3, 参见〔古罗马〕奥古斯丁：《独语录》，成官泯译，上海社会科学院出版社1997年版，第5页。

[3] Augustine, *Soliloquium*, I.6.12, 参见〔古罗马〕奥古斯丁：《独语录》，成官泯译，第15页。

[4] Augustine, *De Civitate Dei*, 11.27, 参见〔古罗马〕奥古斯丁：《上帝之城》（中），王晓朝译，第105页。

[5] Hans Urs von Balthasar, *The Glory of the Lord: A Theological Aesthetics* vol. I: *Seeing the Form* (Edinburgh: T. & T. Clark, 1982), p.148.

认识真理的先决条件，或曰人类知识的源泉。所以，"观照，想要观照和能够观照，在奥古斯丁来讲就是知识的本质；正如他将视觉置于其他感官之上，精神观照的行为对他而言成为纯粹的认知行为"[1]。奥古斯丁对终极实体的精神观照（"灵魂的凝视"）是通过理性来达到的，但仅有单纯的理性还远远不够，还必须有信、望、爱"三德"作支撑：

> 理性是灵魂的凝视，但是既然这并不意味着每个凝视对象的人都看见，我们可以把正确的、完满的、由形象跟随着的凝视称作美德，因为美德是正确的完满的理性。纵使有健康的双眼，凝视自身也不能使它们朝向光，除非这三者持存，也就是：通过信，它相信被凝视的事物具有如此本性，被看见便引起愉悦；通过望，它相信只要专心凝视就会看见；通过爱，它渴望看见和享有。说得详细一点，随凝视而至的正是上帝的形象，而上帝正是我们凝视的最终目的，不是因为到此凝视不再存在了，而是因为它顺着努力的方向无可进展了，理性达到它的目的，这是真正完满的美德，随之而来的将是有福的生命。[2]

光照论在奥古斯丁之后，逐渐成为中世纪神学认识论的基础理论。波纳文图拉在继承奥古斯丁光照论传统的基础上，极大地丰富、完善（系统化）了这一学说，从而将其提升至一种前所未有的神学形而上学高度。如他在《论创世六日》（*Collationes in Hexaemeron*）中所讲："引导我们回归是形而上学的核心，我们全部的形而上学就是研究流溢、原型和终极圆满，也就是说，在精神光辉的照耀下，回返至高存在。"（Hoc est medium metaphysicum reducens, et haec est tota nostra metaphysica: de emanatione, de exemplaritate, de consummatione, scilicet

---

[1] Hans Urs von Balthasar, *The Glory of the Lord: A Theological Aesthetics* vol. II: *Studies in Theological Style: Clerical Style* (Edinburgh: T. & T. Clark, 1984), p.95.

[2] Augustine, *Soliloquium*, I.6.13, 参见〔古罗马〕奥古斯丁：《独语录》，成官泯译，第 16 页。

illuminari per vadios spirituales et reduci ad summum.）[1]波纳文图拉光照论学说，虽然融贯于其多数著述中，但《论学艺向神学的回归》和《心向上帝的旅程》两部短篇著作表述尤为集中。在前一著作中，他将光照分为四种层次："虽然一切认识的光照都是内在的，但我们还是可以合理地把它们区分为外在的光辉，或机械技艺之光；较低级的光辉，或感性认识之光；内在的光辉，或哲学认识之光；较高级的光辉，或恩典之光、圣典之光。第一种光是为了技艺的形式而照耀，第二种光是为了自然的形式而照耀，第三种光是为了理性的真理而照耀，第四种亦即最后一种光是为了拯救的真理而照耀。"[2]由于第三种光即哲学之光，又可分为理性之光、自然之光和道德之光三种，故在《论学艺向神学的回归》中波纳文图拉也讲六种层次的光照——圣典之光、感性认识之光、机械技艺之光、理性哲学之光、自然哲学之光、道德哲学之光，并以之对应于创世六日。由于"知识终必归于无有"（哥前13：8），故这六种光也皆有其衰微（夜晚）之时。因此，继之而来的永不衰微的安息的第七日，则代表上帝永恒恩典之荣耀光照（illuminatio gloriae）。[3]在六种尘世光照中，圣典之光被看作人获得真知的源泉和接近上帝永恒光照的直接媒介："这六种光可以非常合理地追溯到创世形成或光照的六日，圣典的知识相应于创世的首日，亦即光的形成，剩下的知识则依次对应创世的其他五日。如同创世的其他五日之光皆以第一日之光为本源，故所有的知识的分支皆以《圣经》的知识为依归。它们都包含在《圣经》知识之内，由之而完美，并通过《圣经》知识归依于永恒之光照。所以，我们的全部知识皆应以《圣经》知识为其归宿，尤其应以《圣经》的类比理解为归宿，通过它所有光照归于上帝，并在其中找到根源。"[4]这即是说，其他五

---

[1] Bonaventure, *Collationes in Hexaemeron,* 1.17. See José de Vinck trans., *The Works of Bonaventure,* vol. V (Paterson: St. Anthony Guild Press, 1970), p.10.

[2] Bonaventure, *De Reductione Artium ad Theologiam,* 1. See *Works of Saint Bonaventure,* vol. I (Saint Bonaventure, N.Y.: The Franciscan Institute of St. Bonaventure University, 1996).

[3] Bonaventure, *De Reductione Artium ad Theologiam,* 6. See ibid.

[4] Bonaventure, *De Reductione Artium ad Theologiam,* 7. See ibid.

种知识之光皆可追溯到圣典之光，再通过圣典之光回溯到上帝永恒恩典的荣耀光照。与《论学艺向神学的回归》相比，《心向上帝的旅程》虽不如前者直接简扼，但其描述的灵魂向上帝回归的路径与前者并无二致，且更加侧重于神圣光照中灵魂上升的阶段性。在这一著作中，波纳文图拉认为对应六种光照就有六种层次的灵魂上升阶段——不过概括后可简化为三种光照以及对应的三种灵魂上升阶段：第一阶段是通过默观一切造物中闪耀着光辉的上帝的痕迹来引领我们回归上帝；第二阶段是通过进入我们自己，在我们的心灵中默观闪耀着光辉的神圣肖像而引领我们回归上帝；第三阶段是通过默观超越我们之上的永恒真理之光（lumen Veritate aeternae）而回归上帝。[1]

值得注意的是，在基督教神学光照论中，爱是一个不容忽视的主题，它既是动力又是目的，甚而至于可以视为光照论的前提。如在奥古斯丁光照论中，来自上帝的永恒光照引领着灵魂向上提升从而认识真理的欲求。这个向上的欲求，就是爱（caritas, amour）。所以他讲："谁认识真理，即认识这光；谁认识这光，即认识永恒，唯有爱才能认识它。"[2] 波纳文图拉阐述得更深入："光照之路是如何宽阔，以及神圣实体自身是如何隐寓于我们所感知的万事万物之中的，也是明豁的。一切科学的成就都是为了坚固信仰，'荣耀上帝'（honorificetur Deus），形成性格，获得从相爱的新郎与新娘结合而来的愉悦，这种结合是通过爱来实现的：爱是整部《圣经》的宗旨，也是一切自上而下的光照的目的，没有爱，所有知识都归于虚无。"[3] 波纳文图拉最后点出，爱是整个光照论的基础，一切知识都由之而获得存在的意义。因为，"神就是爱，住在爱里面的，就住在神里面，神也住在他里面"（约一 4：16）。神爱世界，所以创造世界；神爱世人，所以给予光照，引领世人回归他永恒的心灵。

---

[1] 详参拙论《波纳文图拉光照论的神学美学意涵——兼论其渊源及其对现代神学美学的意义》，《基督教文化学刊》（第 20 辑），宗教文化出版社 2008 年版。

[2] Augustine, *Confessiones*, 7.10. 参见《忏悔录》，周士良译，第 126 页。

[3] Bonaventure, *De Reductione Artium ad Theologiam*, 26. See *Works of Saint Bonaventure,* vol. I (Saint Bonaventure, N.Y.: The Franciscan Institute of St. Bonaventure University, 1996).

基督教神学光照论的确立，可以说从根本上保障了观照在神学中作为信仰感知途径的主导地位。巴尔塔萨充分吸收了新柏拉图主义神学传统中的光照论思想，并在此基础上发展出其神学美学之观照理论。在他看来，上帝透过基督照射出来的光辉，赋予信仰者的心灵的眼睛一种"信仰之光"（下节详述），从而观照到基督形式中上帝永恒之爱的荣耀："'我们心灵的双眼'被来自上帝的'新的光辉'烛照，使它们能够清楚地看到一个对象，这个对象实际即是上帝，然而上帝是以道成肉身的奥秘形式为媒介的。"[1] 这即是说，信仰审美学观照的主要对象实际就是指向基督形式的。"'观照'因此意味着，作为一个整体，是一种将一个人和一种命运诠释为绝对之爱的显现的能力。"[2] 上帝绝对之爱的荣耀是透过基督的生命和命运揭示出来的，但这只有信仰之光照耀的眼睛才能观照到：

> 这种爱的荣耀自身具有一种可见性，从一开始就贯穿耶稣的整个生命；因为这是上帝对世界最深的"显露"，这种可见性要求信仰的眼睛——一种必然令其自身与圣子一起带入这个"时刻"的信仰，后者的生命本身就是朝向这个时刻的。但是这种可见性同时又是一种隐匿，因为可以在圣子中被看到的一切，是他与天父的相关性；然而，圣父是任何人都看不到的，除了在为他准备好的圣子的虚空里，以及在这个倾空的空间里他自己的自我证明中。因此，按照世俗的说法，也就是看不到令人心悦诚服的东西，除非人被带进圣子源自天父的原始诞生中，否则他不可能理解其中自我给予之爱最内在的贫困就是绝对的财富。[3]

---

[1] Hans Urs von Balthasar, *The Glory of the Lord: A Theological Aesthetics* vol. I: *Seeing the Form* (Edinburgh: T. & T. Clark, 1982), p.120.

[2] Hans Urs von Balthasar, *The Glory of the Lord: A Theological Aesthetics* vol. VII: *Theology: The New Covenant* (Edinburgh: T. & T. Clark, 1989), p.291.

[3] ibid., pp.379-380.

《圣经》上反复暗示，除了圣子耶稣基督，尘世中没有任何人能真正凭着肉眼看到天父上帝及其神圣荣耀。唯有通过信仰，人参与到基督的生命中，借着基督的光照，人的肉眼提升为信仰之眼，才可能观照到永恒之爱的荣耀。所以，只有上帝才能使人看到上帝，如巴尔塔萨所讲："这种爱不是一个可以以一种不偏不倚的姿态来沉思（因之'对象化'）的对象；只有在人被它捕获的时候，它才能被看到它究竟是什么。它可能是这样一种情况，只有'太阳的光辉'照进自然之眼，眼睛才可以看到太阳；而只有绝对之爱才可以使人看到绝对之爱。"[1]

2. 基督形式的审美观照

美学基督论是巴尔塔萨神学美学的中心。按照巴尔塔萨神学美学基督论的观点，基督，作为神圣启示的中心形式，是形式与光辉的完美结合，因而是终极之美（荣耀）和美的源泉。所以，基督形式亦必然成为巴尔塔萨神学审美学关注的中心对象。在巴尔塔萨神学审美学的框架下，观照被视为首要的审美感官能力，因此，对基督形式的审美观照成为其神学审美学的一个非常核心的主题。诚如范·艾普所讲，在巴尔塔萨看来，"信仰感知的第一时刻就是看见尘世中上帝的形式，即耶稣基督。基督被信仰的眼睛视为世界上一切形象的中心"[2]。巴尔塔萨自己也讲：

所有一切都要依赖的证据的核心形式，是对耶稣基督作为上帝的客观形式的感知。这个形式不是"相信"有的而是"看到"的，无论我们如何

---

[1] Hans Urs von Balthasar, *The Glory of the Lord: A Theological Aesthetics* vol. VII: *Theology: The New Covenant* (Edinburgh: T. & T. Clark, 1989), p.291.

[2] Stephan van Erp, *The Art of Theology: Hans Urs von Balthasar's Theological Aesthetics and the Foundations of Faith* (Leuven: Peeters, 2004), p.140.

信仰基督。上帝的客观荣耀便由此形式照射出来，它便是遮蔽整个创造的大帐的 kâbôd（荣耀）。神学探索所发现的和谐，都由此荣耀辐射出，并且它们建基客观、科学，也是对那荣耀的见证。[1]

虽然从创造论（美学）的角度看，上帝的荣耀存在于一切造物之中，一切造物都分有他美的光辉，上帝的荣耀是向整个宇宙开放的——"神圣荣耀不只是显现给那些被拣选的人，而是真真切切地显现在整个世界面前的。"[2] 但上帝毫无保留地显现，并不等于任何人都可以看到上帝这种毫无保留地显现的荣耀。这也就是为什么上帝会出于毫无保留的爱而道成肉身，以基督形式进入尘世。

巴尔塔萨讲："看见上帝是亚当的荣耀，也是先知和基督信仰者的荣耀，尽管看见上帝仍旧是最大的末世应许，quoniam videbitur Deus ab hominibus（上帝将被人们看到）。"[3] 这就是说，看见上帝在神学中被当作人的一种荣耀，更确切地说是一种上帝恩赐的荣耀，然而真正看到上帝其实是一种末世应许，即只有在上帝的国度降临后，人才能够仅凭着一双凡胎肉眼瞻仰到上帝荣光四射的真面目。

所以，其实最初只有圣子和圣灵才能真正看到上帝。"上帝只可能被上帝所知晓。"[4] 如耶稣所讲："公义的父啊，世人未曾认识你，我却认识你。"（约 17：25）对于曾经得到上帝直接启示的摩西及众先知来讲，也只能说看见了上帝但又没有真正看见上帝。因为他们即便宣称看见上帝，按照《圣经》的记载，他们看到的也不过是一些异象："眼目闭住的人说，得听神的言语，明白至

---

[1] Hans Urs von Balthasar, *The Glory of the Lord: A Theological Aesthetics* vol. I: *Seeing the Form* (Edinburgh: T. & T. Clark, 1982), p.204.

[2] Ibid., p.419.

[3] Hans Urs von Balthasar, *The Glory of the Lord: A Theological Aesthetics* vol. II: *Studies in Theological Style: Clerical Style* (Edinburgh: T. & T. Clark, 1984), pp.45-46.

[4] Hans Urs von Balthasar, *The Glory of the Lord: A Theological Aesthetics* vol. I: *Seeing the Form* (Edinburgh: T. & T. Clark, 1982), p.180.

高者的意旨,看见全能者的异象;眼目睁开而仆倒的人说,我看见他却不在现时,我望他却不在近日。"(民 24:15—17)如上帝的荣耀在西奈山上向摩西显现——"摩西上山,有云彩把山遮盖。耶和华的荣耀停于西奈山,云彩遮盖山六天,第七天他从云中召摩西。耶和华的荣耀在山顶上,在以色列人眼前,形状如烈火。"(出 24:15—17)但当真正面对上帝的荣耀的时候,"摩西急忙伏地下拜"(出 34:8),他不敢正视,也无法正视,因为上帝面上的荣耀真光太过耀眼。摩西之后其他先知面对上帝荣耀的显现时,表现也大致相似,如以利亚听见上帝的声音后就立即"用外衣蒙脸"(王上 19:13),以赛亚因为自己不洁而"眼见大君王万军之耶和华"就认为自己要"灭亡了"(赛 6:5),以西结看见耶和华荣耀的形象也急忙"俯伏在地"(结 1:28),等等。

对于使徒来讲,也许才可以说真正有机会看见上帝。因为基督的时代来临了,他们可以在基督中看见上帝。耶稣告诉他们:"你们认识我,也就认识我的父。从今以后,你们认识他,并且已经看到他。"(约 14:7)"人看见了我,也就看见了父。"(约 14:9)但他们看见上帝的前提是对基督的完全顺从:"信仰总是顺从。"[1] 作为圣子,耶稣基督是天父上帝的肖像,所以耶稣基督是上帝荣耀的终极表达。通过信仰和对他的道(言)的顺从,参与到他的生命之中,人的灵魂才获得神圣光照,从而观照到基督形式的荣耀,也就是上帝的荣耀:"那吩咐光从黑暗中照出来的神,已经照在我们心里,叫我们得知神荣耀的光显在耶稣基督的面上。"(林后 4:6)顺从,本质是对上帝体现在基督生命中的绝对之爱的顺从;参与,本质是对基督出于爱而自我奉献的生命的参与。唯有如此,作为有限造物的人(包括使徒)才能直观基督里面无限上帝爱的启示:

> 基督中上帝启示的核心,只能被那种既不把宇宙看作启示的最终意义(直到文艺复兴为止的古典哲学和基督教神学尽管不是持续不断地也是经常

---

[1] Hans Urs von Balthasar, *The Theology of Karl Barth: Exposition and Interpretation* (San Francisco: Ignatius Press, 1992), p.29.

倾向于如此）也不把人看作最终意义（现代喜欢如此）的人看到，因为人是为启示所完成、拯救、祝福的，最终意义必然是"无功利地"留给奉献与自我倾空中显现出自身的上帝之爱的。这类人为了这种爱独"将荣耀给予"上帝，且把他自身和世界理解为这种爱的作用。不难把握，这种拒绝只按其目的去看上帝对人和世界的爱，是人最高的伦理——宗教和审美行为，这不是作为"有价值的事业"，而是作为对在他面前并对他敞开自身的上帝之爱的顺从的回应。[1]

这意味着，人须通过超越到他自身之外去感知上帝；他只有在上帝中以及通过上帝来观照、把握上帝。[2] 所以，其实从根本上讲，"人不可能自己看见上帝，上帝为人所见是他自己的抉择，什么人看见他、什么时候看见他以及以什么方式看见他都是他选择的"[3]。

基督形式的观照，在巴尔塔萨看来，必须具备超自然之眼（精神/信仰之眼）才能完成。但是，超自然之眼并不是与自然之眼（肉眼）截然对立的两个层次的感官能力，前者必须以后者为基础，才能形成精神观照能力。如巴尔塔萨所讲：

> 从这个起始点，我们势必朝向我们至高的对象看：通向基督又源自基督的救赎史中的神圣启示的形式。这里再次要求一种更加敏锐的新的观照，除非我们在一定程度上已然学会了使用旧的眼光来观照本质形式，否则我们获得和使用新的眼光的希望就微乎其微。超自然的这里不是为了提供我

---

[1] Hans Urs von Balthasar, *The Glory of the Lord: A Theological Aesthetics* vol. IV: *The Realm of Metaphysics in Antiquity* (Edinburgh: T. & T. Clark, 1989), p.18.

[2] Hans Urs von Balthasar, *The Glory of the Lord: A Theological Aesthetics* vol. VI: *Theology: The Old Covenant* (Edinburgh: T. & T. Clark, 1991), p.13.

[3] Hans Urs von Balthasar, *The Glory of the Lord: A Theological Aesthetics* vol. II: *Studies in Theological Style: Clerical Style* (Edinburgh: T. & T. Clark, 1984), p.47.

们没有能够发展的自然的缺失部分。Gratia perficit naturam, non supplet（恩典完善自然，却不补偿自然）。已然很是懂得如何去读懂自然世界的形式语言的基督教世纪，就是同样拥有训练有素的眼睛的基督教世纪，首先，在恩典及其光辉的辅助下感知启示的形式品质，其次（接下来才能）诠释启示……只要耶稣没有死，只要耶稣已从死中复活，门徒的心灵眼睛就有观照的义务，并且不仅为了"信仰"基督实体的神圣内容，还为了在其自我证明中"看见"它，他们要求某种距离。可是，这个内容还是在耶稣这个人身上表现了出来，并且，对于一切抽象和沉思而言，对于被观照者的追忆构成理解任何事情的基础。耶稣自己事先也对门徒们这样讲过，他们所要保持的距离不仅是观照者从一个图画前往后退缩的自然行为，也是首先给予他们信仰的沉思眼光的圣灵降临的前提条件。在信仰的眼睛里，以及圣灵的降临中，形象才会成形。现在，他们与其说是在基督自己身上——因为他们对基督身上的神圣性理解并不是直截了当的，而一直是通过对可见的人性和不可见的神圣性的关系的观照——毋宁说是在他与救赎史和作为整体的被造宇宙背景的关联与区别中看到了比例。他们看到了《旧约》和《新约》共同构成的形式。他们这里看到了应许与实现之间独一无二的比例，以及这个比例自身揭示亚形式等级的方式和它如何通过呈现一种多面性维度来展开其深度的方式。[1]

教会常常把《圣经》视为圣言本身，巴尔塔萨显然并不认可这种提法。在他眼中，《圣经》（尤其是《新约》）其实就是（人类）精神对圣言（道）的见证，是对人所经验的上帝形象或形式的记录，而这一切都指向信仰观照对神圣启示的见证。所以，巴尔塔萨接着讲："目击者首先在口头然后在书面上作出见证的这个形象，是以信仰和具备信仰洞察力的眼睛所看到的。正如圣灵在他

---

[1] Hans Urs von Balthasar, *The Glory of the Lord: A Theological Aesthetics* vol. I: *Seeing the Form* (Edinburgh: T. & T. Clark, 1982), pp.29-30.

们眼中是为了形象跃入眼帘，在他们的口中和笔下，则是为了使他们对原始形象（Ur-Bild）的模仿（Nachbild），与圣灵自身所具备的上帝在肉身之中的自我呈现的观照一致。我们必须重申，《圣经》不是圣言本身，而是心灵对圣言的见证，这源自圣灵与那些起初应邀和应允观照的目击者之间不可分解的关系。"[1]

通过观照基督形式而形成关于上帝的荣耀（审美）经验，是巴尔塔萨神学审美学的核心内容。但并不是说，在巴尔塔萨神学美学中，基督中心论就可以取代三位一体的上帝中心论。恰恰相反，基督作为神圣启示的中心形式，只有在三位一体中才能成立，基督形式也必须在三一之光中才能被真正地理解。诚如巴尔塔萨所言："如果基督是永生上帝之子，那他既是圣父的见证又是圣灵的见证（作为上帝的第二位格与此二位格一起构成唯一的人格化上帝），二者皆内在于他的存在，并因此内在于他的形式。"[2] 上帝的三个位格——圣父、圣子、圣灵因为爱而永结在一起，从而基督所驻之尘世形式里，圣父与圣灵同时亦内在于其中。所以，当基督形式中照射出来的神圣荣耀光辉被观照的时候，圣父、圣灵的荣耀也同时被观照。基督的道成肉身形式，是三位一体爱的荣耀的彰显。不仅基督形式，就是世界万物（包括心灵）所受的光照皆源自此三一荣耀之光。故而，"圣约翰对整个道成肉身事件的诠释是，三位一体的荣耀（δόξα）超越了一切光辉，并使所有光辉变得完美无瑕"[3]。

对基督形式的审美观照，最后必然导向对三位一体之永生上帝的荣耀的精神默观。凭借着基督之爱的提升，信仰者以爱的回应（信仰）向上升举，直到在精神的观照中窥见神圣荣耀。正如巴尔塔萨所见，"所有这些人（指古代教父）都教导一种向内、向上的攀升，直至永恒之光将仍被遮蔽的救赎之尘世形式美化。默观在这里是对末世光照灵光一现的预感，是对奴仆形式中明亮的荣

---

[1] Hans Urs von Balthasar, *The Glory of the Lord: A Theological Aesthetics* vol. I: *Seeing the Form* (Edinburgh: T. & T. Clark, 1982), p.31.

[2] Ibid., p.527.

[3] Hans Urs von Balthasar, *The Glory of the Lord: A Theological Aesthetics* vol. VII: *Theology: The New Covenant* (Edinburgh: T. & T. Clark, 1989), p.318.

耀之预先观照"[1]。只有在这种精神默观中，人才能成为主体——审美主体："在《圣经》启示中，默观的对象不是神人之间的秩序，而首先是作为启示、规定律法的唯一主体以及作为恩典赐予的永生上帝——只有这样，作为上帝行为对象的人，才能成为主体，其行为构成对上帝的回应。因此，超越任何形而上学的神学美学要求有一种观照学说，以及一种陶醉学说……"[2]

3. 审美观照与陶醉

在最初建构神学美学体系的时候，巴尔塔萨就深刻地认识到："美的观照（wahrnehmen）学说（《纯粹理性批判》意义上的'感性学'）和美的陶醉学说在结构上是互补的，因为没有陶醉就没有真正看见，没有看见当然也就不可能陶醉。这也就平等地处理了信仰与恩典之间的神学关系，因为，当从一开始恩典把信仰者提升到上帝的世界，信仰给出它自身，即已理解了启示的形式。"[3] 所以，他从整体上将其神学美学体系规划为两个结构上互补的部分：观照理论（基础神学）和陶醉理论（教义神学）。当然，本章这里无意于探讨其神学美学的体系结构问题，故而只在神学审美学的范围内对审美观照与审美陶醉两个具体的范畴略作讨论，借以展示巴尔塔萨是如何拓展神学审美观照的理论空间的。

按照巴尔塔萨神学审美学的观点，美感一定来自形式的观照，尽管真正令人陶醉、令人欣喜若狂的是形式内在的深度，即通过形式呈现出来的深深隐匿的存在光辉（荣耀）：

---

[1] Hans Urs von Balthasar, *The Glory of the Lord: A Theological Aesthetics* vol. I: *Seeing the Form* (Edinburgh: T. & T. Clark, 1982), p.39.

[2] Hans Urs von Balthasar, *The Glory of the Lord: A Theological Aesthetics* vol. IV: *The Realm of Metaphysics in Antiquity* (Edinburgh: T. & T. Clark, 1989), p.24.

[3] Hans Urs von Balthasar, *The Glory of the Lord: A Theological Aesthetics* vol. I: *Seeing the Form* (Edinburgh: T. & T. Clark, 1982), "Forewoed".

我们"观照"形式，然而，我们真正观照的不是剥离开来的形式，而是通过形式显现出来的深度。我们将形式视为光辉，存在的荣耀。通过我们对这种深度的默观，我们陶醉并为之欣喜若狂。但是，只要我们涉及美的问题，就不可能撇开（水平的）形式，而直接进入（垂直的）赤裸裸的深度之中。[1]

在巴尔塔萨看来，形式的审美观照是一个必要前提，没有这个前提，任何神学美学意义上的陶醉都是不可能的。如前所述，基督形式是审美观照的中心形式。所以巴尔塔萨认为，正是通过对基督这一"媒介"形式的观照，引发了对那显现在道成肉身的可见性与启示之中的"不可见的事物"的"陶醉"、"迷狂"直至"欲爱"（amor）。[2] 这样讲，似乎陶醉、迷狂是外在于或者说后于观照的一种深度美感，但其实它与审美愉悦一样，本质上已然存在于审美观照之中。如巴尔塔萨所讲：

> 神学美学始于对形式的观照，在形式中上帝之道（言）来到我们面前，给予它自身，并爱我们。在这一观照行为中，已然存在"陶醉"：在蒙受呼召、影响的我们的存在力量中，在接近我们并使我们接受它自身的神圣之爱的力量中，一种由我们自身而来的爆发。"陶醉"因此并不意味着为了在其外在于它自身的真正无限本质中找到它自己，有限者疏离它自身：它意味着我们对绝对之爱而言不再是陌路人——因为封闭在自身的有限之"我"（抑或"我们"），首先主要是作为爱的陌路人活在世上的——并且它意味着我们被拉进父与子的荣耀领域，当这一荣耀已经显现在耶稣基督里的时候。是恩典和圣灵的工作给了我们这个新家：他使爱的生命如泉涌，这种涌现

---

[1] Hans Urs von Balthasar, *The Glory of the Lord: A Theological Aesthetics* vol. I: *Seeing the Form* (Edinburgh: T. & T. Clark, 1982), p.119.

[2] Ibid., p.120.

不在我们之前也不在我们之上，而在我们之中，因而使我们能够通过自己的生命"颂赞"已然给予我们的荣耀。[1]

这里，巴尔塔萨认为，观照行为中的陶醉，并不意味着观照者因此在陶醉忘我的状态中疏离了自身，恰恰相反，它意味着的是观照者领悟了绝对之爱，个体生命因此融入到绝对之爱的荣耀之中，从而达至一种灵魂与上帝冥契后物我两忘的精神境界——一种天（神）人合一的生命美学境界。而这一切，皆源自上帝通过耶稣基督生命涌入我们生命中的爱，有了这种爱，我们才能够参与耶稣基督爱的生命，颂赞荣耀，进入荣耀的国度。所以巴尔塔萨讲："观照行为中的陶醉，是一种在他里面爱耶稣、爱上帝的信仰（约14：1）与其爱邻人的命令的实现（约14：15）之间不可分割的统一体。人类个人的观照在它准备去接受（感知）的时候，真切地看见了自然地呈现它自身的东西……"[2]只有观照到绝对之爱的荣耀在基督形式中的涌现，才能在此奥秘的深度的精神默观中进入神人合一的陶醉境界。巴尔塔萨强调："作为'你的荣耀光辉'（lux tuae claritatis）的基督奥秘（mysterium Christi），就是上帝无形之爱（amor invisibilis）的显现。"[3]而这一点在他看来非常重要，因为它是神学审美学中一个基本的神学前提：

> 这点其实是前提，由此才能直接进入谈论因为以人的方式看到无形上帝（Deus invisibilis）而陶醉的事情。为什么不用caritas（仁爱）而用amor/eros（欲爱），这是有理由的。因为，这里讨论的是通过观照上帝的显露而产生的一种运动。这是整个人由观照而通向无形上帝的运动，而这种运动，

---

[1] Hans Urs von Balthasar, *The Glory of the Lord: A Theological Aesthetics* vol. VII: *Theology: The New Covenant* (Edinburgh: T. & T. Clark, 1989), p.389.

[2] Ibid., p.288.

[3] Hans Urs von Balthasar, *The Glory of the Lord: A Theological Aesthetics* vol. I: *Seeing the Form* (Edinburgh: T. & T. Clark, 1982), p.121.

尽管"信仰"在这个运动中有其"生命的位置"（Sitz im Leben），但用"信仰"一词来描述是不完美的。尽管如此，灵魂的陶醉这里必须再次以一种严格的神学方式来理解。换句话说，它定然不能理解为只是对观照中尘世意义的美的事物的心理回应，而必须理解为人的整个存在通过基督朝向上帝的运动，一种建立在基督奥秘中恩典的神圣光辉之上的运动。而这个奥秘的全部真理在于，上帝（在基督里被看到并令人陶醉的对象）在（即使是在因为罪而不情愿和不顺从中的）人这里完成的运动，正好是人通过其基督之爱（eros），以及由于圣灵的激发，共同参与、共同完成的运动。[1]

也就是说，神人合一的精神陶醉境界，是信仰者观照上帝临在的奥秘——耶稣基督，获得圣灵的激发，灵魂积极向上，以爱（eros）来回应圣爱（agape），参与上帝的救赎运动，从而获得的一种神学审美境界。离开对耶稣基督这一荣耀与爱的至高形式的观照，信仰者将无从达至神人冥契的审美陶醉佳境。

第二节　信仰的审美学

在巴尔塔萨神学审美学中，对一切审美观照而言，"可以感知信仰的形式的信仰之眼是必需的"[2]。信仰是神学审美观照的基本前提保障。巴尔塔萨明确讲道："观看耶稣的形式的先决条件就是对上帝的信仰。"[3] 所以，信仰在神学审美感知中享有丝毫不逊于观照的基础性地位，因此巴尔塔萨神学审美学也可以称作信仰的审美学。

---

[1] Hans Urs von Balthasar, *The Glory of the Lord: A Theological Aesthetics* vol. I: *Seeing the Form* (Edinburgh: T. & T. Clark, 1982), p.121.
[2] Ibid., p.592.
[3] Ibid., p.512.

按照基督教神学的传统观念，信仰行为中存在三个层次的区分，这是教父时代便已非常清楚的，而且一直到中世纪都不断地在重复：credere Deum（相信上帝存在）、credere Deo（相信上帝所说）、credere in Deum（出于信仰将自己交给上帝）。[1] 而在信仰的这三个层次中，第三层次实际是可以涵摄前两个层次的，所以信仰的核心含义主要存在于第三层次。在吕巴克看来，"作为上帝对人的人格化呼召，启示要求从人的方面给予相似的个人回应"[2]。因此，根本上讲，信仰就是人对上帝的回应。[3] 这种回应，本质上是怀着谦卑的爱心对上帝之道（言）毫无保留的接受："至于自由的上帝在自由中表现他内在的存在，一切开始于对他的道（言）的接受，因此也就是开始于信仰；对自由而绝对之道的谦卑接受，是信仰（credere）的根本意义……"[4]

对神学审美学而言，唯有信仰才能使心灵获得信仰之光，从而形成信仰之眼，以实现真正的心灵（精神）观照。所以，在某种程度上讲，"对巴尔塔萨而言，神学意义的信——即信仰——本身就是一种观照"[5]。信仰赋予心灵那种新的光辉，使得对尘世形式之审美观照，瞬间进入其存在的深度中，并在精神观照中捕捉到其内在的神圣荣耀之光。因此，也有理由同意范·艾普的观点，"根据巴尔塔萨，信仰是对尘世之美中神圣荣耀的感知"[6]。由此可见，在神学审美学中，信仰的美学意义是极其丰富的，其理论诠释空间也相当开阔。关于

---

[1] Henri de Lubac, *The Christian Faith: An Essay on the Structure of the Apostles' Creed* (San Francisco: Ignatius Press, 1986), pp.191-192. Quoted in Hans Urs von Balthasar, *Dare We Hope: "That All Men Be Saved"*? (San Francisco: Ignatius Press, 1988), p.172.

[2] Henri de Lubac, *The Christian Faith: An Essay on the Structure of the Apostles' Creed* (San Francisco: Ignatius Press, 1986), p.228. Quoted in ibid., p.173.

[3] Henri de Lubac, *The Christian Faith: An Essay on the Structure of the Apostles' Creed* (San Francisco: Ignatius Press, 1986), p.145. Quoted in ibid.

[4] Hans Urs von Balthasar, *The Glory of the Lord: A Theological Aesthetics* vol. II: *Studies in Theological Style: Clerical Style* (Edinburgh: T. & T. Clark, 1984), p.214.

[5] Aidan Nichols, *The Word Has Been Abroad: A Guide Though Balthasar's Aesthetics* (Edinburgh: T. & T. Clark, 1998), p.25.

[6] Stephan van Erp, *The Art of Theology: Hans Urs von Balthasar's Theological Aesthetics and the Foundations of Faith* (Leuven: Peeters, 2004), P.50.

这一主题，上面一节研究神学审美感知时已有所涉及，不过鉴于信仰对于神学审美学的重要性，本书这里拟继续拓展信仰的美学论述空间，主要就信仰观照的形成动因（信仰之光）以及基督信仰的审美意义等两个方面略作分析，以期初步勾勒出巴尔塔萨信仰审美学的基本内涵。

1. 信仰之光

神学审美学中的精神观照，本质上其实就是信仰观照。信仰观照，可以直接透过尘世形式的伪装，直观隐匿的神圣荣耀之光辉，但这种观照的前提条件是观照者必须具备信仰的眼睛。唯有信仰的眼睛才能够看见并承受上帝隐匿在形式之中的荣耀的耀眼光辉——"上帝的荣耀是隐藏着的，但对信仰的眼睛而言，荣耀，作为永恒三一之爱的荣耀却照射出炫目的光辉。"[1] 而信仰的眼睛之所以能够观照神圣荣耀，根本原因乃是因为心灵的眼睛得到了荣耀之光照。古代西方基督教神学家将这种源自上帝而从信仰者心灵中照射出的光辉，称为"信仰之光"（lumen fidei）。这个术语在古典神学中是一个常见的神学认识论术语，基本的含义是信仰者心灵被光照，从而使他可以在启示的形式对象中寻找到启示的本体（上帝）。[2]

在认识论的领域内，信仰之光，乍看起来似乎是一种主体内在的精神之光。但如果真将信仰之光完全当作主体精神的光辉，那就与基督教精神彻底相悖了。正如《圣经》上反复强调的，"耶和华本为大，该受大赞美，其大无法测度"（诗145：3）；"我们的主为大，最有能力。他的智慧无法测度"（诗147：5）；"深哉！神丰富的智慧和知识。他的判断是何其难测！他的踪迹是多么难寻！"

---

[1] John O'Donnell, "Hans Urs von Balthasar: The Form of His Theology", in David L. Schindler (ed.), *Hans Urs von Balthasar: His Life and Work* (San Francisco: Ignatius Press, 1991), p.215.

[2] Aidan Nichols, *The Word Has Been Abroad: A Guide Though Balthasar's Aesthetics* (Edinburgh: T. & T. Clark, 1998), p.25.

（罗11∶33）"世人凭自己的智慧并不认识上帝"（林前1∶21）；"从来没有人看见神，只有父怀里的独生子将他表明出来"（约1∶18）；"除了神的灵，也没有人知道神的事"（林前2∶11）。所以保罗教导人们："叫你们的信不在乎人的智慧，只在乎神的大能。"（林前2∶5）如果主体内在的精神之光可窥见上帝的真面目，那显然这种信仰之光的学说不合《圣经》的教导以及传统神学的观念。信仰之光，并不是主体内生的精神光辉，而是源自上帝神圣荣耀光照的一种精神光辉，是神圣荣耀在心灵中留下的光辉痕迹，抑或说是神圣荣耀光辉在心灵中的反射。诚如巴尔塔萨所讲："为此原因，信仰之光永远不能当作或经验为一种我们灵魂中的内在实体，而是视为非受造的光（lumen increatum）、非受造的恩典（gratia increata）在我们中间临在而产生的光辉。"[1]

　　信仰之光的源泉在天父上帝那里，那才是照耀一切、启明心灵的光之源——如巴尔塔萨颂赞的："你在天国，是天国之光。你是一切神圣之光，信仰之光，希望之光，爱之光。"[2] 正是"我们主耶稣基督的神"，"荣耀的父"以此永恒的荣耀之光照明信者"心中的眼睛"（弗1∶18），把信仰之光赐给了信仰者心灵的眼睛，使他们看见这神圣荣耀璀璨夺目的光辉。因此，从根本上讲，"信仰是在人身上闪亮的上帝之光，因为就其真正的亲密关系而言，上帝只被上帝知晓。这便是教父和经院哲学讲 lumen fidei（信仰之光）的意义，我们这里首先必须处理的就是这种光辉，我们在此光中信仰上帝，此光也构成我们信仰最内在的根基（causa, motivum, fundamentum）"[3]。

　　巴尔塔萨把信仰之光视为信仰最内在的根基，而这种光的根基在于神圣荣耀的光照，是上帝出于爱与恩典而赐予信仰者的精神观照能力。但是，这种来自上帝的白白恩赐并不意味着人就可以什么都不做，什么努力都不需付出，即

---

[1] Hans Urs von Balthasar, *The Glory of the Lord: A Theological Aesthetics* vol. I: *Seeing the Form* (Edinburgh: T. & T. Clark, 1982), p.215.

[2] Hans Urs von Balthasar, *First Glance at Adrienne von Speyr* (San Francisco: Ignatius Press, 1981), p.238.

[3] Hans Urs von Balthasar, *The Glory of the Lord: A Theological Aesthetics* vol. I: *Seeing the Form* (Edinburgh: T. & T. Clark, 1982), p.156.

可获得对神圣奥秘及其荣耀的真切观照与领悟。因为,"即使我知道上帝把信仰作为一个礼物恩赐给我,我也根本不能够确定我是按照上帝希望的方式来接受这个信仰啊"[1]。所以,信仰永远需要主体的积极参与。信仰之光绝不是一种消极的心灵接受力量,本质上它是上帝赐予心灵的一种积极的回应力量。巴尔塔萨讲:

> 作为面对上帝神圣性的能力,信仰之光一方面是作为恩典被给予和注满,而另一方面又使之具有精神核心的先验性(apriori),并因此是一种基本上与人类结构一致,且同样地在感知实体的感性处境中产生作用的东西:因为这些缘由,我们可以说信仰者确实事先拥有已经植入他里面的信仰的根本可能性,但并不是有了这种可能性,他就无须以一种探寻的凝视来努力搜寻他要相信的东西的正确形式,并发现它,也无须努力将其整合到他自我之中。信仰的积极"能力"[作为 habitus(习惯)和 virtus fidei(信德)]的综合力量并不是首先存在于信仰者自身,而是存在于上帝之中,在他揭示他自身的时候他就存在于他之中,而信仰者参与到他的光辉和行动之中。信仰者在其与历史中信仰形式的相遇中经验到这种全然相异的实体,上帝也第一次真正面对作为具体实体的他。对基督徒而言,首先使其综合的力量成为可能的力量存在于耶稣基督之中("一种从他而来的力量……"),基督徒只能以这种方式相信,耶稣基督改变了他的无信仰。[2]

信仰之光,作为上帝赐予的积极的回应能力,最终目的是要将信仰者带入上帝(基督)的光辉和行动之中,使信仰者的有限生命参与到上帝的无限生命之中。正如巴尔塔萨所讲:"信仰是对上帝内在生命与光辉自由的自我揭示的参

---

[1] Hans Urs von Balthasar, *The Glory of the Lord: A Theological Aesthetics* vol. I: *Seeing the Form* (Edinburgh: T. & T. Clark, 1982), p.224.

[2] Ibid., p.179.

与,正如造物的精神本质意味着对全部实体的揭蔽的参与,从而以这种或那种方式,必然也包含神圣实体。"[1] 因此信仰之光意味着:"一种对神圣本质和真理的参与,一种人的本体提升,一种观照上帝的取向。"[2] 最后,通过信仰的参与、提升,灵魂最终获得基督一样的生命、一样的光辉。

巴尔塔萨讲:"信仰之光是上帝之爱的回音,这种回音在基督这个人的忠诚里达至爱的'极限'。"[3] 所以,基督徒在信仰生活中必须以基督的忠诚为楷模,以期获得像基督一样的对上帝荣耀的洞见。"在这个意义上,基督徒的 fides quae(信仰内容)就是基督面对天父的 fides qua(信仰行动),而基督徒的 fides qua 则是从基督这种光辉的照耀开始存在的,后者我们可以当作基督徒的原型 fides(信仰),它通过让完全的人充分地回应上帝之道,塑造了其形式整体性。"[4] 显然巴尔塔萨这里拓展了信仰的概念,并将之应用到耶稣的主体性上。耶稣神人二性的主体性因此成为所有基督徒主体性和信仰的原型。[5] 基督徒信仰被视为对这种信仰原型的参与,即参与到耶稣基督对天父上帝完美的忠诚中。而基督的荣耀光辉亦被看作基督徒心灵中的信仰之光的源泉——信仰之光来自"耶稣基督的形式中的光的源泉"[6]。基督形式的光辉,虽然作为恩典赋予心灵的眼睛信仰之光,但它本身也是信仰之眼观照的对象。这即是说:"恩典是从形式中放射出来的光辉,吸引主体去感知。由此,信仰的内容和信仰的行为形成一个统一体,并一起构成一种审美行为,凭此在从形式中放射出来的光辉中看

---

[1] Hans Urs von Balthasar, *The Glory of the Lord: A Theological Aesthetics* vol. I: *Seeing the Form* (Edinburgh: T. & T. Clark, 1982), p.157.

[2] Ibid., p.180.

[3] Ibid., p.218.

[4] Ibid.

[5] Larry S. Chapp, *The God Who Speaks: Hans Urs von Balthasar's Theology of Revelation* (San Francisco-London-Bethesda: International Scholars Publications, 1996), p.126; see also Hans Urs von Balthasar, *The Glory of the Lord: A Theological Aesthetics* vol.I: *Seeing the Form* (Edinburgh: T. & T. Clark, 1982), p.224.

[6] Hans Urs von Balthasar, *The Glory of the Lord: A Theological Aesthetics* vol. I: *Seeing the Form* (Edinburgh: T. & T. Clark, 1982), p.216.

见作为道成肉身之上帝的形式。"[1] 神学的审美观照最终使得信仰的内容与行为成为一体，进入一种物我两忘、神人合一的审美境界。所以，诚如巴尔塔萨所讲："存在一个时刻，'信仰之眼'的内在之光与从基督那里照射出来的外在之光化为一体。"[2] 当观照主体之光与观照客体之光融为一体之时，终极性的神学审美经验也就实现了。

2. 基督信仰的审美意涵

在神学审美学的语境中，信仰是审美感知的基本前提，对于神学审美之核心对象（基督形式）的审美感知尤其如此——没有对基督的信仰，何以感知基督之美？基督作为三位一体上帝之第二位格（圣子），是隐匿的上帝在尘世的显现。上帝的绝对之爱只有通过他才能为人所知晓，神圣荣耀只有通过他才能为人所看到，因为他是天父上帝最清晰的模仿或肖像。在这个意义上，他是人所以回归上帝、回归为上帝荣耀光照的美轮美奂的天国的唯一阶梯。巴尔塔萨讲：

> 任何人，无论试图通过何种方式越过基督来到上帝面前，都不会真正见证三位一体，因此也不可能是真正的信仰。在耶稣的有限性中，在给予并属于他的形式的每一事物中，我们把握无限者。当我们穿过耶稣的有限性，进入它的深度，我们就会遇见并发现无限者，或者是我们被无限者发现并弄得神魂颠倒。实际上，通过神秘的辩证，耶稣外在的受时空限制的有限性被超越（圣灵降临的条件），但是以这样一种方式被超越，即它被耶稣复活的肉身之"永恒的有限性"所替代，所有内在的、无形的、精神的

---

[1] John O'Donnell, *Hans Urs von Balthasar* (London: Geoffrey Chapman, 1992), p.23.
[2] Hans Urs von Balthasar, *The Glory of the Lord: A Theological Aesthetics* vol. I: *Seeing the Form* (Edinburgh: T. & T. Clark, 1982), p.190.

和神圣的东西变成我们可以接近的。如果不存在肉身复活这种事情，那么真理就会存在于直到叔本华、黑格尔的灵知主义以及唯心主义的各种形式，因为有限者要变成精神的、无限的，它就必然会消灭。但是，肉身的复活在决定意义上为诗人提供了支持：那种允许我们在形式的有限性（尽管它被精神地观看、理解或把握）中获得无限者的事物的审美方案是正确的。[1]

所以，真正的信仰必然不可能绕过基督。这就注定信仰的审美学必然要以耶稣基督这一超越又内在的启示形式及其彰显的荣耀为中心。如耶稣所宣告："你们心里不要忧愁，你们信神，也当信我。"（约14：1）唯有信仰基督，信仰他是三位一体上帝之圣子，信仰他虚己下降尘世之道成肉身，信仰他的十字架受难的救赎牺牲，信仰他的肉身复活，人才可能通过对他的有限性（人性）来接近并最终发现他的无限性（神性），发现神圣荣耀无与伦比的绝对之美，并伴随他的生命进入无限的世界，进入那个美丽的永恒世界。这便是巴尔塔萨神学美学把基督信仰视作一种审美方案的根本原因所在。

如奥多尼所讲："对巴尔塔萨来说，信仰首先不是一种心灵行为，而是整个人的一种行为，一种在基督里把一个人的全部存在交给上帝的行为。因此，信仰不可能与顺从分割开来。用上面我们已经解释过的美学术语来讲，在信仰行为中，基督把他的形式印在了信仰者身上。主体与客体在信仰行为中是如此紧密地结合在一起，以至于信仰者都变成了基督式的（Christoformic）。"[2] 尽管信仰审美学作为一种感知学说，必然涉及审美主体与审美客体的区分，所以在这个意义上，"无论感知对象可能多么地打动我们（对那个'我们感知到的他''欣喜若狂'），在对象与观看者之间总是存在一条界线"[3]。但是，通过信

---

[1] Hans Urs von Balthasar, *The Glory of the Lord: A Theological Aesthetics* vol. I: *Seeing the Form* (Edinburgh: T. & T. Clark, 1982), pp.154-155.

[2] John O'Donnell, *Hans Urs von Balthasar* (London: Geoffrey Chapman, 1992), p.22.

[3] Hans Urs von Balthasar, *Theo-Drama: Theological Dramatic Theory* vol. I: *Prolegomena* (San Francisco: Ignatius Press, 1988), p.18.

仰这种美学行为，这种美学认识论的主客二元区分的界线是可以被超越的。信仰者通过对信仰对象——基督这一美学原型形式的顺从的回应、模仿和参与，自身最后成为基督形式原型的美学摹本。换句话说，审美主体内在的信仰之光面对作为审美对象的外在的历史启示形式的时候，其实信仰之光本质上是来源于启示形式的原初光辉的，拥有信仰之光的审美主体本身就烙有审美客体的印记，而另一方面，信仰之光对审美主体的提升，仍是指向审美客体的美学境界的。但这并不是说，信仰之光或神学审美行为是完全受制于基督形式的这个终极审美客体的。本质上，审美主体与审美客体之间的作用是相互的，"内在的信仰之光与外在的历史启示彼此面对、承认和巩固"[1]。（客体）基督形式的意义（启示意义、救赎意义、美学意义等）也唯有（主体）信仰之光才能证实。如巴尔塔萨所讲："在呈现给我们的基督形式中，恩典与信仰的内在之光面对其唯一有效的证据，因为这里并且只有这里，形式才成为可见的，每一事物才对看见它的光来说是有意义的，但很明显只有上帝才能使它有意义，因此只有信仰之光可以证实它是有意义的。"[2] 所以，总归一句话："我们现在终于完全清晰地看到，行为的方面（我们曾经称作信仰之光的'神学先验属性'）和客体的方面（视基督为上帝的显现）实际上是可以区分开来的，但它们彼此之间却从不分裂。"[3]

巴尔塔萨注意到，那些邂逅过基督形式的人，往往强烈建议信仰的神圣光辉必须内在地与启示的神圣形式关联在一起。而在启示的层面上，信仰之光和启示的形式确实可以一起构成那种综合。[4] 那种综合只是必须通过信仰才能得以实现。基督形式，正如信仰者所看到的，作为闪耀着无法言喻的荣耀光辉的形式，"他的内在的、外在的光辉将其位格呈现在人的观照面前。通过将人类

---

[1] Hans Urs von Balthasar, *The Glory of the Lord: A Theological Aesthetics* vol. I: *Seeing the Form* (Edinburgh: T. & T. Clark, 1982), p.176.
[2] Ibid., pp.171-172.
[3] Ibid., p.180.
[4] Ibid., p.170.

理解的主观结构转变为对一种客观形式的信仰,他的光辉允许我们参与到他里面"[1]。信仰者对基督这样一种客观启示形式的参与,自然可使他看见这种巴尔塔萨所谓的启示层面的"综合",信仰之光与基督形式的"综合"。根本上讲,这其实是基督教信仰不可回避的主题,诚如巴尔塔萨所讲:

> 不同时处理光辉与形式（lumen et species），就不太可能谈论基督教信仰。真实情况如此,且我们已然认识到,信仰之光可能照射到对这种光来说并不完全充分的对象上,并且通过这种对象（暂且搁置其所有的不足）,信仰之光的确可以在某种程度上达到其目的。然而,这并不意味着信仰之光只是外在地决定于其客体对象。它也在一种内在的意义上决定于其充分的对象,不仅是因为通过其受难基督已为我们争取到一条通往天父上帝的道路,更是因为基督作为变化成人的圣子和天父之言与光,通过其临在和驻在我们之中的圣灵,影响我们对上帝的信、爱、望。为此原因,信仰之光永远不能当作或经验为一种我们灵魂中的内在实体,而是视为非受造的光（lumen increatum）、非受造的恩典（gratia increata）在我们中间临在而产生的光辉。当考虑这种光辉和恩典的时候,我们不能对上帝的道成肉身进行抽象。现在,如果这种光辉和这种恩典拥有基督形式,那么关于它们的光辉的东西也决定于客观形式,并且因为宗教内在性的缘故,这里不存在拆解上帝形成的这种综合的可能性。上帝对我们所讲的,本质上作为其光辉的、恩典的道（言）,不是偶然地而是本质地拥有形式,这是耶稣基督在历史之公共论坛中所有的形式,即使他的真理,作为客观形式,只是对信仰的眼睛来说才是可见的。[2]

---

[1] Francesca Aran Murphy, *Christ the Form of Beauty: A Study in Theology and Literature* (Edinburgh: T. & T. Clark, 1995), p.184.

[2] Hans Urs von Balthasar, *The Glory of the Lord: A Theological Aesthetics* vol. I: *Seeing the Form* (Edinburgh: T. & T. Clark, 1982), pp.215-216.

基督形式，只有在信仰之光的作用下，才会作为荣耀显现，为我们所看见、知晓。为了阐述这一观点，巴尔塔萨在其《上帝的荣耀：神学美学》中反复引用《哥林多后书》这句经文——"那吩咐光从黑暗中照出来的神，已经照在我们心里，叫我们得知神荣耀的光显在耶稣基督的面上。"（林后 4：6）——并将之视为这一观点的标准表述。在巴尔塔萨看来：

> "照在我们心里的"（林后 4：6）上帝之光照耀出来，所以我们可以了解圣子；而它也照透他，通过践履上帝在尘世的爱之死亡，通过以他的救赎净化我们心中的黑暗，他使这光辉闪耀。所以它在约翰的开场白中就得到描述。它是作为"生命"、"恩典"、"真理"的上帝之光，所有这些都放在圣子身上，并且通过圣子"进入世界"。圣子是上帝之"言"，是"与上帝一起的"，而且就是"上帝"。"接受"他意味着接受上帝之"言"（信仰），以及在承认"上帝亲生的"上帝的"生命、恩典和真理"之后成为"上帝的孩子"。这些构成"看见天父上帝独生子的荣耀"的条件。[1]

接受基督，即接受上帝；信仰基督，即信仰上帝。通过信仰，信仰者参与到基督的生命中，并把自己交付给上帝，最后像基督那样成为"上帝的孩子"。这样，信仰者就可以"看见天父上帝独生子的荣耀"——基督的荣耀。

信仰，在最高意义上就是将信仰主体自身交付给上帝。但是，巴尔塔萨告诫我们："信仰的事实是，我们不应该简单地就把自己以一种神秘主义的方式交付给上帝，交付给一个超越所有尘世形式并使之相对化的绝对者……而且我们应该同时以信仰的信心相信我们自己，这种信仰的信心，是对灵性创造者（Creator Spiritus）的，是对圣灵的。圣灵一开始就是一个创造者，且最终不是指向一种通过神秘之舞对世界的印度式的消解，而是指向一种创造性形式的，

---

[1] Hans Urs von Balthasar, *The Glory of the Lord: A Theological Aesthetics* vol. I: *Seeing the Form* (Edinburgh: T. & T. Clark, 1982), pp.156-157.

尽管人的形式和世界的形式已消融为渣滓。"[1] 基督信仰，不能忽略圣灵在心灵中的创造作用。实际上，信仰之眼之所以可以观照基督形式中显现的神圣荣耀的奥秘，就在于圣灵的做工；没有圣灵在心灵中做工，心灵是得不到信仰之光照的。所以，基督徒应该信仰圣灵，并从圣灵那里得到信仰的信心和力量。如保罗所讲："只有神藉着圣灵向我们显明了，因为圣灵参透万事，就是神深奥的事也参透了。"（林前2：10）"然而，属血气的人不领会神圣灵的事，反倒以为愚拙，并且不能知道，因为这些事唯有圣灵的人才能看透。属灵的人能看透万事，却没有一人能看透了他。"（林前2：14—15）"我们所领受的，并不是世上的灵，乃是从神来的灵，叫我们能知道神开恩赐给我们的事。"（林前2：12）所以，对基督徒而言，"圣灵是照亮人类精神从而内在于人类精神的启示之灵"[2]。不过，正如耶稣所说："若不是差我来的父吸引人，就没有能到我这里来的"（约6：44），"只有天父之光辉照在圣子身上，圣灵才做工，引导信仰者与他相遇结合在一起"[3]。

　　信仰之光尽管根源上来自上帝的荣耀观照，是上帝的恩赐，但在巴尔塔萨看来，信仰者任何时候都不能轻忽自身的主动性。他讲："信、望、爱，是我们在上帝意识中的回音，而这个上帝就存在于我们中间。我们有义务提高这个纯粹的回音，直到它成为我们生命中主导性的动因。"[4] 当信仰成为生命的主旋律，信仰者即以其生命来回应上帝，回应上帝的永恒生命。而这种回应，如前所述，是必须通过基督的。因为上帝是隐匿的，只有在他的尘世形式——基督中才既隐匿又昭示着他的道路。故而唯有通过对基督赎罪之生、死、复活的信仰观照，人才有可能一窥上帝荣耀之真面目，并通过这种精神默观回应上帝。在这个意

---

[1] Hans Urs von Balthasar, *The Glory of the Lord: A Theological Aesthetics* vol. I: *Seeing the Form* (Edinburgh: T. & T. Clark, 1982), pp.35-36.

[2] Ibid., p.231.

[3] Ibid., p.155.

[4] Hans Urs von Balthasar, *Explorations in Theology* vol. IV: *Spirit and Insitution* (San Francisco: Ignatius Press, 1995), p.301.

义上，正如巴尔塔萨所讲："在上帝隐匿他自己的地方，默观就成为基督教信仰一个本质的维度。"[1] 对基督这一启示形式的信仰默观，因此成为神学中最重要的面向之一："为了通过理解、洞见和智慧获得更深刻、更正确的认识（fides quaerens intellectum），首先要有对启示形式的默观……它首先指向上帝，称颂、赞美他神圣的自我启示的伟大。这种神学形式是与所有后发形式不可分割的；从回应的角度，它试图与神—人这一原始的相遇一致。"[2] 出于基督信仰而对这一客观启示形式的精神默观，本质上也是对基督形式中神圣荣耀之光的审美观照。在这种审美观照中，荣耀之美呈现给信仰（审美）主体，同时，这种荣耀之美的力量通过它投射在信仰主体心灵中的信仰之光，将信仰主体提升到一种神人合一的美学境界中。

结语

虽然古典美学是一种以存有论为根基的美学形态，但审美学同样是古典美学不容忽视的面向。巴尔塔萨神学美学作为一种古典美学理论，尤其是作为一种受到康德意义上的美学影响的现代古典美学理论，审美感知学说（审美学）自然是其不容偏废的重要理论维度。巴尔塔萨神学美学论域中的审美感知学说，本质上是一种信仰审美学，或称神学审美学。

"观照"与"信仰"这两大主体性要素是巴尔塔萨神学审美学之核心基础。众所周知，审美学研究的审美活动离不开感官，审美感官以人的身体感官为基础但又不止于身体感官——它还包括身体感官升华（精神化）到精神领域形成

---

[1] Hans Urs von Balthasar, *The Glory of the Lord: A Theological Aesthetics* vol. I: *Seeing the Form* (Edinburgh: T. & T. Clark, 1982), p.524.

[2] Hans Urs von Balthasar, *Convergences: To the Source of Christian Mystery* (San Francisco: Ignatius Press, 1983), p.61.

的心灵感官。古典美学大传统在诸感官（眼、耳、鼻、舌、身）中尤其重视视觉感官，将之视为审美感官之主，一种可以涵摄诸审美感官的"超感官"，所以观照一直是古典美学中最为重要的审美感知方式。巴尔塔萨继承古典美学这一审美学传统，并依身体感官与心灵感官的二元论思想赋予观照双重含义——生理意义上的肉眼观看与精神意义上的心灵（信仰）之眼的观照。迥然有别于柏拉图传统中普遍的贬低肉体（物质）维度的灵肉二元论立场，巴尔塔萨的观照学说并没有将精神观照与肉眼观照割裂开来，更没有因为重视精神观照而贬低肉眼观照，相反，他把肉眼观照视为精神观照的前提和基础。在其神学美学中，巴尔塔萨认为深度的观照必然带来审美的陶醉和迷狂，由之他将观照学说与陶醉学说结合到一起，从而将审美观照学说提高到古典美学传统中一个崭新的境界。而且，巴尔塔萨神学美学将信仰要素纳入观照理论，为精神观照注入基督教神学的内容，由之形成较为系统的信仰审美学说——神学审美学，这在神学（古典）美学中也是一大理论创新。

第六章　美的救赎

引言

　　巴尔塔萨以启示形式为中心的神学美学，作为一种基督论启示美学，最终是指向一种救赎美学的。在巴尔塔萨看来，"一切启示都是上帝成为可见的，且信仰有赖于那些看到上帝的相遇……另一方面，（滚滚向前的）历史的启示具有一种朝向上帝末世完美景象的内在方向性"[1]。神学美学在处理启示与美（Offenbarung und Schönheit）的核心议题时，因为启示（基督形式）是面向末世之美妙图景的，所以，神学美学将无法回避救赎论的议题。尽管在这部七卷本《上帝的荣耀：神学美学》中，巴尔塔萨很少直接谈论救赎与美的议题，甚至也极少涉及救赎论话题——救赎论议题主要集中在《神学戏剧学》第四卷[2]——的确，巴尔塔萨没有刻意追求一种神学美学救赎论或救赎论美学，但是，这并不意味着他的著作中没有包含这一重要神学美学内容。实际上，正如尼科斯所讲，救赎论（包括末世论）是传统启示美学的重要面向。[3] 在巴尔塔萨神学美学中，

---

[1] Hans Urs von Balthasar, *The Glory of the Lord: A Theological Aesthetics* vol. II: *Studies in Theological Style: Clerical Style* (Edinburgh: T. & T. Clark, 1984), p.46.

[2] Hans Urs von Balthasar, *Theo-Drama: Theological Dramatic Theory* vol. IV: *The Action* (San Francisco: Ignatius Press, 1994), pp.205-423.

[3] Aidan Nichols, *The Word Has Been Abroad: A Guide Though Balthasar's Aesthetics* (Edinburgh: T. & T. Clark, 1998), p.7.

美由于与启示的形式（耶稣基督）密切相关，而后者又是整个救赎历史和救赎奥秘的中心，故而美与救赎有着天然的本质关联。在巴尔塔萨神学美学中，通过爱这一基础性神学母题的美学延伸，自然带出一种救赎论美学或美学救赎论。

巴尔塔萨自始至终坚信约翰"神就是爱"（约一4：8，16）的信仰宣称，所以，他一生都在不断重申"上帝之道是爱"这一神学命题。[1] 在他看来，因为"上帝是爱，由此拥有爱是认识上帝的前提"[2]。认识上帝，理解他的永恒的奥秘，在神学美学语境中首先就是观照基督形式中上帝的荣耀，领略造物主和救世主无与伦比的神圣之美。但是，现代性对上帝的集体谋杀，也扼杀了爱，窒息了美。巴尔塔萨认为："20世纪的人被逼进与物质不可能的联姻中，这种结合最终败坏了所有人对爱的趣味。"[3] 现代人一旦缺少了爱的判断力，自然也就在美的感悟方面变得贫乏、迟钝。而这种现代精神危机很大程度上都可以归结为启蒙现代性的不良后果。启蒙理性对超自然领域的摒弃或悬置，最终导致人将自己的精神封闭在自然或物质的领域，从而断绝了天国之路。上帝因此在现代人类精神领域中被集体谋杀——尼采最早洞察这一切并惊呼"上帝死了"。对于巴尔塔萨来说，上帝的缺席，就是现代性危机的真正根源。现代性危机体现在人类的（自然和社会）环境、制度和精神等多个层面，故而也包括精神层面上爱的能力与美感的能力的现代性缺席。如辛德勒（David L. Schindler）所说，在巴尔塔萨看来，宇宙中上帝之死逻辑上导致了宇宙中爱与美的死。在上帝的缺席和爱与美的缺席这两个事件之间存在一种互为因果的关系——即使在这种互为因果的关系中，上帝的缺席也具有一种绝对的（本体论的）优先性。[4] 所以，就是不从基督教的护教立场来看，而单纯从现代性方向的调校立场出发，

---

[1] Hans Urs von Balthasar, *Heart of the World* (San Francisco: Ignatius Press, 1979), p.37.
[2] Hans Urs von Balthasar, *The Glory of the Lord: A Theological Aesthetics* vol. I: *Seeing the Form* (Edinburgh: T. & T. Clark, 1982), p.286.
[3] Ibid., p.19.
[4] David L. Schindler, "The Significance of Hans Urs von Balthasar in the Contemporary Cultural Situation", in Ed Block (ed.), *Glory, Grace, and Culture: The Work of Hans Urs von Balthasar* (New York: Paulist Press, 2005), p.19.

恢复神学作为人类精神的超自然维度来弥补唯物质主义的现代性弊端也是有必要的。因此毋庸置疑，巴尔塔萨神学美学恢复神学的美的维度或从美的维度恢复神学，是具有现代性危机疗治意义的。

当然，巴尔塔萨神学美学的直接意义并不在于此。就古典美学的意义而言，爱与美在美学中本来就是唇齿相依的两个关键词。如同哲学（philosophy）是"爱智"（philosophia）之学，美学（philocaly）究其根源来讲也应当是"爱美"（philocalia）之学，而不仅仅是现代意义上的审美学（aesthetics）。可惜这一美学的根基性观念，自18世纪西方现代美学肇兴以来，一直被主流美学界所忽视。所以，巴尔塔萨以其体系性的现代神学美学建构来关注爱与美的缺席问题，本身就是对美学作为爱美之学这一古典含义的深刻诠释和拓展。另外，就其终极意义而言，巴尔塔萨以基督论为中心的爱的美学，作为一种新的神学进路，他希望阐明的是一条通往救赎和永恒生命的爱的道路。在此，通过爱的美学，巴尔塔萨神学美学将最终推至救赎美学的高度与生命美学的境界。

第一节 爱的美学

爱（agape，eros，caritas，amor，dilectio）[1]是《圣经》（尤其是《新约》）的基调，因此在基督教神学中享有至高无上的地位。爱这个字对基督教如此重要，乃是因为爱是上帝的本质特征："没有爱心的，就不认识神。因为神就是爱。"（约一4：8）"神就是爱，住在爱里面的，就住在神里面，神也住在他里面。"（约一4：16）因此，凡可纳入上帝信仰中的一切都可以纳入爱的七彩光谱。在《新约》中，无所不在的爱的踪迹，几乎已经涉足人与神之间的一切关系。如《约翰福音》告诉世人，天父上帝爱圣子基督："父爱子，已将万有交在

---

[1] Hans Urs von Balthasar, *The Glory of the Lord: A Theological Aesthetics* vol. IV: *The Realm of Metaphysics in Antiquity* (Edinburgh: T. & T. Clark, 1989), p.357.

他手里。"（约3：35）"父爱子，将自己所做的一切事指给他看，还要将比这更大的事指给他看，叫你们稀奇。"（约5：20）"我父爱我，因我将命舍去，好再取回来。"（约10：17）圣子基督也爱天父上帝："但要叫世人知道我爱父，并且父怎样吩咐我，我就怎样行。"（约14：31）

按照圣经神学的一般理解，爱固然源生于上帝不同位格之间的爱，但上帝之爱作为博大无边的圣爱（agape），当然不能只是囿限于上帝自身的"自爱"。这种爱终将通过耶稣基督之爱扩展开来，成为普济众生的博爱，并唤醒世人之爱。所以圣约翰告诉我们，天父也爱世人："神爱世人，甚至将他的独生子赐给他们，叫一切信他的，不至灭亡，反得永生。"（约3：16）"你看父赐给我们是何等的慈爱，使我们得称为神的儿女。"（约一3：1）"神爱我们的心，我们也知道，也信。"（约一4：16）天父对世人的爱是通过基督之爱彰显出来的，所以，"显现在基督里面的爱是上帝的爱"[1]。基督爱世人，就是上帝爱世人；世人爱基督，就是世人爱上帝。在巴尔塔萨看来，"爱是上帝自身的一种创造力，已经通过上帝的道成肉身注入人里面"[2]。天父上帝之爱，通过在耶稣基督里面呈现出来并由圣灵浇灌到世人心灵之中，形成人之爱，这在《圣经》上早已讲到："我们既因信称义，就藉着我们的主耶稣基督得与神相和。我们又藉着他，因信得进入现在所站的这恩典中，并且欢欢喜喜盼望神的荣耀……因为所赐给我们的圣灵将神的爱浇灌在我们心里。"（罗5：1—5）由此，巴尔塔萨认为："倾注在我们之中的这种上帝之爱，正是天父上帝在耶稣基督里展现并给予我们的爱，它被倾出与基督在我们中的'保留'是一回事，并且他'驻在'我们中间就是爱的天父上帝'驻在'我们中间。"[3] 基督成为神人之爱的

---

[1] Hans Urs von Balthasar, *Convergences: To the Source of Christian Mystery* (San Francisco: Ignatius Press, 1983), p.95.

[2] Hans Urs von Balthasar, *The Glory of the Lord: A Theological Aesthetics* vol. I: *Seeing the Form* (Edinburgh: T. & T. Clark, 1982), p.424.

[3] Hans Urs von Balthasar, *Explorations in Theology* vol. III: *Creator Spirit* (San Francisco: Ignatius Press, 1993), p.174.

中介。实际上，通过基督来实现的神人之爱是相互的——"根据耶稣的要求，神人之间的真的约之爱、相互之爱的条件，即是对他这个神—人的爱，对约的完美实现的爱。他是双重意义的渠道——从上帝到我们，从我们到上帝。"[1]正如《约翰福音》中耶稣所讲："我爱你们，正如父爱我一样，你们要常在我的爱里。你们若遵守我的命令，就常在我的爱里；正如我遵守了我父的命令，常在他的爱里。"（约15：9—10）"有了我的命令又遵守的，这人就是爱我的。爱我的必蒙我父爱他，我也要爱他，并且要向他显现。"（约14：21）"人若爱我，就必遵守我的道。我父也必爱他，并且我们要到他那里去，与他同住。"（约14：23）"父自己爱你们，因为你们已经爱我，又信我是从父出来的。"（约16：27）

对于基督徒而言，爱是最重要的诫命。"如今常存的有信、望、爱；这三样，其中最大的是爱。"（哥前13：13）巴尔塔萨甚至认为，在这三德中，爱德可以涵括信德和望德。[2]关于爱德的重大意义，其实早在摩西时代，耶和华的子民就已接受训导："以色列啊，你要听！耶和华我们神是独一的主；你要尽心、尽性、尽力爱耶和华你的神。"（申6：4—5）到了新约时代，圣子耶稣基督则直接宣称，在上帝的所有诫命中，"第一要紧的，就是说：'以色列啊，你要听，主我们的神，是独一的主。你要尽心、尽性、尽意、尽力爱主你的神。'其次就是说：'要爱人如己。'再没有比这两条诫命更大的了"（可12：29—31）。爱，因此成为基督教最大的信仰诫命，并因此发展为基督教神学最重要的基础主题。

巴尔塔萨神学美学继承了《圣经》与神学传统中爱的主题思想——从全篇探讨爱的主题的《唯爱论》（*Glaubhaft ist nur Liebe*，1963）一书即可知爱在神学美学中的基础性地位，此书被研究者视作神学美学的"导论"——并加以创造性的发展，由此开辟出神学在宇宙论（cosmology）和人类学（anthropology）

---

[1] Hans Urs von Balthasar, *Christian Meditation* (San Francisco: Ignatius Press,1989), p.13.
[2] Hans Urs von Balthasar, *A Theology of History* (New York: Sheed and Ward, 1963), p.37.

进路之外的第三条路径：爱的进路。[1] 爱，尤其是基督论意义的爱，是巴尔塔萨神学美学的第一原则。[2] 由此，在其神学美学视阈内，这个第三条道路首先意味着，基督教启示的形式被看作圣爱的荣耀。[3] 所以，在这个意义上，巴尔塔萨神学美学可称作基督论的爱的美学。

巴尔塔萨论爱的美学，主要是在启示与救赎层面上展开的。理论上讲，基督教爱的美学，不仅包含启示美学和救赎美学，也包括创造论美学（或美学创造论）。因为，上帝创造世界不是因为别的原因，而是他绝对的自由和无限的爱。[4] 世界之美源自上帝的创造，而上帝的创造出自他绝对的自由和无限的大爱。爱的美学一开始就是在创造论中展开的。不过，由于巴尔塔萨神学美学对创造论美学或美学创造论的关注并不多，且其理论罕有创新，所以，这里暂且悬置巴尔塔萨创造论美学这一议题，而将关注焦点集中在启示美学与救赎美学的领域。

1. 启示与爱

启示是《圣经》一个不容置疑的中心内容，同时也是基督教神学的一个亘古常新的传统议题，因而自然也成为巴尔塔萨神学美学的核心组成部分。在巴尔塔萨看来，"启示是不可能从神学美学中分割出去的一个主题"[5]。巴尔塔萨神学美学是以基督论为其中心的，依其圣经美学的观点，"《圣经》启示整个运

---

[1] Hans Urs von Balthasar, *Love Alone* (New York: Herder and Herder, 1963), pp.43-50; See also Dennis M. Doyle, *Communion Ecclesiology: Version and Visions* (New York: Maryknoll, 2000), p.97.

[2] Adrian J. Walker, "Love Alone: Hans Urs von Balthasar as a Master of Theological Renewal", in David L. Schindler (ed.), *Love Alone is Credible: Hans Urs von Balthasar as Interpreter of the Catholic Tradition* (Grand Rapids, Mich. and Cambridge, U. K.: Wm. B. Eerdmans Publishing Co., 2008), p.19.

[3] Hans Urs von Balthasar, *Love Alone* (New York: Herder and Herder, 1963), p.50.

[4] Kevin Mongrain, *The Systematic Thought of Hans Urs von Balthasar: An Irenaean Retrieval* (New York: The Crossroad Publishing Company, 2002), p.213.

[5] Hans Urs von Balthasar, *The Glory of the Lord: A Theological Aesthetics* vol. VI: *Theology: The Old Covenant* (Edinburgh: T. & T. Clark, 1991), p.14.

动的目标就是使形象和荣耀结合到耶稣基督里"[1]。故而，耶稣基督是启示终极的也是最具体的形式。[2] 这即意味着，尽管启示的形式或方式总是变幻无方、层出不穷的，但与一切创造的启示相比，基督这一启示形式是具有中心或终极意义的。正如巴尔塔萨所讲，"基督中三一上帝的启示，不是创造之启示的简单延伸和强化；而在其本质上，它们并不是如此相互抵牾的，以至从上帝这个终极计划的起点来考虑，创造之启示被看作是为了基督中启示的目的而发生的，它是后者的预备"[3]。基督中的启示，在巴尔塔萨神学美学中被视作启示终极的形式，所以，巴尔塔萨启示的美学是基督中心论的。

基督的启示，即包含在道成肉身、受难与复活构成的整个基督事件之中。基督事件，作为上帝美的启示行动，是神学美学的必要内容，因为启示首先必须以最直观的形式来揭示"大象无形"的隐匿上帝及其普世博爱——"透过道成肉身的奥秘，您耀眼明澈的光辉照进我们心灵的眼睛里，一旦认识到可见的上帝，我们便被带入无形的爱中。"（Quia per incarnati Verbi mysterium nova mentis nostrae oculis lux tuae claritatis infulsit: ut dum visibiliter Deum cognoscimus, per hunc in invisibilium amorem rapiamur.）[4] 正如巴尔塔萨所见，"在整部《新约》中，主要强调的就是启示与爱的内在关系"[5]。没有上帝之爱，就不可能有救赎的启示；而没有启示的形式，人也就不可能了解上帝的大爱。因此，在巴尔塔萨神学美学中，启示与爱互为条件，互为前提。

耶稣基督的启示，是上帝绝对之爱的启示。在巴尔塔萨看来，"这种绝对之

---

[1] Breandán Leahy, "Theological Aesthetics", in Bede McGregor and Thomas Norris (eds), *The Beauty of Christ: A Introduction to the Theology of Hans Urs von Balthasar* (Edinburgh: T. & T. Clark, 1994), p.35.

[2] Stephan van Erp, *The Art of Theology: Hans Urs von Balthasar's Theological Aesthetics and the Foundations of Faith* (Leuven: Peeters, 2004), pp.133-134.

[3] Hans Urs von Balthasar, *The Glory of the Lord: A Theological Aesthetics* vol. I: *Seeing the Form* (Edinburgh: T. & T. Clark, 1982), p.431.

[4] Ibid., pp.119-120.

[5] Hans Urs von Balthasar, *The Glory of the Lord: A Theological Aesthetics* vol. VII: *Theology: The New Covenant* (Edinburgh: T. & T. Clark, 1989), p.278.

爱的大能——启示的中心现象——是人与神之间的中保所有的每一种权威形式的源泉"[1]。圣子耶稣基督作为爱的启示,"具有一种形式,使上帝被人知晓,然而形式必须被理解成一种永恒的奥秘,因为他不是灵知(Gnosis)的流动,而是爱(agape)的流动"[2]。——实际上,"在基督里面,垂直下降、水平展开的爱优越于一切知识,甚至是最绝对的知识"[3]。所以,在基督启示中爱高于一切。

对于基督这一终极性启示而言,天父上帝之爱与圣子耶稣的顺从是完全一致的。而这种顺从与爱的一致性也是巴尔塔萨神学美学的一个中心关切点。[4]在巴尔塔萨看来,耶稣对天父的顺从,"本质上是爱"[5];"圣子的顺从自身就是永恒的爱"[6]。面对天父上帝的爱,圣子耶稣即以绝对顺从的爱来回应。而无论是天父的爱,还是圣子的爱,都是绝对永恒之爱(agape)。所以,"作为爱的行动,耶稣的顺从不是'消极的';他为上帝的意志让路不只是与上帝暂时的结合行为,而即使是在受难的时候,他也是积极的,在此过程中'他吸引一切事物归他自己'(约12:32)、'聚集'在他里面(约11:52);实际上,在十字架上,他就已经开始在那些属他的'枝子'(约15:1—8)上'结子'(约12:24)"[7]。耶稣基督的顺从,绝对不可以理解为被动的、消极的屈从,因为它本身是上帝爱的绝对意志的主动、积极的表现。

出于对天父上帝绝对之爱的顺从,所以圣子虚己、下降,道成肉身而成为尘世的、历史的启示形式(耶稣基督),从而将无形无象、不可言喻的隐匿的上

---

[1] Hans Urs von Balthasar, *Love Alone* (New York: Herder and Herder, 1963), p.47.

[2] Hans Urs von Balthasar, *Explorations in Theology* vol. IV: *Spirit and Insitution*. (San Francisco: Ignatius Press, 1995), p.63.

[3] Hans Urs von Balthasar, *The Glory of the Lord: A Theological Aesthetics* vol. VII: *Theology: The New Covenant* (Edinburgh: T. & T. Clark, 1989), p.453.

[4] Ibid., p.261.

[5] Hans Urs von Balthasar, *Love Alone* (New York: Herder and Herder, 1963), p.71.

[6] Hans Urs von Balthasar, *The Glory of the Lord: A Theological Aesthetics* vol. VII: *Theology: The New Covenant* (Edinburgh: T. & T. Clark, 1989), p.251.

[7] Ibid., p.250.

帝奥秘的荣耀在世界面前显现出来：

> 本质上不可见的唯一者上帝显现，然而不是以我们所熟悉的尘世实在的方式显现，也就是说，等同于它自身（可能是一个人）的同一存在，在不显现中显现，且进入可见状态的时候同时在其自身中保留了一种根基。更确切地说，这一倾向将其自身作为一种内在于上帝本质的位格化关系揭示给我们，这个无形上帝即以此种方式显现。在此上帝对我们而言是一个绝对的奥秘，尤其是在他的启示中。绝对的奥秘并不存在于这样的事实中，即上帝以一种类比于尘世存在物显现给我们的方式显现给我们。它也不存在于这样的事实中，即他显现给我们还能保持他的自由：普通人也可以通过给他们自己"提供见证"即要求他们的信任和"信仰"而做到这一点。它存在于这样的事实中，即他的存在和本质的自我启示，将其自身呈现为一种关系，一种（三个）位格性的关系。这对我们而言是绝对不能理解的，在上帝里面，与自我的关系和与他者的关系，自我中永恒的静止和永恒的奋斗与爱，可以是同一回事。[1]

所以，上帝的启示永远存在一种吊诡，启示的目的是为了揭示上帝的奥秘，但上帝绝对的奥秘哪怕在其启示中，依然是不可理解的奥秘。在基督里的自我启示中，上帝自身揭示出来的本质上是三位一体关系的启示。基督里爱的启示，最终是三位一体之爱的启示。因为基督之爱就是作为终极实体的三一上帝之爱——"终极实体是爱，而这种爱就是神圣位格三位一体之爱。"[2] 三位一体之爱是最高形式的爱，爱的源泉，正如巴尔塔萨所讲："三位一体之爱是所有

---

[1] Hans Urs von Balthasar, *The Glory of the Lord: A Theological Aesthetics* vol. I: *Seeing the Form* (Edinburgh: T. & T. Clark, 1982), p.609.

[2] John O'Donnell, "Hans Urs von Balthasar: The Form of His Theology", in David L. Schindler (ed.), *Hans Urs von Balthasar: His Life and Work* (San Francisco: Ignatius Press, 1991), p.217.

爱——上帝与人之间的爱，和人与人之间的爱——的唯一终极形式。"[1] 三位一体之爱作为上帝自身不可分割的本质之爱，在基督的自我倾空、自我放弃和自我倾献的道成肉身与十字架受难行动中充分表现出来：

> 这是一种源自于天父为世人而放弃的行动之爱，它表现在圣子的放弃行动中，表现在圣子为了世人的生命而倾倒出其生命的行动中。在圣子自我倾献的行动里，要表达的东西不再仅仅是天父之爱（一种圣子顺从地交由其处置的爱）；也不仅仅是圣子之爱（圣子独自化身为人又独自死去）。其所要表达的是上帝自身不可分割的本质之爱。[2]

圣子基督十字架上的自我放弃与自我倾献，在巴尔塔萨看来，是上帝之爱的无私倾献："上帝在基督的十字架上为我们倾倒出他自己的爱（agape）。"[3] 因之十字架被视为上帝之爱的最高启示——"十字架是上帝三位一体之爱的启示。"[4] 在十字架上，上帝为了爱世人而放弃他的独生子，让他受尽尘世的苦难，为世人赎罪，这种爱本质上是上帝超越一切的启示真理。所以巴尔塔萨讲："真理是难以形容的爱。而爱是上帝为我们的爱，为了世人的生命他放弃他的子。"[5] 当然，十字架的启示中揭示出来并不只是上帝之爱。实际上，"在被钉十字架的耶稣基督的启示中，有两个东西同时被揭示出来，每个东西本质上都以其自身方式是隐匿的东西：不可言喻的上帝越来越大的爱和在其光辉中越

---

[1] Hans Urs von Balthasar, *The Glory of the Lord: A Theological Aesthetics* vol. VII: *Theology: The New Covenant* (Edinburgh: T. & T. Clark, 1989), p.484.

[2] Hans Urs von Balthasar, *The Glory of the Lord: A Theological Aesthetics* vol. I: *Seeing the Form* (Edinburgh: T. & T. Clark, 1982), p.616.

[3] Hans Urs von Balthasar, *Explorations in Theology* vol. III: *Creator Spirit* (San Francisco: Ignatius Press, 1993), p.174.

[4] John O'Donnell, "Hans Urs von Balthasar: The Form of His Theology", in David L. Schindler (ed.), *Hans Urs von Balthasar: His Life and Work* (San Francisco: Ignatius Press, 1991), p.216.

[5] Hans Urs von Balthasar, *The Glory of the Lord: A Theological Aesthetics* vol. III: *Studies in Theological Style: Lay Styles* (Edinburgh: T. & T. Clark, 1986), p.228.

来越大的人之罪"[1]。十字架的启示不仅揭示出上帝之爱，也揭示出人类无穷无尽的罪恶。尽管人类的罪恶无穷无尽，然而上帝之爱同样也是无边无际的。并且终究魔高一尺，道高一丈，无论如何无穷无尽的罪，都将为上帝无边无际的爱所消融。因为，在上帝之爱的光照中，基督十字架的受难牺牲，已替人赎罪了。唯有通过基督在十字架上的自我放弃与自我倾献之爱，人类才能最终战胜世代相继的无穷无尽之原罪。基督，"他爱人类，并为每一个人都奉献出自己，因为作为天父上帝他爱所有的人，为了他爱的人给出他的子。因此，在他这里，在爱天父与爱人之间不存在张力"[2]。圣子爱天父上帝，正如天父上帝爱圣子，天父与圣子之爱是一样的。天父爱世人，所以圣子也爱世人。巴尔塔萨因此称基督里的爱天父与爱世人不存在张力，因为这都是三位一体之爱。这即是约翰所讲的："神差他独生子到世间来，使我们藉着他得生，神爱我们的心在此就显明了。不是我们爱神，乃是神爱我们，差他的儿子为我们的罪作了挽回祭，这就是爱了。"（约一 4：9—10）耶稣牺牲在十字架上，成了世人的赎罪祭，在此，我们看到，耶稣基督"死的能力现在变成了一种独特的神圣之爱的表现"[3]。而且，"只有他的人类之爱和对死的屈服被视为绝对之爱的显现，基督的痕迹才能被辨识"[4]。

约翰讲："主为我们舍命，我们为此就知道何为爱。"（约一 3：16）"基督从上帝那里来，并在十字架上显现给我们上帝的爱；而他已化作肉身，真正地触及我们，并在恩典中赋予我们爱（agape）的可能性。"[5] 这即是说，世人的爱的能力来自他的恩赐："亲爱的弟兄啊，我们应当彼此相爱。因为爱是从神

---

[1] Hans Urs von Balthasar, *The Glory of the Lord: A Theological Aesthetics* vol. III: *Studies in Theological Style: Lay Styles* (Edinburgh: T. & T. Clark, 1986), p.218.

[2] Hans Urs von Balthasar, *New Elucidations* (San Francisco: Ignatius Press, 1986), p.235.

[3] Hans Urs von Balthasar, *The Glory of the Lord: A Theological Aesthetics* vol. I: *Seeing the Form* (Edinburgh: T. & T. Clark, 1982), p.616.

[4] Hans Urs von Balthasar, *Love Alone* (New York: Herder and Herder, 1963), p.81.

[5] Hans Urs von Balthasar, *Explorations in Theology* vol. III: *Creator Spirit* (San Francisco: Ignatius Press, 1993), p.175.

来的。凡有爱心的，都是由神而生，并且认识神。"（约一 4：7）在巴尔塔萨看来，"他的恩赐不只是某种'可爱的'东西，而是揭示爱的本质的东西，因为一切有限之人和有限之物都是值得爱的"[1]。

上帝的奥秘也许会一直向天国降临前的尘世隐藏自身，但上帝对世人之爱，却不能隐藏自身。恰恰相反，因为上帝对世人之爱是他的启示，它必须揭示自身、显露自身，并为尘世之人所感知——尽管，"真正的爱总是不可理解的"；"因为赠与我的爱只能被'理解为'一种奇迹；我绝不可能说明它，无论是经验地还是先验地说明——甚至也不能从我们共同的人类'本性'的知识来说明"[2]。否则，上帝启示的意义便不复存在。所以，"如果上帝想要让他的爱为世人所知，那他的爱必须是能够被认识的"[3]。上帝之爱能不能够被认识或感知，首先取决于人的心灵中是否有爱。因为，"爱只能以爱来衡量"[4]。当然，按照巴尔塔萨的说法，最终人类心灵中的爱，是接受神圣之爱的光照而形成的："爱从上帝照耀出来，并将爱之光照射到人的心灵中：这是一种他可以在其中感知这种绝对之爱的光辉。"[5] 他又用母亲与婴孩的例子来类比地说明上帝之爱对人类心灵之爱之形成的作用。他讲："在一个母亲对着她的孩子微笑了一段时间以后，他也会开始报之以微笑；她已经在他心灵中唤醒了爱，并在唤醒孩子之爱的同时，她也唤醒了认知。"[6] 上帝就像母亲一样，人类就是他的孩子。"我们是他的造物，所以爱的种子，上帝的形象潜伏在我们里面。但是正如没有被爱，孩子就不会唤醒去爱；没有在他的子的形象里面他的恩典的无偿赠予，就没有人类心灵可以获得上帝的知识。"[7] 上帝在耶稣基督面上向人微笑，在基

---

[1] Hans Urs von Balthasar, *Explorations in Theology* vol. IV: *Spirit and Insitution* (San Francisco: Ignatius Press, 1995), p.302.
[2] Hans Urs von Balthasar, *Love Alone* (New York: Herder and Herder, 1963), p.44.
[3] Ibid., p.61.
[4] Ibid., p.101.
[5] Ibid., p.62.
[6] Ibid., p.61.
[7] Ibid., p.62.

督里给予人类恩典，给予人类无限而永恒之爱，这样，"上帝对他的孩子的爱就可以唤醒他们的爱了"[1]。

巴尔塔萨认为，耶稣基督——"神学的形式对象作为存在自身奥秘的自我启示，从那些神秘的深度中迸发出来；这种启示不能从人自身理解所能解读的存在奥秘中推论出来，甚至没有神圣恩典的光照，在上帝奥秘的显现中，这种理智也不能把握这个启示。"[2] 心灵必须在神圣恩典和爱的光照中，才能把握上帝奥秘的自我启示。这种神圣之光照在人类心灵中透射出来，就是信仰之光。信仰之光赋予人类（基督徒）信仰的眼睛，即信仰观照（精神默观）的能力。而这种信仰默观，在巴尔塔萨看来，"根本上讲，基督徒的默观不是别的，正是对上帝之自我表现（耶稣）的爱的默观，反省的默观，顺从的默观。他是上帝的阐释，以及他对我们的教导"[3]。默观的目的，主要是认识他爱的奥秘，仿效他顺从的行为，接近他不朽的存在，参与他的永恒生命。

这里对于认识上帝爱的启示而言，最重要的就是通过信仰而从上帝那里获得爱的能力，去感知启示的源泉（基督形式）中涌现出来的神圣之爱。如巴尔塔萨所讲："因为只有在启示的源泉里，权威（大能）和爱才结合在一起。所有对启示顺从之信仰的权威呼召能做的，就是让人预备去看那显现出来的上帝之爱，帮助他们恰切地估量那种爱。"[4] 这即是说："信仰的内容是被放置在行动中的上帝具体之爱，信仰行为容许这种放置在行动中的上帝之爱对一个人的存在来说是真实的。"[5] 启示的观照中以爱来感知的内容，其实就是信仰的内容——上帝之爱。所以，信仰与爱是不可分割的，"对巴尔塔萨来说，信仰没有

---

[1] Hans Urs von Balthasar, *Love Alone* (New York: Herder and Herder, 1963), p.117.
[2] Hans Urs von Balthasar, *The Glory of the Lord: A Theological Aesthetics* vol. I: *Seeing the Form* (Edinburgh: T. & T. Clark, 1982), p.145.
[3] Hans Urs von Balthasar, *Christian Meditation* (San Francisco: Ignatius Press, 1989), p.13.
[4] Hans Urs von Balthasar, *Love Alone* (New York: Herder and Herder, 1963), p.47.
[5] Hans Urs von Balthasar, *Explorations in Theology* vol. III: *Creator Spirit* (San Francisco: Ignatius Press, 1993), p.176.

爱就不能运作"[1]。这就是保罗所讲的，"唯独使人生发仁爱的信心才有功效"（加 5：6）。而另一方面，"信仰对爱来说总是呈现为前提，好像爱是信仰的必然结果"[2]。正如巴尔塔萨所讲："对约翰来说，正如对保罗来说的一样，信仰并不是与爱分裂的东西；信仰是对认识基督里上帝之爱的原初回应，并且因此它自身便就已经是爱。"[3]

2. 欲爱与圣爱

巴尔塔萨神学美学在处理《圣经》与神学传统中爱的主题时，不可避免地会涉及爱的类型学（typology of love）的内容。如巴尔塔萨所见，只在《新约》约翰著作中，即可析出种种爱的类型，如天父对圣子之爱、天父对人之爱、基督对天父之爱、基督对人之爱、人对基督之爱、人对天父之爱、邻人之爱、仇敌之爱等。[4]当然，巴尔塔萨并没有像蒂利希那样，对《圣经》和神学传统中爱的种种类型进行系统的类型学反思。

在历代神学家中，当代新教神学家蒂利希对爱的四元结构划分模式，是最具代表性和说服力的爱的类型学建构。所谓蒂利希爱的类型学之四元结构模式，就是将爱划分为爱欲（epithymia/libido）、欲爱（eros/amor）、友爱（philia）、圣爱（agape）四个层次——不过，他并不认为这四个层次的爱是相互独立的"类型"，在他眼中，"爱是一体的"[5]，这四个层次只是爱的四个特性或面向。尽

---

[1] Graham Ward, "Kenosis: Death, Discourse and Resurrection", in Gardner, Lucy, et al. *Balthasar at the End of Modernity*（Edinburgh: T. & T. Clark, 1999), p.47.

[2] Hans Urs von Balthasar, *The Glory of the Lord: A Theological Aesthetics* vol. VII: *Theology: The New Covenant* (Edinburgh: T. & T. Clark, 1989), p.456.

[3] Ibid., p.457.

[4] Hans Urs von Balthasar, *Explorations in Theology* vol. III: *Creator Spirit* (San Francisco: Ignatius Press, 1993), p.117.

[5] Paul Tillich, *Love, Power, and Justice: Ontological Analyses and Ethical Applications* (New York: Oxford University Press, 1954), p.27.

管如此，这种四元结构的爱的特性划分，实际上仍旧可以视作对《圣经》和神学传统中诸种主要的爱的类型的概括总结，而且这种类型学概括应该说还是比较全面系统的。所以，蒂利希的这一爱的类型学学说问世后，即广为学界所接受，譬如著名的存在主义心理学家罗洛·梅（Rollo May，1909—1994），便在其心理学著作中直接采纳了蒂利希这种爱的四元结构模式。

尽管蒂利希四元结构的爱的类型学影响巨大，而巴尔塔萨也不可能不了解这一学说，但他明显更钟情于简约的圣爱与欲爱之二元结构划分。[1] 实际上，因为神学的核心是启示问题，而启示主要涉及的是神人关系，所以圣爱与欲爱必然被突出为最根本、最核心的爱的范畴。本质上，神学之爱的类型学，是以圣爱与欲爱的二元结构作为轴心的，其他的爱皆围绕这一轴心旋转。当然，即使是在圣爱与欲爱的二元结构中，也存在主次之分，真正的中心必然是圣爱，欲爱不可能享有与圣爱同等的地位。但巴尔塔萨认为，神学尤其是神学美学，并不应该因为圣爱处于绝对优位而轻忽欲爱的积极作用。

爱在西方是一个古老的神话—宗教与哲学议题。早在前哲学时期希腊神话史诗的宇宙起源学说中，厄洛斯（Eros，爱神）便已作为创世诸神之一出现在人类的视野之中。公元前8世纪与荷马齐名的伟大诗人荷西俄德的《神谱》中，把厄洛斯刻画为第一批从混沌的黑暗深渊中涌现出来的始祖神之一，并将厄洛斯代表的神性力量视为一种统一的力量。厄洛斯在他眼中是不朽的诸神中最美的一位。而且，如同《会饮篇》中斐德罗所言：“爱神不仅是最古老的，而且是人类最高幸福的来源。”[2]"爱神在本质上原来就具有高尚的美和高尚的善，后来一切人神之间有同样的优美品质，都由爱神种下善因。"[3] 在古希腊诗人那里，厄洛斯后来也常常指爱与美之神阿佛洛狄忒（Aphrodite/Venus）和战神阿瑞斯

---

[1] 早在1939年，巴尔塔萨便已发表文章讨论这一对主题："Eros und Caritas", *Seele* 21, 154-157; "Eros und Agape", *Stimmen der Zeit* Jg.69, Heft 12, Bd.136, 398-403.
[2] Plato, *Symposium,* 178C，参见〔古希腊〕柏拉图：《柏拉图文艺对话集》，朱光潜译，第175页。
[3] Plato, *Symposium,* 197C，参见〔古希腊〕柏拉图：《柏拉图文艺对话集》，朱光潜译，第198页。

（Ares/Mars）之子——"小爱神"，即罗马神话系统中的丘比特（Cupid），他也被视为所有诸神中最美的一位。

而至少从苏格拉底、柏拉图开始，eros（爱）便正式成为哲学（美学）思考的一个重要概念。柏拉图在《斐德罗篇》（*Phaedrus*）、《友谊篇》（*Lysis*）、《会饮篇》（*Symposium*）及《理想国》（*Politeia*）等对话录中皆有涉及爱的主题，其中《会饮篇》的讨论尤其集中、深入。《会饮篇》对 eros 进行了哲学的定义："爱情就是一种欲望，想把凡是好的永远归自己所有。"[1] "就它的最广义来说，凡是对于善的事物的希冀，凡是对于快乐的向往，都是爱，强大而普遍的爱。"[2] 但柏拉图的 eros 并不完全是一种单纯的欲望，实际上 eros 在柏拉图哲学中是与理性（智慧）统一的。正如《会饮篇》中苏格拉底口中的第俄提玛所言："因为智慧是事物中最美的，而爱神以美为他的爱的对象，所以爱神必定是爱智慧的哲学家。"[3] 正因为从柏拉图开始，eros 作为哲学范畴与人类主体理性是交织在一起的，所以 eros 在古希腊哲学中地位显赫，甚至有学者讲："古希腊哲学的最佳表达就是将理性与欲爱相统一，并视理性为欲爱的表达。"[4] 这也就解释了为什么巴尔塔萨会认为柏拉图与普罗提诺的欲爱在最高层面是被看作无私之爱的。[5]

巴尔塔萨认为，古代（古希腊—罗马）有三大（神学美学）主题没有任何中断地就传递给了基督教，其中之一便是爱（eros），这是一种有限造物（人）对于作为原初统一性、原初美的上帝之超越性的原始渴求与向往。[6] 在古希腊文中，表达爱的词语除了 eros 外，还有 epithymia、storge、philia 与 agape 等。

---

[1] Plato, *Symposium,* 206A, 参见〔古希腊〕柏拉图：《柏拉图文艺对话集》，朱光潜译，第 209 页。
[2] Plato, *Symposium,* 205D, 参见〔古希腊〕柏拉图：《柏拉图文艺对话集》，朱光潜译。
[3] Plato, *Symposium,* 204B, 参见〔古希腊〕柏拉图：《柏拉图文艺对话集》，朱光潜译，第 207 页。
[4] James W. Davies, *Empire of the Gods: the Liberation of Eros* (New York: Peter Lang Pub., 1997), p.14.
[5] Hans Urs von Balthasar, *The Glory of the Lord: A Theological Aesthetics* vol. V: *The Realm of Metaphysics in the Modern Age* (Edinburgh: T. & T. Clark, 1991), p.253.
[6] Hans Urs von Balthasar, *The Glory of the Lord: A Theological Aesthetics* vol. IV: *The Realm of Metaphysics in Antiquity* (Edinburgh: T. & T. Clark, 1989), p.321.

epithymia 主要表达自然欲望（性欲）之爱；storge 主要表达亲情之爱；philia 主要表达友谊之爱；agape 比较生僻，表达爱的意义时一开始并没有清晰的领域限定，含义非常宽泛。这几个词里面，epithymia 与 storge 在西方传统中影响甚微，而 philia、eros 与 agape 三个词对西方传统（尤其是基督教传统）的影响就十分深远了。毋庸置疑，在古希腊神话、哲学与诗学传统中，eros 是表达爱最主要、最核心的概念。这个概念也对基督教的爱的观念影响最深刻。当然，基督教所宣扬的爱，远不止是希腊哲学或神话（宗教）意义上的 eros（欲爱）。而且，基督教的爱的观念也不只是来自古希腊的神哲学传统，同样也来自古希伯来《圣经》与神学传统。

爱的观念在希伯来《旧约圣经》中主要是由 hesed 和 aheb（Ahabah）两个词来表达的。aheb 在《旧约》希伯来文中使用非常普遍，作为动词的"爱"（to love），它主要指位格间的爱——包括上帝对人的爱、人对上帝的爱以及人与人之间的爱，和对非位格事物的爱。[1]aheb 的名词形式是 Ahabah，其在《旧约圣经》中主要出现在表达友情、亲情、相爱和各种各样的欲求的语境中，所以 Ahabah 实际上更接近于 eros（欲爱），而不是后来在希腊文《新约圣经》和基督教神学传统中的 agape（圣爱）。而 hesed（名词）本身含有忠诚和团结的意义，而在晚期《圣经》和后《圣经》文本中则逐渐有了神圣与崇高的含义，所以，hesed 作为爱的概念与 agape 的含义很大程度上可以看成是重叠的，尽管二者并不是完全重叠或一致的。[2]

"七十子译本"对希伯来文《旧约》中 hesed 和 aheb 诸词的迻译，并没有使用希腊文（神话—宗教—哲学）中踞有主导性优势地位的 eros 一词，而是主要使用了相对较为冷僻的 agape 一词来翻译。然后，希腊文《新约》也主要使用的是 agape 一词来表达爱的意义——agape 家族的词汇在《新约》每一部经

---

[1] Bernard V. Brady, *Christian Love* (Washington, D.C.: Georgetown University Press, 2003), p.1.
[2] Timothy P. Jackson, *Love Disconsoled: Meditations on Christian Charity* (Cambridge; New York: Cambridge University Press, 1999), p.2.

书中皆有使用，一共在《新约》中出现 341 次。之所以"七十子译本"和希腊文《新约》如此钟情于 agape 一词，而不重视 eros 或其他表达爱的意义的希腊词，一个重要原因可能就在于这个词比较生僻，故而没有像 eros 那么多"历史包袱"——哲学的、宗教的（神话的）、伦理的意义积累——也就更加便于表达新的异质的（宗教）思想概念。[1] 实际上，agape 在《圣经》（尤其是《旧约》希腊文译本）中含义相当丰富，几乎涵盖《圣经》里面所有出现过的爱的类型，如上帝对世界和人的创造与救赎之爱，人对上帝的回应之爱，人与人之间的爱，等等。只是在《新约》中，agape 特别用于表达耶稣基督位格中的上帝绝对之爱和救赎之爱。那么，是否《新约》的作者们或者更早的希腊文《旧约》翻译者（"七十子"）在使用 agape 一词时，就已经完全清醒地意识到为了传达一种特殊的神学含义，必须在与 eros 的对比中使用该词了呢？显然，我们不能过分夸大这些古代作家或翻译家的认识水平。实际上，agape 与 eros 作为神学之爱的二元结构，是在后《圣经》时代的长期神学诠释中逐渐成形，逐渐明朗起来的，而且，关于这一爱的二元结构的内在关系的理解，至今都还处于不断的论争与发展中。

对 agape 与 eros 这种爱的二元结构模式的神学诠释，在 20 世纪瑞典新教神学家虞格仁（Anders Nygren，1890—1977）的代表作《圣爱与欲爱：历代基督教爱观研究》（*Den kristna Kärlekstanken: Agape och Eros*，1930）中达到一个高潮。秉承新教"因信称义"的传统，虞格仁像他的许多新教先辈一样，在基督教精神（古希伯来精神）与古希腊精神之间做了严格的对置处理，并竭尽全力想要把基督教神学中的希腊精神元素剔除干净。正是基于这样一种新教主义的神学立场，他将《圣经》的 agape（圣爱）与带有浓郁希腊色彩的 eros（欲爱）对置起来，视之为两种绝对冲突而永远不能相通或相融的爱的精神。在他看来，agape 体现了基督信仰独特性的基本主题，而 eros 在柏拉图哲学中体现的是希

---

[1] Bernard V. Brady, *Christian Love* (Washington, D.C.: Georgetown University Press, 2003), p.54.

腊精神。"前者是天主中心的爱，是为他者奉献的、自我牺牲的、无动机条件的、天主恩典俯就于人的爱；后者则是自我中心的爱，是自我实现的、利己主义的、为求索取的、自我拯救的灵魂上达至真善美之终极本体之爱。"[1] 这种对置处理的结果，必然导致对基督教传统中的 eros（欲爱）观念的贬抑、罢黜。

但是，在基督教神学传统中，agape 并不是与 eros 完全分离的爱，实际上二者一直存在相遇、相交、相融，虞格仁自己也承认整个基督教思想史是 agape 向 eros 妥协而走向糅合的爱的历史。在 agape 与 eros 关系上，与虞格仁极端的"分离论"范式不同，同时代的自由派新教神学家蒂利希则主张一种"统合论"，不过他的这一范式显然过分（极端）强调或提升了 eros 的对基督教的意义（由此被人称为"欲爱的神学家"），认为"圣爱与欲爱在人的实存当中彼此统合、相互作用"[2]，故而难免有故意抹杀或缩减 agape 与 eros 之间差异性的嫌疑。相较而言，巴尔塔萨神学美学对 agape 与 eros 的处理，虽然大体上可以划归蒂利希"统合论"这一范式，但立场明显温和许多。[3] 当然，巴尔塔萨这一温和的"统合论"立场，与其说是受蒂利希影响，毋宁说是天主教神学传统中对于 agape 与 eros 关系的一种普遍立场。

这种爱观立场，在《圣经》中尚不明显。《圣经》在拉丁化过程中，希腊文 agape 一般被译作 caritas、dilectio、amor 这三个拉丁词。caritas 主要指上帝之爱，也指伦理德性（爱德），在拉丁文《圣经》中用得最多；dilectio 同 caritas 一样用于指称上帝之爱或邻人之爱，不过使用的频率明显少了许多；amor 主要的含义是希腊文 eros（欲爱）与 philia（友爱）所表达的意思，拉丁文《圣经》很少使用这个词来翻译 agape，它在这三个拉丁译词中基本上属于翻译家最后的选择。不过，在奥古斯丁之后，这种 agape 与 eros 的统合倾向就越来越清晰，并逐渐成为天主教神学中一种主流的爱观立场。如巴尔塔萨所见，奥古

---

[1] 王涛：《圣爱与欲爱：灵修传统中的天主教爱观》，香港中文大学天主教研究中心，2009 年，第 4 页。
[2] 同上书，第 5 页。
[3] 王涛，《圣爱与欲爱：保罗·蒂利希的爱观》，宗教文化出版社 2009 年版，第 7—11 页。

斯丁对 agape 与 eros 的基本区别还是有所认识的，譬如他沿用了拉丁《圣经》agape 译作 caritas 的做法，而同时在处理普罗提诺爱观的时候，他又将 eros 译作 desiderium（欲求）[1]。不过，在奥古斯丁的神学诠释中，caritas 所表达的已不单纯是圣爱的含义，它实际上是 agape（基督教爱观）与 eros（古希腊异教爱观）含义的一种综合产物。奥古斯丁这种爱观立场，显然谈不上是什么孤明独发，它只是在奥古斯丁之前的神学传统已经存在的东西的集中表现而已。而在他之后，神学的主流仍然是沿着这条现成的道路往前走。如巴尔塔萨所讲：

> 从中世纪一直到眼下这个世纪，一种被圣爱之光有意无意地提升、美化及神圣化的欲爱形象占据着主导地位。在但丁那里，欲爱的这种基督教化第一次表现出来，并且是以游历地狱的惩罚，以及一种在贝阿特丽采面前完全的基督教的忏悔，不可超越地表现出来的。超越古典时代的这一步，这里完全是以彻底的基督教意识来完成的。在荷马那里，最高的爱是夫妇间的信任；在维吉尔那里，宗教和政治责任冷酷无情地抑制了欲爱；在悲剧作家那里，被擢升的爱只有在严峻的牺牲中表现出来；唯有萨福可以提供一点在基督时代才有的欲爱观念的微弱期待。然而，即便她的爱的宇宙情感，也仍旧是一种虔敬的盼望和痛苦的压抑。在柏拉图哲学中，没有什么东西可以表明，对一个少年的爱恋，必然伴随着《会饮篇》中那种上升的欲爱，可以穿过所有阶段一直来到神的面前，甚至（像和贝阿特丽采一起一样）它连照亮这条上升的道路都不够：对"一个美的形体"之爱在上升到下一阶段对"所有美的形体"之爱时，它也就黯然失色了。所以，中世纪、文艺复兴时期及唯心主义时代的柏拉图主义——作为肉身化之理念（idea）的被爱的形式能够一直上达上帝——整体上已被染上了基督教的色彩：从基督论方面看，因为只有在耶稣基督里，一个单纯的人的形式才能

---

[1] Hans Urs von Balthasar, *The Glory of the Lord: A Theological Aesthetics* vol. IV: *The Realm of Metaphysics in Antiquity* (Edinburgh: T. & T. Clark, 1989), p.296.

够使上帝的神性完全有效而恰切地呈现出来；并且以一种三位一体的方式，因为只有耶稣基督的上帝自身才是自由的、位格性的永恒之爱。[1]

这里明显可以看出，尽管都是为基督教之爱观作辩护，但巴尔塔萨与虞格仁对基督教爱观传统的认识全然不同。虞格仁看到的是柏拉图 eros 观念对基督教 agape 观念的腐蚀；巴尔塔萨却看到了中世纪以来基督教 agape 观念对柏拉图 eros 观念的改塑。这种观念差异其实完全是因为审视的角度不同导致的，前者是从消极的方面来看的，后者则是从积极的方面来看的。对于巴尔塔萨来讲，一方面，圣爱为欲爱提供一种限制和尺度，并使之从属于它，服务于它；而与此同时，"欲爱自身应该将其自身归属到圣爱的维度，并以一种远胜于柏拉图的新的方式将其自身提升到绝对者"[2]。巴尔塔萨相信，在欲爱与圣爱之间存在没有任何断裂的连续性。[3] 这种没有断裂的连续性，是通过"从造物之爱向神圣之爱的超拔（excessus）和出神（ekstasis）"[4] 来实现的。因此，巴尔塔萨将但丁视为正确处理基督教欲爱与圣爱关系主题的典范。他认为，在但丁《神曲》中，"贝阿特丽采净化与救赎的力量最终是独一无二的；她独自从欲爱通向圣爱，或者更确切地讲，她就是化身进入圣爱的欲爱"[5]。所以，从某种程度上讲："Eros（欲爱）与 Agape（圣爱）对但丁来讲是同一事物的两个名字：Amor（爱），上帝最贴切的名字。"[6]

这便是巴尔塔萨坚决反对虞格仁那种为高扬基督教之圣爱而贬抑、罢黜欲

---

[1] Hans Urs von Balthasar, *The Glory of the Lord: A Theological Aesthetics* vol. V: *The Realm of Metaphysics in the Modern Age* (Edinburgh: T. & T. Clark, 1991), pp.264-265.

[2] Ibid., p.265.

[3] Ibid., p.361; See also Hans Urs von Balthasar, *The Glory of the Lord: A Theological Aesthetics* vol. IV: *The Realm of Metaphysics in Antiquity* (Edinburgh: T. & T. Clark, 1989), p.357.

[4] Hans Urs von Balthasar, *The Glory of the Lord: A Theological Aesthetics* vol. I: *Seeing the Form* (Edinburgh: T. & T. Clark, 1982), p.287.

[5] Hans Urs von Balthasar, *The Glory of the Lord: A Theological Aesthetics* vol. III: *Studies in Theological Style: Lay Styles* (Edinburgh: T. & T. Clark, 1986), p.36.

[6] Ibid., p.81.

爱的做法的原因所在。他认为："并不是为了无限之爱的目的，基督徒就非得抛弃有限之爱。相反，他可以一种积极的精神将其有限之爱与无限之爱结合起来——但是要以恐怖的受难作为代价，正如但丁展示给我们的那样。"[1] 在他看来，"欲爱（Eros）与圣爱（Agape）既不是相同的，也不是对立的。因为，欲爱经过死与复活，就能够理解圣爱的意义，并将其自身从属于它"[2]。这一点在神—人耶稣基督身上表现得最明显不过。

在基督的十字架受难事件中，这种欲爱向圣爱的上升，以最清晰的方式呈现出来。巴尔塔萨讲："基督以他救赎的受难首先表现为'道路'，导向（天父的、天堂的、灵知的）真理的真正方式：一条通过作为人的他自己导向作为神的他自己的道路。这条'道路'，是'哲学的欲爱'（desiderium）作为某种目标可能具有，但没有上帝的下降的恩典就不能达到的东西的实现。圣爱因而呈现为一种被神圣恩典授权、被基督受难赎罪及在对基督的模仿中被净化的欲爱。"[3] 这就是说："在十字架上，eros（欲爱）变成了agape（圣爱），上帝寻觅的爱就是上帝自我倾空之爱。"[4] 而从另一个角度来看，"面对十字架，以身体语言装扮它自身的爱，在上帝圣爱（agape）面前因它的特质而彰显出其安详庄重；并且，在面对通过被倾倒而给出它自身的血与肉的令人陶醉的语言的时候，爱被提升到它自己之上，提升到永恒层面。人的爱（eros），于是成为神圣之爱的寓所和栖息地"[5]。所以，"在耶稣基督里，上帝之爱与人之爱，先验之爱与绝对之爱，不再能分割开来"[6]。全人全神的耶稣基督已然向世界表明，amore

---

[1] Hans Urs von Balthasar, *The Glory of the Lord: A Theological Aesthetics* vol. III: *Studies in Theological Style: Lay Styles* (Edinburgh: T. & T. Clark, 1986), p.32.

[2] Hans Urs von Balthasar, *The Grain of Wheat: Aphorisms* (San Francisco: Ignatius Press, 1995), p.97.

[3] Hans Urs von Balthasar, *The Glory of the Lord: A Theological Aesthetics* vol. V: *The Realm of Metaphysics in the Modern Age* (Edinburgh: T. & T. Clark, 1991), p.49.

[4] John O'Donnell, *Hans Urs von Balthasar* (London: Geoffrey Chapman, 1992), p.32.

[5] Hans Urs von Balthasar, *The Glory of the Lord: A Theological Aesthetics* vol. I: *Seeing the Form* (Edinburgh: T. & T. Clark, 1982), p.673.

[6] Hans Urs von Balthasar, *Elucidations* (London: S. P. C. K., 1975), p.48.

divino（天国之爱）与 amore umano（尘世之爱）最终是一个整体。爱的启示之美，既是圣爱之美，亦是欲爱之美。

3. 爱与美

美与爱之间存在天然的内在关联。在巴尔塔萨看来，美不仅不能与真、善隔绝，也不能与爱分离，"那些睥睨她的名字的人"，"他都再也不会祈祷，并且很快就再也不会爱了"[1]。而且从根本上讲，美之所以进入基督教的视野，全然在于圣爱的恩典，"美的黄金时代在希腊，无论怎么讲，这是前基督教世界的，并且是外在于《圣经》文化的。只有通过上帝的慈爱和基督的慈爱，神秘之美才能够进入基督王国。这种美是原初的、原型的、末世的创造的荣光，甚至在死亡的时代中闪现出来，获救之人被恩准参与到上帝创造过程中的自我赞美的行动中来"[2]。当然，基督教中美与爱的关系，可以从主、客两个方面来看——"我们爱的对象，无论深刻还是肤浅，对我们而言总是奇妙的、荣耀的；客观性的荣耀吸引观众也只是通过某种爱——可以被深刻地欣赏，也可以被肤浅地欣赏的。"[3] 客观方面，美是圣爱的恩典；主观方面，美是欲爱的迷狂。

上帝，揭示在耶稣基督形式中的上帝，乃是爱与美的逻各斯。[4] 在道成肉身的基督形式中，"神圣逻格斯下降昭示并阐释自己为爱——圣爱（agape），并因此作为荣耀"[5]。在传统神学形而上学的预设中，美是神圣存在的先验属

---

[1] Hans Urs von Balthasar, *The Glory of the Lord: A Theological Aesthetics* vol. I: *Seeing the Form* (Edinburgh: T. & T. Clark, 1982), p.18.

[2] Ibid., p.68.

[3] Hans Urs von Balthasar, *Love Alone* (New York: Herder and Herder, 1963), p.45.

[4] David L. Schindler, "The Significance of Hans Urs von Balthasar in the Contemporary Cultural Situation", in Ed Block (ed.), *Glory, Grace, and Culture: The Work of Hans Urs von Balthasar* (New York: Paulist Press, 2005), p.21.

[5] Hans Urs von Balthasar, *Love Alone* (New York: Herder and Herder, 1963), p.45.

性，而《圣经》又宣称上帝是爱，所以基督徒可以毫不犹豫地讲："美来自爱，是上帝的面容。"[1]上帝之美，通过创造与启示展现出来，而创造与启示皆源自上帝之爱。绝对之爱是美永不枯竭的源泉，这一点在《旧约》中便已相当清楚地揭示出来了。在巴尔塔萨看来，"从《申命记》往后，荣耀的真正内核源自耶和华的荣耀（kabod Yhwh）：绝对之爱"[2]。到了《新约》中，荣耀或神圣之美，则主要是通过耶稣基督里三位一体之爱的光辉照射出来的。而且在他眼中，"在《新约》中揭示出它自身作为上帝荣耀之真理的三一之爱的'光辉'，是一种只有在十字架的顺从要素中才有其源泉的光辉"[3]。十字架的顺从是基督对上帝绝对之爱的回应，同时本质上也是无限之爱。十字架上神圣之美的光辉即源自此种绝对、无限之爱。所以巴尔塔萨讲："荣耀是下降到全然黑暗中的永恒之爱。"[4]

如华德斯坦所言，巴尔塔萨神学美学虽然涉及的内容博杂，"但却有一种潜在的统一性，因为它总是围绕一个中心光源：在耶稣形式（Gestalt）中表现出来的上帝三位一体之爱的荣耀"[5]。耶稣是超越上帝的历史形式，在他身上表现出作为终极之美的三一上帝的荣耀，"在这个意义上，他是至美的启示"[6]。作为三一上帝至美的启示，"美的形式将其自身呈现给我们，它'证明'它自身，它的特征展现恩典——仁爱（Huld）。它是存在具有的可以产生和维持这种形式的恩典；这种恩典也能与个体之存在联系在一起"[7]。这就是说，基督形

---

[1] Hans Urs von Balthasar, *The Glory of the Lord: A Theological Aesthetics* vol. V: *The Realm of Metaphysics in the Modern Age* (Edinburgh: T. & T. Clark, 1991), p.647.

[2] Hans Urs von Balthasar, *The Glory of the Lord: A Theological Aesthetics* vol. VI: *Theology: The Old Covenant* (Edinburgh: T. & T. Clark, 1991), p.188.

[3] Hans Urs von Balthasar, *The Glory of the Lord: A Theological Aesthetics* vol. VII: *Theology: The New Covenant* (Edinburgh: T. & T. Clark, 1989), p.256.

[4] Hans Urs von Balthasar, *My Work: In Retrospect* (San Francisco: Ignatius Press, 1993), p.85.

[5] Michael Waldstein, "An Introduction to von Balthasar's The Glory of the Lord", *Communio* 14 (Spring 1987): 12-33.

[6] John O'Donnell, *Hans Urs von Balthasar* (London: Geoffrey Chapman, 1992), p.31.

[7] Hans Urs von Balthasar, *Theo-Drama: Theological Dramatic Theory* vol. II: *Dramatis Personae: Man in God* (San Francisco: Ignatius Press, 1990), p.23.

式作为至美的启示，乃是来自上帝的神圣恩典——一种恩赐的爱："上帝的荣耀（超越哲学之'美'的先验性）在显而易见的对立中（在他下降到地狱的神性放弃中）揭示并证明它自身为无私的恩赐之爱。"[1] 并且，"只有当一切事物的核心被认作宽恕人的上帝的无偿之爱时，人才会看到这种美。它是与易朽的人类之美相对的上帝之美，并且因此基督之美或者上帝的儿女之美的任何神话化都被严格地规避"[2]。

巴尔塔萨神学美学，"强调的是启示的可见性，他激起人对世界中神圣美的恩赐的回应"[3]。这种回应其实就是心灵对上帝绝对之爱（agape）的回应。因为"爱的内在真实只有通过爱来感知"[4]，所以，人只能通过爱来回应爱——以有限之爱（eros）来回应上帝的无限之爱。欲爱带来的精神迷狂和陶醉是人类审美感受的主要来源。这个意义上，甚至可以讲："eros（欲爱）这个词比agape（圣爱）更好地在这种精神迷狂（ekstasis）中保留了明确的审美要素，因为灵魂向上帝的上升被刻画为一种对启示之美的'神灵附体的狂喜'。"[5]

其实欲爱作为美学主题的传统由来已久，柏拉图哲学便已非常明确地指出，美是爱的对象了。[6] 在他看来，循着欲爱的上升阶梯，观照个别的美的事物，一直登峰造极窥见奇妙无比的无限之美，即可进入迷狂陶醉的最高审美境界："先从人世间个别的美的事物开始，逐渐提升到最高境界的美，好像升梯，逐步上进，从一个美形体到两个美形体，从两个美形体到全体的美形体；再从美的形体到美的行为制度，从美的行为制度到美的学问知识，最后再从各种美

---

[1] Hans Urs von Balthasar, *My Work: In Retrospect* (San Francisco: Ignatius Press, 1993), p.81.

[2] Hans Urs von Balthasar, *The Glory of the Lord: A Theological Aesthetics* vol. VII: *Theology: The New Covenant* (Edinburgh: T. & T. Clark, 1989), p.19.

[3] Stephan van Erp, *The Art of Theology: Hans Urs von Balthasar's Theological Aesthetics and the Foundations of Faith* (Leuven: Peeters, 2004), p.138.

[4] Hans Urs von Balthasar, *Love Alone* (New York: Herder and Herder, 1963), p.61.

[5] Larry S. Chapp, *The God Who Speaks: Hans Urs von Balthasar's Theology of Revelation*. (San Francisco-London-Bethesda: International Scholars Publications, 1996), p.131.

[6] Plato, *Symposium,* 201A，204B，参见〔古希腊〕柏拉图：《柏拉图文艺对话集》，朱光潜译，第 202、207 页。

的学问知识一直到只以美本身为对象的那种学问，彻悟美的本体。"[1] 柏拉图这种欲爱美学观通过普罗提诺传递给基督教神学美学，当然，基督教并不是原封不动地继承，而是加以了必要的改造。如巴尔塔萨所说："我们绝不能只从柏拉图传统来进入基督教的爱与美的主题，并指望充分地阐释它们。"[2] 他认为，在奥古斯丁那里，唯美是可爱的这种柏拉图式说法，便最终让位给了基督教的观点：爱也带来美——"对基督之美的爱创造性地产生了美"[3]。基督赋予我们成为美的爱的力量，因为爱是美的源泉："他爱我们，并给予我们力量去爱他。通过爱我们成为美的。"[4] "你心中爱越增加，美就越增加，因为爱本身就是灵魂之美。"[5]

与奥古斯丁相比，其实伪狄奥尼修斯著作中的基督教欲爱美学思想要更接近新柏拉图主义。欲爱向上的渴求与向往，在伪狄奥尼修斯看来，可以产生对上帝永恒生命的神秘体验，从而将人带入一种迷狂陶醉的审美境界："这种神圣的渴求产生了迷狂出神，结果爱者不再属于自己而属于被爱者……保罗是真正的爱者；正如他所说的，他为上帝而迷狂出神，不再拥有自己的生命，而是拥有他所渴求的、极为他所爱的太一的生命。"[6] 尽管伪狄奥尼修斯的欲爱美学思想带有浓郁的新柏拉图主义色彩，但巴尔塔萨认为伪狄奥尼修斯的这种说法是"符合最正统的新约、旧约神学的"。这种神学"看见神圣新郎的忠实而强烈的爱施加于他的新娘身上，以便提升她，邀请她，带她回到同等回应之爱的家"。"所有的神圣启示都充满了一种（神圣意义的）'迷狂'因素。如果谁

---

[1] Plato, *Symposium,* 211C，参见〔古希腊〕柏拉图：《柏拉图文艺对话集》，朱光潜译，第 216 页。

[2] Hans Urs von Balthasar, *The Glory of the Lord: A Theological Aesthetics* vol. I: *Seeing the Form* (Edinburgh: T. & T. Clark, 1982), p.123.

[3] Hans Urs von Balthasar, *The Glory of the Lord: A Theological Aesthetics* vol. II: *Studies in Theological Style: Clerical Style* (Edinburgh: T. & T. Clark, 1984), p.135.

[4] Ibid., pp.135-136.

[5] Ibid., p.136.

[6] Pseudo-Dionysius, *De Divinis Nominibus*（《论圣名》）4.13，参见（托名）狄奥尼修斯：《神秘神学》，包利民译，第 36 页。

不能察知先知、圣贤、保罗、约翰这些人身上这种因素，那他就没救了。如果谁坚决否认所有这些对人对爱与美的渴望的满足和实现，那他同样也是无药可救……"[1]当欲爱的上升，最终将人的灵魂提升到神圣的、永恒的生命境界之中时，人就实现了与神的神秘合一（冥契）。此时，欲爱也就实现了对自身的超越，成为神圣的欲爱，并当即转化为圣爱。如同艾克哈特所见，"（神人）合一是真正圣爱之可能性的条件和第一根基"[2]。而且，本质上说："对（神人）合一感觉的恰当表述，是圣爱，而非神秘的快乐，这是一种普罗提诺和商羯罗（Sankara）都不曾提到或了解的爱。"[3]基督教欲爱观的特殊之处正在于此：欲爱来自圣爱，并沿着上升的道路回返圣爱。所以，欲爱的美学最终会归结、统摄于圣爱的美学。

第二节 救赎美学

启蒙以来，随着美学神圣维度的失落，现代美学尽管身不由己地向感性的世俗深渊中急遽滑落，但它并没有完全遗忘自身的超越属性。所以，现代世俗美学（审美学）也一直在寻求超越世俗的崇高价值或神圣维度。但因为现代世俗美学是从人类学主体立场出发的，所以这种美学恢复神圣维度的企图最终还是黄粱一梦。最具代表性的，就是近100年来被美学界（尤其是汉语美学界）作为一种学术思想口号不断提及的"审美（艺术）代宗教"或"美育代宗教"。其实，这种美学命题无论是从逻辑层面还是从历史层面上讲，都是站不住脚的。甚至可以讲，"审美（艺术）代宗教"或"美育代宗教"根本就是伪命题。然而

---

[1] Hans Urs von Balthasar, *The Glory of the Lord: A Theological Aesthetics* vol. I: *Seeing the Form* (Edinburgh: T. & T. Clark, 1982), p.123.

[2] Rudolf Otto, *Mysticism East and West: A Comparative Analysis of the Nature of Mysticism* (New York: The Macmillan Company, 1932), p.213.

[3] Ibid., p.214.

这样的命题，却被美学家们严肃地思考了100年。可见，现代世俗美学的超越诉求是多么强烈！但是，艺术、审美抑或美育无论从哪个角度讲，都是无法取代宗教的。首先，宗教的信仰体验毕竟与世俗的审美感知完全是两回事；其次，宗教最后指向的是救赎，世俗意义上的艺术、审美或者美育能否提供宗教一样的永恒救赎？显然不能。世俗意义的"审美救赎"在其最大限度上，也不过是对人类精神此岸维度（世俗性、现实性）的暂时性的解脱或超越，而根本无法企及生命的永恒救赎这个末世命运主题。尽管如此，是否美与救赎就真没有任何关联？其实也不尽然。在基督教神学美学的语境下，美在基督之爱的光照中，就必然会走向救赎的十字架之荣耀。换句话讲，就是基督论美学必然指向美的救赎论理解——救赎论美学。[1] 本质上，基督教神学美学只有在救赎美学中才会达到其真正的高潮。巴尔塔萨神学美学尽管没有充分阐述一种系统的救赎美学，但其神学美学在论述中也揭示出救赎美学的重要意义，并指出了一条世俗美学根本无力企及的美学救赎论道路。而且巴尔塔萨之后，美学救赎论在神学美学中的重要性日渐突出，诚如范·艾普所观察到的，"在神学美学这段不长的历史中，强调的重点根本上已从上帝形象（Imago Dei）学说转移到救赎学说上面来了"[2]。所以，重新梳理现代神学美学发轫之处——巴尔塔萨的救赎美学思想，如今看来尤显意义重大。

1. 救赎与恩典

在基督教神学中，如果说信仰是救赎的基础[3]，那只是说信仰是救赎的必要前提。其实对于救赎而言，恩典才是真正的基础。因为信仰是有限之（罪）

---

[1] Stephan van Erp, *The Art of Theology: Hans Urs von Balthasar's Theological Aesthetics and the Foundations of Faith* (Leuven: Peeters, 2004), p.257.

[2] Ibid., p.43.

[3] Hans Urs von Balthasar, *The Glory of the Lord: A Theological Aesthetics* vol. II: *Studies in Theological Style: Clerical Style* (Edinburgh: T. & T. Clark, 1984), p.45.

人的信仰，恩典是无限的上帝的恩典。须知，恩典是上帝白白地赐予的，而且最终是通过上帝交出他独生子的生命来白白地赐予世人（罪人）的——在这个意义上，恩典就是救赎。如同《罗马书》所讲："因为世人都犯了罪，亏缺了神的荣耀，如今却蒙神的恩典，因基督耶稣的救赎，就白白地称义。神设立耶稣作挽回祭，是凭着耶稣的血，藉着人的信，要显明神的义。"（罗 3：23—25）其实从根本上讲，没有上帝的恩典，没有上帝无私的爱（agape），人是不可能在心灵中形成对上帝的爱（eros）的回应——信仰的。如巴尔塔萨讲："圣爱可以如此巨大的力量给出它自己，以至人除了那种压倒性的荣耀的大能什么也感觉不到，并且他的回应集中在一个唯一的答案上：绝对的顺从。"[1]这种绝对的顺从本质上就是对恩典的接受，而这种顺从也要求着虔敬的信仰。所以归根结底，信仰最终也取决于上帝爱的恩典。故而恩典在基督教神学中理应踞有（实际上通常也都具有）中心范畴的地位。这在巴尔塔萨神学美学中自然也不例外。如上文所述（详参第一章），《圣经》被巴尔塔萨视为其神学美学永恒不竭的活水源头，故圣经美学乃是其神学美学的基础。而在巴尔塔萨看来，恩典便是与荣耀、形象并列的三大圣经美学主题之一。[2]由此可见，恩典是巴尔塔萨神学美学之核心范畴。

上帝的恩典尽管是无处不在，但是，只有在耶稣基督这一爱的启示形式中，上帝无边无际、无所不在的恩典，才被完整地揭示出来。由于启示本身乃是指向救赎的，所以整个基督事件所体现的上帝恩典无疑也是指向救赎的。上帝的恩典，其实就是上帝面向世人之圣爱的体现。为了拯救世人（罪人），彰显他的无限之大爱（"显明神的义"），上帝于是白白地赐予世人最大的恩典，即通过道成肉身的圣子位格来给出他自己的生命，以替世人赎罪。这正是约翰所说的，"他既然爱世间属自己的人，就爱他们到底"（约 13：1）。

---

[1] Hans Urs von Balthasar, *Love Alone* (New York: Herder and Herder, 1963), pp.47-48.
[2] Hans Urs von Balthasar, *The Glory of the Lord: A Theological Aesthetics* vol. VI: *Theology: The Old Covenant* (Edinburgh: T. & T. Clark, 1991), pp.14-16, 88.

自亚当与夏娃在伊甸园堕落以来,世人便永世背负原罪,深陷尘世之苦海大狱,并最终在末世接受上帝的审判。对罪人的审判通常总是意味着惩罚,然而,"只有在基督里,审判之光才完全作为恩典之光照射出来"[1]。在基督这一启示形式中,上帝之爱的荣耀照耀出来,这种爱的荣耀就是恩典之光。在这种恩典之光照中的人,可以最终在末世的审判中逃脱地狱的惩罚。因为,基督已作了赎罪祭替人承担了末世的惩罚。所以基督是上帝给世人最大的恩典,这种恩典是通过耶稣基督道成肉身及其十字架的受难牺牲来实现的救赎恩典。

圣子耶稣基督顺从天父上帝的旨意,按照他的神圣意志放弃神性(kenosis),倾空自己,下降到尘世,道成肉身成为一个完完全全的尘世之人。在尘世之中,他的使命是将上帝之道启示给世人,把天国的好消息传递给他们,劝导他们相信神的救恩,而其最终使命则是通过自己背负世人的全部罪恶上十字架牺牲为世人赎罪。在这个意义上,"耶稣的任务不是以一种形象来呈现上帝,而是救赎历史的综合:一方面通过展现天父的拯救意志,不从他作为审判者的正义中减少任何东西——这就是为什么他要作为审判(krisis)挺身而出:被拣选的基石,被拒绝的墙脚石——另一方面通过在上帝面前化身为人:在其中他承受其罪,并听任他自己在十字架上被审判;它是遭驱逐的人,但是在其中他为了十字架而培养它,并在十字架的基础上'要领许多的儿子进荣耀里去'(来2:10),所以它又是被拯救的和有信仰的人"[2]。

因为基督是"神的羔羊,背负世人罪孽的"(约1:29)。所以,"神使那无罪的,替我们成为罪,好叫我们在他里面成为神的义"(林后5:21)。诚如巴尔塔萨所见,"作为三位一体事件,去死必然也是救赎事件"[3]。"为了背负要下地狱的罪,使人在上帝面前获得自由,十字架在其自身之上举起世人的全部

---

[1] Hans Urs von Balthasar, *The Glory of the Lord: A Theological Aesthetics* vol. I: *Seeing the Form* (Edinburgh: T. & T. Clark, 1982), p.650.

[2] Hans Urs von Balthasar, *The Glory of the Lord: A Theological Aesthetics* vol. VII: *Theology: The New Covenant* (Edinburgh: T. & T. Clark, 1989), p.324.

[3] Hans Urs von Balthasar, *Mysterium Paschale: The Mystery of Easter* (Edinburgh: T. & T. Clark, 1990), p.176.

匮乏。"[1] 基督的十字架受难之死，以捐献出神的永恒生命的方式，为有罪的世人偿清了原罪的债务，同时也就完成了自己道成肉身的救赎使命。于是上帝的圣爱，上帝的救恩、荣耀、权能得以彰显："哈利路亚！救恩、荣耀、权能都属于我们的神。"（启 19：1）

2. 十字架救赎美学

巴尔塔萨的神学美学，是以救赎史的基督论形式来结顶的。[2] 神学美学中这个上帝的可见启示形式之美，根本上说，是救赎历史中上帝恩典（或爱）的荣耀之彰显。救赎之荣耀或荣耀之救赎，亦皆与耶稣基督这一爱的启示形式密切相关。诚如巴尔塔萨所见，"教会的证明和救赎历史的证明都是荣耀，因为它们都从基督那里接受了其最终的形式，而必然见证他作为它们的主"[3]。正是基督通过他的十字架牺牲，将整个救赎历史带到了最高顶点，救赎的荣耀由此从他十字架的受难形象中照向整个世界。

众所周知，救赎历史是以耶稣基督这个神圣启示的形式为中心的。救赎历史最初源自耶稣基督，最终也流向耶稣基督。[4] 上帝道成肉身，以血肉之躯的人之形式来揭示其无尽的荣耀，在巴尔塔萨看来，这实质是以上帝的自我倒空和下降为前提的。巴尔塔萨这种观点同许多当代神学家的基督论观点形成鲜明对比。一般神学家把耶稣基督在救赎历史中的生命历程看作由下而上，即从基督的人性开始的、朝向神性（上帝）的上升运动。而巴尔塔萨却视之为自上而下的下降运动，把基督看作上帝面对软弱的人类的自我倒空与无私馈赠。约翰

---

[1] Hans Urs von Balthasar, *The Glory of the Lord: A Theological Aesthetics* vol. VII: *Theology: The New Covenant* (Edinburgh: T. & T. Clark, 1989), p.517.

[2] Hans Urs von Balthasar, *The Glory of the Lord: A Theological Aesthetics* vol. I: *Seeing the Form* (Edinburgh: T. & T. Clark, 1982), p.646.

[3] Ibid., p.660.

[4] Ibid., p.29.

讲："除了从天降下仍旧在天的人子，没有人升过天。"（约3：13）只有耶稣下降到肉身，然后人才能得以提升，从而分享其神性。[1] 没有耶稣基督的自我倒空和下降，即上帝放弃神性俯就于人，人绝不可能与上帝相遇，从而得到救赎的启示，并最终在末世获得拯救，参与到上帝的永恒生命之中，分享他的神性之荣耀。这种神人相遇，最具象征意义的还是耶稣基督这一启示形式里面神人二性的完美结合，故有学者讲："在神学美学里最大的'我—你（I-Thou）相遇'便是在启示中显明的神—人关系。"[2]

基督的自我倒空和下降，本质是上帝的恩典和自我赐予。从中我们可以看到圣子是对天父上帝的绝对顺从。顺从本源于爱，圣子对天父上帝的爱。圣子爱天父，圣子亦爱世人。对天父的爱是神圣欲爱，对世人的爱是上帝的圣爱。这意味着欲爱与圣爱在基督里完美地结合在一起，形成一个整全的爱。正是出于这种整全的爱，基督愿意顺从天父爱的意志下降人世，在有限的历史形式中饱经世间最残酷的苦难，以自己的宝血替世人赎罪，平息上帝对人的愤怒，并将自身无限之爱的荣耀洒向世间。基督的道成肉身及其受难，本质上便是以爱来弥补因为原罪在人与神之间造成的巨大断裂。所以，上帝的恩典便是上帝的爱。"神性中爱的绝对自由被倾注到启示的整个形式上，赋予其存在与结构，并寄寓其中。"[3] 正是这个博大无边的爱使神圣启示的形式从其内在的深度中放射出耀眼的启示光辉。这种爱的荣耀光辉，随着耶稣救赎使命历程接近巅峰状态——赎罪牺牲，在受难的十字架上被彰显到极致。

在巴尔塔萨看来，在其神学美学中，他的神学意图就是要将十字架的"无言"置于权威圣言的中心。[4] 十字架上"无言"的牺牲，乃是整个救赎启示的

---

[1] John O'Donnell, *Hans Urs von Balthasar* (London: Geoffrey Chapman, 1992), p.44.

[2] Breandán Leahy, "Theological Aesthetics", in Bede McGregor and Thomas Norris (ed.), *The Beauty of Christ: A Introduction to the Theology of Hans Urs von Balthasar* (Edinburgh: T. & T. Clark, 1994), p. 35.

[3] Hans Urs von Balthasar, *The Glory of the Lord: A Theological Aesthetics* vol. VII: *Theology: The New Covenant* (Edinburgh: T. & T. Clark, 1989), p.17.

[4] Hans Urs von Balthasar, *Theo-Drama: Theological Dramatic Theory* vol. II: *Dramatis Personae: Man in God* (San Francisco: Ignatius Press, 1990), p.28.

高潮所在，虽然十字架上的耶稣默默无言地承受着这一难以名状的苦难——世间所有的罪应得的苦难，但这却是上帝之言（道）最核心因此也是最重要的启示。巴尔塔萨讲："逻各斯之死，他的沉寂消亡，成为他不得不言说他自身的东西的中心，以至于必须将其无言理解为他最后的启示，他至高之言：因为在他对十字架死亡顺从的自我降格的谦卑中，他就是高高在上的上主。延续不断的是上帝对人的绝对之爱……他在其自己作为此种对人之爱的可能性条件的内在实体中的真爱"[1]。整个神学美学的高潮即在于此，在十字架上，启示之美与救赎之美皆在爱的荣耀中达至巅峰。如同巴尔塔萨所讲："上帝之爱向十字架的下降，已然就是它的荣耀（glorification）。"[2] 十字架上耶稣的受难，以牺牲圣子生命的最高代价，真切地表达了上帝之爱和救赎恩典。这同时也是圣子对天父的荣耀。上帝的荣耀，也真切地通过在十字架上作为赎罪祭牺牲的基督的面容照耀出来。因此，十字架被巴尔塔萨视为美学的转折点。基督在十字架上的为世人之罪而死，在巴尔塔萨看来，"只有作为爱的荣耀的一种作用才是可以理解的……如果十字架根本上终结了一切尘世美学，那么这个终结就标志着神圣美学确定无疑地出现了"[3]。在神学美学中作为荣耀的形象出现的钉十字架的耶稣，已完全超越尘世美学的范畴。因为，钉十字架者那种孤独、凄惨、恐怖的形象，是尘世美学的"美"的范畴根本无法涵括的——尘世美学的范畴面对十字架的荣耀完全失去效用。所以，巴尔塔萨认为十字架终结了一切尘世美学。而在神学美学中，钉十字架的耶稣，这个孤独、凄惨、丑陋得恐怖的形象，却揭示了冥冥中主宰世界的无形上帝爱的启示及其救赎恩典之光辉，这时从十字架上照下来的荣耀，将比任何光辉都要耀眼夺目，比世间一切美的事物都要美。本质上，"在这样的自我揭示中，上帝之美拥抱了死亡与生命，恐惧与喜乐，那

---

[1] Hans Urs von Balthasar, *Mysterium Paschale: The Mystery of Easter* (Edinburgh: T. & T. Clark, 1990), p.79.

[2] Hans Urs von Balthasar, *The Glory of the Lord: A Theological Aesthetics* vol. I: *Seeing the Form* (Edinburgh: T. & T. Clark, 1982), p.476.

[3] Ibid., p.460.

是我们叫作丑也叫作美的东西"[1]。这种统一于一体（上帝之美）的二元悖论的范畴，也只有在神学美学的框架下才能得到合理诠释。所以，巴尔塔萨将十字架视为神圣美学出现的标志。

巴尔塔萨认为，在基督里上帝与世人的接触点就是末世论转折点，从而他赋予基督事件以时代象征意义："十字架是旧时代的终点，复活是新时代的起点。"[2] 在他看来，基督的十字架受难，象征着属尘世的旧时代的终结；而基督的复活，则象征着属天国的新时代的开端。基督的复活意味着上帝永恒生命对死亡的战胜，这其实已为末世审判的荣耀吹响了号角。巴尔塔萨讲：

> 通过圣子的顺从和信仰的顺从，通过这种对上帝双重的整体依顺，使得上帝可能将他永恒生命的法则嵌入死亡与孤独王国的中心，克服死亡，使死者复活。唯此上帝对世界的审判取决于他的眷爱，唯此他的正义、他的意志将如同在天上一样统治大地。唯此上帝凌驾于世界之上的主权不只表现在（福音中）他的自画像的崇高上，也表现在他的末世论荣耀上。[3]

由此可见，基督十字架的救赎必然是指向末世荣耀的，所以十字架救赎论荣耀美学，必然导向末世论荣耀美学。[4] 如《圣经》所言："基督在你们心里成了有荣耀的盼望。"（西1：27）"我们又藉着他，因信得进入现在所站的这恩典中，并且欢欢喜喜盼望神的荣耀。"（罗5：2）"等候所盼望的福，并等候至大的神和我们救主耶稣基督的荣耀显现。"（多2：13）末世的荣耀毕竟是一种盼望，所以，在这个意义上，末世论美学也是一种盼望美学。

---

[1] Hans Urs von Balthasar, *The Glory of the Lord: A Theological Aesthetics* vol. VII: *Theology: The New Covenant* (Edinburgh: T. & T. Clark, 1989), p.23.

[2] Ibid., p.517.

[3] Ibid., p.317.

[4] Hans Urs von Balthasar, *Theo-Drama: Theological Dramatic Theory* vol. II: *Dramatis Personae: Man in God* (San Francisco: Ignatius Press, 1990), p.28.

3. 生命美学

　　无论是在救赎论美学还是在末世论美学中，生命总是一个突出的主题。上帝的救赎恩典，正是通过圣子耶稣基督的生命来呈现的。他以十字架上的牺牲（生命终止）作为世人原罪的赎罪祭，为世人涤清罪恶；而又以他死后的复活（生命重生）向世人昭示末世永恒生命的盼望。基督救赎恩典的目的很明确，就是挽救堕落于尘世的罪人，以便在末世降临的时候将其提升到上帝的国度中，参与上帝的永恒生命，分享上帝的荣耀。由此，在巴尔塔萨神学美学体系里涉及的救赎美学论域（涵摄末世论美学）中，我们可以尝试析出生命美学的主题来加以探讨，以期全面、深入地呈现巴尔塔萨救赎美学的思想。当然，如同"救赎美学"一样，所谓"生命美学"也并非巴尔塔萨神学美学关注的中心议题，甚至巴尔塔萨自始至终都没有一种创构"生命美学"的理论意图。但是，没有一种理论自觉，并不代表他就对此题域完全没有任何贡献。实际上，巴尔塔萨神学美学中关于基督永恒生命与基督徒借着基督参与此种生命的相关论述，已为生命美学的开展提供了一些理论基础。因此，顺着救赎美学的议题，这里对巴尔塔萨相关生命美学的神学思想略作梳理与阐释，以展示巴尔塔萨对神学美学这一重要题域所作的贡献，并借以拓展巴尔塔萨救赎美学议题的理论纵深。

　　在《约翰福音》中，耶稣宣称："我就是道路、真理、生命，若不藉着我，没有人能到父那里去。"（约14：6）基督是生命，上帝的永恒生命——"因为父怎样在自己有生命，就赐给他儿子也照样在自己有生命。"（约5：26）——这是通过基督的道成肉身与十字架牺牲之后的复活揭示给世人的。并且，耶稣基督作为天父永远的羔羊来到尘世，就是要将此生命带给一切人的。谁心中充满永生的愿望来到基督面前，基督就以他自己的生命满足他的愿望，使他的生命在尘世得救，并在天国永生。[1]

---

[1] Hans Urs von Balthasar, *First Glance at Adrienne von Speyr* (San Francisco: Ignatius Press, 1981), pp.232-233.

尽管耶稣基督作为上帝之道（logos），作为三位一体上帝之圣子位格，他里面自有永恒生命，但他同时作为完完全全的尘世之人，也是必死的。正如巴尔塔萨所讲，在尘世之中，"基督的生命，首先是一种教导的生命，并最终是受难牺牲的生命"[1]。"因为他生存在时间中并因此是终有一死的。"[2] 不过，基督的死并不只是一种自然生命终止的事件，本质上它是一个爱的事件，爱的生命事件——"神爱我们，差他的儿子为我们的罪作了挽回祭，这就是爱了。"（约一 4：9—10）"他纯粹是因为爱、因为神—人之爱而死的；实际上，他的死是那爱至上的行动，并且爱是最有生命的东西。"[3] 因为爱就是生命，所以，基督十字架的死作为爱的事件，是死而永生的。这就是巴尔塔萨所说的："上帝可以死却不中止其永恒生命，并且以这种方式，他能最终证明他是生命、爱、善和恩典，在其无私的自我给予中倾倒出他自身。"[4] 基督之死并不终止其永恒生命，表面上看似乎是一种悖论，但这却是在基督的复活事件中显明的真理："这死是一个生命事件，因为它是一个爱的事件；它是向着复活而死的……"[5] 基督的复活虽然是永恒生命不可思议的奇迹，可是这在基督教信仰中却绝非神话，使徒们和许多虔诚的基督门徒都有见证："你们杀了那生命的主，神却叫他从死里复活了；我们都是为这事作见证。"（徒 3：15）因为，"'曾经为所有人而死现在却为上帝而生'的复活之主的生命，是出自死亡的生命"[6]。基督的复活是天父上帝对圣子的荣耀——正如耶稣所说："我若荣耀自己，我的荣耀就算不得什么；荣耀我的乃是我的父，就是你们所说的你们的神"（约 8：54）。这实际

---

[1] Hans Urs von Balthasar, *Love Alone* (New York: Herder and Herder, 1963), p.68.

[2] Hans Urs von Balthasar, *The Glory of the Lord: A Theological Aesthetics* vol. VI: *Theology: The Old Covenant* (Edinburgh: T. & T. Clark, 1991), p.413.

[3] Hans Urs von Balthasar, *Credo: Meditations on the Apostles' Creed* (Edinburgh: T. & T. Clark, 1990), pp.53-54.

[4] Hans Urs von Balthasar, *Elucidations* (London: S. P. C. K., 1975), p.42.

[5] Hans Urs von Balthasar, *The Glory of the Lord: A Theological Aesthetics* vol. VII: *Theology: The New Covenant* (Edinburgh: T. & T. Clark, 1989), p.477.

[6] Hans Urs von Balthasar, "Eternal Life and the Human Condition", in *Communio: International Catholic Review* 18 (Spring 1991): 4-23.

上为必死的尘世生命指出了一条通往永生的道路——上帝可以令死者复活，进入他永恒生命的荣耀。所以，基督等于说是"以他的全部存在指出了前面即将来到的天父的国度，通过复活真正的时间与永恒成为一体"[1]。"因为耶稣的复活意味着完全是对限制人类存在的死亡线的突破；它是对在这个世上所有徒劳无益的努力的辩护，因为它将人灵与肉的整体存在带回了上帝的永恒生命。"[2]

这里，必死的尘世生命唯一通往永恒生命的道路，就是追随基督、信仰基督、效法基督。因为基督里面有永恒的生命：

> 太初有道，道与神同在，道就是神。这道太初与神同在。万物是藉着他造的；凡被造的，没有一样不是藉着他造的。生命在他里头，这生命就是人的光。（约1：1—4）

"生命是人之光"，在巴尔塔萨看来，这是一个无限奥妙的词：生命——不是理性或思想——是心灵之光。道（logos）的生命，神圣生命，是"最受祝福之光，心灵之光"——lux beatisima, lumen cordium。这光是不可能为任何"心理学"获得的灵魂的真正生命。[3] 人只能跟随信仰的心灵，在道成肉身的荣耀之光中寻觅这生命之光。正如《约翰福音》中耶稣对众人所说：

> 我是世界的光。跟从我的，就不在黑暗里走，必要得着生命的光。（约8：12）

> 我就是生命的粮。到我这里来的，必定不饿；信我的，永远不渴。只

---

[1] Hans Urs von Balthasar, *The Glory of the Lord: A Theological Aesthetics* vol. VI: *Theology: The Old Covenant* (Edinburgh: T. & T. Clark, 1991), p.413.

[2] Hans Urs von Balthasar, *Explorations in Theology* vol. IV: *Spirit and Insitution* (San Francisco: Ignatius Press, 1995), p.55.

[3] Hans Urs von Balthasar, *The Grain of Wheat: Aphorisms* (San Francisco: Ignatius Press, 1995), p.2.

是我对你们说过，你们已经看见我，还是不信。凡父所赐给我的人，必到我这里来；到我这里来的，我总不丢弃他。因为我从天上降下来，不是要按自己的意思行，乃是要按那差我来者的意思行。差我来者的意思就是：他所赐给我的，叫我一个也不失落，在末日却叫他复活。因为我父的意思是叫一切见子而信的人得永生，并且在末日我要叫他复活。（约6：35—40）

耶稣这里使用了光与粮来比喻自己的永恒生命。他把自己的永恒生命比作世界之光，人追随他走他的道路，就会得到永生之光的照耀。他又把自己比作生命的粮食——"我就是生命的粮。"（约6：48）"因为神的粮，就是那从天上降下来赐生命给世界的。"（约6：33）所以，"人若吃这粮，就必永远活着"（约6：51）。跟随基督的，到他那里去的，信仰他的，必然得着生命的粮，在上帝的爱的光照中获得永恒生命。这正是约翰所讲的，"神爱世人，甚至将他的独生子赐给他们，叫一切信他的，不至灭亡，反得永生"（约3：16）。"但记这些事，要叫你们信耶稣是基督，是神的儿子，并且叫你们信了他，就可以因他的名得生命。"（约20：31）耶稣自己也讲："复活在我，生命也在我；信我的人，虽然死了，也必复活。"（约11：25）所以，归根结底信仰是人所以获得上帝永恒生命的主观必要条件。

"因为所有的信仰都是对复活的信仰。"[1] 盼望是对永生的盼望。"爱成为生命存在物的根基"[2]，并由之而获得一种对抗死亡的力量[3]。所以，信、望、爱三德本质上都与永恒生命相关。于是巴尔塔萨讲："信仰、爱和盼望，是赋予我们的神圣生命。（在创造的秩序中）这种生命不能与上帝的永恒生命分割开来，

---

[1] Hans Urs von Balthasar, *Prayer* (New York: Paulist Press Deus Books, 1967), p.235.
[2] Hans Urs von Balthasar, *Love Alone* (New York: Herder and Herder, 1963), p.51.
[3] Hans Urs von Balthasar, *Theo-Drama: Theological Dramatic Theory* vol. I: *Prolegomena* (San Francisco: Ignatius Press,1988), p.388.

然而却结合到已经与上帝分离的造物之中。"[1] 因而本质上，"基督徒的生命是一种信、望、爱的生命"[2]。正是以此信、望、爱来回应上帝的圣爱，基督徒才可能参与到上帝的永恒生命之中。其中爱作为可以涵摄信德与望德的第一德性（或第一诫命），是回应力量的终极源泉。故巴尔塔萨讲：

> 上帝是自足的。为了直观上帝，参与永恒之爱内在的、三位一体的生命，人被创造、呼召并被赋予恩典。相对的人，是为了绝对者的目的而存在的，并且因为绝对者超越于相对者，所以在人类欲望中，上帝必然超越所有造物。对他而言，上帝是纯净的、光辉四射的爱，一种开放给造物，并期望它参与同神性绝对的、本体论之统一的爱。当圣爱成为造物自身爱的行动，这种参与是可能的。[3]

当圣子基督作为上帝的恩典道成肉身下降尘世，与世人一起分担有限之生命时，他也给世人带来通过永恒生命的，通过信仰、盼望和爱，来分享他的无限生命的期望。这就是巴尔塔萨所讲的："天父啊，当你的圣子分享我们生命的时候，他在他自己里面就有永恒的生命。在他那里，永恒的生命是如此丰盛，通过他寓居在我们中间的恩典，我们已被许可获得这种永恒的生命。"[4] "对被允许走出他或她自己有限的并已结束的生命，从而进入上帝这种永恒的生命的任何人来说，它（永恒的生命）就好像在一个人面前打开了一个广阔的空间，令人惊绝。"[5] 这个令人惊绝的广阔空间就是永恒生命的境界。正如巴尔塔萨所

---

[1] Hans Urs von Balthasar, *The Glory of the Lord: A Theological Aesthetics* vol. I: *Seeing the Form* (Edinburgh: T. & T. Clark, 1982), p.180.

[2] Hans Urs von Balthasar, "Eternal Life and the Human Condition", in *Communio: International Catholic Review* 18 (Spring 1991): 4-23.

[3] Hans Urs von Balthasar, *The Glory of the Lord: A Theological Aesthetics* vol. III: *Studies in Theological Style: Lay Styles* (Edinburgh: T. & T. Clark, 1986), p.108.

[4] Hans Urs von Balthasar, *First Glance at Adrienne von Speyr* (San Francisco: Ignatius Press, 1981), p.237.

[5] Hans Urs von Balthasar, *Credo: Meditations on the Apostles' Creed* (Edinburgh: T. & T. Clark, 1990), p.102.

讲：“生命在上帝之中变成了一个绝对的奇迹。”[1]人的生命一旦被天国接纳，当即便与神的生命融为一体，你中有我，我中有你。从此，人的生命沐浴在神圣生命荣耀的光辉中，进入一种天人合一的生命美学境界。可见，巴尔塔萨爱的美学也包含了生命美学这一古典美学的重要理论维度。

结语

巴尔塔萨以启示形式为核心主题的神学美学，就其本质而言，乃是一种基督中心论的爱的美学。神学启示之美，根源于上帝通过耶稣基督彰显的爱的荣耀光辉。传统基督教神学关于爱的论说，已经形成了涉及爱欲、欲爱、友爱、圣爱等多个层面的爱的类型学思想。不过，无论从基督教传统中可以分擘出多少爱的层次或类型，基督教爱的类型学总是以圣爱与欲爱这一两极结构为其轴心的。圣爱与欲爱这一二元结构思想，在巴尔塔萨神学美学体系中扮演了极其重要的角色，毫不夸张地讲，这种二元爱观与美的二元学说（神圣美和世俗美）一样，是支撑起其神学美学体系的重要支柱之一（而且比起后者更加隐秘一些）。在圣爱与欲爱的关系问题上，巴尔塔萨充分吸收并批判了神学传统中的二元论观念，在辨明二者差异性的同时，亦凸显了二者之间的统一性，从而规避了那种为高扬圣爱而贬抑欲爱的神学观念。在巴尔塔萨神学美学中，爱的启示之美，既是圣爱之美，亦是欲爱之美。所以，巴尔塔萨爱的美学是双重意义上的美学：欲爱美学和圣爱美学——尽管前者在最终意义上是统摄于后者的。巴尔塔萨爱的美学之思想体系建构，复兴并深刻诠释了现代美学历史中久已失落的美学作为爱美之学的原初内涵。这对于复兴（古典）美学有极其重要的借鉴意义。

---

[1] Hans Urs von Balthasar, *Credo: Meditations on the Apostles' Creed* (Edinburgh: T. & T. Clark, 1990), p.103.

另外，在巴尔塔萨神学美学中，通过爱的美学向救赎、生命主题的深度延伸，不仅将其神学美学推至一个新的理论高度或境界，同时也充分体现了其神学美学的终极关怀与生命关怀——当然这种关怀本身也包含了巴尔塔萨神学美学的现代性疗治意义。可以说，任何完整意义上的古典美学理论体系，最后都不能只是一套枯燥乏味的理论说辞，它必须指向一个意义（significance）的世界，从而体现其人文关怀、生命关怀抑或终极关怀。惟其如此，这样的古典美学体系才是充盈而富于生命气息的理论建构。巴尔塔萨爱的美学在启示与救赎层面的展开，为古典美学的现代复兴在神学论域树立了一种意义建构的理论范型。这既是对古典美学传统中的终极关怀或人文关怀精神的继承，又是对这种精神的新发扬。未来古典美学的意义建构亦可以之为镜鉴。

结论　古典美学及未来现代性美学的哲学图景

一、巴尔塔萨神学美学作为一种现代古典美学

　　神学美学是巴尔塔萨在看到基督教宇宙论与人类学的神学进路失效之后，积极创构的一种崭新的神学进路。他的目的是要以这种新的神学思想革新教会神学，并最终实现他更新教会的护教理想。故而，他创构神学美学的初衷并不是为了建构一种作为现代"科学"意义上的美学理论。因此，处理巴尔塔萨神学美学思想的时候，任何忽略其神学根基与旨趣，从而将之视同于一般（纯粹）美学理论的态度或做法都是不足取的。当然，这并不是说在巴尔塔萨神学美学中，美学是从属于神学的一种附庸之物，或者说根本就微不足道。实际上，美学与神学在巴尔塔萨神学美学中并不存在主从关系，甚至可以说巴尔塔萨神学美学中根本就不存在美学与神学的学科分际问题，在此，美学与神学是圆融一体的。所以，这里不能把巴尔塔萨神学美学当作一般现代美学学说来处理的意思是说，要避免以一种现代美学（审美学）的眼光来看待巴尔塔萨神学美学——以那种视角得来的看法，不可避免地是片面的，甚至是歪曲的。巴尔塔萨神学美学根本不属于现代美学的知识形态，故以现代美学的标准和眼光来审视它，自然不得要领。如前面一再强调的，尽管巴尔塔萨的神学美学并不是一种现代学科意义上的纯粹美学理论，但它仍然为我们提供了一种关于美的新的思考路径，一种迥然有别于现代美学的新的美学知识形态——神学意义的古典

美学。所以，我们必须毫不犹豫地抛开现代美学标准或美学史观，而以古典美学标准来衡量巴尔塔萨神学美学，才能得出相对合理的结论。

巴尔塔萨之所以如此重视神学之美的维度，将美学冠于"神学三部曲"之首，并以数百万言之庞大篇幅来阐述这一神学思想，起因在于神学与哲学长期以来对美的漠视。如范·艾普所言："他的美学计划始于对神学与哲学史中美的失落的痛惜。对他来说，'美'应该是神学的第一个字，也是最后一个字。"[1] 巴尔塔萨注意到，在路德改教之前，美一直在神学主流传统中占有一席之地——在中世纪神学中还踞有存在（上帝）先验属性的神学形而上学地位，甚至还形成一个宽泛意义上的神学美学传统。而在16世纪改教之后，新教神学（尤其是改革宗神学）本着因信称义的教义原则，公然漠视甚至剔除神学或教会中美（或美的艺术）的因素，致使神学美学在新教的领地中毫无用武之地。不仅新教如此，自近代以来天主教所继承的大公传统的神学美学亦同样面临溃不成军、一泻千里的尴尬局面。美在神学传统中由此呈现出一派衰败的景象，巴尔塔萨将这种美的失落描绘为一幅荣耀逐渐亏蚀衰微的历史图景。

中世纪之后，不仅神学中美的维度失落，哲学中美的维度也一样面临着巨大的凋零危机。众所周知，中世纪晚期以来，随着人类主体意识逐渐觉醒，知识日渐膨胀从而导致知识的细化或专业化加剧；尤其是启蒙以来，知识学现代性分化致使知识在本体论上决裂，学科专业分化由之成为势不可当的现代性现象。这种现代性知识学的本体论分化是发生在形而上学层面的，其终极表现即是"真"（verum）、"善"（bonum）、"美"（pulchrum）三大先验属性的分裂，分裂成为三种相对独立的人类本体价值，由之存在的第一先验属性"一"（unum）随即烟消云散，也就是说存在本体的统一性因真、善、美的分裂而荡然无存。"美学"（以审美学为主导的知识形态）作为一种现代人文学科，就是在美与真、善的本体分离中独立出来的。现代美学的学科独立，固然将其从一

---

[1] Stephan van Erp, *The Art of Theology: Hans Urs von Balthasar's Theological Aesthetics and the Foundations of Faith* (Leuven: Peeters, 2004), p.130.

种前现代的知识学混沌状态中解放出来，给予了它作为一个现代知识门类自由发展的空间，并且的确使之逐渐成熟为一个现代学科，且带来知识学意义上的繁荣局面。[1] 但另一方面，这种作为现代学科所谓的知识繁荣——更多的是历史之纵向比较意义上的知识繁荣，却是以美的狭义化或美的沉沦为代价的。在现代美学中，美同真、善分离的同时实际上就已疏离了存在本体，于是美从本体论的层面下降到低级认识论的层面，关于美的学问亦由之从形而上学的一个面向变成了被限定到一个特定知识领域的"科学"——"感性学"或"审美学"（aesthetica）。按照巴尔塔萨的讲法，在启蒙时代兴起的现代美学中，美是被"审美化"了。[2] 这种"审美化"意味着美的狭义化，同时也是美的主观化。美的主观化，根本上与哲学的人类学转向相关。

启蒙以降，伴随着主体性哲学主流地位的确立过程，强调主体性的审美学才作为现代美学独立出来，成为一个现代学科。这一独立，本质上也就是美学的狭义化。古典形态的美学包罗万象的丰富内涵，被现代美学大幅削减至主体审美感知这一维度，从而使美学丧失了其超越维度和本体论地位。由此，美学不由自主地向世俗感性深渊中急遽沉沦，原先在古典美学中所固有的存在的神圣与崇高维度则在此过程中被逐渐集体淡忘。所以，现代美学这种对形而上学地位的主动放弃，本质是美学的自贬身价、自甘堕落，这为美学在现代人类知识谱系中的边缘化及其衰落危机埋下了病根。而美学的衰落，更进一步拖累美淡出人类的终极价值视野和生命感受领域。所以，美学的现代性困境，其实也是美的现代性困境。而美及美学的现代困境，归根结底是启蒙现代性造成的。启蒙现代性高扬人的主体性，过分依赖和信任人的理性，导致对（神圣）超验世界的悬置或摒弃，最终疏离了（神圣）存在这个本体基础。无论是美还是美

---

[1] Hans Urs von Balthasar, *The Glory of the Lord: A Theological Aesthetics* vol. I: *Seeing the Form* (Edinburgh: T. & T. Clark, 1982), p.79.

[2] Hans Urs von Balthasar, *Explorations in Theology* vol. I: *The Word Made Flesh* (San Francisco: Ignatius Press, 1989), p.96.

学,其现代性困境,根源上最终都可以追溯到这一本体论疏离。因此,在形而上学的层面,(神圣)存在的遗忘——在海德格尔那里叫"存在的遮蔽",在巴尔塔萨这里叫"上帝的缺席"——被视为现代性危机的真正根源。

在巴尔塔萨神学美学中,神学的现代性困境也源自存在(上帝)的遗忘这一现代性危机。所以,为了应对神学的现代性危机,巴尔塔萨从启示的美的维度重新确立一种见证上帝在场的现代神学,即作为第三条道路的神学美学。通过其神学美学,他为神学找回了存在(上帝),也找回了失落的美的维度——或者更准确地说,是神圣存在的美的维度。而他在恢复与重构神学的美学维度的同时,也复兴了一种古典美学,一种基督教神学框架下的古典美学知识形态。这种现代的神学古典美学,为拯救现代世界中失落的美,以及深陷现代性困境中的美学,提供了一条出路。

首先,尽管巴尔塔萨没有任何明确的复兴古典美学的理论抱负,但其神学美学体系却确确实实涵盖了这一内容。并且,对于古典美学——他称为"Transzendentale Ästhetik"(先验美学)或"Antike / Klassische Ästhetik"(古典美学)——巴尔塔萨已有相当清晰的美学史概念,可以说他是美学史上第一位明确指出古典美学传统的思想家。虽然在他的神学美学"判教"体系中,神学美学(荣耀美学)是绝对地优位于一般古典美学的。他的《上帝的荣耀:神学美学》后六卷从神学、形而上学与《圣经》三大领域对神学美学的思想渊源所做的历史梳理,即可视为他在神学美学的视阈下对西方古典美学源流的系统爬梳。尽管这种梳理并不是按照美学史编修的全面、客观之学术标准来进行的,不免带有巴尔塔萨神学美学自身议题的局限性和浓郁的教派色彩。不过,以煌煌六大卷的篇幅来呈现的神学美学思想渊源,几乎涉及了西方圣、俗两方面的所有精神传统,并从神学、形而上学与《圣经》三个方面疏通出一个比较清晰的脉络,这实际上已为西方古典美学源流的现代梳理做出了奠基性贡献。古典美学的现代复兴,离不开古典美学传统资源的支撑,所以梳理古典美学思想传统,厘清学脉是一项基础性的研究工作。在此,巴尔塔萨对神学美学思想渊源的爬梳整理，不仅为其神学美学自身作为一种古典美学的现代复兴奠定了坚实的基础，同时也为将来古典美学传统资源的客观中立之系统整理奠定了基本的框架基础。

如前所述，无论是美学还是神学，其现代性困境或危机皆在根源上与存在的遗忘相关。美学遗忘存在，必然疏离存有论，疏离存有论，美学本体则无法树立起来，从而致使美学成为没有形而上学根基的凌空蹈虚之说。这是现代美学（审美学）的根本弊病所在。因为现代美学已然根本缺乏重建美学存有论的思想资源，故而重返美学的古典传统成为现代美学研究的必修课题。巴尔塔萨神学美学作为（神学）古典美学的一种现代形态，实际上已为美学存有论在神学美学构架下的重建，提供了一个可资借鉴的范本。其实，巴尔塔萨神学美学同一切古典美学一样，离不开存有论这个根基——神学美学不能离开（神圣）存在来探讨美，他的整个神学形而上学即建立在（神圣）存在本体论问题的神学基础之上。在其神学美学中，存在（上帝）与美（荣耀）一样，皆是根基性的范畴。巴尔塔萨通过对作为三位一体上帝之位格化神圣存在的确定与诠释，进一步吸收并发展了中世纪即已基本定型的神圣存在的先验属性学说，并试图以"美"（《上帝的荣耀：神学美学》）、"善"（《神学戏剧学》）、"真"（《神学逻辑学》）三部曲之神学体系来赋予这一神学存在论学说更加充实的思想内容。尽管从真、善、美在整个神学三部曲的分工来看，三者的确在巴尔塔萨的神学诠释中各有侧重，但对于存在本身而言，它们都是内在地统一于存在的先验属性——存在即真即善即美，真善美不一亦不异。这就是说，在巴尔塔萨的神学形而上学中，真善美并不是分裂的价值本体，而是存在"三位一体"、圆融一如的先验属性。在存在的诸先验属性中，巴尔塔萨尤其重视最后一个先验属性——美，且在其神学三部曲中将其擢升到诸先验属性之首，并以最大的热情和篇幅来阐述这个一再被人忽视或遗忘的神学维度。最终，在神圣存在论及其先验属性学说的本体论基础之上，巴尔塔萨建立起美的神学形而上学，从而奠定其神学美学理论体系的坚实根基。

美是有结构层次之分的，从苏格拉底、柏拉图的时代起，就已经存在相关的美的结构学说。尽管美的结构划分标准可以有无数种，但大致可分为两类，一类是基于审美对象标准的横向板块划分，一类是美的内在纵向层次划分。巴尔塔萨神学美学作为一种神学，必然涉及圣、俗二元价值分野，并由此产生神圣美与世俗美的内在纵向层次结构划分。这种二元结构是最为基本的美的纵向结构划分。巴尔塔萨神学美学中到处充斥着神圣美（荣耀）与尘世美（美）的张力结构。故而这个美的圣俗二元结构是我们把握巴尔塔萨神学美学的一个基本关系主题。对于巴尔塔萨来讲，神圣美与尘世美的对立统一关系，必须要以类比这种神（哲）学原则来理解。当然，神圣美与尘世美的区别是再明显不过的：神圣美是属天（神）的、无限的、超越的美（荣耀）；尘世美是属地（人）的、有限的、内在的美。所以，类比原则应用在这里，主要是诠释神圣美与尘世美之间的一致性或共通性——注意，并不是同一性——类比是介于同一与区别之间的一个关系概念，这个概念主要是在差异性中强调相似性或一致性。这种"美的类比"，是巴尔塔萨在继承普茨瓦拉的"存在类比"思想的基础上，综合吸收了巴特的"信仰的类比"思想后形成的一种"自由的类比"学说。这种类比思想不仅是他美的二元结构学说的内在根基原则，也是他的神学美学乃至整个神学体系的基本原则或思维模式。正是以美的类比为基础，巴尔塔萨在神圣美与尘世美判若云泥的两极之间建立起美学关联，从而使神圣美与世俗美的二元结构图景得以在其神学美学中展开。在巴尔塔萨神学美学中，这种美学二元结构图景是通过荣耀与美的对峙与关联呈现出来的。在耶稣基督身上，这种美的二元结构被完美地揭示出来；此外，在基督教艺术这个特殊的神学美学领域中，也比较集中地表现了神圣美与世俗美这一对关系主题。

主、客观问题是现代以来的美学不得不正视的基本美学立场问题。一般现代美学（审美学）主要强调的是美的主观因素；而古代美学则相对更侧重美的客观因素。巴尔塔萨神学美学作为一种古典美学知识形态，也强调美的客观因素，故而常常被人误解为一种客观主义的美学。实际上，巴尔塔萨神学美学既可以称作客观主义的美学，也可以称作主观主义的美学，但不能贴上客观主义或主观主义的标签将问题简单化。对于其神学美学，巴尔塔萨认为："它将是感知研究和神圣荣耀客观的自我表现的研究两重意义上的神学美学。"[1] 也就是说，他的神学美学既不会偏废美学的主观因素，也不会偏废客观因素。在他看来，美学就是要思考美之所以为美的客观对象和主观感知行为。[2]

继承中世纪经院美学的主流观点，巴尔塔萨认为，美是由形式与光辉两大客观因素结合生成的，并视二者为美中不可分割的两个基本要素。对于巴尔塔萨而言，光辉在美中表现的是一种垂直维度上的无限深度，形式表现的则是一种水平维度上的延展。二者结合在一起，美就既具有了具体的感性形式，又具有了无形的精神光辉。在巴尔塔萨看来，形式与光辉不仅是美学的基本范畴，同时也是神学必须处理的基本范畴，因为，形式与光辉最终在耶稣基督身上实现了终极完美的结合。实际上，也只有在耶稣基督身上，形式与光辉结合才能呈现出世界上最为光辉灿烂的美——上帝的荣耀。所以，巴尔塔萨神学美学必然是基督中心论的。围绕基督这个中心启示形式，巴尔塔萨最终建立起一种别具一格的神学美学基督论或基督论美学。

在神学美学主观论（神学审美感知）维度上，巴尔塔萨认为最重要的两个要素是观照和信仰。在他看来，审美感知最重要的途径就是观照，并认为神学美学就肇端于形式的观照。所以，他在诸种审美感官中特别强调了视觉的优先性。观照不只限于肉眼的观看，它同时也指心灵之眼（或信仰之眼）的观照，也就是说，在巴尔塔萨神学美学中，观照是身体感官与心灵感官双重意义上的。尽管这种肉眼观照与精神观照区分的思想渊源，来自柏拉图主义与神秘主义传统中固有之身体感官与心灵感官之二元区隔，但巴尔塔萨并没有受到柏拉图灵肉二元论那种贬低肉体感官的偏歧观点影响。在他看来，肉眼观照与精神

---

[1] Hans Urs von Balthasar, *Love Alone* (New York: Herder and Herder, 1969), p.8.
[2] Hans Urs von Balthasar, *Theo-Drama: Theological Dramatic Theory* vol. I: *Prolegomena* (San Francisco: Ignatius Press, 1988), p.16.

观照虽然是两种不同的观照类型，但二者关系并非是割裂的、对立的，所以，巴尔塔萨认为重视精神观照并不意味着一定要贬低肉眼观照，恰恰相反，精神观照还必须依赖肉眼观照作为基础。对巴尔塔萨而言，精神观照能力是通过信仰赋予心灵的光辉，所以精神观照在神学美学中也称为信仰观照。信仰观照的对象在神学美学中主要指基督形式。而对耶稣基督这一美的启示形式的审美观照，必然指向对三位一体上帝荣耀的精神默观。这种精神默观，凭借基督之爱（agape）的提升，观照者以爱（eros）的回应（信仰）向上升举，最终以信仰之眼窥见上帝的荣耀，从而将人提升到一种神学意义的审美陶醉、迷狂状态之中，进入一种神人合一的至高审美境界。这便是作为巴尔塔萨神学美学不可或缺的重要面向——神学审美学的基本思想轮廓。

最后，作为一种以耶稣基督这一中心启示形式为核心对象的启示神学或美学，巴尔塔萨神学美学最终必然指向一种救赎美学，一种美学性的生命关怀或终极关怀。基督的救赎是以爱为中心的，须有爱——涵括圣爱（agape）与欲爱（eros）两个面向——作为前提，才会有恩典与救赎。所以巴尔塔萨神学美学首先呈现为一种基督中心论的爱的美学。这种爱的美学既在创造的领域内展开，也在启示与救赎的领域内展开。并且，通过这种爱的美学，神学美学最终发展到救赎美学乃至生命美学的领域。救赎与永恒生命的获得，是基督教信仰的最终目的；相应地，十字架救赎美学与生命美学也是巴尔塔萨神学美学的最终形式。这种神学美学框架下的终极美学形式，昭示的是一种沐浴在神圣荣耀光辉中天人合一的生命美学境界。

以上所述，便是巴尔塔萨神学美学作为一种现代古典美学理论提供给我们的核心思想资源。本书"绪论"中已经提到，古典美学作为一种源远流长的美学知识形态，自西方进入基督教时代开始，便由希腊哲学的古典美学逐渐转化为基督教神学的古典美学知识形态，并在中世纪完全依托于神学美学；而近代以后，随着哲学的主体性转向及审美学的现代兴起，背负古典美学传统的神学美学被悄无声息地排挤到美学的边界之外，甚至基督教（新教和天主教）自身也将神学美学压抑到神学边缘的位置。尽管如此,古典美学的传统并没有完全中绝,它仍旧通过边缘化的神学美学延续着它命若悬丝般的古老生命。而经过数百年的沉寂,随着神学美学在20世纪的现代复兴,这一长时期被现代美学遮蔽、被基督教神学漠视的古老美学传统终于得以重见天日。神学美学的现代复兴,其实也是一种非常复杂的神学和美学现象。首先,它绝不单纯是中世纪神学美学的一种现代复辟,神学美学的现代复兴是在古典资源基础上吸收现代美学与哲学思想而形成的,本质是古典神学美学的现代性重塑;其次,现代神学美学自身,也绝不只是一种单一面貌的理论,而是呈现为多种不同的理论形态,范·艾普曾对当代神学美学进行类型学归纳,总结出四种大相径庭的神学美学类型或进路。[1] 巴尔塔萨神学美学说到底也不过是诸种现代神学美学进路中的一种。不过,毫无疑问,巴尔塔萨神学美学是所有现代神学美学中最系统、最深刻,因此也是最富成就、最具典型性的神学美学。他的《上帝的荣耀:神学美学》虽然不是20世纪最早的现代神学美学著作,但这部鸿篇巨制却被学界视为现代神学美学真正意义上的开山大作。而且,对于美学而言,他的这部巨著也是古典美学现代复兴当之无愧的里程碑,在他之后,恐怕任何古典美学的复兴方案都无法绕过他的贡献。尽管巴尔塔萨的神学美学作为古典美学理论,并不能代表所有的古典美学——严格讲,它只是在神学领域内复兴的一种古典美学。但是,由于巴尔塔萨在其神学美学体系建构过程中,不仅比较系统地回溯了神学传统与《圣经》中的荣耀美学(古典美学)资源,也相当系统地回溯了广义的整个西方形而上学传统——涵盖了神话、宗教、哲学、诗学等领域——中的荣耀美学(古典美学)资源,因此一定程度上讲,他的神学美学实际上是奠立在整个古典美学大传统之上的,这就赋予了他一种相当于古典美学集大成者的地位。所以,古典美学全面而系统的现代复兴与哲学创构,不得不以巴尔塔萨神学美学为基本参照坐标。

---

[1] Stephan van Erp, *The Art of Theology: Hans Urs von Balthasar's Theological Aesthetics and the Foundations of Faith* (Leuven: Peeters, 2004), pp.58-68.

结论　古典美学及未来现代性美学的哲学图景

从本书的研究可以看到，巴尔塔萨神学美学作为（神学）古典美学的一种极具代表性的理论形态，主要表现出这几方面的特征：

其一，巴尔塔萨的神学美学是一种现代性的神学，也是一种现代性的（古典）美学。巴尔塔萨推崇古典思想，看起来有些保守主义的色彩，但若因此就将巴尔塔萨神学美学理解为一种前现代的思想进路，那就大谬不然了。巴尔塔萨神学美学是针对现代性危机——主要指神学的同时也是美学的现代性危机——而创构的，本质上他是要以古典资源来化解神学的现代性危机，所以他的神学美学是地地道道现代性的神学或美学。至于有研究者称其为"后现代的"[1]，抑或什么"回应的后现代性"（postmodernity of reaction）或"怀旧的后现代性"（postmodernity of nostalgia）[2]，其实大都是穿凿附会20世纪后期流行的后现代思潮的讲法，纯粹是玩弄辞藻而已。巴尔塔萨神学美学既不属于前现代亦不属于后现代[3]，而是真正意义上的具有现代性的神学美学——古典美学。

其二，尽管巴尔塔萨神学美学是一种具备现代性精神气质的古典美学理论，但这个理论呈现的却是与现代分工明细的"科学"或"学科"大异其趣的古典知识形态——主要是神学与美学融为一体的综合知识形态。这种知识形态带有明显的前现代混沌色彩，不过这种混沌色彩却不构成他的神学美学之前现代性的证据。因为，对巴尔塔萨而言，他并不是不清楚现代学科分际的界限，相反，正是因为他清楚现代学科专业分化的弊病，所以才会追求这种神学美学圆融一如的知识形态——这正可看作他反对知识学现代性分化的一个具体理论实践。现代学科专业分化固然是知识丰富的一个重要标志，并且这种分化会进一步促进知识的深化与细化。但是，这种知识专业细化却会导致人类逐渐丧失整

---

[1] Lucy Gardner, et al. *Balthasar at the End of Modernity* (Edinburgh: T. & T. Clark, 1999), p.13; see also David L. Schindler, "Modernity, Postmodernity and Atheism", *Communio: International Catholic Review* 24 (Fall 1997): 563-579.

[2] Cyril O'Regan, "Balthasar: Between Tubingen and Postmodernity", *Modern Theology* 14.3 (July 1998), p.325.

[3] Edward T. Oakes and David Moss (eds), *The Cambridge Companion to Hans Urs von Balthasar* (New York: Cambridge University Press, 2004), p.13.

全的眼光，如巴尔塔萨所言："我们多面化的眼光实际上适合于碎片化的和可量化的东西：我们是世界的和灵魂的分析家，却不再拥有整体性的视野。"[1] 而且知识专业分化与人类的整体性视野之间是绝对的反比关系：知识越分化，专业越细化，人类就越缺乏整体性的视野。没有这种整体性的视野，人类就不可能把握存在的整体性或统一性（unum）。这也正是许多思想家所理解的现代性危机的根本症结所在。巴尔塔萨为什么要在其存在论中重塑真善美的价值统一性，根本原因即在于此——回应现代性危机。神学美学的任务是揭示作为整体存在的上帝荣耀的奥秘，所以它必须具备一种整体性的视野。实际上，神学美学这种带有综合或混沌特点的知识形态，也是诞生于前现代的古典美学知识形态的一个普遍特征——这同样也是古典美学区别于作为现代学科分化产物之现代美学（审美学）的一个基本知识特征。古典美学尽管仍旧使用"美学"这个现代概念，但这个概念的内涵与外延在古典美学这里都发生了变化，它的内容远比在现代美学中丰盈，从而突破作为现代学科分化产物的狭隘美学概念，回归作为一种美的学问的意义本源。故而古典美学是迥异于现代美学的一种知识形态，它带有前现代知识浓郁的混沌色彩，与神话、哲学、伦理、宗教、神学、文学、艺术等知识形态纠缠交织在一起，构成一个统一的整体。

其三，巴尔塔萨神学美学作为一种古典美学理论体系，表现出综合性的特点。巴尔塔萨神学美学的综合性特点固然也指那种前现代的知识学混沌特征，但这里重点强调的是作为巴尔塔萨神学美学自身个性特点的综合。这种综合是巴尔塔萨神学美学成为神学美学或者古典美学集大成者的一个根本原因所在。在巴尔塔萨神学美学中，读者会惊奇地发现，他把西方从古至今、教俗两界的精神资源都整合到了他的体系之中。在他的《上帝的荣耀：神学美学》中，既有神学（包括神话和宗教）、哲学的研究，亦有美学、文学、艺术的研究；既有古希腊（以及古罗马）、古希伯来的传统，又有教父、中世纪

---

[1] Hans Urs von Balthasar, *The Glory of the Lord: A Theological Aesthetics* vol. I: *Seeing the Form* (Edinburgh: T. & T. Clark, 1982), p.25.

经院哲学的传统，还有近现代神秘主义、唯心主义的传统；既有传统的，又有激进的；既有柏拉图主义的，又有亚里士多德主义的……几乎涉及了西方所有主要的人文学术领域和主要精神传统。各式各样的知识和思想传统都被他以渊博的整全视野整合到其包罗万象的宏大体系中，由此他的著作成为神学美学（古典美学）真正集大成的体系。

其四，巴尔塔萨神学美学是主张主客观统一的美学。如前所述，他的神学美学是一种不同于现代美学的古典美学理论形态。现代美学是以审美学为主导的，单纯的审美学则容易导致审美主义的泛滥，而纯粹的审美主义把我们禁闭在美的形式的领域[1]，无法向美的存在深度中挺进。这在古典美学中是绝对不允许发生的情况，所以，柏拉图一方面创立（古典）美学，另一方面却不断批判美的艺术、抨击诗人，如巴尔塔萨所讲："一般来看，美学史上最大的悖论是，这门学问的创立者柏拉图是公然反对'审美'的，从《伊安篇》(*Ion*)到《高尔吉亚篇》(*Gorgias*)和大、小《希庇阿斯篇》(*Hippias*)，从《理想国》(*Republic*)到《法律篇》(*Laws*)，他对艺术与艺术家的抨击就没停止过。"[2] 固然，柏拉图反对审美、抨击诗人现在看来是偏激的，但站在古典美学的立场来讲，只停留在审美的层面，却是更加危险的事情。柏拉图的担忧并不是空穴来风，启蒙以来的美学现代性危机已充分证实了这一点。这也是我们今天重新发掘、整理古典美学传统的根本原因所在。尽管如此，巴尔塔萨这种古典美学，同那种前现代偏重美的客观性的古典美学仍然是存在区别的。如范·艾普所讲："现代哲学，以其对主体经验的强调，已然高度影响了神学美学。"[3] 现代神学美学重视主体审美经验已成为一种普遍现象。巴尔塔萨神学美学也深受这种现

---

[1] Hans Urs von Balthasar, *Theo-Drama: Theological Dramatic Theory* vol. II: *Dramatis Personae: Man in God* (San Francisco: Ignatius Press, 1990), p.27.

[2] Hans Urs von Balthasar, *Explorations in Theology* Vol. I: *The Word Made Flesh* (San Francisco: Ignatius Press, 1989), p.98.

[3] Stephan van Erp, *The Art of Theology: Hans Urs von Balthasar's Theological Aesthetics and the Foundations of Faith* (Leuven: Peeters, 2004), p.60.

代主体性思潮影响。而且，尽管审美学不能取代真正的美学，但它本身却是美学无可争议的一部分。虽然现代美学在美学大方向上有所偏差，但它在审美学的维度上取得的丰硕成果同样也是不容忽视的。巴尔塔萨作为一个现代神学美学思想家，无法否认、也不能够漠视审美学这一重要面向。所以，他的神学美学也主动吸收了康德以降的现代美学成果，从而获得一种人类学的哲学视野。这意味着，他的神学美学是在传统神学（古典）美学基础上综合现代（康德—浪漫主义）美学因素而形成的一种现代神学（古典）美学理论形态。这种神学（古典）美学理论形态对美的主客观因素都给予了充分的重视。由此，再次体现出巴尔塔萨神学美学的综合特点。

其五，巴尔塔萨神学美学的基本神学原则或哲学思维方式是类比。他不仅将类比原则运用于神圣美与世俗美的二元结构分析中，也将类比原则应用于神人关系、上帝与存在的关系、神学美学与先验美学的关系、心灵感官与身体感官的关系等多种关系结构场合。在整部神学美学中几乎随处可见类比的关系主题。所以，类比原则成为其神学美学的基本方法论原则。而类比原则，也是一般古典美学中常见的方法论原则或思维方式。

其六，巴尔塔萨的美学存在论为神学美学作为一种完全意义上的古典美学理论体系奠立了根基。任何古典美学体系都应是以存有论为根基的美学。离开存有论这个根基，美学的本体即无法挺立，美学的（形而上学）体系建构就没有坚实的基础。虽然神学美学的存在与一般哲学的古典美学的存在概念之间不可以画绝对的等号，但二者仍然可以类比地理解为同等事物。只有依靠存在本体论的保障，古典美学才能保持超越性而不至于滑落到审美学的层面上去。如巴尔塔萨所言："当存在（Being）在其古典意义上和基督教意义上被类比地理解，加之无限者和神圣者凌驾于有限和尘世之物之上的那种崇高是一切有限存在和思想的形式都无法超越的，当因此尘世的维度悬浮在存在与本质有如天壤之别的区别中时，存在的这些先验属性——一、真、善、美——被这种类比和实质区别影响如此之深，以至于任何将形而上学和真、善、美的形而上学学说降格到一种'精密科学'的企图都是不可能实现的。"[1]

其七，巴尔塔萨神学美学是一种围绕耶稣基督这一启示的中心形式展开的荣耀美学，所以本质上它是一种基督中心论的神学美学。如蒙格瑞所见，巴尔塔萨将康德—浪漫主义美学视为一种人类中心的美学，又把古典美学视为一种宇宙中心的美学，而他自己的神学美学则是一种基督中心的美学。[2] 巴尔塔萨将哲学的古典美学归纳为宇宙中心论的美学未必恰切，其实对古希腊—古罗马的多数古典美学学说而言，毋宁说是存在中心更为准确——当然，这不能一概而论，因为古典美学的理论形态是复杂多样的，对古典美学的任何特征概括都必须谨小慎微。巴尔塔萨神学美学的基督中心，其实可以理解为存在的位格化（三位一体）。这样，即可看出神学美学与古典美学的内在（类比）关系。

其八，美（尘世美）与荣耀（神圣美）的二元结构是巴尔塔萨神学美学中的一对基本关系主题，巴尔塔萨尤其强调了荣耀主题，整部《上帝的荣耀：神学美学》可以说都是围绕上帝的荣耀概念而展开的。荣耀固然是神学美学独有的范畴，但是，神圣美与尘世美的对峙与统一，却是古典美学中常见的二元美学结构。理念美与感性美、本质美与表象美、终极美与创造美、原初美与衍生美、绝对美与相对美、形式美与物质美、先验美与自然美、超越美与内在美……种种术语对举已在古典美学传统中司空见惯。

此外，巴尔塔萨神学美学将形式与光辉视为美的基本客观要素，将观照视为审美感知的主要途径，都是古典美学传统中既有的思想元素。当然，巴尔塔萨把这些美学思想继承过来都加以更进一步的发展。同样，爱的美学主题在古典美学传统中也有相当丰富的资源，巴尔塔萨在神学的框架下加以系统的阐述，并通过爱的美学将神学美学发展到救赎美学与生命美学的主题上。鉴于巴尔塔

---

[1] Hans Urs von Balthasar, *The Glory of the Lord: A Theological Aesthetics* vol. V: *The Realm of Metaphysics in the Modern Age* (Edinburgh: T. & T. Clark, 1991), p.598.

[2] Kevin Mongrain, *The Systematic Thought of Hans Urs von Balthasar: An Irenaean Retrieval* (New York: The Crossroad Publishing Company, 2002), p.61.

萨神学美学特征中涉及的具体思想主题，前文已经进行了相应概括，这里恕不赘述。总之，巴尔塔萨神学美学这些特征或思想主题，比较广泛地反映了古典美学的知识形态及特点。因此，巴尔塔萨神学美学对于古典美学现代复兴的美学史意义，除却前面已经重点论及的两点——对古典美学传统系统梳理的奠基性贡献，以及自身实现了神学古典美学之现代复兴——它还可以为普世性的现代古典美学体系建构提供理论支撑。

尽管巴尔塔萨神学美学作为一种现代古典美学理论，它与传统（哲学）的古典美学有许多共通之处，并反映了古典美学的许多普世性特征。但我们任何时候都不能忘记，巴尔塔萨神学美学是一种"以神学的方法在神学的层面开展美学的尝试"[1]，它并不是完全人文学术意义上的古典美学。在他的"判教"体系中，后者是神学美学必须超越的对象，而且神学美学的"判教"标准最终是由《圣经》（《新约》）中的上帝荣耀决定的。如他所讲："因此，被我们看作对'哲学的'超越美学的批判和超克，从而我们在这部著作中称为'神学美学'的东西，必然同样地在《新约》中上帝荣耀终极的自我揭示中完成。"[2]（由基督形式启示出来的）上帝的荣耀才是神学美学真正的对象和真正的意义所在。这种神学的内容造成了神学美学与一般古典美学的根本距离，由之构成一种特殊的古典美学知识形态——神学的古典美学。神学的古典美学尽管也包含许多古典美学的普世性特征，但是这种古典美学本身因为宗教的局限却不是普世性的——尽管基督教宣称自身是普世性宗教，但它的真理并没有成为全人类信仰的真理，所以它在现实和历史的意义上并不是普世性的，受此局限，神学美学自然也不可能是普世性的——故而我们寻求一种超越巴尔塔萨神学美学，具有真正普世性意义的现代性古典美学——未来的现代性美学。

---

[1] Hans Urs von Balthasar, *The Glory of the Lord: A Theological Aesthetics* vol. I: *Seeing the Form* (Edinburgh: T. & T. Clark, 1982), p.38.

[2] Hans Urs von Balthasar, *The Glory of the Lord: A Theological Aesthetics* vol. VII: *Theology: The New Covenant* (Edinburgh: T. & T. Clark, 1989), pp.18-19.

二、古典美学现代复兴的东方呼应

古典美学是一种普世性的美学知识形态,因此,实现古典美学的现代复兴,除了考虑西方的古典美学资源(这里主要指巴尔塔萨神学美学)外,还应考虑其他文化系统中的古典美学资源。当然,这里不可能将人类所有文化系统中的相关资源都梳理一遍,事实上也没有人能够做到这一点。所以,本书特别选取东方文化里面较具代表性的现代汉语哲学中相关古典美学思想来加以描述,以期最终能够在一种会通的视野下与巴尔塔萨神学美学相比照,为古典美学的现代复兴与创构提供一些可供借鉴的资源或思路。

其实,从某种程度上讲,这个工作也是在继续巴尔塔萨未竟的事业。须知,巴尔塔萨本人也一直比较关注东方思想(尽管主要是印度及佛教方面的内容)[1],而且曾为其《上帝的荣耀:神学美学》没有涵括东方的思想文化而惋惜:"眼前这部著作的色彩自然是太过地中海化了,如果能涵括其他文化,尤其是亚洲的文化,那将会是非常重要且丰富多彩的。但作者的学识却不允许这样的扩展,而且肤浅地呈现这些材料只会留下一个浅尝辄止的恶名。"[2]也就是说,这实际上是巴尔塔萨出于严谨的学术态度而未敢涉足的领域。

众所周知,现代意义上的汉语美学迄今也就一百来年的历史,而且一直是追随以审美学为导向的现代西方美学。这种情况导致汉语美学界长期以来既不甚了解西方古典美学的进路,也不够重视汉语文化传统自身丰富的古典美学资源。所以,在面对美学边缘化等现代性困境时,西方思想界开始转向美学的古典传统来寻求出路,而汉语美学界却提不出根本性的解决方案。

当然,当代汉语美学界没有巴尔塔萨那样厚重的(神学)古典美学体系建

---

[1] David L. Schindler (ed.), *Hans Urs von Balthasar: His Life and Work* (San Francisco: Ignatius Press, 1991), p.34.

[2] Hans Urs von Balthasar, *The Glory of the Lord: A Theological Aesthetics* vol. I: *Seeing the Form* (Edinburgh: T. & T. Clark, 1982), "Foreword".

构，并不代表汉语思想界在古典美学的现代复兴方面毫无理论建树。实际上，在当代汉语学术界已经有一部分有识之士进行过复兴古典美学的相关理论建构，初步透显出一些复兴古典美学传统的努力迹象。这些理论实践作为汉语知识界独立自发的探索，尽管与巴尔塔萨那种宏大的体系建构相形见绌，但即便是萤火之光也多多少少能与日月形成辉映——而且从某种程度上讲，他们所做的是巴尔塔萨想做却做不了的工作。

目前汉语学界在复兴古典美学方面作出过贡献的人物虽不算多，但也不可谓少，所以这里不可能将每一个人的相关理论贡献都纳入研讨的范围。故这里论者不揣浅陋，冒着挂一漏万的风险，试对当代汉语哲学中一些较具代表性的相关古典美学思想略作概述，以求为古典美学的现代复兴提供一些非西方的视野或参照坐标。这里涉及的当代哲学家或美学家主要有牟宗三、史作柽、曾昭旭、李正治、陈望衡、梁燕城等。之所以选取这几位哲学家或美学家，并不是因为他们是现代汉语世界中最有成就或最富影响力的美学思想家——甚至恰恰相反，他们的美学成就一直甚少得到（大陆）汉语美学界的关注——这里选取他们作为典型个案来分析的原因主要有以下几个：首先，就复兴美的传统思想而言，他们在时代语境与历史位置方面能够极好地与巴尔塔萨形成参照；其次，他们在某些领域内的研究，可以视为当代汉语学界在复兴汉语古典美学传统方面比较具有代表性的成果，或者其理论构想具有良好前景；再次，他们在复兴汉语古典美学的理论建设中，都表现出一定程度的思想原创性；最后，尽管他们之中也有专业的美学学者（如史作柽、陈望衡），但他们对于古典美学现代复兴的贡献往往偏重于某一方面，没有像巴尔塔萨那样系统、全面、成熟的体系建构，故而只能选取几位代表性哲学家（美学家）来做综合的概观，以求比较全面地反映汉语古典美学现代复兴的基本面貌。有鉴于此，本书不会对每一位哲学家的古典美学思想作全面的概述、分析与批判，而只能取其大要，分别勾勒出他们最核心的贡献。

牟宗三对于古典美学现代复兴的贡献主要体现在其晚年成熟的真善美的合

一说上面。牟宗三晚年在研究（翻译、消化）康德"第三批判"的时候，以其分别说（分别智）与非分别说（圆融智）的基本智思分判，提出真善美的分别说与合一说：

……我要写《真善美的分别说与合一说》这一部书。康德的《第一批判》讲"真"，《第二批判》讲"善"，《第三批判》讲"美"。但"即真、即善、即美"的合一境界，康德并没有，中国人在这方面却能达到相当高的境界。合一说的真善美与分别说的真善美之间的关联如何，是最后的圆成的问题，康德也没有达到这境界，《圆善论》是最高圆满的善，仍然是顺着善讲。这部书则是把美也包括进来，是最后的圆融。[1]

在《圆善论》中，圆善在牟宗三看来已是哲学之终极问题，故圆善论通常被人视为其整个道德形而上学之结顶。不过，依牟宗三最终的想法，其形而上学体系的真正结顶应该是真善美的圆融合一（真善美圆融论），这才是哲学最后的圆融。其实他在《圆善论》中即已意识到，在圆善这一哲学终极问题之上，还存在一个真善美的圆成问题——尽管真善美的圆成或合一说仍是在道德形而上学的框架内来讨论的。[2] 所以，他计划在对康德美学（"第三批判"）的批判与消化中，解决哲学这一最后的圆成问题。当然，《真善美的分别说与合一说》最终并未成书，不过牟宗三的《以合目的性之原则为审美判断力之超越的原则之疑窦与商榷》（牟译《判断力批判》序言）这篇长文可视为该书的雏形，牟宗三关于美学尤其是真善美圆融论的基本观点，这篇长文都有具体呈现。

在牟宗三看来，"分别说的真指科学知识说，分别说的善指道德说，分别说

---

[1] 牟宗三：《哲学之路——我的学思进程》，《牟宗三先生全集》(24)，台北：联经出版事业公司2003年版，第410页。
[2] 他早在《政道与治道》中便已讲过："凡真善美皆为道德理性所要求、所意欲。"牟宗三：《政道与治道》，《牟宗三先生全集》(10)，第63页。

的美指自然之美与艺术之美说。三者皆有独立性，自成一领域"[1]。这种分别说，自然直接是针对康德批判哲学体系之真、善、美三部曲（"三大批判"）而言的。康德将人的诸认识能力区分为知性、理性、判断力，知性（思辨理性）应用于自然王国为求真，理性（实践理性）应用于自由王国为向善，判断力应用于艺术领域为爱美。康德通过"三大批判"建立起来的求真、向善、爱美，皆是外在的分别说真、分别说善、分别说美。虽然康德也在通过"三大批判"的完整体系追求，力求达到真、善、美的合一，但在牟宗三看来，康德所说的"以美学判断沟通自由与自然之两界合而为一谐和统一之完整系统"之合一，并不是他所讲的"于同一事也而即真即美即善之合一"。[2] 康德论真、善、美是从人的认识能力出发，分别说真、善、美，其真、善、美的统一，是外在体系的统一，而非内在的真善美浑如一体的合一。

　　牟宗三讲的真善美的合一，是一种本体论意义的浑然圆成之化境，一种可以通过智的直觉达到的（知识—道德—审美）至高境界。牟宗三依中国圆融智传统所讲的真善美的圆成，本质是将有向融于无向，有相化于无相。因为在无相（"无向"）之境中，审美之品鉴力与创造艺术之天才力，皆溶化于至善之流行与如相之真中而转成合道心之妙慧心（无限智心）——道心无相，故无论自然之美抑或艺术之美，皆转成"天地之美，神明之容"（庄子）而归于无相。"此即是美之即于真，即于善。美固无可自恃，善亦无可自矜，而真亦无可自傲。故美即于真即于善，善亦可即于真即于美，真亦可即于美即于善……凡应有者皆尽有，一切皆可非分解地溶化而为一，亦一切皆可分解地并存而不背。"[3] 真善美三种价值本体不一不异，圆融一如。

　　根据无相之原则（圆融智），"在此合一之化境中，不唯独立意义的道德相

---

[1] 牟宗三：《以合目的性之原则为审美判断力之超越的原则之疑窦与商榷》，《判断力批判》，《牟宗三先生全集》(16)，第76页。
[2] 同上书，第80页。
[3] 同上书，第84页。

之善相与独立意义的现象知识之真相被化掉，即独立意义的妙慧别才之审美之美相亦被化掉"[1]。"一切皆可非分解地溶化而为一，亦一切皆可分解地并存而不背"，所以真善美的分别说必然存在与合一说的融通，它们之间的隔阂必然被合一说背后之圆融智打开。所以牟宗三讲："吾人说那分别说的真即是那无尽藏之'无相的真'之象征（有相可见的相）；那分别说的善即是那无尽藏之'无相的善'之象征；那分别说的美即是那无尽藏之'无相的美'（天地之美，神明之容）之象征。"[2] 也即是说："分别说的美是合一说的美之象征，分别说的真是合一说的真之象征，分别说的善是合一说的善之象征。"[3] 由之，牟宗三在推重（无限）真善美的合一说时，亦不至于完全否定分别说的（有限）真、善、美的存在现实与价值。这可视为汉语哲学圆融智慧之体用一如的妙用。

应该说，牟宗三对康德批判哲学中的真、善、美分别说的总结是中肯的，其对汉语古典传统中的真善美合一说的发掘以及对分别说与合一说关系（象征）的分梳也意义非常。但他认为真善美圆融论只是东方的思想，西方的智慧达不到这一层，显然是一个臆断。西方自柏拉图时代就存在真善美合一的圆融思想，在中世纪甚至形成了一种形而上学学说（先验属性学说），岂能因为康德哲学中没有就武断推定整个西方神哲学传统中不存在这种思想？尽管康德是一个极具代表性的西方哲学家，但他同时也是一个启蒙哲学家，他的哲学精神能够代表的其实主要还是现代西方哲学传统。牟宗三对康德真、善、美分别说的描述是准确的，但是他并没有对这一学说展开深入的批判，从而凸显汉语古典哲学智慧的现代性意义。因为，康德真、善、美分别说所代表的其实是现代西方知识学本体论分化的一个结果，其中蕴藏着一种现代性危机。牟宗三哲学中的这种缺憾表明，虽然他对汉语古典哲学的现代化作出了

---

[1] 牟宗三：《以合目的性之原则为审美判断力之超越的原则之疑窦与商榷》，《判断力批判》，《牟宗三先生全集》(16)，第83页。
[2] 同上书，第88页。
[3] 同上书，第87页。

不朽的贡献，但显然他还不具备一种真正的现代性哲学分析眼光，而另一方面他对西方大传统还并不是非常熟悉。此外，尽管他在真善美圆融论中给予了美等同于善与真的崇高哲学地位，但矛盾的是他并没有给予美学相应的根基性的形而上学地位。在发表《以合目的性之原则为审美判断力之超越的原则之疑窦与商榷》一文之后不久他就讲："'美'不是可以讲的，美学不能做哲学的基本，讲哲学不能从美学入，'美'是最后的学问，所以康德最后才讲《第三批判》。"[1] 他的这一断语，显然是受到康德的影响，而这是不会得到那些意欲建立形上美学或美学形而上学的哲学家认可的，至少在史作柽这位哲学怪杰这里肯定是要遭到否弃的。

史作柽是一位著述颇丰的美学思想家，他的形上美学体系，尽管有些粗糙，但仍可以称得上是汉语古典美学现代复兴中最富原创性或想象力的本体论建构。在他看来，美学的真正内核是所谓形上美学，"真美学，即形上之美学，至高无所不至，至大无所不包，执中而无所偏执"[2]。美学被他看作一切哲学的基础，而且汉语古典哲学的根本要义即在于此。他讲："真正深度的美学，其实就是一种形上学，甚至若相对于一般形上学之形式表达来说，它更是一种具有了真正存在深度的哲学。"[3] "真正的形上美学，就是一种哲学之哲学，即一种超哲学，或一种真正的后设哲学。而我们对中国哲学之本义，亦应如是观。"[4] 所以，形上美学是哲学的最高追求，其本质是一种后设（元）哲学或美学。而且，在他看来，一切对哲学或道德的误解，皆源自缺少一种形上美学之唤醒力所致；一切对于科学的误解或误用，同样源自这样一种形上美学召唤力量的匮乏。一切时代哲学之弊病唯有形上美学能够消除。

---

[1] 牟宗三：《学思·译著——牟宗三先生访谈录》，原载《鹅湖月刊》18卷6期，1992（12），参见《牟宗三先生全集》（24），第454页。
[2] 史作柽：《形上美学导言》，台北：仰哲出版社1988年版，第23页。
[3] 史作柽：《忧郁是中国人之宗教》，台北：书乡文化1993年版，第73页。
[4] 史作柽：《形上美学导言》，第65页。

结论　古典美学及未来现代性美学的哲学图景

所谓形上美学，史作柽界定为："一切表达之直觉性原创的根源或法则。"[1]也就是说，美学是一种直觉性创造的根源或原始的创造力，而且，"其创造物，绝不能只范围在狭小之属于艺术的一种表达之中，反之，它却必须是一切创造物之直觉性的根源才行"[2]。究其知识学之形成本质而言："真正的美学就是一种描述，而且是一种终极性的原创描述"[3]。这里，史作柽将形式之推演与美学的描述视为知识学两种基本类型。形式之知识是一种形式的描述；而美学的描述却是一种存在性的描述。他所谓形式之描述，主要是针对科学而言；存在（美学）的描述，则是指科学之外的艺术、道德、形上学或宗教诸领域的一种普遍知识学特征。形式之描述，是未将人的存在因素计算在内的描述；而美学的描述是将人的存在因素计算在内的描述。而将人的存在因素计算在内的描述，必然是一种整体性描述，一种超越于形式的存在性描述。这样一种存在性描述，要求一种对形式表达的超越。"所谓超越形式表达的意思，就是恢复人类表达之创造性，或原创性"[4]，即恢复存在表达，这是美学的存在性描述的基本诉求：

> 所以说，一种真正纯粹美学之原创表达，实际上也就是将形式表达中一切词类之相异处，统统予以化除，而成为一纯粹之名词的齐一世界，同时更藉此以展现美学原创世界之存在的可能。这在孔子叫无适无莫，在老子叫朴，在庄子叫齐物，在佛教叫平等。其实这就是超越于形式表达，以创造的美学来看齐一切的意思。甚至由此我们也就可以清楚地得知，所谓形下之器的世界者，即形式的关系推演世界。而形而上者，即通过美学之纯一的世界，而上达于存在之领域。所以说，中国哲学之高迈处，若不以美学，常不得其究竟。[5]

---

[1] 史作柽：《形上美学导言》，第5页。
[2] 同上书，第1页。
[3] 同上书，第3页。
[4] 同上书，第30页。
[5] 同上书，第30—31页。

但并不是说，形上美学要求超越形式表达（科学），就必须完全否弃形式表达。因为形上美学是一切表达之原创性的根源，也就是说："形上美学，或亦可简称为美学，亦即一切因人而有物之创造性之后设基础。"[1] 所以，美学最终必然统合形式与存在。美学在这里也是一种方法，"一种将人之整体的存在纳入表达之内的方法"[2]，"将形式与存在之两种表达，予以联结或缝合的方法"[3]。因此，不仅艺术、道德、宗教、形而上学最后是一种美学，而且，"任何一种真正的科学，都必蕴含一种美学"[4]。如此，形上美学成为统摄一切知识的元哲学或超哲学。

难能可贵的是，史作柽的形上美学建构具有一种明确的古典美学（哲学）现代复兴的意识。在他看来，"所谓古典，乃统合方法、美学、道德与宗教，而形成一广大而深蕴之存在性的观念世界，而形式则次之"[5]。他很清楚地发现，现代以来，随着科学的兴起，这种圆融的世界观或哲学精神却被无情地抛弃，所以他欲以一种新古典精神来化解唯科学主义带来的现代性危机。"如果说，近世科学的发展，正是舍弃了科哲合流之观念性质，而形成一纯形式表达的话，那么在今日，科学的形式表达已达其极限的时代里，如何完成一超越形式之存在性的统合方法，以形成一科哲合流之新古典精神，实乃人类存在之当务之急。"[6] 他的新古典精神的实践，就是作为其哲学基石的形上美学的建构。本质上，这是他对汉语古典美学的现代重构与复兴。

尽管史作柽形上美学秉着新古典精神统合了形式与存在，但就终极目标而言："人之所求，决不在于形式知识，而只在于生命。"[7] 所以，形上美学最终指向的是人的生命存在。这种个体性的有限生命存在向绝对自由的存在本身攀

---

[1] 史作柽：《忧郁是中国人之宗教》，第38页。
[2] 史作柽：《形上美学导言》，第10页。
[3] 同上书，第13页。
[4] 史作柽：《忧郁是中国人之宗教》，第38页。
[5] 史作柽：《形上美学导言》，第38页。
[6] 同上书，第38页。
[7] 同上书，第47页。

升,最后与之合为一体,从而进入"天人合一"的境界。因此,天人合一的生命美学境界乃是形上美学追求的终极目标。

另一位台湾学者曾昭旭对于汉语古典美学现代复兴的贡献也颇值得重视。其美学代表作《充实与虚灵》通过对原始儒、道哲学中美学精神特质的诠释,来建构汉语古典美学的根本精神:"根据以《论语》、《孟子》两书为主的儒家义理,以《老子》、《庄子》两书为主的道家义理,来寻找建立中国美学理论的根源性观念。"[1] 在他看来,美学并不是孤立于人的生命之外的,汉语古典美学即以生命为本体,"美是一种生命整体存在感的涌现"[2],而美的艺术则是真实生命的自然流露。所以他讲:"中国美学的根本精神是以人为本、文为末的"[3];"文学艺术活动应该是真实生命的自然流露"[4]。在这方面,儒、道二家古典美学各有分工,儒家强调"真实生命",主要以人格美与生活美来呈现具有德性意义之生命美学境界——充实之谓美;道家强调"自然流露",主要以艺术美来呈现自然气韵生动之生命美学境界——虚灵之谓美。儒、道美学一实一虚,互为本末,互相补益,相得益彰,"真实生命与自然流露是互相渗透为一体的,亦即儒道两家其实是一体的两面"[5]。故曾昭旭认为儒道的互补是汉语古典美学的基本特征,而此儒道互补在此亦彰显出汉语古典哲学与美学的根本精神:"和"。

以生命为本体,被曾昭旭视为中国传统文化的基本特征:"我们根本就是以生命主体的真诚意向为生活之本,为文化之体的。此之谓价值之源,此之谓道德创造,此之谓人文化成。"[6] 所谓本体,在他看来,在哲学上可以是指形而上的最高存在(Being),其人格化就是上帝(God),就是指一切事物所以存在的最高依据。但这是天人悬隔的西方神哲学思路下的看法,依中国的圆融思路就

---

[1] 曾昭旭:《充实与虚灵——中国美学初论》,台北:汉光文化1993年版,第14页。
[2] 同上书,第3页。
[3] 同上书,第15页。
[4] 同上书,第19页。
[5] 同上书,第86页。
[6] 同上书,第20页。

是即形上即形下的道。（圣人）生命是典型的即道即器，所以真实生命被视为汉语古典美学的本体（或主体）。因此，"中国美学是以生命之美为极致"[1]。对儒家而言，真实的生命称为"仁"。[2] 曾昭旭讲："一个真实整全具体而无矛盾忧惧的生命就称为仁，仁的本质就是和或说和谐。"[3] 所以，生命的本质在于和。和是汉语文化的根本精神，其最高理想是"太和"或"天人合一"——涵摄人我合一、心物合一、身心合一、情理合一、言意合一等。所以，和也是汉语古典美学的最高原理：

> 和是中国美学的最高原理，意思就是说，一定要达到生命的和谐状态，或者人我的交融状态，美才会出现，才会被我们感知。所以，美感其实就是一种整体存在感与人我相通感（当然也包括物我相通感）。而当这样的美感呈现时的交融合一状态，就称为"境界"，所以和就是一种境界。[4]

汉语古典美学在曾昭旭看来，就是以"境界"为核心的美学传统，所以对汉语古典美学的探讨最后就结穴于"境界"这一概念。"所谓境界就是指美或道的呈现，而且是在生命之流的某一几上呈现，此之谓'即用见体'。"[5] 按照曾昭旭的解释，"即用见体"在境界美学中包含着两层含义，第一层含义指境界并非抽象的美的概念，而是一种具体的呈现，即从美的呈现来界定美的境界；第二层含义指境界并非孤绝地、静态地呈现美，而是在生命之流中呈现，即从美对生命的融入来界定美的境界。所以本质上，曾昭旭所谓的境界是一种生命美学境界。由此，他的儒道古典美学建构亦以生命美学为最终归依。

现代汉语古典美学对境界说和生命美学的重视，可以追溯到汉语现代美学

---

[1] 曾昭旭：《充实与虚灵——中国美学初论》，第 25 页。
[2] 同上书，第 27 页。
[3] 同上书，第 28 页。
[4] 同上书，第 37 页。
[5] 同上书，第 169 页。

发轫之处，其后也为新儒家（主要从第二代开始）所重视，如龚鹏程所讲："除了对王国维的境界说，及其以生命悲剧意识探讨《红楼梦》之美学路向，给予高度肯定外，方东美、唐君毅、徐复观、牟宗三等人也都各自展开其生命美学之论述。"[1] 如果说在王国维《红楼梦评论》中关于生命（悲剧）美学的理论资源主要还来自西方（叔本华），那么在新儒家哲学中，对汉语古典美学现代重构中的生命美学思想资源就主要来自中国传统自身了。而自从新儒家对古典传统中生命美学资源的重释打开风气，生命美学的体系建构遂成为当代汉语美学一个显赫的论域——当然，在某种宽泛的意义上也可以认同陈望衡关于"中国的现代美学主流是生命美学"[2] 这种提法——几乎所有致力于重构汉语传统古典美学的学者都注意到了这个论域的重要性。[3] 前面所阐述的史作柽、曾昭旭两位学者建构的体系最终都是落脚在生命美学之上的，而几乎同时李正治也将生命美学视为汉语美学的真正特质所在，并提出一个涵括境界美学的生命美学体系方案。

在李正治看来，西方（现代）美学总体趋势是以"艺术美学"——艺术的审美经验诠释——为核心，而汉语古典美学"是以艺术创造本源的生命为其抉发的核心"[4]。生命美学是汉语古典美学的基本特色。所谓生命，主要是针对汉语古典文化中天地人三才系统的"人"这一维度而言的，也就是说，生命特指"人"这个生命体的存在。古人在谈人或者生命时，并不是孤立地来谈的，而是将其放在天道宇宙观中来理解的。"因此，要理解生命，首先要把握住天道

---

[1] 龚鹏程编著：《美学在台湾的发展》，嘉义：南华管理学院，1998年，第20页。

[2] 陈望衡：《20世纪中国美学本体论问题》，武汉大学出版社2007年版，第105页。

[3] 除了港台新儒家诸贤对中国传统的古典生命美学特别关注外，国内老一辈美学家朱光潜、宗白华等在此领域也都有所建树。诸贤中，尤以方东美之生命美学论述系统且特具古典形而上学品格。尽管方氏亦受柏格森、怀特海甚至尼采之生命哲学影响，但他从儒家传统中提炼出来的生命美学，具有相当纯粹的中国古典美学特征。鉴于这些著名哲学家的相关美学思想，学界已有相当数量的研究，且笔者以后另有生命美学专论处理这些人物和思想，故此处从略。关于汉语古典传统的生命美学的现代建构，这里着重介绍李正治建基于新儒家形而上学的生命美学体系规划。

[4] 李正治：《开出"生命美学"的领域》，载《国文天地》第9卷第9期，1994.2: 5-7。

的意涵。"[1]

李正治分析，在汉语文化传统中，"道"主要有三个根本意涵：一、存在根源义——道是一切存在物的创生根源，人的生命源出于道，故天人关系是相合的，体验到人的生命与天道的一体性，即能与天地万物的生命相融通；二、价值根基义——道是一切价值的根基，人的生命以天道的价值为终极归属；三、宇宙规律义——道是宇宙万物生成变化的规律，人的生命亦必遵循天地运行的常道。"总之，道是生命的源头，也是生命的归宿。与道合一，生命才显其美。故生命美学其实即生命通向于道的美学。"[2]而在通向于道的过程中，生命彰显出不同层次的境界，所以生命美学也可以称作"境界美学"或"层境美学"。

在李正治看来，生命具有多重境界，但基本的层次只有两个，即形下层与形上层。形下层即生命的俗执层，形上层即生命的超转层。他借鉴牟宗三"执的存有论"与"无执的存有论"两层存有论结构，认为依生命之上下两层的存在，可以形成两层存有论美学："有执的存有论美学"和"无执的存有论美学"。前者是以欲为基础的美学，后者是以道为基础的美学。这两层美学存有论对于李正治来说，可以统摄一切美学系统，"因为一切美学的根基，无非生命以有执境界或无执境界为美"[3]。

紧接着李正治又计划依秦汉间便已成形的对生命的德性分析和才性分析系统，分别开出生命美学的"德性美学"和"才性美学"。在他看来，德性系统的开展是对生命的价值根基普遍同性质的肯定，如儒家肯定人皆有仁心、性善、良知，道家肯定人皆有道心、德、性命之情，佛家肯定人皆有佛性、本觉，等等。所以，生命之德性分析可以开出"德性美学"，以之包摄儒、释、道三教美学。至于才性系统的开展，则是对各种才性之美的风姿的肯定。由此，生命之才性分析也应可以开出"才性美学"，并以之包摄生命气质的各种表现和艺术风

---

[1] 李正治：《开出"生命美学"的领域》，载《国文天地》第9卷第9期，1994.2: 5-7。
[2] 同上。
[3] 同上。

格的各种表现。

虽然迄今为止，李正治的整个生命美学的体系方案仍没能完全付诸理论实践，但是，他这个在吸收新儒家（牟宗三）哲学基础上形成的汉语古典生命美学的现代建构方案，无疑是最富于系统性与原创性的生命美学现代建构方案，其理论前景无可限量。而且，他对生命美学在汉语古典美学传统中核心地位的判断，也是相当准确的。这意味着，他的生命美学体系方案，也是汉语古典美学现代复兴中一个极具理论前景的体系规划。

大陆汉语美学界，有意识地以中国古典美学传统为根基建立一种普世性美学体系且真正将其付诸理论实践并实现者，陈望衡是成就较为卓越的一位。目前大陆汉语美学界，虽然已经进入所谓的"后实践美学时代"，各路学说蜂起，但真正在美学体系创构中既能独树一帜又能兼顾传统，标新立异不陷于虚浮，根底深厚、思路贯通、体系周全者，可以说尚未有比陈望衡的美学更具代表性的。然而在这个学风浮躁、中心消解、标准模糊的时代，陈望衡的学说并没有得到应有的关注。

20世纪90年代，陈望衡通过对中国古典美学传统的系统梳理，撰成逾百万字的《中国古典美学史》(1998)，并在此基础上提炼出中国古典美学的系统：以"意象"为基本范畴的美学本体论系统；以"味"为主要范畴的审美感受论系统；以"妙"为中心的审美评论系统；以真善美相统一的艺术创作论系统。[1] 通过对中国古典美学系统的爬梳与反思，这部著作为其美学思想体系建构奠定了坚实的学术史基础。而且在这部中国古典美学史中，他初步廓清了他整个美学体系的本体论根基——"境界本体论"。其后陈望衡通过对《20世纪中国美学本体论问题》(2001)的研究，将中国美学古今脉络（某种程度上这条古今脉络也已包含中西脉络）打通，在此基础上正式提出境界本体论的美学学说，并最终通过《当代美学原理》(2003)整合中国古典美学与马克思主义实践

---

[1] 陈望衡：《中国古典美学史》（上卷），武汉大学出版社2007年版，第5页。

美学的理论资源，以境界本体论为根基建构出一个"现代的、具有中国特色的，同时又具有全球性的美学体系"[1]，即学界简称为"境界美学"的美学体系。

在陈望衡看来，任何美学体系都需要本体论基础，"否定美的本体，就等于否定美学"[2]。所以，他把境界本体论视作其美学体系建构的根基。他的境界本体论思想，直接来源于中国古典美学传统。他讲："在中国古典美学中，处于审美本体地位是'象'、'境'以及由它们构成的'意象'、'意境'、'境界'等。"[3]意象、意境、境界是中国美学的核心范畴，所以美在意象、意境、境界。意象，顾名思义是意与象的统一，其中意是灵魂，象是本体。意象中的象不只是意的载体，它也已成为意的象征。象后来派生出境，境较象更多一些心灵的主观属性，乃属心造之物象，故美学品格自然要高出一筹。境、象结合，即生成意境或境界。[4]意境是中华艺术美学的最高范畴，其建基于意象范畴之上，较之意象更为空灵，更富于道的意蕴。一般来讲，意象重在实，意境重在虚。比较而言，意境更贴近中国古典美学注重虚灵的艺术精神传统。在中国古典美学中，意境与境界虽常互用，但意境通常只用于艺术领域，是艺术美的最高存在方式；境界除了可以用在艺术领域，还可以用于人生领域，表示个体自我完善的最高精神境界。[5]所以，境界具有比意境更宽泛的意涵。按照陈望衡的辨析，境界大体上可分为宗教境界、道德境界和审美境界。虽说主旨上三者各有侧重，"宗教境界主于神，道德境界主于圣，审美境界主于美"，但究其实，三者在最高层次上是圆融相通的。[6]"凡境界都不同程度地具有审美的色彩，也不同程度地具有真和善的意味。从这个意义上讲，凡境界都是真善美的统一。"[7]美学所追求的境界，指的是"情与象的统一、主观与客观的统一已达

---

[1] 陈望衡：《20世纪中国美学本体论问题》，第6页。
[2] 同上书，第432页。
[3] 陈望衡：《中国古典美学史》（上卷），第18页。
[4] 同上书，第3—4页。
[5] 同上书，第19—20页。
[6] 陈望衡：《当代美学原理》，人民出版社2003年版，第164—168页。
[7] 陈望衡：《20世纪中国美学本体论问题》，第477页。

到了浑合无垠以至两忘的境地"[1]，这种美的最高形态本质上是一种超功利的、体验性的精神境界，自由与超越是其最为核心的精神诉求。境界的最高层次即中国哲学所标举的"天人合一"的境界，"天人合一"是中国古典美学的哲学基础，所以境界理所当然可以成为中国古典美学的本体论基础。[2] 以天人合一为神髓的境界，本身以一种"不一亦不异"(《中论》)的诡谲方式体现着"虚与实的统一，内与外的统一，有与无的统一"[3]，"感性与理性的统一，经验与超验的统一，情与理的统一，此岸与彼岸的统一，有限与无限的统一，而且表现为理性融化在感性之中，超验融化在经验之中，理融化在情之中，彼岸实现在此岸之中，无限寄寓在有限之中"[4]。

  境界是审美的最高层次，所以审美本体的最高形态理应是境界，也就是说美在境界，唯有境界才能概括审美的本质。[5] 美在境界说，是中国古典美学一以贯之的思想。从魏晋玄学家发挥《易》、《庄》的"言"、"意"、"象"理论，到唐代刘禹锡的"境生象外"、司空图的"象外之象"、"味外之旨"，经过宋代严羽的"镜花水月"与"妙悟"说、王廷相的"诗贵意象透莹"说，再到明代袁宏道的"性灵"说，清代王渔洋的"神韵"说、王夫之的"情景妙合"说，最后到王国维的"境界"说，整个中国古典美学历史都贯通着境界美学的传统。中国古典境界美学的哲学基础，按陈望衡的爬梳，除了《周易》与《庄子》的"言"、"意"、"象"理论，还有《老子》的"道法自然"、"有生于无"诸本体论思想，以及佛教的"境界"学说。[6] 所以，根本上讲境界美学的哲学基础涉及儒、释、道三教传统。换句话说，作为中国文化主要传统的儒、释、道皆为境界美学提供了哲学根据和思想源泉，这是境界美学成为中国古典美学大传统的

---

[1] 陈望衡：《20世纪中国美学本体论问题》，第491页。
[2] 陈望衡：《中国古典美学史》（上卷），第40页。
[3] 陈望衡：《20世纪中国美学本体论问题》，第471页。
[4] 同上书，第475页。
[5] 陈望衡：《当代美学原理》，第150页。
[6] 陈望衡：《20世纪中国美学本体论问题》，第476页。

必要基础，当然，这也是境界美学成为现代美学体系建构核心资源的必要理据。

陈望衡创造性地发挥了中国古典美学中境界范畴的本体论作用，并以之为基础构建了其境界美学体系，这是当代大陆汉语美学在古典美学领域的一种创新尝试。他自己对此亦有高度评价："境界本是中国古典美学的范畴，用作审美本体，是中国古典美学对现代美学的一个重大贡献。"[1] 不过，陈望衡的古典美学概念跟本书主张的古典美学并非一回事，他的古典美学其实主要是古代美学的概念，他的古典美学史观也是一种在现代审美学立场主导下的美学史观，因为他的整个美学立场是审美学的立场。所以他反复强调，"美学的成立，是以人的审美活动为前提的"，"美与审美活动，审美活动是第一性的，美是第二性的"，"基于此，我们说的美学本体论是以人的审美活动存在为基础的"[2]。境界，在他看来，说到底只是审美本体，而非美的本体，境界本体论因此也只是一种审美学本体论。所以，严格来讲，他的境界美学其实只是一种审美学，而并不是我们所追求的一种古典美学建构。尽管如此，陈望衡对汉语文化中的境界美学这一古典传统的发掘，仍为我们未来的古典美学建构完成了一部分资源梳理的工作，并提供了一些可资借鉴的研究思路和理论基础。

此外，加拿大华裔学者梁燕城在其中国哲学的重构方案中也涉及美学的议题。这位跨越中（儒家）西（基督教）文化精神领域之上的哲学家，近年对中国哲学进行了一种自称为"后现代"的重构，并由之形成其独具一格的境界哲学。这一重构将中国（儒家）哲学的境界最后推展至"情格超越性"之天，即上帝的境界。所以，尽管在《中国哲学的重构》中，梁燕城没有直接涉及任何基督教神学议题，似乎一切的结论都出自汉语哲学传统自身之资源与内在逻辑，但究其实质而言，这一重构已将中国（儒家）哲学精神安置在基督教的基本信仰精神框架下。当然，我们也可以视此种哲学尝试为中国（儒家）哲学精神与基督教信仰精神之间的一种会通努力。在他的境界哲学体系中，美学虽然不是

---

[1] 陈望衡：《当代美学原理》，第155页。
[2] 陈望衡：《20世纪中国美学本体论问题》，第431页。

最重要的论题，但也占有一席之地，而且在一种基督教与中国（儒家）哲学会通的视野下，他关于中国美学的阐释迥然有别于其他哲学家（美学家）对汉语古典美学的重释。

按照境界哲学的思路，心灵对生活世界的直觉领悟可以形成不同的境界层次。梁燕城讲："境界是心灵本真直觉对生活世界的直接观察而领悟出来，因着每一个人的命限，及其修养进路之不同，形成了其领悟的界限，而产生了境界。"[1] 在他看来，所谓境界，也就是心灵从某一面向领悟生活世界时所呈现的情状，即对生活世界真相领悟而形成的一个具普遍性的意义世界。他将心灵的境界划分为若干层级，第一重境界是理性（真）境界，第二重境界是美善境界，第三重境界指（佛教）空的境界、（道家）道的境界、（儒家）天德境界（太极境界），最后由（儒家）天之超越性达至上帝境界。梁燕城对美的相关论述主要集中在美善境界与上帝境界两个哲学层次。

在梁燕城看来，心灵间的沟通可以描述共同普遍之美善体会，形成生活的美善境界。"美善境界原为中国哲学所乐道，是儒道哲学在生活层面的表现。"[2] 因为这种美善之体会是植根于生活世界的心灵行动实践，所以这种体会的普遍性乃是一种"具体的普遍性"（concrete universality）[3]。"美的体会"是与实用毫无关系的超越自我的体验，为心灵反省自然之美或艺术品时的一种释放和自由体会。梁燕城讲："心灵在行动实践的具体历程中，会流发美之体会，其特性亦是超出自我本能，而与生活世界中呈现的万象有一种融化冥合的体会。"[4] 所谓融化冥合，就是心灵与万物的感应，物我合一、物我两忘的审美体会。融化冥合之所以可能，乃在于心灵与万物之间存在原始的相关性，这种原始关联使心灵可感应于其流化之自在，从而消融心灵与世界（心物）的界限，使美在心

---

[1] 梁燕城：《中国哲学的重构》，台北：宇宙光全人关怀机构2004年版，第104—105页。
[2] 同上书，第153页。
[3] 同上书，第146页。
[4] 同上书，第150页。

灵中得以自由释放。心物界限打通，心灵得完全的释放自由，而达到神与物游之逍遥境界，一种审美至高境界。

在梁燕城看来，儒家之天是一种具备仁心的位格化的天——他称为"情格之体"。"有情之天，或一般称的上帝，为无限的真善美。"[1] "这无限真善美可呈现为万有之本体性、根源性与价值性。心灵对此的体会，可在理性境界、美善境界、空的境界、道的境界与天的境界中，发现这一切境界均揭示宇宙本体之为无限真善美，而由一无限智慧与价值所贯注和创造，为一切境界之超越根源。"[2] 所以，如梁燕城所见，在美善境界中，人对自然美景的感知、美感本身以及美的艺术之灵感创造的惊讶，本质上已"揭示美不单在经验，也不单在心灵，而为一超越之美的本身，而贯注于美感中，为景之美与心之感悟和灵感的根源，是终极之美"[3]。这个终极之美即是从"上帝临汝境界"中呈现出来，内在于万有的上帝之无限美——与无限之真和善合而为一的无限美。领悟无限之真善美，即是领会此终极之美。因为上帝是终极仁爱，所以心灵也需要爱才能感通、领悟上帝无限之真善美。如梁燕城所讲："心灵探求之本体动力为对真善美之爱，其所求达至之目的，则为终极仁爱之体会与感通。"[4] 无限真善美的上帝境界内化为人生境界，对于梁燕城而言，不只存在于心灵的爱的追求上，同样也存在于信仰与盼望。信、望、爱明明白白是基督教的三德，由之梁燕城儒学基督教化的最终意图显露无遗。固然，在这样的诠释理路中，梁燕城对汉语（儒家）古典美学思想的诠释最终将其纳入到基督教的精神框架下，未免有过度诠释、穿凿附会的嫌疑，但是，这也仍然不失为一种新的诠释进路，至少为我们如何思考在一种会通视野下建构所谓普世性古典美学理论体系提供了一条可资借鉴的思路。

---

[1] 梁燕城：《中国哲学的重构》，第 228 页。
[2] 同上书，第 229—230 页。
[3] 同上书，第 230 页。
[4] 同上书，第 228 页。

综观当代汉语美学界这些对古典美学具有代表性的复兴尝试，尽管不同的美学家理论视角及着力点有所不同，各自的贡献因此呈现不同面向，但对于生命、境界、天人合一、真善美诸议题的关注却相当普遍，可见这些议题是汉语古典美学中具有普遍性的议题。而这些属于汉语古典美学传统的核心议题，则可以成为古典美学现代复兴历程中与西方古典美学传统对话的基础，并共同为古典美学的现代复兴提供思想资源。

三、古典美学复兴的现代性方案与未来哲学图景

前面已经讲到，巴尔塔萨神学美学对于古典美学的现代复兴主要有三重美学史意义：（1）其《上帝的荣耀：神学美学》以六大卷的篇幅对神学美学思想渊源的系统爬梳，即是他在神学美学视阈下对西方古典美学传统的系统整理，这其实已为西方古典美学传统的现代梳理这一美学史研究课题奠定了框架基础；（2）巴尔塔萨神学美学自身实现了对神学传统中古典美学的现代复兴，并为古典美学的现代复兴树立了一种理论范型；（3）巴尔塔萨神学美学作为一种具有诸多古典美学普世性特征的现代古典美学理论，可以为一种普世性的古典美学现代体系建构提供理论资源和参照坐标。

就第一方面的意义来讲，巴尔塔萨的贡献在世界上迄今为止仍是前无古人的。尽管巴尔塔萨不是从专业美学史研究的视角对西方古典美学传统进行的梳理，但其开历史先河的奠基意义却不容忽视，将来西方古典美学历史的整理研究都应该也必须以其为基础。在这一方面，汉语美学界不仅对西方古典美学传统的梳理尚无类似的理论成果出现，即便是汉语古典美学传统的梳理也都还付之阙如。目前所见汗牛充栋之美学史研究，几乎清一色是出自现代美学视野的"审美学史"，其结果只能是完全肢解古典美学的传统。所以，古典美学传统的梳理，必须先行树立古典美学史观，给予古典美学之知识形态以客观的尊重。

巴尔塔萨从神学美学这一古典美学形态出发对其思想渊源的系统清理，使他成为第一位比较清晰地看到西方古典美学传统的思想家。虽然他赋予了神学美学（神学先验美学）高于古典美学（先验美学）的地位，但这种判教的高下价值判断并不妨碍他对古典美学这种知识形态及其传统大方向的理解。因此，最终他能够为古典美学传统的梳理作出不朽的贡献。在汉语学界，史作柽对"古典精神"的推崇，以及提倡一种"新古典精神"来复兴古典美学以建构他所谓的形上美学的哲学追求，表明他已有一种自觉的古典美学意识。不过他并没有在汉语古典美学传统的梳理上下一番工夫，为自己的形而上学提供有力的历史支撑，这不仅是他的形上美学体系的一大缺憾，也是汉语古典美学历史之现代重塑的一大缺憾。

　　就第二方面的意义来讲，巴尔塔萨的神学美学体系实现了神学传统中古典美学的现代复兴第一次系统尝试，这无论对神学美学还是古典美学的现代复兴而言，都是具有里程碑意义的。汉语学界对汉语古典美学的现代复兴尝试，虽然没有巴尔塔萨这样系统，但诸多哲学家从不同面向作出的研究贡献也算小有成就，而且其理论足可以印证甚至补充西方古典美学的相关思想。如牟宗三对真善美的分别说与真善美的合一说的分擘，以及二者象征关系的揭示，大致是对应于西方古典美学传统中的先验属性学说的；他对真善美的分别说与合一说的判明，使得无限之真善美与有限之真善美的分判一目了然，这是西方古典美学中未曾有的；至于在二者关系上西方部分思想家虽使用类比原则来理解，但也没有像牟宗三这样如此清晰地以象征关系来厘定之，这些都可以构成对先验属性学说的补充。又如史作柽的形上美学建构，其实是一种美学形而上学，等于说他为汉语古典美学的现代复兴奠立了一种存有论，尽管这种本体论美学的根基是生命存在——在汉语哲学天人合一的语境中生命存在与天理存在圆融不二；更难能可贵的是，史作柽的形上美学建构已初步具备一种现代性批判视野。此外，一方面，汉语古典美学传统中从个体生命本体（心性）出发追求天人合一的生命美学和境界美学，是整个西方古典美学传统中相对缺乏的。尽管西方古典美学（如巴尔塔萨神学美学）也会涉及生命美学的主题，但重视的程度远不及汉语古典美学，因此两个传统的相关资源是不对称的，而这正好是汉语古典美学可以给予西方古典美学以支援之所在。而另一方面，西方古典美学传统所具备的资源，其中许多同样也是汉语传统中所缺乏的。所以，二者正好可以在对话中相互补益，共同促进古典美学的现代复兴。

就第三方面的意义来讲，巴尔塔萨的神学美学作为一种现代性古典美学理论，尽管是神学领域内的一种古典美学，但其仍旧包含着诸多普世性的古典美学原则，这即可以为未来一种普世性的同时也是真正现代性的古典美学体系建构提供理论资源和参照坐标。汉语古典美学的现代建构，如牟宗三、史作柽、李正治、陈望衡、梁燕城诸人的古典美学思想，同样包含着普世性的古典美学原则，因此，它们也可以构成普世性、现代性古典美学理论建构的思想资源。一种真正普世性的古典美学理论，必然是在普世性原理的基础上建立起来的，因此，它一定不能忽视各种不同文化系统中的古典美学的核心原则或核心资源。

古典美学的现代复兴是一个浩大而繁复的系统工程，所以，这一复兴口号的最终落实可能需要一个较为漫长的历程。本书的主要任务是呈现巴尔塔萨神学美学这样一种古典美学的神学面向或神学的古典美学形态，理论目的是初步阐明古典美学这样一种质别于现代美学（审美学）的美学知识形态的历史客观性和现代合理性，从而为古典美学作为真正美学或真正现代性美学的知识合法性提供理论支持。然而，这毕竟只是复兴古典美学最为初步的工作，而未来古典美学的现代复兴还面临艰巨的任务。

古典美学，作为未来一种现代性美学的复兴，主要面临三个方面的工作：(1) 由于不同文化传统中皆可能存在古典美学的思想，所以古典美学的现代复兴，首先涉及的便是若干长期被遮蔽和遗忘的庞大古典美学传统的系统清理。(2) 古典美学的现代复兴，在理论创新建设方面，主要是指各个传统中古典美学的现代复兴——在该古典美学传统资源基础上的理论体系创新，巴尔塔萨神学美学即是一个范本。(3) 当然，古典美学的真正复兴，可能最终必须仰赖于一种普世性的现代性古典美学的创立。这种普世性的现代性古典美学，作为一种哲学建构方案虽然目前仍然不是非常明朗，但至少它应该具备以下素质：其一，它必须是在不同的古典美学传统资源以及普世性原理之上建立起来的美学；其二，它必须是以存有论为根基，将真、善、美统摄为一体的美学，究其核心乃是一种美学形而上学；其三，它必须是关注生命存在的美学；其四，它必须具有现代性反思精神；其五，它应该是一种人文性质的古典美学，因为人文所依托的主体是人性或心性，而这个基础对于全人类来讲无疑是最具普世性的，有此基础保障，才可能建构出一种真正意义的普世性古典美学。

实现古典美学的现代复兴，真正化解美学的现代性困境，并为应对现代性危机指出一条道路，绝不是一件轻而易举的事情。并非简单地提出一个古典美学的现代性复兴方案或规划出一个未来哲学愿景，问题就解决了。复兴方案的企划到复兴方案的实现之间，尚存在一个漫长而坎坷的历程，有志于斯之学者任重而道远。

参考文献

（一）巴尔塔萨原著文献（Primary sources: works by Hans Urs von Balthasar）

神学三部曲之美学（The theo-aesthetics in the theological trilogy）

The Glory of the Lord: A Theological Aesthetics vol. I: *Seeing the Form*. Trans. Erasmo Leiva-Merikakis. Edinburgh: T. & T. Clark, 1982.

The Glory of the Lord: A Theological Aesthetics vol. II: *Studies in Theological Style: Clerical Style*. Trans. Andrew Louth, Francis Mcdonagh and Brian McNeil, C.R.V.. Edinburgh: T. & T. Clark, 1984.

The Glory of the Lord: A Theological Aesthetics vol. III: *Studies in Theological Style: Lay Styles*. Trans. Andrew Louth, John Saward, Martin Simon, and Rowan Williams. Edinburgh: T. & T. Clark, 1986.

The Glory of the Lord: A Theological Aesthetics vol.IV: *The Realm of Metaphysics in Antiquity*. Trans. Brian McNeil C.R.V., Andrew Louth, John Saward, Rowan Williams, and Oliver Davies. Edinburgh: T. & T. Clark, 1989.

The Glory of the Lord: A Theological Aesthetics vol. V: *The Realm of Metaphysics in the Modern Age*. Trans. Oliver Davies Andrew Louth, Brian McNeil, C.R.V., John Saward and Rowan Williams. Edinburgh: T. & T. Clark, 1991.

The Glory of the Lord: A Theological Aesthetics vol. VI: *Theology: The Old Covenant*. Trans. Brian

McNeil C.R.V. and Erasmo Leiva-Merikakis. Edinburgh: T. & T. Clark, 1991.

The Glory of the Lord: A Theological Aesthetics vol. VII: *Theology: The New Covenant*. Trans. Brian McNeil C.R.V.. Edinburgh: T. & T. Clark, 1989.

Herrlichkeit. *Eine theologische Ästhetik* Bd. I: *Schau der Gestalt*. Einsiedeln, Johannes Verlag, 1967.

Herrlichkeit. *Eine theologische Ästhetik* Bd. II: *Fächer der Stile*; Teil 1: *Klerikale Stile*. Einsiedeln, Johannes Verlag, 1969.

Herrlichkeit. *Eine theologische Ästhetik* Bd. II: *Fächer der Stile*; Teil 2: *Laikale Stile*. Einsiedeln, Johannes Verlag, 1969.

Herrlichkeit. *Eine theologische Ästhetik* Bd. III/1: *Im Raum der Metaphysik*; Teil 1: *Altertum*. Einsiedeln, Johannes Verlag, 1975.

Herrlichkeit. *Eine theologische Ästhetik* Bd. III/1: *Im Raum der Metaphysik*; Teil 2: *Neuzeit*. Einsiedeln, Johannes Verlag, 1975.

Herrlichkeit. *Eine theologische Ästhetik* Bd. III/2: *Theologie*; Teil 1: *Alter Bund*. Einsiedeln, Johannes Verlag, 1967.

Herrlichkeit. *Eine theologische Ästhetik* Bd. III/2: *Theologie*; Teil 2: *Neuer Bund*. Einsiedeln, Johannes Verlag, 1969.

神学三部曲之戏剧学（The theo-drama in the theological trilogy）

Theo-Drama: Theological Dramatic Theory vol.I: *Prolegomena*. Trans. Graham Harrison. San Francisco: Ignatius Press, 1988.

Theo-Drama: Theological Dramatic Theory vol. II: *Dramatis Personae: Man in God*. Trans. Graham Harrison. San Francisco: Ignatius Press, 1990.

Theo-Drama: Theological Dramatic Theory vol. III: *Dramatis Personae: The Person in Christ*. Trans. Graham Harrison. San Francisco: Ignatius Press, 1992.

Theo-Drama: Theological Dramatic Theory vol.IV: *The Action*. Trans. Graham Harrison. San Francisco: Ignatius Press, 1994.

Theo-Drama: Theological Dramatic Theory vol. V: *The Last Act*. Trans. Graham Harrison. San Francisco: Ignatius Press, 1998.

神学三部曲之逻辑学（The theo-logic in the theological trilogy）

Theo-Logic: Theological Logical Theory vol. I: *Truth of the World*. Trans. Adrian J. Walker. San Francisco: Ignatius Press, 2000.

Theo-Logic: Theological Logical Theory vol. II: *Truth of God*. Trans. Adrian J. Walker. San Francisco: Ignatius Press, 2004.

Theo-Logic: Theological Logical Theory vol. III: *The Spirit of Truth*. Trans. Graham Harrison. San Francisco: Ignatius Press, 2005.

神学随笔（Essays on theology）

Explorations in Theology vol. I: *The Word Made Flesh*. Trans. A.V. Littledale with Alexander Dru. San Francisco: Ignatius Press, 1989.

Explorations in Theology vol. II: *Spouse of the Word*. Trans. A.V. Littledale with Alexander Dru. San Francisco: Ignatius Press, 1991.

Explorations in Theology vol. III: *Creator Spirit*. Trans. Brian McNeil, C.R.V.. San Francisco: Ignatius Press, 1993.

Explorations in Theology vol.IV: *Spirit and Insitution*. Trans. Edward T. Oakes, S. J.. San Francisco: Ignatius Press, 1995.

其他著作及论文（Other works and essays）

A Short Primer for Unsettled Laymen. Trans. Michael Waldstein. San Francisco: Ignatius Press, 1985.

Christian Meditation. Trans. Mary Theresilde Skerry. San Francisco: Ignatius Press, 1989.

Convergences: To the Source of Christian Mystery. Trans. E.A. Nelson. San Francisco: Ignatius Press, 1983.

Cosmic Liturgy: The Universe According to Maximus the Confessor. Trans. Brian E. Daley. San Francisco: Ignatius Press, 2003.

Credo: Meditations on the Apostles' Creed. Trans. David Kipp. Edinburgh: T. & T. Clark, 1990.

"Current Trends in Catholic Theology and the Responsibility of the Christian", in *Communio: International Catholic Review* 5 (Spring 1978): 77-85.

Dare We Hope: "That All Men Be Saved"? Trans. David Kipp and Lothar Krauth. San Francisco: Ignatius Press, 1988.

Die Entwicklung der musikalischen Idee. Versuch einer Synthese der Musik. Braunschweig, 1925.

Does Jesus Know Us—Do We Know Him? Trans. Graham Harrison. San Francisco: Ignatius Press, 1983.

"Earthly Beauty and Divine Glory", Trans. Andrée Emery, in *Communio: International Catholic Review* 10 (Fall 1983): 202-206.

"Eternal Life and the Human Condition" , in *Communio: International Catholic Review* 18 (Spring 1991): 4-23.

Elucidations. Trans. John Riches. London: S. P. C. K., 1975.

Engagement with God. Trans. John Halliburton. London: SPCK, 1975.

Epilogue. San Francisco: Ignatius Press, 2004.

First Glance at Adrienne von Speyr. Trans. Antje Lawry & Sr. Sergia Englund. San Francisco: Ignatius Press, 1981.

Heart of the World. Trans. Erasmo S. Leiva. San Francisco: Ignatius Press, 1979.

In the Fullness of Faith: On the Centrality of the Distinctively Catholic. Trans. Graham Harrison. San Francisco: Ignatius Press, 1988.

Light of the Word: Brief Reflections on the Sunday Readings. Trans. Dennis D. Martin. San

Francisco: Ignatius Press, 1993.

Love Alone. Trans. Alexander Dru. New York: Herder and Herder, 1969.

Love Alone is Credible. Trans. D.C. Schindler. San Francisco: Ignatius Press, 2004.

Mary for Today. Trans. Robert Nowell. San Francisco: Ignatius Press, 1988.

Mary: the Church at the Source. With Joseph Cardinal Ratzinger. Trans. Adrian Walker. San Francisco: Ignatius Press, 2005.

My Work: In Retrospect. San Francisco: Ignatius Press, 1993.

Mysterium Paschale: The Mystery of Easter. Trans. Aidan Nichols. Edinburgh: T. & T. Clark, 1990.

New Elucidations. Trans. Mary Theresilde Skerry. San Francisco: Ignatius Press, 1986.

Prayer. Trans. A. V. Littledale. New York: Paulist Press Deus Books, 1967.

Principles of Christian Morality. With Heinz Schürmann, Joseph Cardinal Ratzinger. Trans. Graham Harrison. San Francisco: Ignatius Press, 1986.

Origen, Spirit and Fire: A Thematic Anthology of His Writings. Trans. Robert J. Daly. Edinburg: T. & T. Clark, 1984.

Our Task: A Report and A Plan. Trans. John Saward. San Francisco: Ignatius Press, 1994.

Paul Struggles with His Congregation: The Pastoral Message of the Letters to the Corinthians. Trans. Brigitte L. Bojarska. San Francisco: Ignatius Press, 1992.

Presence and Thought: Essay on the Religious Philosophy of Gregory of Nyssa. Trans. Mark Sebanc. San Francisco: Ignatius Press, 1995.

Razing the Bastions: On the Church in this Age. Trans. Brain McNeil. San Francisco: Ignatius Press, 1993.

Science, Religion and Christianity. Trans. Hilda Graef. London: Burns & Oates, 1958.

"Spirit and Fire: An Interview with Hans Urs von Balthasar", With Michael Albus. in *Communio: International Catholic Review* 32 (Fall 2005): 573-593.

The Christian and Anxiety. Trans. Dennis D. Martin and Michael J. Miller. San Francisco: Ignatius Press, 2000.

The God Question and Modern Man. Trans. Hilda Graef. New York: Seabury Press, 1967.

The Grain of Wheat: Aphorisms. Trans. Erasmo Leiva-Merikakis. San Francisco: Ignatius Press, 1995.

The Moment of Christian Witness. Trans. Richard Beckley. San Francisco: Ignatius Press, 1994.

The Office of Peter and the Structure of the Church. Trans. Andree Emery. San Francisco: Ignatius Press, 1986.

The Scandal of the Incarnation: Irenaeus Against the Heresies. Trans. John Saward. San Francisco: Ignatius Press, 1990.

The Threefold Garland: The World's Salvation in Mary's Prayer. San Francisco: Ignatius Press, 1982.

The Theology of Karl Barth: Exposition and Interpretation. Trans. Edward T. Oakes. San Francisco: Ignatius Press, 1992.

The Theology of Henri de Lubac: An Overview. Trans. Joseph Fessio, Michael M. Waldstein and Susan Clements. San Francisco: Ignatius Press, 1991.

The von Balthasar Reader. Eds. Medard Kehl and Werner Löser. Trans. Robert J. Daly and Fred Lawrence. Edinburgh: T. & T. Clark, 1982.

Tragedy under Grace: Reinhold Schneider on the Experience of the West. Trans. Brian McNeil. San Francisco: Ignatius Press, 1997.

Truth is Symphonic: Aspects of Christian Pluralism. San Francisco: Ignatius Press, 1987.

Two Sisters in the Spirit: Therese of Lisieuz & Elizabeth of the Trinity. San Francisco: Ignatius Press, 1992.

You Crown the Year with Your Goodness: Radio Sermons. Trans. Graham Harrison. San Francisco: Ignatius Press, 1989.

You Have Words of Eternal Life: Scripture Meditations. San Francisco: Ignatius Press, 1991.

Unless You Become Like This Child. Trans. Erasmo Leiva-Merikakis. San Francisco: Ignatius Press, 1991.

Word and Revelation. New York: Herder and Herder, 1964.

Word and Redemption: Essays in Theology I. Trans. A. V. Littledale with Alexander Dru. New York: Herder and Herder, 1964.

Word and Redemption: Essays in Theolog II. Trans. A. V. Littledale with Alexander Dru. New York: Herder and Herder, 1965.

Who is a Christian? Trans. John Cumming. London: Burns & Oates, 1968.

〔瑞士〕巴尔塔萨：《神学美学导论》，刘小枫选编，曹卫东、刁承俊译，香港：三联书店 1998 年版（简体版：生活·读书·新知三联书店 2002 年版）。

〔瑞士〕巴尔大撒（Hans Urs von Balthasar）：《赤子耶稣》，陈德馨译，台北：光启文化 2006 年版。

〔瑞士〕巴尔塔萨：《今日末世论》，杨德友译，载刘小枫编，《生存神学与末世论》，上海三联书店 1995 年版。

〔瑞士〕巴尔塔萨：《神学与美学》，张俊译，载《神学美学》（第二辑），上海三联书店 2008 年版。

〔瑞士〕巴尔塔萨：《我的思想履历》，张俊译，载《神学美学》（第二辑），上海三联书店 2008 年版。

〔瑞士〕巴尔塔萨：《启示的形式》，张俊译，载《天主教研究论辑》（第五辑），宗教文化出版社 2008 年版。

（二）巴尔塔萨研究文献（Secondary sources: works on Hans Urs von Balthasar）

Block, Ed (ed.). *Glory, Grace, and Culture: The Work of Hans Urs von Balthasar*. New York: Paulist Press, 2005.

Bourgeois, Jason Paul. *The Aesthetic Hermeneutics of Hans-Georg Gadamer and Hans urs von Balthasar*. New York: Peter Lang, 2007.

Capol, Cornelia und Müller, Claudia. *Hans Urs von Balthasar: Bibliographie 1925-2005*.

Einsiedeln: Johannes Verlag, 2005.

Chapp, Larry S. *The God Who Speaks: Hans Urs von Balthasar's Theology of Revelation.* San Francisco-London-Bethesda: International Scholars Publications, 1996.

Dalzell, Thomas G. *The Dramatic Encounter of Divine and Human Freedom in the Theology of Hans Urs von Balthasar.* New York: Peter Lang, 1997.

Dickens, W. T. *Hans Urs von Balthasar's Theological Aesthetics: A Model for Post-Critical Biblical Interpretation.* Notre Dame: University of Notre Dame Press, 2003.

Dupré, Louis. "The Glory of the Lord: Hans Urs von Balthasar's Theological Aesthetic", in *Communio: International Catholic Review* 16 (Fall 1989): 384-412.

Dupré, Louis. "Hans Urs von Balthasar's Theology of Aesthetic Form", in *Theological Studies* 49 (1988): 299-318.

Erp, Stephan van. *The Art of Theology: Hans Urs von Balthasar's Theological Aesthetics and the Foundations of Faith.* Leuven: Peeters, 2004.

Gardner, Lucy, et al. *Balthasar at the End of Modernity.* Edinburgh: T. & T. Clark, 1999.

Gawronski, Raymond. *Word and Silence: Hans Urs von Balthasar and the Spiritual Encounter between East and West.* Edinburgh: T. & T. Clark, 1995.

Hartmann, Michael. *Ästhetik als ein Grundbegriff fundamentaler Theologie: eine Untersuchung zu Hans Urs von Balthasar.* St Ottilien: EOS Verlag, 1985.

Kay, Jeffrey. *Theolgical Aesthetics: The Role of Aesthetics in the Theological Method of Hans Urs von Balthasar.* Berne: Herbet Lang; Frankfurt: Peter Lang, 1975.

Kay, J. A. "Aesthetics and a Posteriori Evidence in Balthasar's Theological Method", in *Communio: International Catholic Review* 2 (1975): 289-299.

Leahy, Breandán. *The Marian Principle in the Church According to Hans Urs von Balthasar.* New York: P. Lang, 1996.

McGregor, Bede, Thomas and Norris (eds). *The Beauty of Christ: Introduction to the Theology of Hans Urs von Balthasar.* Edinburgh: T. & T. Clark, 1994.

Mongrain, Kevin. *The Systematic Thought of Hans Urs von Balthasar: An Irenaean Retrieval*. New York: The Crossroad Publishing Company, 2002.

McIntosh, Mark A. *Christology from Within: Spirituality and the Incarnation in Hans Urs von Balthasar*. Notre Dame: University of Notre Dame Press, 1996.

Nichols, Aidan. *The Word Has Been Abroad: A Guide through Balthasar's Aesthetics*. Edinburgh: T. & T. Clark, 1998.

Nichols, Aidan. "Von Balthasar's Aims in his Theological Aesthetics", in *Heythrop Journal XL* (1999), pp. 409-423.

Nichols, Aidan. *No Bloodless Myth: A Guide through Balthasar's Dramatics*. Washington, D.C.: Catholic University of America Press, 2000.

Nichols, Aidan. *Say It Is Pentecost: A Guide through Balthasar's Logic*. Edinburgh: T. & T. Clark, 2001.

Oakes, Edward T. *Pattern of Redemption: The Theology of Hans Urs von Balthasar*. New York: The Continuum Publishing Company, 1994.

Oakes, Edward T. and Moss, David (eds). *The Cambridge Companion to Hans Urs von Balthasar*. New York: Cambridge University Press, 2004.

Oakes, Edward T. "HANS URS VON BALTHASAR: The Wave and the Sea", in *Theology Today* 62 (Oct. 2005): 364-374.

O'Donnell, John. *Hans Urs von Balthasar*. London: Geoffrey Chapman, 1992.

O'Hanlon, Gerard F. *The Immutability of God in the Theology of Hans Urs von Balthasar*. New York: Cambridge University Press, 1990.

Raguž, Ivica. *Sinn für das Gott-Menschliche: transzendental-theologisches Gespräch zwischen den Ästhetiken von Immanuel Kant und Hans Urs von Balthasar*. Würzburg: Echter, 2003.

Ratzinger, Joseph. "Christlicher Universalismus: Zum Aufsatzwerk Hans Urs v. Balthasar", *in Hochland* 54 (1961): 68-76.

Riches, John (ed.). *The Analogy of Beauty: the Theology of Hans Urs von Balthasar.* Edinburgh: T.

& T. Clark, 1986.

Roberts, Louis. *The Theological Aesthetics of Hans Urs von Balthasar*. Washingtong, D.C.: The Catholic University of America Press, 1987.

Saward, John. *The Mysteries of March: Hans Urs von Balthasar on the Incarnation and Easter*. Washington, D.C.: Catholic University of America Press, 1990.

Schindler, David L. (ed.). *Hans Urs von Balthasar: His Life and Work*. San Francisco: Ignatius Press, 1991.

Schindler, David L. (ed.) *Love Alone is Credible: Hans Urs von Balthasar as Interpreter of the Catholic Tradition*. Grand Rapids, Mich. and Cambridge, U. K.: Wm. B. Eerdmans Publishing Co., 2008.

Scola, Angelo. *Test Everything: Hold Fast to What is Good: An Interview with Hans Urs von Balthasar*. Trans. Maria Shrady. San Francisco: Ignatius Press, 1989.

Scola, Angelo. *Hans Urs von Balthasar: A Theological Style*. Grand Rapids: Wm. B. Eerdmans Publishing Co., 1995.

Steck, Christopher W. *The Ethical Thought of Hans Urs von Balthasar*. New York: The Crossroad Publishing Company, 2001.

Waldstein, Michael Maria. *Expression and Form: Principles of a Philosophical Aesthetics according to Hans Urs von Balthasar*. Ph.D. Dissertation, The Braniff Graduate School of The University of Dallas, 1981.

Waldstein, Michael. "Hans Urs von Balthasar's Theological Aesthetics", in *Communio: International Catholic Review* 11 (Spring 1984): 13-27.

Waldstein, Michael. "An Introduction to von Balthasar's The Glory of the Lord", in *Communio: International Catholic Review* 14(Spring 1987): 12-33.

Wood, R. E. "Philosophy, Aesthetics, and Theology: A Review of Hans Urs von Balthasar's The Glory of the Lord", in *American Catholic Philosophy Quarterly* 67 (1993): 355-382.

宋旭红:《巴尔塔萨神学美学思想研究》,宗教文化出版社 2007 年版。

刘小枫：《十字架上的荣耀之美》，载《走向十字架上的真：20世纪基督教神学引论》，香港：三联书店1990年版。

德保仁：《巴尔塔萨的基督论的逻辑》，载《道风：汉语神学学刊》第3期（1995年秋季卷）。

东木：《论巴尔塔萨的神学美学及其学对当代中国美学的影响性》，载《维真学刊》（加拿大），1998（1）。

张法：《巴尔塔萨的神学美学》，载《中国人民大学学报》，2002（4）。

宋旭红：《惟一且至美的形式：巴尔塔萨基督论要义简析》，载《基督教思想评论》（第一辑），上海人民出版社2004年版。

宋旭红：《论美的超越性向度及其特征——一种对海德格尔和巴尔塔萨美学的思考》，载《基督教文化学刊》（第七辑），宗教文化出版社2002年版。

张华、宋旭红：《重视神圣之美——巴尔塔萨思想对西方文明现代性问题的回应》，载《南阳师范学院学报》，2003（10）。

宋旭红：《"超越巴尔塔萨"：神学美学的当代处境分析》，载《神学美学》（第一辑），上海三联书店2006年版。

宋旭红：《论基督教审美主义的范式转换及其现代性问题》，载《南京师范大学学报》（人文社科版），2006（3）。

宋旭红：《巴尔塔萨的基督教多元思想》，载《基督教思想评论》（第五辑），上海人民出版社2006年版。

宋旭红：《论巴尔塔萨与基督教神秘主义传统的关系》，载《中国青年政治学院学报》，2007（5）。

萧潇：《巴尔塔萨神学美学散论之一》，载《神学美学》（第一辑），上海三联书店2006年版。

赵建敏：《天主教感恩祭之美——由巴尔塔萨神学美学角度的透视》，载《神学美学》（第二辑），上海三联书店2008年版。

王涛：《巴特与巴尔塔萨——当代基督教神学中圣爱—欲爱分离与统合的温和倾向》，载《天主教研究论辑》（第四辑），宗教文化出版社2007年版。

张俊：《巴尔塔萨神学美学简论》，载《天主教研究论辑》（第四辑），宗教文化出版社

2007 年版。

张俊：《神圣荣耀与尘世之美》，载《神学美学》（第二辑），上海三联书店 2008 年版。

张俊：《美、形式与启示——巴尔塔萨神学美学救赎观锥指》，载《道风：基督教文化评论》（香港）第 30 期（2009 年春季卷）。

李进超：《巴尔塔萨神学美学思想及其对美学研究的影响》，载《天主教研究论辑》（第五辑），宗教文化出版社 2008 年版。

德保仁：《走向喜乐的道路：巴尔塔萨神学戏剧学的基督论》（硕士论文），新庄市：辅仁大学宗教研究所，1992 年。

王学良：《碎片中的整体：巴尔大撒的人学研究》（硕士论文），新庄市：辅仁大学宗教研究所，1999 年。

宋旭红：《现代性视阈中的巴尔塔萨神学美学》（博士论文），中国人民大学文学院，2003 年。

李进超：《巴尔塔萨美学思想研究》（博士论文），南开大学哲学系，2008 年。

（三）其他研究文献（Other sources）

Aertsen, Jan. *Nature and Creature: Thomas Aquinas's Way of Thought*. Trans. Herbert Donald Morton. Leiden: E. J. Brill, 1988.

Aertsen, Jan A. *Medieval Philosophy and the Transcendentals: The Case of Thomas Aquinas*. Leiden: E. J. Brill, 1996.

Alexandrakis, Aphrodite (ed.). *Neoplatonism and Western Aesthetics*. Albany: State University of New York Press, 2002.

Aquinas, St. Thomas. *Summa Theologiae: Latin Text and English Translation, Introductions, Notes, Appendices, and Glossaries*. Blackfriars; New York: McGraw-Hill, 1964.

Aquinas, St. Thomas. *Commentary on the Metaphysics of Aristotle*. Trans. John P. Rowan. Chicago: H. Regnery Co., 1961.

Barth, Karl. *Die Kirchliche Dogmatik* Bd. II. Teil 1. *Die Lehre von Gott*. Zollikon: Verlag der

Evangelischen Buchhandlung, 1940.

Bonaventure, *The Works of Bonaventure* vol. V. Trans. José de Vinck. Paterson: St. Anthony Guild Press, 1970.

Bonaventure, *Works of Saint Bonaventure*, vol. I. Saint Bonaventure, N.Y.: The Franciscan Institute of St. Bonaventure University, 1996.

Brady, Bernard V.. *Christian Love*. Washington, D.C.: Georgetown University Press, 2003.

Bruyne, Edgar de. *Études d'Esthétique Médiévale*, 3 vols. Brugge: De Tempel, 1946.

Carroll, Noël. *Beyond Aesthetics: Philosophical Essays*. New York: Cambridge University Press, 2001.

Cousin, Victor. *Lectures on the Truth, the Beautiful and the Good*. Trans. by O. W. Wright. New York: D. Appleton & Co., 1854.

Davies, James W.. *Empire of the Gods: the Liberation of Eros*. New York: Peter Lang Pub., 1997.

Doyle, Dennis M.. *Communion Ecclesiology: Version and Visions*. New York: Maryknoll, 2000.

Eco, Umberto. *Art and Beauty in the Middle Ages*. Trans. by Hugh Bredin. New Haven and London: Yale University Press, 1986.

Eco, Umberto. *The Aesthetics of Thomas Aquinas*. Trans. by Hugh Bredin. Cambridge, Mass.: Havard University Press, 1988.

Faas, Ekbert. *The Genealogy of Aesthetics*. Cambridge: Cambridge University Press, 2002.

Farley, Edward. *Faith and Beauty: A Theological Aesthetic*. Aldershot: Ashgate Publishing Ltd., 2001.

Forman, Robert J. *Augustine and the Making of a Christian Literature: Classical Tradition and Augustinian Aesthetics*. Lewiston: E. Mellen Press, 1995.

Foster, Hal (ed.). *The Anti-aesthetic: Essays on Postmodern Culture*. Port Townsend, Wash.: Bay Press, 1983.

Harrison, Carol. *Beauty and Revelation in the Thought of Saint Augustine*. Oxford: Clarendon Press, 1992.

Healy, Nicholas J. "Communio: A Theological Journey", in *Communio: International Catholic*

Review 33 (Spring 2006): 117-130.

Heidegger, Martin. *Being and Truth*. Trans. John Macquarrie & Edward Robinson. London: SCM Press, 1962.

Jackson, Timothy P. *Love Disconsoled: Meditations on Christian Charity*. Cambridge; New York: Cambridge University Press, 1999.

Kovach, Francis J. *Philosophy of Beauty*. Norman: University of Oklahoma Press, 1974.

Leeuw, Gerardus Van der. *Sacred and Profane Beauty: The Holy in Art*. Trans. David E. Green. Trans. David E. Green. Oxford, New York: Oxford University Press, 2006.

Lubac, Henri de. *Catholicism: Christ and the Common Destiny of Man*. Trans. Lancelot C. Sheppard and Elizabeth Englund. San Francisco: Ignatius Press, 1988.

Lubac, Henri de. *The Christian Faith: An Essay on the Structure of the Apostles' Creed*. San Francisco: Ignatius Press, 1986.

Manns, James W. *Reid and His French Disciples: Aesthetics and Metaphysics*. Leiden: E. J. Brill, 1994.

Maritain, Jacques. *Creative Intuition in Art and Poetry*. New Jersey: Princeton University Press, 1953.

Maritain, Jacques. *Art and Scholasticism and the Frontiers of Poetry*. Trans. Joseph W. Evans. New York: Charles Scribner's Sons, 1962.

Maurer, Armand A. *About Beauty: A Thomistic Interpretation*. Houston: Center for Thomistics Studies, University of St. Thomas, 1983.

Miles, Margaret R. *Plotinus on Body and Beauty: Society, Philosophy, and Religion in Third-Century Rome*. Oxford: Blackwell Publishers, 1999.

Nebel, Gerhard. *Das Ereignis des Schönen*. Stuttgart: E. Klett, 1953.

Nichols, Aidan. *Redeeming Beauty: Soundings in Sacral Aesthetics*. Aldershot: Ashgate Publishing Ltd., 2007.

Osborn, Eric. *Irenaeus of Lyons*. New York: Cambridge University Press, 2001.

Otto, Rudolf. *Mysticism East and West: A Comparative Analysis of the Nature of Mysticism*. New

York: The Macmillan Company, 1932.

Pandey, Kanti Chandra. *Comparative Aesthetics*. Banaras: The Chowkhamba Sanskrit Series Office, 1959-1972.

Pelikan, Jaroslav. *Imago Dei: The Byzantine Apologia for Icons*. New Haven and London: Yale University Press, 1990.

Plato. *The Collected Dialogue of Plato*. Princeton: Princeton University Press, 1982.

Plotinus, *The Enneads*. Trans. Stephen MacKenna. London: Penguin Books, 1991.

Przywara, Erich. *Analogia entis: Metaphysik*. Einsiedeln: Johannes Verlag, 1962.

Przywara, Erich. *Religionsphilosophische Schriften*. Einsiedeln: Johannes Verlag, 1962.

Putnam, Caroline Canfield. *Beauty in the Pseudo-Denis*. Washington: Catholic University of America Press, 1960.

Sartwell, Crispin. *Six Names of Beauty*. New York and London: Routledge, 2004.

Schleiermacher, Friedrich. *Hermeneutics and Criticism and Other Writings*. Cambridge: Cambridge University Press, 1998.

Schultz, Hans Jürgen (Hg.). *Tendenzen der Theologie im 20. Jahrhundert. Eine Geschichte in Porträts*. Stuttgart: Kreuz-Verlag, 1966.

Sircello, Guy. *A New Theory of Beauty*. Princeton and London: Princeton University Press, 1975.

Spargo, Sr. E. J. M. *The Category of the Aesthetic in the Philosophy of Saint Bonaventure*. St. Bonaventure, N.Y.: Franciscan Institute, 1953.

Speyr, Adrienne von. *The Word Becomes Flesh: Meditations on John 1-5*. Trans. Lucia Wiedenhöver and Alexander Dru. San Francisco: Ignatius Press, 1994.

Speyr, Adrienne von. *The Victory of Love: A Meditation on Romans 8*. Trans. Lucia Wiedenhöver. San Francisco: Ignatius Press, 1990.

Tatarkiewicz, Wladyslaw. *History of Aesthetics* Vol.I-III. The Hague: Mouton, 1970-1974.

Tillich, Paul. *Love, Power, and Justice: Ontological Analyses and Ethical Applications*. New York: Oxford University Press, 1954.

Will, Frederic. *Intelligible Beauty in Aesthetic Thought: From Winckelmann to Victor Cousin.* Türbingen: Max Niemeyer Verlag, 1958.

Zimny, Leo. *Erich Przywara. Sein Schrifttum, 1912-1962.* Einsiedeln: Johannes Verlag, 1963.

《圣经》(和合本·新标准修订版·中英对照)。

《圣经》(思高本)。

〔古希腊〕柏拉图：《柏拉图文艺对话集》，朱光潜译，人民文学出版社 2008 年版。

〔古希腊〕柏拉图：《理想国》，郭斌和、张竹明译，商务印书馆 2002 年版。

〔古希腊〕柏拉图：《柏拉图对话集》，王太庆译，商务印书馆 2004 年版。

〔古希腊〕柏拉图：《柏拉图全集》(1—4)，王晓朝译，中国人民大学出版社 2002—2003 年版。

〔古希腊〕亚里士多德：《亚里士多德全集》(第七卷)，苗力田主编，中国人民大学出版社 1993 年版。

〔古希腊〕亚里士多德：《亚里士多德全集》(第九卷)，苗力田主编，中国人民大学出版社 1994 年版。

〔古罗马〕奥古斯丁：《上帝之城》(上、中、下)，王晓朝译，香港：道风书社 2003—2004 年版。

〔古罗马〕奥古斯丁：《独语录》，成官泯译，上海社会科学院出版社 1997 年版。

〔古罗马〕奥古斯丁：《论三位一体》，周伟驰译，上海人民出版社 2005 年版。

〔古罗马〕奥古斯丁：《忏悔录》，周士良译，商务印书馆 2008 年版。

(托名) 狄奥尼修斯：《神秘神学》，包利民译，香港：汉语基督教文化研究所，1996 年。

〔意〕波纳文图拉：《中世纪的心灵之旅：波纳文图拉神哲学著作选》，溥林译，华夏出版社 2003 年版。

〔德〕马丁·路德：《路德文集》，香港：协同福利及教育协会，1992 年。

〔德〕马丁·路德：《马丁·路德文选》，马丁·路德著作翻译小组译，中国社会科学出版社 2003 年版。

〔法〕笛卡尔：《沉思录》，庞景仁译，商务印书馆1998年版。

〔德〕鲍姆加登：《美学》，简明、王旭晓译，文化艺术出版社1987年版。

〔德〕康德：《未来形而上学导论》，庞景仁译，商务印书馆1997年版。

〔德〕康德：《纯粹理性批判》，邓晓芒译，人民出版社2004年版。

〔德〕康德：《判断力批判》，邓晓芒译，人民出版社2002年版。

〔德〕黑格尔：《美学》，朱光潜译，商务印书馆1979年版。

〔德〕黑格尔：《小逻辑》，梁志学译，人民出版社2002年版。

〔德〕谢林：《艺术哲学》，魏庆征译，中国社会出版社1997年版。

〔德〕韦伯：《宗教与世界》，康乐、简惠美译，《韦伯作品集》（V），广西师范大学出版社2004年版。

〔德〕胡塞尔：《胡塞尔选集》，倪梁康选编，上海三联书店1997年版。

〔德〕海德格尔：《存在与时间》，陈嘉映、王庆节译，生活·读书·新知三联书店1999年版。

〔德〕海德格尔：《海德格尔选集》（上、下），孙周兴选编，上海三联书店1996年版。

〔德〕海德格尔：《林中路》（修订本），孙周兴译，上海译文出版社2004年版。

〔奥〕维特根斯坦：《逻辑哲学论》，郭英译，商务印书馆1985年版。

〔德〕伽达摩尔：《真理与方法》（上、下），洪汉鼎译，上海译文出版社1999年版。

〔德〕西美尔：《现代人与宗教》，曹卫东等译，香港：汉语基督教文化研究所，1997年。

〔德〕哈贝马斯：《现代性的哲学话语》，曹卫东等译，译林出版社2004年版。

〔德〕哈贝马斯：《交往行为理论》（第一卷），曹卫东译，上海人民出版社2004年版。

〔美〕帕利坎：《历代耶稣形象》，杨德友译，香港：汉语基督教文化研究所，1995年。

〔美〕梯利：《西方哲学史》，葛力译，商务印书馆1995年版。

〔德〕马丁·摩根史特恩、罗伯特·齐默尔：《哲学史思路：超越两千年的欧洲思想史》，唐陈译，中国人民大学出版社2006年版。

〔法〕列维-布留尔：《原始思维》，丁由译，商务印书馆1997年版。

〔英〕J.G.弗雷泽：《金枝》，徐育新、汪培基、张泽石译，新世界出版社2006年版。

〔意〕克罗齐：《美学纲要》，韩邦凯、罗芃译，人民文学出版社1983年版。

〔波〕塔塔科维兹：《古代美学》，杨力译，中国社会科学出版社 1990 年版。

〔波〕塔塔科维兹：《古代美学》，理然译，广西人民出版社 1990 年版。

〔波〕塔塔科维兹：《中世纪美学》，褚朔维等译，中国社会科学出版社 1991 年版。

〔波〕瓦迪斯瓦夫·塔塔尔凯维奇：《西方六大美学观念史》，刘文潭译，上海译文出版社 2006 年版。

〔日〕今道有信：《东西方哲学美学比较》，中国人民大学出版社 1991 年版。

〔日〕今道有信：《关于爱与美的哲学思考》，生活·读书·新知三联书店 1997 年版。

〔日〕今道有信：《美的相位与艺术》，中国文联出版社 1998 年版。

〔美〕艾德勒：《六大观念》，郗庆华译，生活·读书·新知三联书店 1998 年版。

〔德〕沃尔夫冈·韦尔施：《重构美学》，陆扬、张岩冰译，上海译文出版社 2006 年版。

〔美〕阿瑟·C.丹托：《美的滥用：美学与艺术的概念》，王春辰译，江苏人民出版社 2007 年版。

（汉）许慎：《说文解字》，中华书局 1963 年版。

《杂阿含经》，《大正藏》第二卷。

龙树：《中论》，鸠摩罗什译，《大正藏》第三十卷。

智𫖮：《观音玄义》，《大正藏》第三十四卷。

汤清编译：《历代基督教信条》，香港：基督教文艺出版社 1989 年版。

贺麟：《哲学与哲学史论文集》，商务印书馆 1990 年版。

牟宗三：《中西哲学之会通十四讲》，台北：台湾学生书局 1990 年版。

牟宗三：《政道与治道》，《牟宗三先生全集》(10)，台北：联经出版事业公司 2003 年版。

牟宗三：《判断力批判》，《牟宗三先生全集》(16)，台北：联经出版事业公司 2003 年版。

牟宗三：《哲学之路——我的学思进程》，《牟宗三先生全集》(24)，台北：联经出版事业公司 2003 年版。

牟宗三：《学思·译著——牟宗三先生访谈录》，参《牟宗三先生全集》(24)，台北：联经出版事业公司 2003 年版。

史作柽：《忧郁是中国人之宗教》，台北：书乡文化 1993 年版。

史作柽：《形上美学导言》，台北：仰哲出版社 1988 年版。

曾昭旭：《充实与虚灵——中国美学初论》，台北：汉光文化 1993 年版。

龚鹏程编著：《美学在台湾的发展》，嘉义：南华管理学院，1998 年。

陈望衡：《当代美学原理》，人民出版社 2003 年版。

陈望衡：《中国古典美学史》，武汉大学出版社 2007 年版。

陈望衡：《20 世纪中国美学本体论问题》，武汉大学出版社 2007 年版。

梁燕城：《中国哲学的重构》，台北：宇宙光全人关怀机构 2004 年版。

张春申：《神学简史》，台北：光启文化 1992 年版。

张振东：《士林哲学讲义》（上），宗教文化出版社 2002 年版。

房志荣：《创世纪研究》，台北：光启文化 2005 年版。

曾仰如：《十大哲学问题之探微》，新庄市：辅仁大学出版社 1991 年版。

汪子嵩：《希腊哲学史》（第一卷），人民出版社 1988 年版。

刘小枫：《走向十字架上的真》，上海三联书店 1994 年版。

刘小枫主编：《现代性中的审美精神》，学林出版社 1997 年版。

刘小枫主编：《20 世纪西方宗教哲学文选》，上海三联书店 1991 年版。

刘小枫主编：《人类困境中的审美精神——哲人、诗人论美文选》，魏育青、罗悌伦、吴裕康等译，东方出版中心 1994 年版。

刘小枫编：《生存神学与末世论》，上海三联书店 1995 年版。

刘小枫选编：《德语美学文选》（上、下），华东师范大学出版社 2006 年版。

蒋孔阳、朱立元主编：《西方美学通史》，上海文艺出版社 1999 年版。

朱立元主编：《西方美学名著提要》，江西人民出版社 2000 年版。

朱立元主编：《20 世纪西方美学经典文本》，复旦大学出版社 2000 年版。

朱立元主编：《西方美学范畴史》，山西教育出版社 2006 年版。

张法：《20 世纪西方美学史》，四川人民出版社 2003 年版。

包亚明主编：《20 世纪西方美学经典文本·后现代景观》，复旦大学出版社 2000 年版。

卓新平：《当代西方天主教神学》，上海三联书店 1998 年版。

李泽厚：《美学三书》，安徽文艺出版社1999年版。

周宪：《审美现代性批判》，商务印书馆2005年版。

邓晓芒：《中西文化视域中真善美的哲思》，黑龙江人民出版社2004年版。

阎国忠：《古希腊罗马美学》，北京大学出版社1983年版。

阎国忠：《基督教与美学》，辽宁人民出版社1989年版。

阎国忠：《美是上帝的名字：中世纪神学美学》，上海社会科学院出版社2003年版。

孙津：《基督教与美学》，重庆出版社1990年版。

周伟驰：《记忆与光照：奥古斯丁神哲学研究》，中国社会科学文献出版社2001年版。

孙周兴、陈家琪主编：《德意志思想评论》（第一卷），同济大学出版社2003年版。

刘光耀、杨慧林主编：《神学美学》（第一辑），上海三联书店2006年版。

刘光耀、杨慧林主编：《神学美学》（第二辑），上海三联书店2008年版。

刘光耀、杨慧林主编：《神学美学》（第三辑），上海三联书店2009年版。

赵建敏主编：《天主教研究论辑》（第三卷），宗教文化出版社2006年版。

赵建敏主编：《天主教研究论辑》（第四卷），宗教文化出版社2007年版。

赵建敏主编：《天主教研究论辑》（第五卷），宗教文化出版社2008年版。

王涛：《圣爱与欲爱：灵修传统中的天主教爱观》，香港：香港中文大学天主教研究中心，2009年。

王涛：《圣爱与欲爱：保罗·蒂利希的爱观》，宗教文化出版社2009年版。

李正治：《开出"生命美学"的领域》，载《国文天地》第9卷第9期，1994.2。

黄兴涛：《"美学"一词及西方美学在中国的最早传播》，载《文史知识》2000（1）。

汪子嵩：王太庆，《关于"存在"和"是"》，载《复旦学报》（社会科学版），2000（1）。

丁福宁：《柏拉图的本体类比》，载《哲学与文化》第29卷第10期，2002.10。

张俊：《波纳文图拉光照论的神学美学意涵——兼论其渊源及其对现代神学美学的意义》，载《基督教文化学刊》（第二十辑），宗教文化出版社2008年版。

后记

现代性支配下的社会，自由与桎梏、希望与失落并存，是一个充满吊诡的矛盾体。在这种社会状态下的学术生命，都身不由己地被抛在这吊诡的两极之间摇摆。现代性的吊诡在这里绝不是诡辩家的游戏，而是学人们不得不承受的历史天命。

现代性的进程虽未止息——只要文明不腰斩，现代性即永不止息——但现代性的后果已经呈现出来，并深深地烙印在我们的文化中，我们的生命里。作为一种既古老而又现代的知识形态，美学（philocalia）已经无法回避这样的后果——现代性已从根本上形塑了它的历史乃至本质，从而它不得不承负现代性吊诡的后果。一方面，自启蒙时期现代美学——审美学（aesthetica）独立以来，它呈现出空前繁荣的局面，理论成果层出不穷、百花齐放，而且审美学元素被广泛地应用于现代生产与商业及休闲文化领域。而另一方面，美学在现代哲学乃至整个人类知识谱系中的边缘化，以及美从人类终极价值视野中的消逝，却又都是无可争辩的事实。也就是说，美学既给人欣喜和希望，又令人忧虑和失落。这是现代美学研究者必然要面对的知识学吊诡，一种美学的现代性后果。

美学给人欣喜和希望的一面，是美学的现代性成果；美学令人忧虑和失落的一面，是美学的现代性困境。这一困境中，隐伏着美学乃至现代文化的危机。而化解这种危机，是现代美学思想者不得不承担的历史责任。由于现代美学是现代性支配下的知识产物，它们本身即已陷入现代性困境之中，祈望从其自身获得自我拯拔的力量，挣脱现代性泥淖之束缚，无疑同于水中捞月。所以，我们不得不考虑重新回归美学的古典传统，以探寻美学现代性危机的化解之道。

以古典美学的资源来复兴美学，绝对不是主张一种复古主义来应对美学的现代性危机。古典美学的现代复兴，本质上是古典美学的现代性重塑。古典美学的现代性重塑，主要面临三个核心的阶段性任务：首先是系统地整理各个文化传统中的古典美学理论资源，这必然涉及美学史的重新书写；其次是在各个古典美学传统中实现古典美学理论体系的现代创新；最后是在前两步工作的基础上，创构普世性—现代性的美学理论体系。

巴尔塔萨神学美学作为古典美学现代复兴真正意义上的发轫之作，已在前两个阶段性任务上取得了辉煌成就。由之，揭示其对于复兴美学具有里程碑价值的重大美学史意义，将有助于树立正统的美学（philocaly）及美学史观，重塑古典美学的知识合法性，为古典美学的现代复兴张本。

巴尔塔萨神学美学对于汉语学界，尤其是大陆汉语美学界而言，仍旧是相当陌生的论域。尽管论者站在人文学术的立场，对巴尔塔萨神学美学价值意义之普适性一再进行限定，但由于这里要尽可能客观地阐明其思想，不能故意回避那些具有信仰偏执立场的神学观念或学说，加之这里需要重点彰显其对于古典美学现代复兴的积极意义，而非批判其理论局限，所以，本书表述中难免会给人留下同情其信仰立场或神学观念的印象。这或许是本书不可避免的局限。然而这里必须指出，本书对巴尔塔萨神学美学这样一种神学始终采取的是一种人文学术（美学）的立场，研究这一理论体系纯粹是基于其对于美学复兴的人文学术资源意义的考量。虽然我们的时代已经进步到今天这样一种全球化的格局中，学界已经普遍学会以同情的眼光审视不同文化系统中的理论学说，这种申明本来是完全多余的，但是，对没有基督教或其他一神论宗教信仰背景的汉语美学界而言，这一申明有时却是必要的。作为书斋学者，应当时时警惕避免意识形态的非理性裹挟，小心翼翼守护精神的自由与学术的独立。

古典美学的现代复兴，是一个重大且庞大的题域，没有数代学者的共同努力，恐怕很难在短期内看到实效。在此，通过对巴尔塔萨神学美学作为一种现代古典美学理论之美学史意义的探讨，本书也只是掀开了古典美学现代复兴的一角面纱而已。而即便是如此初步的工作，本人也自感心有余而力不足。所以，古典美学现代复兴庐山真面目之揭示，尚待时贤俊达之如椽巨笔。

拙著的写作历时近两年，在这个漫长的过程中，许多前辈学者、同道友朋都给予了无私的帮助，在此我要郑重地表示感谢。

首先要感谢业师尤西林先生。多年来他一直是我学术探索的引路人。他不仅对我的研究提出了宝贵的意见，而且积极为我创造条件外出访学、参加学术会议，以便开阔眼界和收集研究资料，使之对我的学术成长有所补益。此外，这些年来他也帮助我申请到多种奖学金，使我免除了生活上的后顾之忧，因此可以专心致力于研究写作。

道风山汉语基督教文化研究所杨熙楠总监及陈家富、林子淳诸位博士这些年对我学业上的关怀与帮助，使我铭感于怀。几年来，每年他们都会按时为我提供一点书资。而对我助益最大的，莫过于前年他们邀我赴港访学。在那整整一学期的时间里，我从容地在香港的几所大学图书馆收集到数百种外文资料，这为我的研究工作提供了基本的前提条件。在港期间，受到LTS的资助，无论是学业上还是生活中，LTS的老师和同学都给予了无微不至的关怀。我的拉丁文，也是在那里由芬兰来的聂海珊（Aune Kaisa Maria Nikkilä）博士和聂培德（Pertti Sulevi Nikkilä）博士夫妇二人启蒙的。

2008年受辅仁大学士林哲学研究中心之邀，前往该中心参加第五届士林哲学讲习会，对于开阔我的学术眼界也助益良多。在辅仁期间，该中心负责人潘小慧教授安排了该校哲学系、宗教系的知名教授为我们来自大陆的十位学员开设讲座，其中房志荣、邬昆如等教授都是台湾神哲学界老一辈硕果仅存的重量级学者。十位学员中，其他几位皆是来自哲学系的教授或者博士，只有我一人是中文系的背景，所以在研讨班或者课余的学术交流中，他们往往能提供来自他们各自专业背景的视角，这对于我思想的激发助益甚多。在那近两个月的研讨中，我几乎每天都处在一种思想高度活跃的喜悦之中，这种喜悦是知识融会贯通之后那种思路豁然开朗才会带来的精神愉悦。所以，我要特别感谢讲习会的诸位先生和朋友，是他们带给我这样一段虽短暂却意义丰富的学思经历。

这几年，我在学术道路上的蹒跚起步，也受惠于诸位学界前辈的提携。杨慧林教授、刘光耀教授、赵建敏博士等前辈，邀请我参加学术会议，提供他们主编的学术期刊平台，让我发表神学美学方面的论文，在此我也要表示感谢！

在收集研究资料的过程中，王涛、查常平、吕宏波、邵铁锋、郭虹诸位学友都为我提供过帮助，我在这里由衷地感谢他们！

问学长安这十年，众多师长对我的学术成长给予了无私的关怀，并寄予了殷切的希望。在此我要特别感谢畅广元、李西建、李继凯、梁道礼、屈雅君、张新科、杨祖培诸位教授！

拙著写作过程中，许多同窗及好友也给予了关心和照顾，这里虽不能一一致谢，但岁月已经见证了我们的友谊，而且我相信这种友谊会地久天长。

己丑年桃月下浣识于嚣嚣斋